Chaque Jour
L'Illumination

Du même auteur :

Le Guerrier pacifique, Éditions Vivez Soleil, 1985.
Le Voyage sacré du Guerrier pacifique, Éditions Vivez Soleil, 1993.
La Voie du Guerrier pacifique, Éditions du Roseau, 1994.
Votre chemin de vie, Éditions du Roseau, 1995.
Les Lois de l'Esprit, Éditions du Roseau, 1996.
Les Cartes Exercices du Guerrier pacifique, Éditions du Roseau, 1997.
L'Athlète intérieur, Éditions du Roseau, 1997.

Dan Millman

Chaque Jour L'Illumination

*Se réaliser
en douze étapes*

Traduit de l'anglais par

Annie J. Ollivier

Données de catalogage avant publication (Canada)

Millman, Dan
    Chaque jour, l'illumination : se réaliser en douze étapes
    Traduction de : Everyday enlightenment.
    ISBN 2-89466-022-7
    1. Vie spirituelle. 2. Morale pratique. 3. Réalisation de soi.
    4. Millman, Dan. I. Titre.
BL624.M4714 1998   291.4'4   C98-941384-5

Conception graphique
de la page couverture : Carl Lemyre

Infographie : 15ᵉ Avenue

Titre original : *Everyday Enlightenment :*
                The Twelve Gateways to Personal Growth
                Warner Books, Inc.

Imprimé au Canada par Transcontinental
division Imprimerie Gagné

ISBN 2-89466-022-7

Dépôt légal : Bibliothèque nationale du Québec, 1998
              Bibliothèque nationale du Canada, 1998

Distribution : Diffusion Raffin
               7870, rue Fleuricourt
               St-Léonard (Québec)
               H1R 2L3

Ce livre vous est dédié, chers lecteurs,
vous qui donnez à mes paroles
signification et finalité nouvelles
par le biais de vos propres vies.

La voie de la croissance personnelle
suit une trajectoire ascendante
qui nous fait connaître toutes les frasques
de l'expérience humaine
pour pouvoir atteindre le summum de notre potentiel.
Au cours de ce périple, nous traversons
douze passages.
Leur fonction est de nous faire évoluer.
Leur lieu d'action est la vie quotidienne.
Leur secret est l'action.
Et leur déroulement, dans l'ici et le maintenant.

DAN MILLMAN

Il est bon d'avoir une fin vers laquelle cheminer.
Mais en définitive, c'est le cheminement lui-même qui compte.

URSULA K. LEGUIN

REMERCIEMENTS

Dans ce monde-ci, nous sommes tous solidaires et personne n'accomplit rien tout seul. Même si c'est effectivement moi qui ai couché sur papier tout ce qui se trouve dans ce livre, j'ai eu le support professionnel de graphistes, de compositeurs, d'imprimeurs, de secrétaires, d'informaticiens, de professeurs et d'un nombre incalculable d'autres personnes. Sans parler du support du soleil, de la pluie et des vers de terre qui ont préparé le sol pour qu'y poussent les arbres dont la pulpe est devenue les pages de cet ouvrage. Le soutien provient de toutes parts et la gratitude est illimitée.

Je voudrais tout d'abord remercier ma famille : Joy, ma partenaire de vie et rédactrice en chef de mes ouvrages, mes filles Sierra et China qui m'on supporté, et mes parents, Herman et Vivian, dont la générosité d'esprit a su faire toute la différence dans ma vie.

Je suis particulièrement reconnaissant envers mon agent littéraire, Candice Fuhrman, pour tous les conseils et l'attention qu'elle a su me prodiguer à chacune des étapes ; à Claire Zion, ma réviseure dévouée chez Warner Books qui, de concert avec Maureen Egan et Larry Kirshbaum, a fait preuve de ténacité inébranlable quant à la qualité ; ainsi qu'à JoAnn Davis pour la confiance initiale qu'elle a eue dès le départ en cet ouvrage. Tous mes remerciements aux réviseurs Douglas Childers, Tom Grady et Haden Blackwell, dont les sensibilités respectives ont aidé à donner forme à ce livre, ainsi qu'à la correctrice d'épreuves Sona Vogel. Merci aussi aux amis qui ont lu mon manuscrit, Jillian Manus et Barry Elkin, ainsi qu'à ma fille Holly Demé et ma voisine Beth Wilson qui ont toutes deux trouvé le temps malgré un horaire chargé de faire leurs propres suggestions fort constructives.

Les enseignements et les exemples de l'auteur David K. Reynolds, ami, collègue et mentor, dans le domaine de ce qu'il appelle « une vie constructive » ont contribué à la préparation de cet ouvrage et influé sur mes enseignements. Ils ont aussi enrichi ma vie. Merci aussi à David Reynolds de m'avoir donné la permission de citer certaines des allocutions qu'il a prononcées dans le cadre de ses formations. De grands mercis également à Gregg Krech et Linda Anderson du ToDo Institute, au Vermont, pour leur amabilité. Je veux aussi exprimer mon appréciation à Emily Acker, mon assistante à la recherche, pour sa détermination à trouver la source d'innombrables citations.

Merci aux personnes suivantes qui m'ont aimablement donné la permission d'utiliser des documents, des citations ou des extraits de leurs ouvrages respectifs : Kenneth Pelletier qui m'a permis d'utiliser certains éléments de son ouvrage en préparation, *Longevity*; Jim Chamberlain, Pete Dixon, Anne M., Susan Christian et James Chapman qui m'ont tous donné la permission de reproduire leurs lettres concernant « la bonté des inconnus », lettres qui pour la plupart ont été publiées dans le magasine *Sun*. Merci à Trudy Boyle et Gottfried Mitteregger d'avoir inventé le terme « examen de la réalité par trois questions- clés » utilisé au chapitre neuf. Lynne Twist, un des membres fondateurs de Hunger Project, a laissé parler son cœur philantropique en me permettant d'utiliser de brefs extraits sur le service et sur l'âme de l'argent, extraits provenant d'une interview radiophonique, à l'émission New Dimensions, avec Michael Toms. Harry Palmer m'a gracieusement permis de reproduire des extraits d'allocutions publiées dans le *Avatar Journal*.

Ma gratitude éternelle à Oscar Ichazo, le fondateur de Arica School. Dans cet ouvrage, je ne partage avec mes lecteurs que quelques gouttes de l'infinie cosmologie qu'il a enseignée, entre autres dans le chapitre huit, où je présente la base d'un massage profond destiné à éliminer du corps les tensions générées par la peur, et dans le chapitre neuf, où je propose une grille des aspects polarisés de nos caractères, grille tirée des enseignements d'Ichazo qui permet de cerner les éléments d'ombre universels de nos psychés.

Mes profonds remerciements à Ivan Smith et Cochrane Thompson, professeurs de neuvième et dixième années, qui ont su me convaincre que je pouvais écrire et même penser. Finalement, je voudrais remercier Hal et Linda Kramer, Nancy Carleton, Uma Ergil, Mick Laugs, Jan Philips et Monique Muhlenkamp pour le soutien qu'ils m'ont accordé de multiples façons et qu'ils m'accordent encore. Enfin, je remercie Karie Jacobson, Sandra Swedeen et Danielle Dayen de leur aide plus que professionnelle, tant sur le plan de l'édition que de l'administration.

PRÉPARATION

Le sentier
qui conduit à l'âme

Nombreux sont les hommes qui vont à la pêche toute leur vie
sans savoir que ce n'est pas après les poissons qu'ils en ont.

HENRY DAVID THOREAU

Un soudain moment de clarté

Une nuit, il y a de cela des années, je sombrai dans le déses-
poir le plus profond à cause d'une femme que j'aimais et
que j'étais en train de perdre. Nous étions mariés depuis six ans
et vivions dans une petite maison sur le campus de l'Université
Stanford, où nous travaillions à l'époque comme responsables
des dortoirs. Ma femme s'était amourachée d'un beau joueur de
tennis. Lorsqu'il se présentait chez nous pour lui parler, comme
les étudiants le faisaient à l'occasion, les yeux de ma femme se
mettaient à pétiller comme ils ne le faisaient plus pour moi. Ce
soir-là, ils bavardaient et riaient alors que la nuit avançait,
totalement perdus dans leur conversation.

J'allai me coucher et dormis de façon agitée, attendant qu'elle vienne me rejoindre. Je me réveillai à deux heures du matin, seul dans le lit, incapable de retrouver le sommeil. Je me levai, découragé et habité d'une humeur sombre, enfilai une chemise et des pantalons et me dirigeai vers la porte d'entrée. Ils étaient encore assis sur le divan du salon à parler.

« Je sors », grommelai-je en empoignant les clés de ma voiture, espérant qu'elle se montrerait un peu inquiète, et lui demanderait même de partir. Mais elle ne dit absolument rien.

Alors que je prenais place dans la voiture, des vagues de sentiments de rejet, de dévalorisation, de jalousie, de perte et surtout d'apitoiement sur moi-même déferlèrent en moi. Je me sentais ridicule et faible. Pourquoi ne lui avais-je pas demandé de partir ? Pourquoi ne l'avais-je pas saisie, elle, pour lui dire « Ça suffit ! Cette situation est injuste ! » Mais comment peut-on contrôler les manifestations d'affection chez quelqu'un d'autre ?

Affligé de cette humeur dévastatrice – c'est la seule fois dans ma vie où l'idée du suicide m'effleura l'esprit –, je roulai sans but dans la nuit et finis par me retrouver dans un boisé. J'arrêtai la voiture et fixai, à travers la vitre, la terre boueuse où la pluie avait laissé des flaques d'eau. Tout n'était qu'obscurité. Je ne savais où aller ni que faire.

Puis quelque chose se produisit.

Ma conscience bascula soudainement d'elle-même. Les mots me manquent pour expliquer ce qui se passa. Tout ce que je peux dire, c'est qu'au moment précis où je ne fus plus capable de supporter la douleur, ma conscience explosa, fit un bond, brisa ses chaînes et je fus touché par la grâce de Dieu.

La souffrance – et ceci est important – n'avait pas disparu. Les circonstances concernant mon mariage et ma vie restaient les mêmes, mais mon attitude face à tout cela avait changé. Tout d'un coup, ce qui se passait dans ma tête ou avec mes émotions *n'avait plus d'importance*. Les sentiments de souffrance étaient encore là mais il n'y avait plus de « je » pour vivre cette souffrance. Mes émotions et mes pensées ne semblaient plus vouloir dire quoi que ce soit. Elles avaient perdu tout pouvoir, signification ou influence. J'étais *libéré*, libéré du temps, existant non pas *dans* le moment, mais *comme* le moment. À partir de cet état de grâce, cette conscience transcendante allant bien au-delà de mes propres émotions, je me mis à penser à ma femme et à son ami, et une compassion à leur endroit m'envahit, ainsi qu'à l'égard de tous les êtres. Non, cette sensation dépassait la compassion : c'était plutôt une sorte d'empathie radieuse, une impression d'unité. Je n'étais plus séparé d'eux, ni des étoiles, ni des arbres.

J'éclatai de rire, un peu comme si la vie était une grande blague cosmique et que j'en avais finalement compris la boutade finale. Si quelqu'un m'avait trouvé cette nuit-là dans les bois, je serais certainement passé pour fou. Mais, l'ironie dans tout cela, c'était que pour la première fois de ma vie je me sentais totalement sain d'esprit. Je regardai autour de moi : la nuit semblait être remplie de lumière, répondant à la lumière qui irradiait en moi.

La lumière s'estompa à un moment donné et la sensation de conscience aiguë passa, comme passent toutes les choses. Au cours des mois et des années qui suivirent, j'essayai de retrouver cette sensation d'unité et de perfection divine. J'aspirais à retrouver cette lumière comme un amoureux aspire à revoir le ou la bien-aimé(e). J'essayai la méditation, la visualisation, toutes sortes d'ateliers, l'auto-analyse et l'examen de conscience. Mais les prises de conscience que je fis ne purent en rien égaler la révélation survenue dans ce boisé.

Et pourtant, l'impression que laissa en moi cette expérience me servit de point de repère pour les possibilités que le monde m'offrait, et me donna, je crois, un aperçu de notre destinée collective. Elle joua également dans ma vie le rôle d'un catalyseur, faisant naître en moi le désir de partager ce que j'avais appris. Ma quête commença à prendre une autre tournure : j'envisageai dorénavant ce que je pouvais donner au lieu de ce que je pouvais recevoir. Je savais que les anciennes écoles et traditions religieuses avaient conçu leurs propres méthodes de croissance spirituelle et personnelle, du yoga à la méditation, en passant par la prière. J'entrepris donc de voyager, de lire et d'étudier, non pas dans mon propre intérêt, mais pour recueillir les largesses que la vie me ferait afin de les partager avec les autres. En fin de compte, je trouvai les réponses que je cherchais, ailleurs que dans les temples orientaux et les écoles occidentales. Je les trouvais dans l'ici et le maintenant de la vie quotidienne.

La révélation la plus importante que j'eus de cette expérience nocturne dans la forêt fut que les expériences comportant de grands paroxysmes s'estompent, et que pour vouloir vraiment faire avancer les choses, il me fallait trouver un parcours universel, libre des dogmes qui excluent et des pièges culturels. Il me fallait trouver un moyen moins mélodramatique mais plus durable que ce que j'avais connu des années durant. Tout semblait m'amener à choisir la vie quotidienne en tant que pratique et parcours spirituels, et me conduire à la conception des douze passages.

J'utilise indifféremment les termes « croissance personnelle » et « croissance spirituelle » parce que nous sommes des êtres aussi bien spirituels que physiques. Et lorsque nous mûrissons et nous développons personnellement, par le biais des défis que le quotidien nous demande de relever, nous nous acheminons également vers une plus grande conscience de notre nature spirituelle.

Les douze passages de la croissance spirituelle

Si nous ne subissions jamais de souffrance ni de perte, si la mort ne nous attendait pas, peut-être n'aurions-nous jamais besoin de chercher à atteindre un discernement plus élevé, peut-être ne nous poserions-nous pas de questions au sujet de l'âme, de l'au-delà ou sur la signification absolue de la vie. Mais la vie est courte, elle passe comme un éclair, comme un claquement de doigts de l'éternité. Alors, nous nous interrogeons et nous voulons savoir. Et pendant que nous faisons tous les efforts possibles pour réussir dans le monde matériel, notre chemin finit par nous conduire dans la sphère de la découverte et de la croissance spirituelles. Parfois, nous cherchons l'esprit dans les églises et les temples ou dans les tentes des prêcheurs qui «véhiculent leur charabia», mais nous ne l'y trouvons pas toujours. Certains d'entre nous cherchent l'esprit dans l'alcool ou les pilules, pour finir leur vie de façon précoce ou dans l'inconscience. D'autres cherchent l'inspiration dans le sport ou les relations sexuelles. Et pourtant, durant tout ce temps, l'Esprit est là à nous attendre, à nous interpeller, ici et maintenant, dans notre vie de tous les jours.

Un jour, un homme me fit parvenir une lettre dans laquelle il me disait: «Je *veux* me trouver plus de temps pour des exercices spirituels, mais j'ai une femme, trois enfants et un emploi à temps plein.» Il n'avait pas encore réalisé que sa femme, ses enfants et son travail *constituaient* en fait sa pratique spirituelle quotidienne, pratique comportant bien plus de défis à relever que d'aller s'asseoir dans une grotte et méditer. Je suis bien placé pour l'affirmer car j'ai connu les deux situations.

La vie quotidienne est notre école spirituelle. Quand vous verrez plus clairement votre reflet dans le miroir qu'est la vie de tous les jours, vous en viendrez à vous connaître et à vous accepter comme jamais vous n'avez pu le faire. Quand vous tirerez des leçons des conséquences naturelles de vos actions, vous trouverez la sagesse nécessaire pour progresser sur le chemin de la croissance personnelle et spirituelle.

En tant qu'athlète et entraîneur, j'ai appris à subdiviser les objectifs en étapes distinctes et réalisables. J'ai tout d'abord appliqué cette méthode pour trouver quelles sont les qualités qui, regroupées, confèrent une aptitude pour le sport. Puis, j'ai ensuite exploré les qualités qui confèrent une aptitude pour la vie, combinant des éléments propres à la psychologie, à l'éthique et aux valeurs morales, aux principes spirituels et au gros bon sens. Et j'ai découvert une cartographie complète du territoire de la croissance personnelle et de l'illumination dans la vie quotidienne.

Ce livre pose en prémisse que l'évolution humaine, que nous la qualifiions de croissance personnelle ou spirituelle, implique que nous devons inévitablement traverser douze passages, un peu comme nous devons réussir nos examens des douze matières principales pour sortir diplômé d'une école. Le chiffre douze semble de bon augure. Après tout, n'y a-t-il pas douze heures sur le cadran d'une montre, douze pouces dans un pied, douze mois dans une année, douze signes dans le zodiaque, les douze étapes du programme des AA, les douze travaux d'Hercule, douze jurés pour rendre un verdict, les douze tribus d'Israël, douze portes dans la cité de Jérusalem et les douze apôtres de Jésus? Dans certaines écoles de pensée, les douze apôtres représentent symboliquement les douze principes de vie proposés dans cet ouvrage.

Les pratiques spirituelles telles la méditation, la prière, les exercices respiratoires et l'auto-analyse suscitent la manifestation de révélations intérieures et développent certaines habiletés, mais aucune d'entre elles ne se révèle aussi probante qu'apprendre à vivre harmonieusement dans une relation suivie, être des parents avisés ou jongler avec les exigences de la vie de tous les jours. La pratique spirituelle commence sur terre, pas dans les airs. Et ces douze passages constituent en fait l'itinéraire qui nous fait accéder à notre âme.

Lorsque les gens me posent des questions abstraites sur le temps, l'espace ou la réincarnation, il m'arrive de leur répondre en leur demandant s'ils font régulièrement de l'exercice, s'ils mangent de façon équilibrée, dorment suffisamment, font preuve de bienveillance envers les autres ou se souviennent à l'occasion de respirer lentement et profondément. Je leur réponds ainsi parce qu'il me semble important de ramener notre quête spirituelle à quelque chose de terre-à-terre. Bien sûr, il n'y a pas de mal à philosopher. Mais il ne faut pas confondre pensée conceptuelle et pratique spirituelle quotidienne. Après tout, à quoi nous sert-il de savoir que les anges portent des anneaux aux oreilles si nous ne sommes pas capables de garder un emploi ou d'entretenir une relation à long terme? Quel bien cela peut-il nous faire de prier comme un saint ou de méditer comme un yogi, si nous restons les mêmes une fois que nous ouvrons les yeux? À quoi cela nous sert-il de nous rendre dans un endroit de dévotion le samedi ou le dimanche, si nous manquons de compassion le lundi?

Cet argument me frappa de plein fouet tôt un matin, il y a vingt-cinq ans, alors que je méditais, assis, en toute tranquillité, et que ma fille de trois ans, Holly, me tira sur la jambe du pantalon pour attirer mon attention. Je murmurai d'une voix persiflante «Ne me dérange pas! Je suis en train de méditer!» Immédiatement après, je réalisai que j'étais passé totalement à côté de l'essentiel de la pratique spirituelle et qu'avoir pris ma fille dans mes bras et l'avoir serrée contre moi aurait été quelque chose de bien plus important sur le plan spirituel à ce moment-là que de psalmodier mon mantra.

Le dessein supérieur des douze passages : Libérer l'attention

La plupart d'entre nous faisons l'expérience de Dieu ou de l'Esprit (termes que j'utilise indifféremment) comme une sensation d'*inspiration*. Chaque fois que nous nous sentons inspirés ou exaltés, c'est que nous avons été touchés par l'Esprit. En fait, l'Esprit est partout: en nous et autour de nous en tout temps. L'Esprit est omniprésent, comme le soleil qui brille derrière les nuages qui le masquent. Le manque d'inspiration dans notre vie ne signifie pas que l'Esprit soit absent de notre vie, mais plutôt que nous manquons de conscience.

D'un point de vue habituel, cet ouvrage vous aidera à mener une vie plus satisfaisante. L'éveil de conscience qu'il suscite réduira ou éliminera l'autosabotage, renforcera votre volonté, vous permettra d'avoir une meilleure santé et plus d'énergie, vous aidera à vous stabiliser financièrement et à avoir plus de compassion, d'ouverture d'esprit et d'humour, vous permettant ainsi de vivre des relations plus tendres. Mais croyez-vous vraiment qu'une relation satisfaisante, de l'argent en banque et une bonne santé soient en eux-mêmes la finalité de la vie ? Ou y a-t-il quelque chose d'autre ?

J'avance quant à moi que ce « quelque chose d'autre » comporte un thème spirituel unificateur, que votre évolution s'effectue en traversant douze passages. Le psychologue Abraham Maslow a préconisé que nous devions voir à nos besoins élémentaires et les combler afin de pouvoir nous tourner vers ceux qui sont de nature plus élevée, et finalement nous acheminer vers ce qu'il appelle la « réalisation de soi ». En d'autres termes, à moins d'avoir abordé nos besoins sur le plan de la survie et de la sécurité, nous ne disposons pas de l'énergie ou de l'attention voulue pour aborder des considérations d'ordre social ou spirituel. À mesure que vous résolvez les problématiques propres à chaque passage, l'attention que vous accordiez autrefois à ces dernières se libère. Une fois que l'attention est disponible, celle-ci peut monter, comme un ballon, vers des niveaux d'expérience plus élevés. Les défis de la vie demeurent mais votre perception et votre conscience se clarifient et s'aiguisent.

Le but final de chaque passage est donc d'alléger votre attention afin que vous puissiez être capable de voir l'Esprit en chacun, en tout lieu, en toute chose, chaque jour. Et cela vous permettra ainsi de vivre chaque jour l'illumination.

> *La vie se refuse à nous à cause de notre manque d'attention,*
> *qu'il s'agisse de nettoyer des carreaux*
> *ou d'écrire un chef-d'œuvre.*
>
> NADIA BOULANGER

Imaginez-vous grimpant la montagne qui vous mène au sommet de votre potentiel. Vous commencez votre excursion avec un sac à dos rempli de douze cailloux bien lourds. À mesure que vous vous attaquez aux défis de chaque passage et les surmontez – argent, préoccupations, problèmes de santé, problèmes relationnels –, vous vous délestez d'une pierre et allégez ainsi votre ascension. Même si celle-ci peut s'avérer ardue, plus vous grimpez, plus la vue devient merveilleuse parce que le panorama s'élargit sous vos yeux et que vous contemplez le chemin parcouru. Vous commencez à percevoir et à apprécier la réalité radieuse qui existe dans l'ici et maintenant, le même monde magique que vos yeux écarquillés de nouveau-né voyaient, alors qu'ils fixaient le mystère au cœur même de la vie. Et parce que votre degré de conscience augmente, vous continuez votre ascension sur le sentier qui conduit vers l'âme, et les états que l'on qualifie de mystiques commencent à se manifester naturellement.

Traverser les passages pour se réaliser dans le quotidien

Dans le dernier chapitre de ce livre, je décompose et explicite les éléments qui constituent la réalisation de soi dans le quotidien. Ceci est le point central et culminant de tout mon enseignement. Il est naturel de vouloir sauter les pages pour se rendre à ce chapitre-là ou aux chapitres qui semblent le plus correspondre à votre vie en ce moment. Après tout, dans la vie quotidienne, des problématiques diverses surviennent à chaque jour, à chaque instant, dans le désordre. Mais dans ce livre, l'ordre dans lequel sont présentés les passages n'est pas arbitraire ni laissé au hasard. Je vous recommande donc de les explorer tels qu'ils sont présentés, parce que chacun d'eux vous aide à vous préparer au suivant. **Découvrez votre valeur propre** afin de pouvoir profiter au maximum des autres passages. Avec le chapitre **Retrouvez votre volonté**, vous acquerrez des outils pour mettre en pratique ce que vous apprenez, pour appliquer les exercices proposés dans **Tonifiez votre corps**, et avoir ainsi de bonnes bases pour **Savoir gérer votre argent** et atteindre une certaine stabilité financière, stabilité qui vous permet par la suite de disposer de plus d'attention pour observer et **Dompter votre mental**. La compréhension de la nature du mental vous permet d'amplifier votre vision intérieure pour que vous en veniez à **Faire confiance à votre intuition**, ce qui vous amènera à davantage **Accepter vos émotions** et à établir des relations plus harmonieuses, vous redonnant par le fait même le pouvoir de **Faire face à vos peurs**. Avec comme arme secrète le courage, vous gravissez le sentier menant à votre âme afin de **Faire la lumière sur vos zones d'ombre** et de récupérer les aspects de vous que vous avez niés. Ce faisant, une grande quantité d'énergie et d'attention autrefois monopolisée pour défendre votre image se trouve libérée. Avec le passage qui vous amène à **Intégrer votre sexualité**, vous transcendez aussi bien la licence que l'abnégation, et le plaisir s'approfondit ainsi que l'intimité. Ceci vous élève et vous amène à **Éveiller votre cœur** et à transformer l'amour en action pour **Servir l'humanité**. Le cercle de la vie est ainsi bouclé.

Chaque chapitre commence avec un bref aperçu de l'itinéraire qui vous attend. Cependant, au lieu d'empiler un élément sur l'autre, à la manière d'un jeu de cubes, je crée des thèmes et des contre-thèmes qui se superposent les uns aux autres, un peu comme si je composais une symphonie musicale. Ce style de présentation peut au début mystifier l'hémisphère gauche du cerveau, mais cela a un effet étrangement stimulant sur l'hémisphère droit. Et j'espère qu'en fin de compte ce style saura vous faire entendre sa musique dans une harmonie quasi parfaite.

Étant donné que ces passages expliquent comment vivre une vie sensée, équilibrée, saine et productive, ils sont compatibles avec divers enseignements religieux. Pourtant, certains concepts avancés pourraient soulever des controverses et même provoquer un désaccord. Mais ceci semble normal et juste puisque la même pratique ne convient pas à tous. (Si nous sommes tous d'accord sur tout, alors un seul d'entre nous est nécessaire.) Prenez ce qui vous est utile et laissez le reste de côté. Lisez ce texte avec un scepticisme de bon aloi. Testez ce que je propose en le comparant avec votre expérience propre.

Mon intérêt n'est pas que vous ayez confiance en moi, mais que vous ayez confiance en vous et que vous fassiez confiance au processus d'épanouissement de votre vie.

Le programme de douze semaines pour la réalisation de soi dans le quotidien est le suivant: la meilleure façon d'apprendre est de se concentrer sur une chose à la fois. En mettant ce principe en application dans votre vie, vous pouvez créer votre propre programme de douze semaines, en vous concentrant sur un passage par semaine tout en continuant à vaquer à vos occupations quotidiennes. Abordez chaque jour de cette semaine-là avec un regard propre à ce passage. Relisez un chapitre. Faites les exercices. Mettez en application les principes qui sont les plus marquants pour vous. Prenez quelques notes chaque soir, pendant une semaine, dans un journal consacré aux passages. À la fin des douze semaines, c'est-à-dire une saison, vous aurez traversé tous les passages et totalement refaçonné votre vie. Si vous répétez le cycle, vous vous surprendrez à rédiger de nouvelles découvertes, à aller plus en profondeur, à voir de grands changements en vous par le biais de votre journal.

Même si vous choisissez de ne pas vous engager dans un programme d'une telle intensité, le simple fait de lire ce livre vous fait entreprendre un processus irréversible d'apprentissage. Au cours de la lecture de chaque passage, à la lumière de la conscience en éveil, un changement alchimique se produit dans votre psyché. Comme un phare dans l'obscurité, cette conscience révèle ce qui a toujours été là mais est resté inaperçu. Elle vous remplit de clarté, d'énergie et vous illumine. La vie quotidienne vous révélera ses secrets parce que vous saurez voir les choses sous un jour nouveau.

La traversée de ces passages s'adresse à chacun de nous sans exception. Peu importe nos différences sur le plan des apparences, des cultures ou des croyances, nous avons en commun une quête, celle de la signification de la vie. Personne n'en est exempt ni exclu. Considérés dans leur ensemble, ces douze passages vous procurent le moyen de vous acheminer directement vers l'actualisation de votre potentiel. C'est une façon de vous réconcilier avec les plus profondes aspirations de votre âme. À mesure que vous parcourez les pages de ce livre, vous faites l'expérience d'une expansion quant au but et à la direction de votre vie, une expansion qui vous conduit vers le summum de l'expérience humaine et qui vous permet de connaître les vérités spirituelles au cœur même de votre existence. En entreprenant ce périple, vous aurez l'occasion de vous pencher sur votre passé et de réfléchir au futur, tout en vivant totalement dans le présent.

Je vous souhaite la bienvenue sur la voie du guerrier pacifique, où la vie de tous les jours devient votre périple et votre aventure. Le chemin s'ouvre grand devant vous et votre destinée vous attend. L'Esprit sait faire preuve d'une infinie patience.

Dan Millman
San Rafael (Californie)
Printemps 1997

Découvrez
votre valeur propre

*Peu importe le degré de votre intelligence,
de votre beauté ou de vos talents,
vous tendrez à saboter vos propres efforts et à miner vos relations
directement en fonction du degré selon lequel
vous doutez de votre valeur.
La vie abonde en largesses et en possibilités ;
votre degré d'ouverture à les recevoir et les apprécier
est directement proportionnel à votre appréciation
de votre valeur personnelle innée et à votre capacité
à vous accorder la même compassion et le même respect
que vous accorderiez aux autres.
Quand vous découvrez votre valeur propre,
vous rendez la liberté à votre esprit.*

S'ouvrir à la vie

Il y a quelque chose de drôle dans la vie :
si vous n'acceptez de recevoir que ce qu'il y a de mieux,
c'est ce qui se produira la plupart du temps.

W. SOMERSET MAUGHAM

Itinéraire de l'explorateur :
La première clé de la transformation

Aaron et Charlotte, frère et sœur, sont tous deux issus d'une famille stable de classe moyenne. Leur père et leur mère sont instruits, travailleurs, affectueux, sans problèmes d'alcool, sans attitudes abusives ni coupables secrets. Aaron grandit en réussissant : il a de bonnes notes à l'école, remporte un championnat junior d'échecs, pratique divers sports et, plus tard, gagne bien sa vie pour pouvoir supporter sa propre famille. Charlotte réussit moyennement bien mais se choisit des amis peu recommandables, commence à consommer de l'héroïne et d'autres drogues, se tourne vers le vol et la prostitution pour supporter cette dépendance, ce qui la conduit en prison et vers les affres du sevrage.

Bien sûr, tous les frères et sœurs ne sont pas aussi différents que Charlotte et Aaron, mais certains d'entre nous optent pour des chemins de vie plus droits que d'autres. Partout dans le monde, les enfants issus d'une même famille grandissent de façon différente, font des choix différents et mènent des vies différentes.

De nombreux facteurs viennent façonner nos vies, y compris les gens qui nous entourent et nous supportent, nos croyances, nos motivations, nos relations, la dynamique de nos familles, notre sort et notre karma. Mais la prémisse centrale sur laquelle se fonde le premier chapitre est que le sens que nous avons de notre valeur personnelle est l'unique et plus important facteur venant déterminer notre propension à accueillir dans notre vie, santé, abondance et joie. Dans le cas de Charlotte et d'Aaron, les comportements de ce dernier indiquaient un degré plus élevé du sens de la valeur personnelle. Mais l'histoire ne s'arrête pas là.

Charlotte, qui avait toujours beaucoup aimé les enfants, découvrit plus tard un nouveau but à sa vie, une nouvelle signification et l'occasion de se donner dans son rôle de mère dévouée de deux enfants. Son sens de sa propre valeur grandit en même temps que ses enfants. Charlotte prit sa vie en main et les choses vont de mieux en mieux pour elle.

Mais ce ne sont pas toutes les histoires qui se terminent aussi bien. Des milliers d'entre nous, voire des millions, provenant de toutes sortes de milieux, font des choix autodestructeurs parce qu'ils ont perdu tout contact avec leur valeur intrinsèque et la capacité de recevoir ce que la vie leur offre.

Le chapitre *Découvrez votre valeur propre* n'est pas plus ni moins important qu'un autre. Il passe cependant en premier parce que c'est seulement une fois que vous arrivez à apprécier votre valeur personnelle telle qu'elle est, que vous pourrez effectivement mettre en application les passages suivants et en profiter au maximum. En découvrant votre valeur propre, vous établissez des fondations sur lesquelles bâtir, en traversant un passage à la fois, une nouvelle façon de vivre. En découvrant votre valeur propre, vous gravissez la première marche qui vous amène par la suite à connaître, chaque jour, l'illumination.

L'intention de ce chapitre est de vous aider à évaluer le sens actuel que vous avez de votre valeur personnelle, à estimer les facteurs arbitraires qui l'ont généré, à comprendre comment un faible sens de la valeur de soi peut susciter (en grande partie inconsciemment) des comportements autodestructeurs et, enfin, à éliminer du chemin vos propres obstructions pour pouvoir vous engager dans une vie plus épanouie.

En franchissant ce premier passage, vous apprendrez de quelle façon le sens de la valeur personnelle diffère de l'estime de soi ; comment le sens de la valeur personnelle influe sur les choix que vous faites dans la vie ; trois façons d'évaluer le sens que vous avez de votre valeur personnelle (en grande partie inconscient) ; l'origine et les mécanismes de l'autosabotage et la façon de les dépasser ; et enfin, plusieurs façons d'estimer votre valeur propre innée.

Quand vous vous mettrez au travail, gardez à l'esprit les points suivants :

Personne d'autre que vous ne peut vous procurer un meilleur sens de votre valeur personnelle. La valeur personnelle découle du fait que l'on accomplit quelque chose qui a de la valeur. Ainsi que l'érudit talmudique Abraham Heschel le dit un jour : « Le respect de soi vient avec la discipline. »

Avec ce passage, il est question de découvrir le sens que vous avez de votre valeur personnelle, non pas de l'augmenter. En fait, cette valeur n'a jamais été amoindrie ni compromise par le sort ou les circonstances. Elle existe comme telle, comme existent l'air et les arbres, et n'a pas besoin d'être revitalisée ni méritée.

Le problème ne réside pas dans votre valeur telle qu'elle est, mais dans la façon dont vous la percevez. Nous avons presque tous perdu contact avec ce qu'il y a d'intrinsèquement bon en nous, nous avons presque tous laissé cette partie de nous se recouvrir des souvenirs de milliers de transgressions, réelles ou imaginées, pour finir par nous sentir seulement partiellement dignes de recevoir les largesses que la vie nous offre.

Dans les passages que vous traverserez par la suite, vous trouverez des clés supplémentaires pour résoudre le problème délicat du sens de la valeur personnelle et pour réussir finalement à le transcender. C'est le douzième passage qui vous procurera la clé ultime. Pour l'instant, nous allons commencer par éclaircir la signification du sens de la valeur personnelle, nous verrons comment il diffère de l'estime de soi et quel impact il a sur la qualité de la vie quotidienne.

Ce qui détermine le sens de la valeur personnelle

Concrètement, le degré que vous attribuez à votre valeur personnelle peut se vérifier par la réponse que vous faites à une unique question que vous vous posez en votre for intérieur : « Jusqu'à quel point suis-je méritant ? » Ou pour dire les choses encore plus clairement dans le cadre de la vie quotidienne : « Jusqu'à quel point puis-je accueillir ce qui m'arrive de bon aujourd'hui ? » Si vous observez votre vie très attentivement, vous découvrirez que vous n'obtenez pas nécessairement ce que vous méritez. Au contraire, vous n'obtenez rien de plus ni rien de moins que ce que vous *croyez* que vous méritez. Votre inconscient s'ouvrira à l'abondance dans la mesure où vous saurez apprécier votre valeur humaine innée. Pour y arriver, il faut bien sûr du talent, des efforts et de la créativité. Mais surtout et avant tout, il faut faire preuve d'une certaine propension à recevoir. Pour paraphraser un discours que Ram Dass prononçait il y a quelques années, je dirais que si vous tenez seulement un dé à coudre sous la pluie, vous ne recevrez qu'un dé à coudre d'eau de pluie, même s'il pleut des cordes.

Lorsque des ouvertures se présentent à vous, êtes-vous de ceux qui battent en retraite ? Chacun d'entre nous a en soi un « thermostat » du plaisir pour déterminer ce que nous ressentons comme juste et approprié. Si le niveau de plaisir excède le niveau du thermostat, cela nous rend anxieux.

Au cours d'un atelier que j'animais un jour, j'ai encouragé les participants à demander aux autres de les applaudir à tout rompre. Alors que les participants se succédaient, je remarquai leurs diverses façons de réagir aux applaudissements chaleureux. Certaines personnes ouvraient grands leurs bras, riaient et même sautaient sur place. D'autres ne pouvaient tolérer les applaudissements que pendant quelques secondes avant de lever les mains comme pour dire : «Ça suffit! Arrêtez-vous. Je me sens mal à l'aise.»

LA VALEUR DE SOI ET L'ESTIME DE SOI

Étant donné que tellement de gens prennent pour acquis que valeur de soi et estime de soi signifient la même chose, il me semble important d'expliquer la différence qui existe entre ces deux notions.

La valeur de soi (qui est associée au respect de soi) fait référence au sens général que vous avez de votre valeur, à votre mérite, à votre bonté innée, à votre droiture. Ce sens de votre valeur peut changer avec le temps en fonction de vos actions. Par exemple, mon sens à moi de ma valeur personnelle a augmenté au cours des années à mesure que j'ai appris à prendre mes responsabilités, à être un père et un époux aimant, et à aider les autres par mes livres et mes enseignements.

L'estime de soi (qui est associée à la confiance en soi) fait référence au fait que vous vous aimez ou vous sentez bien face à vous-même, votre apparence et vos capacités. L'estime de soi peut changer d'un instant à l'autre, en fonction de votre apparence, de vos capacités ou de votre situation. Par exemple, parce que j'étais un gymnaste expérimenté, je ressentais une grande estime de moi (confiance en moi) au gymnase, mais beaucoup moins d'estime de moi dans les soirées ou les rencontres mondaines.

De nombreux livres proposent des conseils pour augmenter votre estime et mieux vous sentir face à vous-même. Mais comme vous pourrez le constater, ce premier chapitre aborde une problématique plus profonde et plus vaste : celle du sens intrinsèque que vous avez de votre valeur personnelle, de votre bonté innée, de votre intégrité et de votre mérite. Quand vous aurez traversé les douze passages et que votre périple sera fini, vous aurez compris comment transcender les sentiments propres à la valeur de soi et à l'estime de soi. Mais en attendant, portons notre attention sur la valeur que nous nous accordons et sur l'effet que celle-ci peut avoir sur les sentiers que nous empruntons dans la vie.

LES CHOIX QUE VOUS FAITES

Ce premier chapitre a pour thème central le fait que *vous choisissez ou attirez inconsciemment dans votre vie les gens et les expériences que vous croyez mériter.* Dans la vie de tous les jours, la douleur est inévitable mais la souffrance est optionnelle, car elle n'est qu'un dérivé de choix erronés.

Le sens que vous avez de votre valeur personnelle ou de votre mérite façonne votre vie en créant des tendances.

Si vous vous sentez valorisé et digne de mérite, vous avez tendance à faire des choix profitables. (« Le monde m'appartient. »)

Si au contraire, vous vous sentez dévalorisé et indigne de mérite, vous aurez tendance à faire des choix destructifs et limitants. (« Je suis né pour un petit pain. »)

À chaque croisée de chemin, vous êtes libre de choisir une route droite, en étant bienveillant envers les autres, en travaillant dur, en trouvant des partenaires qui vous épaulent et en suivant des modèles valables. Ou bien vous pouvez prendre des routes tortueuses, en brûlant toutes les étapes, en prenant de la drogue et en choisissant d'entretenir des relations destructives. Le sens que vous avez de votre valeur personnelle a tendance à influer sur le fait que vous choisissiez d'apprendre vos leçons sur le mode de la difficulté ou de la facilité, que vous fassiez des efforts concertés pour arriver à vos fins ou que vous vous débattiez comme un diable, que vous courbiez l'échine devant les difficultés ou que vous réussissiez à les surmonter.

De tels choix déterminent votre niveau d'éducation et de revenus, vos habitudes sur le plan de la santé, et même votre longévité. Ceux d'entre nous qui ont un sens marqué de leur valeur personnelle sont moins susceptibles de se laisser prendre dans des habitudes autodestructives comme le tabagisme, l'alcoolisme ou d'autres drogues, ainsi que la compensation alimentaire.

Lorsque vous réussissez à apprécier justement votre valeur propre, vous pouvez, dans certains cas, améliorer de façon frappante vos conditions de vie en décidant de faire de nouveaux choix et de poser de nouveaux gestes. Et lorsque vous commencez à vous traiter avec un plus grand respect, les autres commencent à faire de même, puisque vous « montrez » inconsciemment aux autres comment vous voulez être traité, et ce par le langage de corps, le ton de la voix ainsi que d'autres signes et comportements subtils. Quand vous découvrez votre valeur innée propre et que vous commencez à vivre votre vie en fonction de cette valeur-là, vos choix deviennent plus constructifs et vous empruntez le droit chemin.

Étant donné que vous êtes sur le point d'explorer ce chapitre, le temps est peut-être venu de faire un inventaire, de réfléchir sur vos conditions de vie ainsi que sur le sens que vous avez de votre valeur personnelle, et de déterminer si votre vie fonctionne aussi bien que vous le désirez. Êtes-vous arrivé là où vous le vouliez dans votre vie ?

La prise de conscience

Étudier la valeur de soi à distance, comme les gens qui explorent l'Afrique à partir d'un autobus avec air climatisé, présente un risque. Il est certes plus rassurant de garder une bonne distance entre l'objet de l'observation et vous, mais beaucoup moins utile, par contre, car vous ne ressentez pas l'impact que celui-ci a sur votre vie dans l'instant présent.

Puisque le sens que vous avez de votre valeur propre (et votre tendance à l'autosabotage) est en général inconscient, *la prise de conscience de cette problématique fait partie intégrante de la solution.* Voici trois méthodes complémentaires pour devenir conscient du sens que vous accordez à votre valeur personnelle.

« SCANNEZ » VOTRE VIE POUR ÉVALUER LE DEGRÉ DE VOTRE VALEUR PERSONNELLE

N'oubliez pas que le sens que vous avez de votre valeur personnelle – de votre mérite – dépend directement de la perception que vous avez de ce qu'il y a de bon en vous. Sur une échelle allant d'une personne absolument mauvaise à une personne totalement bonne, où vous situez-vous ? Prenez quelques minutes pour passer votre vie au « scanner » de votre intuition, en tenant compte des relations qui existent avec vos parents, vos frères et sœurs, vos camarades d'école, et tous les autres que vous côtoyez à la maison et au travail, en tenant compte également des moments où vous avez été bienveillant, courtois, généreux et encourageant ainsi que des moments où vous l'avez été moins. Je ne vous demande pas de vous rappeler des situations particulières, mais plutôt de sentir intuitivement, en bloc, votre vie et d'attribuer au sens que vous avez de votre valeur personnelle, globalement, un score se situant entre un et cent. Sur cette échelle de un à cent, jusqu'à quel point êtes-vous une bonne personne ? Si vous vous donnez cent, cela signifie que vous croyez profondément être une personne totalement bonne et que vous méritez par conséquent une vie où abondent les bonnes choses : l'amour, la joie, la santé, la réussite et l'accomplissement. Si vous vous donnez un, cela signifie que vous estimez mériter les affres de l'enfer. (La plupart d'entre nous se situent entre ces deux extrêmes.)

Arrêtez de lire pour faire votre évaluation.

Cet exercice d'auto-évaluation concerne plus la *perception* que vous avez de votre valeur personnelle que votre valeur en tant que telle. Il est important de remarquer que les âmes les plus sensibles et qui sont le plus portées à se pencher sur elles-mêmes – c'est-à-dire ceux d'entre nous qui ont les visions les plus pénétrantes, les idéaux et les standards les plus élevés – ont souvent le sens le plus bas de leur valeur personnelle parce qu'elles échouent en permanence à atteindre leurs propres standards idéalisés. C'est peut-être pour cette raison que George Bernard Shaw fit une fois remarquer que « les personnes ignorantes sont sûres d'elles alors que les personnes intelligentes sont remplies de doutes ».

Que vous vous souveniez consciemment ou pas de vos comportements passés, le fait que vous sortiez un chiffre indique bien que votre inconscient fait les comptes. Les participants à mes ateliers auxquels j'ai demandé de s'évaluer sur une échelle de un à cent se donnent en général entre quarante-cinq et quatre-vingt-quinze, la plupart d'entre eux se regroupant cependant entre soixante et quatre-vingts. Mais, en tout cas, si vous vous êtes donné moins que cent, c'est que vous avez quelque chose à régler en ce qui concerne la perception que vous avez de votre valeur. Alors... bienvenue au premier passage !

RÉFLEXIONS SUR LA VALEUR DE SOI

Afin d'avoir une meilleure idée sur le sens que vous avez de votre valeur personnelle et sur la façon dont il influe sur les différents domaines de votre vie, posez-vous les questions suivantes et répondez-y par « Oui », « Non » ou « Quelquefois ».

- Lorsque la chance vous sourit, pensez-vous : « Cela ne peut pas durer » ?
- Est-il plus facile pour vous de donner que de recevoir ?
- Avez-vous l'impression que votre vie n'est qu'une succession de problèmes ?
- L'argent se fait-il rare et est-il difficile à gagner ?
- Trouvez-vous votre travail insatisfaisant ?
- Trouvez-vous vos relations insatisfaisantes ?
- Faites-vous de longues heures de travail sans cependant trouver le temps de vous amuser ?
- Éprouvez-vous du ressentiment envers les gens qui prennent souvent des vacances ou les enviez-vous ?
- Les autres vous donnent-ils l'impression de s'amuser plus que vous ?
- Vous sentez-vous poussé à devoir travailler plus, faire plus ou *être* plus que les autres ?
- Vous suralimentez-vous, fumez-vous, buvez-vous de l'alcool ou prenez-vous d'autres types de drogue régulièrement ?
- Vous sentez-vous mal à l'aise quand on vous fait des compliments, que l'on vous applaudit, que l'on vous accorde une très grande attention, que l'on vous fait des cadeaux ou que l'on vous procure un grand plaisir ?
- Avez-vous laissé passer ou refusé certaines occasions sur le plan de l'éducation, du travail et des relations pour le regretter plus tard ?
- Êtes-vous plus souvent malade ou vous blessez-vous plus que les autres ?
- Si quelqu'un vous demande le tarif des services que vous offrez, lui proposez-vous un prix plus bas en comparaison de ceux qui exercent la même profession que vous ?

Si vous avez répondu « Oui » ou « Quelquefois » à plus de la moitié de ces questions, vous aurez tout avantage à entreprendre ce parcours à travers le premier passage.

LE MIROIR DE LA VIE QUOTIDIENNE

Fort probablement, la façon la plus réaliste de déterminer ce que vous croyez mériter est d'observer votre vie telle qu'elle est actuellement. L'état de vos relations, de votre travail, de vos finances, de votre éducation et de votre style de vie reflète la perception que vous avez de votre valeur : jusqu'à quel point pouvez-vous accueillir ce qui vous arrive de bon ? Il est évident que tous les gens vivant dans la pauvreté ne manquent pas d'argent uniquement parce que le sens qu'ils ont de leur propre valeur est faible. Il existe des circonstances – comme le lieu où vous êtes né et où vous avez grandi – sur lesquelles vous n'avez eu que peu ou aucun contrôle. Mais en grandissant, c'est vous qui avez choisi votre *façon de réagir* à ces circonstances, ce qui reflétait le sens de votre valeur personnelle et aidait en même temps à le façonner.

L'ARGENT ET LA VALEUR DE SOI

La perception que vous avez de votre valeur est une autre forme de croyance qui influe sur le degré d'abondance que vous sentez mériter. D'ailleurs, le manque d'argent est souvent relié à une faible valorisation de soi, qui s'accompagne d'autosabotage. Par exemple, les gens qui gagnent à la loterie ou ceux qui reçoivent soudainement un montant énorme d'argent (ou qui deviennent célèbres) se retrouvent face à des problèmes (créés par eux-mêmes), s'ils considèrent qu'ils ne méritent pas une telle fortune. L'histoire suivante, que m'a racontée un rabbin il y a des années, illustre bien cet état de choses :

Un modeste tailleur, qui vivait dans un immeuble défraîchi d'une petite ville du Midwest américain, gagnait chichement sa vie. Mais chaque année, fidèle à son rêve, il s'achetait un billet des Irish Sweepstakes.

Cela dura pendant quinze ans, jusqu'à ce qu'un jour il trouve deux hommes devant sa porte, tout souriants. Ils entrèrent pour lui annoncer qu'il venait de gagner à la loterie un montant de 1 250 000 $, toute une fortune à cette époque.

Le tailleur put à peine en croire ses oreilles. Il était riche maintenant ! Il n'aurait plus besoin de passer de longues heures à faire des retouches, à coudre des ourlets de robes, à faire des revers de pantalons. Il pourrait enfin vivre ! Il ferma boutique sur-le-champ et s'acheta une garde-robe digne d'un roi. Le même jour, il acquit une limousine et engagea un chauffeur, puis il se fit réserver des suites dans les meilleurs hôtels de New York. On le vit peu après évoluer avec de nombreuses et belles jeunes femmes.

Chaque soir, il faisait la fête et dépensait son argent comme si celui-ci allait lui durer éternellement. Mais ce ne fut pas le cas : il se retrouva bientôt non seulement sans le sou, mais également en piteux état. Épuisé, malade et seul, il retourna à sa petite boutique et reprit sa vie d'antan. Tout revint à la normale. Il recommença même, par habitude, à s'acheter un billet de loterie par année, avec ses maigres économies.

Deux ans plus tard, les mêmes deux hommes se présentèrent à nouveau devant sa porte. « Ceci n'est jamais arrivé dans toute l'histoire des sweepstakes, Monsieur, mais vous avez encore gagné. »

Le tailleur eut les jambes qui se mirent à trembler et il dit : « Oh, non ! Ne me dites pas qu'il va falloir que je passe à travers tout ça encore une fois ! »

Ainsi que le démontre l'histoire de ce tailleur, la façon dont nous composons avec l'argent (ou le pouvoir ou la célébrité) reflète souvent le sens que nous avons de notre valeur personnelle.

L'origine de l'autosabotage

Si le sens de la valeur de soi n'influait nullement sur nos actions, c'est-à-dire s'il se limitait à la dimension des émotions, il aurait seulement du pouvoir sur nos humeurs. Parfois vous

vous sentiriez valorisé (sensation agréable) et parfois non (sensation désagréable). Et cela finirait là.

Toutefois, le faible sens que nous avons de notre valeur personnelle influe également sur nos actions et génère des tendances à saboter nos propres efforts, afin que les choses n'aient pas l'air de tourner si bien qu'elles le devraient. Vous aurez parfois l'impression d'être malchanceux ou que Dieu vous punit, alors qu'en réalité vous vous punissez vous-même. Vous le faites par le biais de comportements dont vous n'êtes pas totalement conscient. Ou, à l'instar de l'alcoolique qui sait qu'il boit mais ne considère pas ce travers comme un problème, vous serez peut-être conscient du problème sans pour cela en reconnaître l'effet destructeur.

Je n'ai jamais connu quelqu'un qui n'ait été touché, à un moment donné, ou d'une façon ou d'une autre, par l'autosabotage ou les subtils comportements d'autodestruction, que ce soit dans les domaines de l'argent, des relations, de l'éducation ou de la carrière. La même question revient encore sous une forme ou sous une autre : jusqu'à quel point voulez-vous vous dépasser ? Jusqu'à quel point pouvez-vous accueillir ce qui vous arrive de bon ?

Pour vous aider à éliminer les tendances cachées qui sabotent vos propres efforts, examinons l'origine, simple mais profonde, de l'autosabotage. Nous devons rendre ce mécanisme conscient : regardons donc comment il en est venu à se former et comment il fonctionne.

VOTRE SCORE INTÉRIEUR

Le plus grand pas en avant que vous puissiez faire pour améliorer votre qualité de vie, c'est de concevoir combien l'évaluation que vous faites de vous-même façonne et a façonné votre existence et comment vous pouvez dépasser n'importe quelle évaluation que vous vous attribuez.

Pour bien comprendre l'origine de la faible valorisation de soi et de l'autosabotage, nous devons examiner une dynamique universelle qui vaut pour vous et pour chaque humain que cette terre porte, indépendamment de la culture.

Afin de rentrer dans les normes de la société, vos parents (ou ceux qui se sont occupés de vous) vous ont appris ce qui était considéré comme bon et ce qui était jugé mauvais.

Si vous vous comportiez bien, vous receviez l'approbation de vos parents et étiez récompensé par une attention positive de leur part. Si vous vous comportiez mal, vous receviez leur désapprobation et étiez puni par une attention négative.

Donc, quand vous étiez tout jeune, vous avez appris les deux équations morales de base : *Si je suis gentil, on me récompense. Si je suis méchant, on me punit.*

Dans un monde idéal, ces règles seraient absolument justes et cohérentes. Dans la réalité, cependant, vos parents n'ont pas toujours remarqué les inconduites. Et même s'il leur arrivait de le faire, ils étaient probablement trop fatigués ou trop distraits pour réagir de façon cohérente et continue à vos agissements.

Mais, il y avait cependant quelqu'un qui voyait et remarquait, sans rien manquer, la moindre incartade que vous faisiez. *Vous.* Et vous continuez de le faire. Non seulement cela, mais vous remarquiez et enregistriez chaque pensée ou émotion négative, haineuse, mesquine, envieuse, méprisante ou cruelle se manifestant en vous. Ainsi a débuté toute la problématique du sens que vous avez de votre valeur.

Rappelez-vous ces deux équations : si je suis gentil, on me récompense ; si je suis méchant, on me punit. Étant donné que vos parents ne vous punissaient pas tout le temps, c'est vous qui faisiez le « travail », vous punissant vous-même, parfois pour le restant de vos jours, sous la forme d'autosabotage ou de comportements autodestructeurs.

LES SUBTILITÉS DE L'AUTOSABOTAGE

L'autosabotage peut prendre bien des formes : abandonner l'école, accepter des emplois sous-payés, choisir un conjoint qui abuse de vous physiquement ou verbalement, dépenser plus d'argent que vous n'en gagnez, vous suicider à petit feu avec le tabac, l'alcool ou d'autres drogues, verser dans la criminalité, travailler à vous rendre malade ou à vous faire mourir, vous laisser périr de faim, vous infliger vous-même des blessures, fuir, décrocher de tout ou adopter toute autre attitude pouvant miner santé, réussite et relations.

La célébrité et la richesse ont leur revers de médaille pour ceux qui ne s'en sentent pas dignes. Vous n'avez qu'à penser aux gens célèbres qui adoptent des comportements autodestructeurs et punitifs.. Il est important de noter que ceux qui ont acquis fortune et célébrité sans s'autodétruire ont au moins en commun certaines des caractéristiques suivantes :

- Quelqu'un dans leur famille s'est occupé d'eux en leur faisant sentir qu'ils étaient dignes de mérite, peu importe leurs entreprises et actions.

- Même quand ils étaient maltraités, ils avaient au moins une personne importante près d'eux – un professeur, un membre de la famille ou un ami – qui les écoutait, les valorisait et les traitait avec respect.

- Ils se sentent dignes de mérite parce qu'ils ont peiné pour arriver là où ils sont rendus – ils se sont sacrifiés et ont étudié et travaillé assidûment pendant un certain temps.

- Ils ont développé un sens de la relativité des choses, font preuve d'un certain humour face à eux-mêmes et ne se prennent pas trop au sérieux.

- Ils font profiter les autres de leur richesse de façon concrète, en faisant des dons à des œuvres de charité ou en travaillant pour une cause qui leur tient à cœur.

Il se peut que, consciemment, vous souhaitiez réussir, que vous lisiez des livres et assistiez à des conférences dans cette intention, mais que vous miniez vos efforts de façon aussi subtile qu'inventive. Pensez aux fois où vos amis ou des membres de votre famille vous ont déconseillé de faire quelque chose mais que vous êtes quand même allé de l'avant parce que quelque chose vous poussait à le faire.

Bien sûr, il vaut mieux suivre sa propre idée. (Où serait allé Christophe Colomb sans cela ?) Mais, si vous remarquez un scénario répétitif selon lequel vous tombez aveuglément dans les mêmes pièges malgré les avertissements de vos proches – comme acheter une automobile qui ne vaut rien en dépit de l'avis de votre ami mécanicien vous prévenant qu'il s'agit d'une mauvaise affaire, vous offrir un article très cher dont vous n'aviez pas vraiment besoin, parier plus d'argent que vous ne pouvez vous permettre de perdre, ou vous engager dans une relation douloureuse – posez-vous la question suivante : Ne me suis-je pas déjà assez puni comme ça ?

PRENDRE LES CHOSES EN MAIN EN PRENANT SES RESPONSABILITÉS

Alors que j'étais entraîneur de gymnastique à l'Université Stanford, j'entrai un jour d'entraînement dans une salle où Jack, le capitaine de l'équipe, était allongé sur un tapis et s'étirait, tenant une de ses jambes allongée à deux mains et la tirant vers sa poitrine. Quand je passai près de lui, je vis la grimace sur son visage et l'entendis grommeler : « Mon Dieu ! Que je déteste ça ! Ça fait tellement mal ! » Je ne savais pas s'il s'adressait à moi, à lui-même ou à Dieu pour se plaindre, mais j'eus l'impression d'avoir pris sur le vif une scène d'un film de Mel Brooks. J'aurais voulu demander à Jack : « Qui te fait souffrir comme ça ? Si ça te fait si mal que ça, pourquoi est-ce que tu ne relâches pas un peu l'étirement ? » Il en va de même avec votre vie : si c'est aussi souffrant que cela en a l'air, pourquoi ne vous donnez-vous pas un peu de mou ?

Dès que nous reconnaissons à quel point nous nous imposons nous-mêmes nos difficultés, nous commençons à les guérir. Nous mettons fin à l'autosabotage uniquement lorsque nous acceptons notre responsabilité dans les choix et actions qui ont créé ce sabotage. C'est seulement lorsque nous cessons de blâmer notre patron, notre gouvernement, nos parents, notre conjoint, notre partenaire, nos enfants, les circonstances, le destin ou Dieu que nous pouvons changer notre vie et dire avec conviction : « Je choisis d'être là où j'en suis en ce moment et je peux aussi choisir quelque chose de mieux. »

Bien sûr, ce ne sont pas toutes les mésaventures, blessures ou problématiques qui sont créées, inconsciemment, par votre manque de valorisation personnelle. À ce que je sache, certaines difficultés ou défis nous sont donnés par Dieu ou par notre âme pour tester et tempérer notre esprit. Ainsi que le dit le vieux dicton : « Que vous le preniez comme un bienfait ou comme une épreuve, ce qui se produit, se produit pour le mieux. » Et quand l'adversité se produit, elle comporte parfois ses propres bienfaits.

LE BON CÔTÉ DE L'ADVERSITÉ

Nous avons tous eu notre quota de souffrance, de maladie et d'adversité. À l'époque où je fréquentais l'université, alors que je me préparais à m'envoler vers l'Europe pour participer aux championnats mondiaux de gymnastique, une automobile entra en collision avec ma moto (et moi) et j'eus le fémur droit cassé, en quarante morceaux selon l'avis du médecin. Lorsque je repense à cet accident, des années plus tard, en dépit des douleurs atroces, du handicap subséquent, de la dépression et de la longue rééducation, je crois que cet accident est une des choses les plus utiles qui me soient jamais arrivées sur le plan spirituel. Cet accident me « secoua » et m'amena à considérer les choses de la vie et de la mort avec plus de recul. Il ouvrit pour moi de nouvelles avenues. (Je ne recommande cependant pas les fractures, la maladie ou les blessures volontaires comme méthode d'évolution personnelle !)

Tout ce que je veux dire, c'est que nous pouvons, lorsque nous examinons les choses avec un peu de recul, trouver des bienfaits dans l'adversité. Lorsque nous sommes psychologiquement sains, nous ne cherchons pas la douleur, ni les blessures, ni la maladie, mais nous sommes assez sensibles pour comprendre que toute chose comprend son opposé, qu'il y a toujours un bon et un mauvais côté.

Que l'adversité soit le fruit de l'autosabotage ou bien une leçon spirituelle, quelque chose de plutôt surprenant peut se produire lorsqu'elle frappe à votre porte. Nombreux sont ceux ayant survécu à de graves maladies, où douleurs et souffrances ne faisaient pas exception, qui racontent avoir connu une sorte de paix intérieure qu'ils n'avaient jamais ressentie auparavant. La douleur semble avoir sa façon à elle de faire le ménage dans la carte de pointage de l'inconscient, un peu comme si l'adversité et les souffrances venaient purger les «péchés», réels ou imaginaires. C'est un peu comme si vous étiez en fin de compte puni pour tout ce que vous avez dit ou pas dit, fait ou pas fait, et que les choses s'équilibraient. La psyché déniche d'ingénieuses façons, parfois tragiques, de trouver la paix. Je soulève ce sujet pour le porter à votre attention consciente afin que vous trouviez la paix intérieure par le biais du dévouement aux autres (comme dans le Douzième passage) et non pas par celui de la douleur.

La plupart d'entre nous avons à un moment donné ressenti le besoin de nous repentir, de rembourser nos dettes ou de demander pardon pour les erreurs commises autrefois. À mesure que vous découvrez votre valeur personnelle innée, vous réalisez que la vie est suffisamment difficile telle qu'elle est sans avoir à créer d'autres difficultés. Ce faisant, vous commencez à vous ouvrir aux joies de la vie tout en apportant plus de joie aux autres.

Le levier du changement

La valeur personnelle n'est pas une chose en soi, mais une perception. Tout comme le gymnaste commence son enchaînement avec dix points et se voit déduire des points pour chaque erreur faite, vous commencez votre vie avec le sens d'une valeur personnelle naturelle et totale. (Vous est-il déjà arrivé de voir un nouveau-né qui avait des problèmes de valorisation personnelle ?) Mais, à mesure que vous grandissez, vous devenez votre propre juge et vous déduisez des points quand vous vous méprenez sur la nature de la vie et de l'apprentissage. Quand vous oubliez que vous êtes justement un être humain en apprentissage de la vie, que faire des erreurs et des écarts d'intégrité et connaître des moments de médiocrité sont des choses qui font partie de la vie et ne sont pas des péchés impardonnables.

Vous trouverez ci-dessous des aide-mémoire qui vous permettront d'évaluer votre valeur personnelle à la hausse même avec les aléas de la vie. En faisant la lumière sur votre vie grâce à la conscience et à la compassion, vous pouvez vous apprêter à accueillir votre destinée à bras ouverts.

SACHEZ QUE VOUS N'ÊTES PAS SEUL

Il s'agit en premier lieu de reconnaître que vous n'êtes pas seul. Nous avons tous fait des erreurs : cela fait partie de la vie et de la croissance. Nous avons tous dit, pensé, ressenti et fait des choses que nous regrettons. Mais notre valeur ne dépend pas de la perfection. Nombre d'entre nous se sont fait prendre au piège des cycles de la mise en échec par soi-même : on se comporte mal, ce qui entraîne une plus grande dévalorisation, entraînant à son tour des comportements encore plus négatifs. Si nous pouvons arrêter de juger nos erreurs de façon aussi draconienne, nous pourrons également nous arrêter de nous engager, par réaction, dans des comportements négatifs.

SACHEZ QUE VOUS AVEZ FAIT DE VOTRE MIEUX

La deuxième chose à réaliser est que, peu importe le comportement du moment, vous avez fait de votre mieux chaque jour de votre vie. Vous ne serez peut-être pas d'accord avec ceci. Alors, avant que nous attaquions le sujet comme tel, abordez ce principe en pensant à vos parents ou à ceux qui se sont occupés de vous : que leurs comportements aient été bienveillants ou abusifs, ils faisaient du mieux qu'ils pouvaient, en fonction de leurs propres limites, blessures, croyances, peurs, valeurs et anxiétés. Leur « mieux » à eux pouvait être quelque chose de merveilleux ou de terrible, ou quelque chose entre les deux. Il en va de même pour vous : même si vous avez certainement failli à votre idéal à de nombreuses reprises et fait des erreurs, vous avez fait du mieux que vous pouviez à ces moments-là.

FAITES VOS EXCUSES ET DEMANDEZ PARDON

La plupart d'entre nous faisons jouer dans notre esprit les images d'un incident que nous souhaiterions bien pouvoir revivre d'une autre façon. Peut-être aurions-nous pu faire mieux au cours de cette entrevue pour un emploi, lors de ce discours, de cet examen ou de cette prestation publique. Ou peut-être souhaitons-nous pouvoir effacer les actions blessantes, les moments de manque de respect ou de malhonnêteté.

Vous ne pouvez pas changer les erreurs du passé, mais vous pouvez éviter de les répéter. Le passé n'existe plus, si ce n'est sous la forme d'une série de souvenirs et d'impressions que vous maintenez vivants dans le présent. En vous concentrant sur ce que vous pouvez faire dans le présent, c'est-à-dire revoir vos erreurs avec un regard plein de compassion et demander pardon, vous faites déjà beaucoup pour guérir le sens morcelé que vous avez de votre valeur personnelle.

Si vous vous sentez mal de ne jamais envoyer de carte de souhaits d'anniversaire à votre mère, envoyez-en une toute spéciale dès maintenant. Même si elle est décédée, écrivez quand même la carte. Et demandez-lui pardon. Si vous avez blessé un frère, une sœur, un parent ou une autre personne, revivez en pensée ce souvenir et ensuite entrez en communication avec eux, faites-leur vos excuses et demandez-leur pardon. S'ils ne vous pardonnent pas, alors pardonnez-leur de ne pas vous pardonner. Puis, envoyez-leur des fleurs ou tout autre cadeau que vous jugez approprié, ou bien une lettre. En fermant les yeux et en visualisant ceux que vous avez blessés, puis en leur demandant pardon, vous apportez la guérison, car votre valeur personnelle en est rehaussée et les relations assainies.

FAITES CONFIANCE À VOTRE PROCESSUS DE TRANSFORMATION

La prochaine fois que vous vous surprenez à penser que quelque chose de bon ne peut pas durer, souvenez-vous que l'évolution observe un mouvement ascendant en spirale et que la vie peut s'améliorer avec le temps, et qu'en général elle le fait. En vivant vous apprenez, vous trébuchez et évoluez, vous progressez et vous régressez, vous échouez et grandissez, vous avancez et vous épanouissez. Si vous accordez de l'attention à ce processus et vous efforcez de vous améliorer, vous deviendrez plus fort, plus lucide, plus avisé et plus apte à aller de l'avant. La vie est un processus de redécouverte de votre valeur personnelle ainsi que de celle de tous les êtres humains.

Le pouvoir de la grâce

En fin de compte tout cela revient à une chose : pour découvrir votre valeur propre, vous devez descendre profondément en vous et la trouver là. Vous devez la créer par le biais d'actions dignes de respect. Dans le douzième chapitre, *Servez l'humanité*, vous découvrirez l'ultime moyen qui vous permettra de retrouver la valeur innée intacte que vous ressentiez spontanément quand vous étiez enfant. Les passages suivants vous prépareront à aborder cette dernière étape. Chaque passage suscitera en vous de nouvelles prises de conscience qui vous mèneront, au-delà de la valeur personnelle, à connaître, chaque jour, l'illumination.

La clé est de se souvenir, même si nous ne nous sentons ni très bienveillants ni téméraires ni dignes de mérite, qu'un toit continue de nous abriter des intempéries, que le soleil brille au-dessus de notre tête, que nos chaises nous supportent toujours, ainsi que le fait la vie. En fait, la vie est un cadeau qui n'a pas besoin d'être mérité : cela est le sens caché de la grâce.

La grâce nous révèle que seul le moment présent est réel. Que le passé et le futur n'existent que dans nos esprits. Votre carte de pointage personnelle redevient vierge chaque fois qu'un moment de conscience, d'humilité ou de repentir vous habite. Si vous devez vous acquitter d'une dette, remboursez la personne désignée avec la monnaie de la bienveillance, pas en vous punissant. Plus jamais. Cela n'est pas nécessaire et ne l'a jamais été.

Vous trouverez par la suite dans le deuxième chapitre, *Retrouvez votre volonté*, une autre clé pour dépasser les limites que vous vous êtes imposées dans la vie. Votre volonté vous donne le pouvoir voulu pour transcender les tendances qui limitent depuis toujours vos choix et vos actions. Une autre étape qui vous conduit sur le chemin de l'illumination au quotidien.

Retrouvez votre volonté

*À l'intérieur de vous sommeille
un pouvoir de volonté, d'esprit, de cœur.
Le genre de force qui ne vous laissera pas tomber
dans les moments d'adversité.
Il vous suffit de vous souvenir de votre rôle sur Terre,
de la vision qui vous a conduit jusqu'à cette planète,
de la vision qui vous conduira jusqu'aux étoiles,
jusqu'aux profondeurs des océans et
vers les hauteurs de votre âme.
Une grande force de volonté
existe en vous,
qui ne demande qu'à s'exprimer.*

Le pouvoir de changer

Quand vous gravissez une colline en courant,
vous pouvez abandonner la partie aussi souvent que vous voulez,
en autant que vos pieds continuent à avancer.

D^R S<small>HOMA</small> M<small>ORITA</small>

Itinéraire de l'explorateur :
Les portes du pouvoir intérieur

Le plus grand défi de la vie, celui auquel vous ferez face pour traverser chacun des douze passages, est de mettre en pratique ce que vous savez. Vous savez combien il est important de bien manger et de faire régulièrement de l'exercice. Vous savez qu'il convient de traiter les autres avec bienveillance. Mais aussi longtemps que vous n'aurez pas repris votre volonté en main, c'est-à-dire que vous n'utiliserez pas votre pouvoir pour mettre en pratique ce que vous savez, même la meilleure des intentions ne pourra jamais se réaliser.

UN PAS EN AVANT, C'EST TOUT!

Il est plus facile de dire que de faire. Peu importe le degré de votre intelligence ou de vos talents, seules vos actions façonnent votre destinée. Pour mener à bien ce que le second passage promet, il suffit de connaître trois mots magiques et de les mettre à exécution : Faites-le donc!

Mais *comment* donc doit-on s'y prendre pour faire ce que nous savons qu'il convient le mieux de faire? *Comment* s'y prendre pour arriver à un contrôle et une maîtrise de soi continus?

Cette question trouva son aboutissement il y a quelques années, juste avant que je n'entre en scène pour présenter une conférence intitulée : « Les lois de l'esprit ». Un gars s'approcha de moi pour me demander comment il pouvait atteindre son but: perdre du poids. « Un régime à faible teneur en matières grasses et de l'exercice régulier », lui répondis-je. Sans même prendre le temps d'y penser, il me demanda à nouveau comment il pouvait faire pour mieux manger et mieux s'en tenir à un programme d'exercices. « Je sais que j'ai besoin de bouger », dit-il, « mais je n'ai pas la volonté de m'y mettre. Alors comment faire pour renforcer ma volonté? »

« Vous le savez déjà », lui répondis-je. « Savoir n'est pas là où se situe le problème. D'ailleurs, en ce moment même vous semblez disposer de toute la volonté nécessaire. Regardez la façon dont vous avez si efficacement engagé la conversation avec moi alors que nous faisons attendre un millier de personnes. »

« Oui, mais une toute petite chose encore... »

Le temps était venu pour moi de mettre ma volonté à exécution et de commencer mon allocution. C'est ce que je fis.

Mais quelque chose me dérangeait chez ce gars-là. Je réalisai soudain ce que c'était. Il me rappelait quelqu'un que je connaissais: moi, durant toutes ces années où j'avais cherché divers raccourcis, stratégies, méthodes, techniques, formules et échappatoires pour me motiver à faire ce que je devais faire. Mais la vie nous ramène incessamment à l'inévitable réalité que la meilleure façon de faire ce que vous avez à faire, c'est tout simplement de le faire. Parfois, c'est facile. Parfois, c'est ardu. Mais cela ne change en rien le fait que, pour que quelque chose se fasse, la seule solution, c'est de le faire. Quand vous reprenez votre volonté en main, c'est votre vie que vous reprenez en main par la même occasion.

Votre volonté a toutes les libertés, elle a le libre arbitre, mais elle n'est pas toujours libérée. La liberté comporte un prix, et la vie, des obstacles que l'on doit franchir. Dans ce deuxième chapitre, j'utilise indifféremment les termes « volonté » , « force de caractère », « discipline personnelle » et « contrôle de soi » parce que n'importe lequel de ces traits conduit à la maîtrise de soi lorsqu'il est appliqué à la longue sous forme de patience, de persistance et de persévérance. Ce chapitre vous montre comment exercer la force de votre volonté pour surmonter les obstacles, afin d'établir de solides bases et réussir sur les plans matériel et spirituel.

En franchissant ce deuxième passage, vous explorerez des thèmes comme la force de votre intention, les obstacles obstruant le chemin, les secrets inconscients de la motivation, les directives pratiques pour faire ce qu'il y a à faire, les réalités concernant les choses que vous pouvez ou ne pouvez pas contrôler, des indications pour pouvoir dépasser les penchants et, enfin, des aide-mémoire inspirants concernant votre raison d'être sur la terre.

Reconquérez votre pouvoir

Les difficultés vous freinent uniquement quand vous doutez du pouvoir de votre volonté. Tirez vos leçons de la comédie musicale *Le Magicien d'Oz* avec ses divers protagonistes : l'épouvantail à l'esprit vif qui croyait être dépourvu de cerveau, le bûcheron de fer-blanc qui avait la sensation de manquer de cœur et le lion à la bravoure immense qui craignait de manquer de courage. Tous les trois réalisèrent qu'ils possédaient depuis bien longtemps les traits de caractère qu'ils désiraient. Comme eux, la volonté ne vous a jamais manqué et vous ne l'avez jamais perdue : vous avez tout simplement oublié sa force.

La volonté ressemble à un muscle en ce sens qu'elle se renforce lorsqu'on l'exerce : elle a besoin de bouger et d'exercer son talent. Votre force intérieure attend que vous fassiez appel à elle afin qu'elle puisse s'affirmer davantage. Voici maintenant l'occasion de vous souvenir de la force innée de votre volonté, de l'éveiller, de la rebâtir et de vous l'approprier. Bienvenue au second passage.

ÉVALUATION DE VOTRE FORCE DE CARACTÈRE

Les questions suivantes peuvent vous aider à évaluer de quelle façon vous composez avec la discipline personnelle et la volonté dans le quotidien :

- Sur une échelle de un à dix, jusqu'à quel point mettez-vous à exécution ce que vous savez devoir faire ?
- Comment évaluez-vous votre capacité de discipline par rapport à celle des autres ?
- Avez-vous en ce moment un rêve, but ou souhait d'importance fondamentale ? De quelle façon votre volonté peut-elle vous aider à le réaliser ?
- Auparavant, faisiez-vous preuve de plus ou de moins de discipline que maintenant ? Quand et pourquoi ?
- Vous souvenez-vous d'une occasion où vous avez fait preuve d'une grande volonté ?
- Vous souvenez-vous d'une occasion où vous avez fait preuve de piètre volonté ?
- De quelle façon pouvez-vous utiliser votre volonté en ce qui concerne votre régime alimentaire ?
- De quelle façon pouvez-vous utiliser votre volonté en ce qui concerne l'exercice physique ?

- De quelle façon évalueriez-vous votre volonté sur le plan de la sexualité ?

- Votre planification budgétaire et vos finances reflètent-elles le fait que vous vous imposez des restrictions ?

- Des gens vous ont-ils déja dit que vous étiez entêté ou déterminé ? (Les avez-vous remerciés ?)

- Lorsque vous faites quelque chose que vous aimez, avez-vous besoin d'exercer ou non votre volonté ? Pourquoi, ou pourquoi pas ?

- Quelles habitudes voudriez-vous changer ?

- Avez-vous déjà exercé votre volonté pour agir avec bienveillance ou courtoisie lorsque vous n'aviez pas envie de le faire ?

- Voudriez-vous avoir une volonté plus forte ? (Comment savez-vous que vous n'en avez pas déjà une ?)

La force de votre raison d'être

Une grande volonté et rien à faire, c'est comme un pur-sang qui n'aurait pas de piste sur laquelle galoper. Il vous faut plus que de la volonté pour entreprendre un périple : il vous faut une orientation, une tâche, un objectif, une mission, un but. Il vous faut un but-de-vie qui ait de la signification à vos yeux.

Votre raison d'être et vos buts sont façonnés par un millier de facteurs, y compris votre milieu de vie, vos parents, la génétique, vos talents, vos valeurs, vos conditions de vie, la synchronicité et les possibilités d'expériences diverses. Ajoutez à cela le libre arbitre, les attentes et une pincée de prédestination, et voilà que quelque chose émerge que vous sentez vouloir ou avoir besoin de faire à cet instant même, cette année-ci ou dans cette vie. Lorsque vous connaissez la nature de votre raison d'être et agissez dans son sens, toute la puissance de votre volonté se déclenche.

Peut-être voudriez-vous vous débarrasser de vos habitudes négatives ou en créer de positives, améliorer votre vie amoureuse ou votre situation financière, trouver un travail plus significatif ou plus gratifiant, ou encore maîtriser les douze passages. Peu importe votre but-de-vie, les obstacles surgiront toujours entre vous et vos objectifs. La volonté peut se comparer à un véhicule tout-terrain avec lequel vous contournez les entraves, franchissez les pierres d'achoppement et les courses d'obstacles, au travers du doute et de l'incertitude. Un véhicule qui vous propulse vers votre destinée, vers la pratique de la réalisation de soi dans le quotidien.

Je citerais ici Shoma Morita, ainsi que David Reynolds l'a fait au cours d'une conférence, en disant qu'il existe trois grandes lignes de conduite dans la vie : accepter ses émotions, connaître la nature de sa raison d'être et faire ce qui doit être fait (pour aller dans le sens de cette raison d'être, quelles que soient les émotions ou l'absence d'émotions).

CONNAÎTRE LA NATURE DE SA RAISON D'ÊTRE

Que vous connaissiez ou non la nature de votre raison d'être, vos intentions ou bien vos buts pour l'année à venir, vous avez presque à coup sûr une idée claire de ce que vous voulez faire dans les minutes qui suivent. Lorsque le futur est vague, vous pouvez toujours composer avec ce qui se présente dans l'immédiat. Le destin a sa façon à lui de marquer le sentier d'une traînée de petits cailloux, chacun représentant un petit but à la fois. En prêtant attention à chaque journée, à chaque moment, vous verrez ce qui doit être accompli dans l'immédiat. Vos buts immédiats sont les petits cailloux qui vous mènent vers ce quelque chose que vous ne pouvez pas encore voir.

Soyez flexible. La vie amène parfois des surprises et le chemin qui mène au sommet a de nombreux tours et détours, ainsi que l'illustre l'histoire de deux de mes amis, Lenny et Craig. Lenny fit ses études de droit, réussit son barreau et commença à professer. Environ un an plus tard, après avoir connu un problème physique lié au fait qu'il faisait de la course de fond, il se rendit chez un chiropraticien. Au moment même où il mit le pied dans le bureau du spécialiste, il sut qu'il venait de découvrir sa véritable vocation et, par la même occasion, la volonté de faire tout ce qu'il fallait pour la suivre. Lenny, qui est également un mari et un père dévoué, est depuis devenu un chiropraticien de talent qui réussit et travaille avec des athlètes professionnels.

Pendant des années, Craig, en se sacrifiant et se dévouant totalement, consacra de longues journées et soirées à son rêve : devenir, à force de volonté, un des plus grands chirurgiens en cardiologie du pays. Rendu au sommet de sa carrière, un accident le priva de l'usage de deux de ses doigts. Sa carrière venait de prendre fin. Craig, maître en aïkido et père de trois enfants, mit alors à nouveau sa volonté à contribution, fit contre mauvaise fortune bon coeur, et entreprit des études en droit, se faisant citer dans la revue *Law Review* la première année, tout en continuant à assumer activement son rôle de père et d'époux. Telle est la force de la concentration et de la volonté.

POINTS RÉCAPITULATIFS POUR CLARIFIER LE SENS DE VOTRE RAISON D'ÊTRE

Évaluer le sens de votre raison d'être est parfois tout ce dont vous avez besoin pour retrouver la force de votre volonté. Veuillez prendre ces divers points en considération afin de clarifier votre raison d'être :

- Continuez de poursuivre vos rêves ! La création vient toujours après la vision, et la volonté commence par un souhait.

- Prenez note de la façon dont vos buts se manifestent à chaque instant, à la maison, au travail ou à l'école, sous la forme de choses que vous voulez faire ou avez besoin de faire.

- Appréciez-vous chaque fois que vous appliquez votre volonté dans le quotidien pour réaliser ces objectifs.

- Lorsque votre volonté s'égare, sentez-vous que vous avez perdu votre route ? Que vous avez oublié quelle était votre raison d'être ?

- Décomposez un grand rêve en objectifs mensuels, quotidiens et immédiats, le pas suivant à franchir se trouvant juste devant vous.

Lorsque vous poursuivez vos buts, vous trouvez des embûches sur votre route, qui à première vue vous donnent l'impression d'un manque de volonté. Mais ces embûches ne sont pas le signe d'une volonté faible. Il faut s'en occuper de façon différente, en faisant justement appel à votre volonté et à votre vivacité d'esprit. En devenant vous-même un coureur d'obstacles.

Les obstacles obstruant le chemin

Jean Deeds, auteur de l'ouvrage *There Are Mountains to Climb*, relata la nuit épouvantable qu'elle passa alors qu'elle campait seule dans les Appalaches pendant qu'un ours reniflait et fourrageait tout autour de sa tente. Allongée immobile, elle dormit à peine cette nuit-là, espérant que l'animal ne déciderait pas de déchirer son abri de nylon d'un coup de patte.

Le lendemain matin, Jean jeta un coup d'œil dehors et se retrouva face à face avec la créature déambulante : une vache qui broutait en toute quiétude de l'herbe fraîche.

Il vaut mieux, certes, ne pas taquiner une vache, mais cela n'a rien à voir avec un ours. On agit de façon différente face à ces deux animaux. Il en est de même lorsque vous vous sentez inerte ou que vous éprouvez de la difficulté à atteindre un objectif. Il est fort possible que cela n'ait rien à voir avec un manque de volonté et que ce soit plutôt le doute de soi, la peur de l'échec ou tout autre genre d'imposteur qui rumine ses idées autour de votre tente.

Si votre raison d'être manque de clarté, que vous surévaluez l'ampleur d'une tâche ou que vous ressentez une résistance fondamentale au changement, ne vous réprimandez pas d'avoir une volonté faible. Accordez plutôt votre attention et votre volonté à dépasser ces simulateurs.

L'AUTOSABOTAGE

Ainsi que vous l'avez vu dans le premier chapitre, il est possible que vous n'alliez pas jusqu'au bout pour atteindre vos buts parce que vous ne vous sentez pas digne de les réaliser. Ou encore vous créez des problèmes parce que la vie où tout va bien vous est étrangère et que vous avez l'habitude de vivre la vie un peu à la dure. Comme vous l'avez appris dans le premier chapitre, soyez sur vos gardes pour vous assurer que vous ne sabotez pas vos propres efforts pour atteindre vos buts, parce que vous n'êtes pas encore bien certain de mériter d'y arriver.

DES STANDARDS IRRÉALISTES

Le perfectionnisme vous pousse peut-être à en prendre trop sur vos épaules. Il se peut très bien que vous refusiez de donner suite à un but que vous vous êtes donné non pas parce que vous manquez de volonté, mais parce que ce but ne correspond pas à vos capacités et ne reflètent pas vos valeurs. Il se peut que vous choisissiez un objectif en fonction de ce que vous ou les autres estiment que vous devriez faire, au lieu de suivre l'inclination de votre cœur.

Il se peut aussi que vous sous-estimiez l'effort requis pour mener à bien quelque chose, que vous commenciez sans vous être préalablement préparé et que vous ne réussissiez pas à finir. Dans un tel cas, cela ne veut pas nécessairement dire que vous manquez de volonté : c'est la planification qui fait défaut. Par contre, si vous surestimez l'effort à fournir pour mener à bien une tâche, vous pourriez vous décourager ou vous démotiver. (Il est fort improbable que vous entrepreniez un projet que vous ne pensez pas pouvoir mener à bien.)

Aucune tâche n'est trop redoutable lorsqu'on la divise en multiples étapes plus petites et plus réalistes, et lorsqu'on se prépare bien.

SACHEZ DIRIGER VOTRE ATTENTION

Beaucoup d'entre nous éparpillent leur énergie à essayer de faire trop de petites choses à la fois au lieu de se concentrer sur des tâches ayant une plus grande priorité, comme rédiger un livre, acquérir de nouvelles aptitudes ou se mettre dans une excellente forme physique. Lorsque vous forez pour trouver de l'eau, il vaut mieux faire un forage de trente mètres que dix de trois mètres.

Lorsque les jongleurs jonglent simultanément avec cinq objets, ils doivent maintenir leur attention sur une seule balle à tout moment. En effet, s'ils dispersent leur attention sur toutes les balles, il se produira la même chose qu'il vous arrive lorsque vous essayez de fouetter trop de chats à la fois : ils feront tomber toutes les balles. Concentrez-vous donc sur vos priorités et occupez-vous-en d'une à la fois.

Si vous sentez que vous vous dispersez mentalement, cela ne veut pas dire que vous manquiez de volonté, cela veut dire que vous manquez de concentration. Cernez vos grandes priorités, mettez-les sur papier et faites-en une liste dont vous cocherez les éléments à mesure que vous les entreprendrez, un à la fois. En concentrant votre attention, vous concentrez également votre volonté.

LES RÉSISTANCES AU CHANGEMENT

Nous avons presque tous effectué des changements positifs dans notre vie pour revenir de plus belle à nos vieilles habitudes, chaque pas en avant nous faisant reculer de deux. Ceci est dû à notre attachement naturel et inconscient aux scénarios familiers.

Je n'ai jamais rien fait de plus facile que de m'arrêter de fumer.
J'en sais quelque chose : je l'ai fait au moins mille fois.

MARK TWAIN

Quand vous étiez enfant, vous étiez particulièrement attaché à une couverture, un jouet ou un rituel du coucher le soir. De même, votre corps et votre mental inconscient s'habituent à un poids, un niveau d'activité et à d'autres habitudes de comportement. Ceci vaut aussi bien pour les bonnes habitudes (faire de l'exercice chaque jour), les habitudes neutres (lire au moment de se coucher), que pour les mauvaises habitudes (fumer). Une fois qu'un scénario comportemental est établi, nous avons tous tendance à résister à le changer.

Rompre une habitude négative ou en adopter une positive est une action qui comporte deux phases : d'abord, effectuer le changement voulu et, ensuite, le maintenir. Les schémas comportementaux ont tendance à vouloir revenir si l'on ne maintient pas le nouveau schéma pendant suffisamment de temps pour qu'il devienne lui-même une habitude. Cela peut prendre de trois mois à un an. Vous devez faire preuve de la même volonté que si vous courriez un marathon et non pas un cent mètres. La résistance au changement est une réalité de la vie. Lorsqu'on comprend cette tendance humaine, cela ne veut pas dire que le changement se fera sans efforts. Non. Mais, au moins, votre attention n'est plus attachée à l'illusion que le changement devrait être chose facile. Vous pouvez exercer votre volonté pour surmonter votre résistance.

LA PEUR DE L'ÉCHEC

La peur de l'échec peut ressembler à un manque de volonté et se traduire par de l'inertie accompagnée d'une logique forcée : « Si je ne fais jamais de mon mieux, je ne pourrai jamais échouer parce que je sais que *j'aurais* pu réussir si j'avais vraiment fait de mon mieux. » Ou bien la peur peut prendre la forme d'insécurité : « Je peux le faire, mais pas aussi bien que les autres, alors à quoi bon ? » Ou de doute de soi : « Je ne suis pas encore prêt. » La peur est flexible et prend toutes sortes de formes, y compris celle du manque de volonté.

Le huitième passage, *Faites face à vos peurs*, vous aidera à résoudre cette problématique et à surmonter vos peurs. Pour l'instant, arrêtez de vous couvrir et faites de votre mieux. Teddy Roosevelt encourageait les Rough Riders en leur disant la phrase suivante : « Mieux vaut oser entreprendre grand, au risque de se buter à l'échec, plutôt que d'entrer dans les rangs des pauvres d'esprit qui vivent dans un entre-deux qui ne connaît ni victoire, ni défaite. »

Dans votre vie, lorsque quelque chose doit être fait, vous pouvez trouver toutes sortes de bonnes raisons pour ne pas le faire. Mais, quand vous regardez les choses telles qu'elles sont, vous remarquez que cette chose reste encore à faire. Pour surmonter les imposteurs, comme le manque de volonté ou tout autre obstacle se trouvant sur votre chemin, vous devez d'abord établir un point de mire, vous donner des priorités, connaître vos capacités et étirer vos limites. Ensuite, passez à l'action, parce que la réussite se réduit toujours à la chose suivante : il faut connaître ses adversaires et ensuite mettre sa volonté à exécution.

Les secrets inconscients de la motivation

Dans les moments d'urgence, d'intensité ou de grande excitation, ou bien quand vous réalisez que vos habitudes de vie vous empêchent de devenir qui vous êtes réellement, votre inconscient envoie à votre corps une décharge énergétique pour vous permettre de passer à travers les peurs intériorisées et les obstacles extérieurs. Ce surcroît d'énergie vous donne la capacité de fonctionner au-delà de vos capacités quotidiennes.

Dans le film *Moon over Parador* (Pleine lune sur Parador), l'acteur Richard Dreyfuss joue le rôle d'un acteur sans travail qui est forcé, par le chef des services secrets d'un petit pays, à prendre la place du président, le dictateur de l'endroit, auquel il ressemble fort étrangement. Lorsque le chef SS à la méthode forte propose la chose à l'acteur, ce dernier lui demande : « Et si je refuse ? »

« Alors je vous tue », lui répond le chef SS.

L'acteur marque un temps d'arrêt pour réfléchir avant de répondre : « Vous savez, dit-il, vous feriez un formidable metteur en scène. »

En fait, la plupart d'entre nous trouveraient la chose relativement facile de s'arrêter de fumer, de commencer à faire de l'exercice ou de changer toute autre habitude sous la menace d'un pistolet. Ou contre d'énormes sommes d'argent. Nous pouvons certes faire appel, dans les moments de crise, à ce qu'il y a de meilleur en nous, parce que notre inconscient, qui fonctionne par le biais du système nerveux autonome, envoie de l'adrénaline et des endorphines dans le flot sanguin, faisant ainsi augmenter le rythme cardiaque, la circulation sanguine et la tension artérielle, aiguisant notre concentration, intensifiant notre métabolisme et ravivant notre capacité vitale. Toutes ces modifications chimiques génèrent instantanément en nous énergie et vivacité.

LES CLÉS DE L'INCONSCIENT

Si vous réussissiez à trouver le moyen de mettre votre inconscient à votre service, et ce à volonté, vous auriez une longueur d'avance pour générer l'énergie dont vous avez besoin pour atteindre vos buts. Comment y arriver ? En comprenant la nature de votre inconscient et en trouvant ce qui le séduit.

La *première clé* réside dans le fait que votre inconscient fonctionne comme celui d'un jeune enfant, avec des valeurs, des motivations et des intérêts semblables à ceux d'un bambin de cinq ou six ans. Plus vous comprenez ce qui attire les enfants, plus vous aurez accès à votre réserve énergétique de motivation.

Les enfants préfèrent :	*Les enfants aiment moins :*
les jouets neufs	les vieux jouets
ce qui est amusant et excitant	l'ennui
jouer	le travail et les corvées
les gâteries	les choses qui sont bonnes pour eux
le plaisir et le confort	l'inconfort et l'effort physique
la routine établie	le changement de routine
se procurer des choses	le sacrifice de soi

Que faire de cette information ? Comment inviter, inciter et pousser votre inconscient à vous supporter ? En mettant en application la *deuxième clé*. Pour avoir accès à votre réserve énergétique de motivation, vous devez procurer à votre inconscient des récompenses qui s'adressent à trois de ses intérêts vitaux : la sécurité, le plaisir et le pouvoir.

Ceux d'entre nous qui sont en quête d'une vie plus spirituelle ont tendance à mettre de côté les exaltations faciles au profit de motifs plus abstraits et plus élevés comme offrir ses services à l'humanité, améliorer le monde ou atteindre l'illumination. Bien que louables, ce genre d'idéaux vastes et élevés ne correspond pas aux désirs simples des enfants ou de notre inconscient. Les motifs de nature élevée réussissent rarement à nous redonner l'énergie voulue quand nous sommes dans un creux de vague du quotidien.

LES RÉALITÉS DE LA MOTIVATION

Dans ma carrière athlétique de gymnaste, j'ai forcé et étiré au maximum mes muscles, je me suis balancé et j'ai pris mon essor, je suis souvent tombé et j'ai transpiré après des heures d'efforts quotidiens. Cependant, je n'ai jamais senti le besoin de faire preuve de discipline ou de volonté parce que pour moi l'entraînement était un plaisir, une stimulation, une exaltation et une aventure. Et chose encore plus importante, la source d'une motivation constante.

Voyez si vous pouvez trouver lequel des facteurs suivants me motivait à m'entraîner avec une telle diligence :

- J'avais l'intuition que cet entraînement me préparerait à ma future vocation d'enseignant et d'écrivain.

- Je savais que de l'exercice sain était bon pour moi et contribuerait à ma longévité.

- Je sentais que cela m'aiderait à me former le caractère et à acquérir d'excellentes habitudes de travail, que l'entraînement en gymnastique servirait d'entraînement pour ma vie.

- Je voulais attirer les femmes.

Si vous avez choisi le dernier facteur, vous obtenez un dix sur dix, parce que vous avez dorénavant compris que pour avoir accès à une vague d'énergie de motivation, vous devez récompenser votre objectif par des choses comme les distractions, la sécurité, l'exaltation, le plaisir et le pouvoir personnel.

LA MAGIE DE LA RÊVERIE

Lorsque vos défis quotidiens à l'école ou au travail ne vous semblent plus du tout stimulants, vous pouvez vous servir de votre *troisième clé* pour retrouver une certaine source de motivation. Utilisez le pouvoir de la rêverie pour évoquer les images des plaisirs qui vous attendent lorsque vous aurez atteint votre but.

Étant donné que votre inconscient ne sait pas très clairement distinguer entre ce que vous visualisez et ce que vous voyez avec vos yeux physiques, imaginer des scènes qui satisfont vos besoins de sécurité, de plaisir et de pouvoir personnel peut amener votre inconscient à vous supporter. Peut-être voudrez-vous vous imaginer au travail occupant un poste de professionnel fort reconnu dans votre domaine ? Ou encore voudrez-vous imaginer les fruits de votre labeur, c'est-à-dire pilotant la voiture de vos rêves (intégralement payée) sur une autoroute ou bien sentir la brise rafraîchissante de la mer alors que vous vous trouvez sur un bateau de croisière de luxe ou sur une plage tranquille, ou bien encore faisant du ski dans une station de ski en Europe. Avec ces visualisations, vous réveillez des sensations de dynamisme et de motivation qui vous aideront à passer à travers les moments difficiles.

En même temps, vous pourrez comprendre que vous aidez aussi les autres et faites avancer les choses dans le monde, et que vous vous servez de votre processus comme outil de croissance spirituelle. Mais dans le domaine de la motivation, il faut tout d'abord reconnaître ce qu'il y a de fondamentalement humain en nous avant de vouloir planer à de hautes altitudes.

Ce genre de rêverie est appropriée pour nous aider à passer à travers les moments durs et arides. Mais, même pendant ces périodes où vous vous sentez privé de toute inspiration ou motivation, vous ne perdez jamais la force de votre volonté.

La motivation et la volonté

Dans ce monde-ci, pour poursuivre un but, il faut soit *désirer* quelque chose, soit *vouloir* quelque chose.

Lorsque vous *désirez* quelque chose, quand vous êtes motivé par un désir, vous procédez à partir de vos sentiments de motivation, d'intérêt ou d'exaltation pour vous acheminer vers vos buts et dépasser vos problèmes. Vous n'avez pas besoin de volonté.

Lorsque vous *voulez* quelque chose, quand vous agissez en fonction du devoir, de l'engagement, de la loyauté ou de l'intégrité, vous procédez à partir de votre pouvoir d'action. Vous n'avez pas besoin de motivation. Vous allez jusqu'au bout parce que c'est exactement ce qui doit être fait, parce que les conséquences de ne pas le faire seraient trop graves ou parce que tout simplement cela doit être fait. Vous faites appel au géant qui dort en vous, au pouvoir de votre volonté.

La motivation est un vent de bienvenue qui souffle dans votre dos. Mais les vents sont changeants et capricieux. La motivation va et vient.

La volonté est une amie fidèle, à son poste à vos côtés quand le soleil brille ou quand vous êtes dans la nuit noire de l'âme. Elle vous chuchote les choses importantes et appropriées. Vous pouvez compter sur elle parce qu'elle vient de votre intérieur.

Alors, sachez voguer avec le vent de la motivation quand il souffle, sinon, dans les calmes plats, comptez sur votre volonté pour vous faire avancer.

LA MOTIVATION AVEC UN PEU DE RECUL

Pour avoir une vision plus réaliste des choses, je vous donnerai parfois l'impression de contredire quelque chose dont j'ai déjà discuté. Par exemple, après avoir mis l'accent sur l'importance capitale qu'a le sentiment de la valeur personnelle dans le premier chapitre, j'annonce dans ce chapitre ainsi que dans les suivants de quelle façon vous pouvez vous réaliser dans le quotidien, que vous vous sentiez digne de mérite ou pas.

De même, dans ce chapitre, après avoir indiqué comment avoir accès à l'énergie de motivation provenant de votre inconscient, je reviens avec vous au thème central, à savoir qu'il n'est pas essentiel pour votre volonté de compter sur le fait que vous soyez motivé ou pas, que *la motivation est utile mais pas essentielle pour atteindre vos buts*. Il faut reconnaître qu'il semble plus facile d'accomplir une tâche quand vous vous sentez motivé (ou inspiré ou en confiance) – et il n'y a rien de mal à cela – mais vous ne pouvez pas toujours compter sur ces sentiments.

Au cours d'une conférence, David Reynolds cita une phrase de Shoma Morita : « S'il pleut et que vous avez un parapluie, servez-vous-en. » De la même façon, *utilisez la motivation quand elle est là ; sinon, fiez-vous à votre volonté*. Lorsque j'ai rédigé ce livre, je ressentais parfois de l'inspiration et d'autres fois, de la fatigue, du doute ou de la lassitude. C'est à ce moment-là que je faisais entrer en jeu la volonté pour me faire avancer.

Les gens efficaces ne sont pas nécessairement plus intelligents ou plus doués que ceux qui le sont moins. Ils sont seulement plus disciplinés. Beaucoup de gens intelligents trébuchent en cours de route parce qu'ils font des efforts seulement quand ils sont motivés. Les gens qui réussissent font des efforts, peu importe ce qu'ils ressentent, en utilisant leur volonté pour surmonter l'apathie, le doute ou la peur. La motivation fonctionne bien sur le moment, mais vous ne pouvez compter que sur la force constante de votre volonté, sur la persistance, la persévérance et l'endurance.

Michel-Ange dut endurer sept ans de travail sur un échafaudage pour peindre les fresques de la chapelle Sixtine. Lénine passa trente ans de sa vie à se préparer à sa révolution. L'inventeur Chester Carlson arpenta les rues pendant des années avant de trouver des commanditaires pour son processus de photocopie Xerox. Le livre de Margaret Mitchell *Autant en emporte le vent* fut rejeté par quatorze maisons d'édition avant de trouver preneur. Et aucun grand studio cinématographique ne voulut entendre parler de *La Guerre des étoiles*. La marathonienne Joan Benoit subit une opération chirurgicale au genou dix-sept jours avant les essais des Jeux olympiques aux États-Unis. Sa détermination lui permit non seulement de se qualifier pour faire partie de l'équipe américaine, mais aussi de devenir la première citoyenne américaine à remporter la médaille d'or dans sa catégorie. Walt Disney sollicita plus de trois cent banques – chacune lui répondant par la négative – avant de dénicher celle qui prendrait le risque d'investir sur son idée de parc d'amusement.

Lignes directrices pratiques pour faire ce qui doit être fait

La vie, c'est comme l'entraînement. Ou bien vous travaillez plus dur, ou bien vous travaillez plus intelligemment. Voici quelques façons plus faciles et plus malignes d'orienter votre volonté et votre intention dans la direction de vos rêves.

LA SIMPLICITÉ AVANT TOUT

Un petit peu de quelque chose vaut mieux que beaucoup de rien du tout. Il est fort probable que vous ferez, et persisterez à faire, ce qui est plus opportun et simple. Il vaut mieux méditer, contempler ou prier soixante secondes par jour qu'une heure une fois par semaine.

Si vous ne faites pas quotidiennement de l'exercice mais souhaitez vous y mettre, levez-vous donc demain matin et souvenez-vous de faire un saut en ciseaux. Le lendemain, faites-en un autre, ainsi que le surlendemain et ainsi de suite. Cet unique saut quotidien est un sérieux pas dans la bonne direction, parce qu'il vous permet de mettre le pied dans la porte, de créer l'habitude de consacrer une portion de votre journée, peu importe si elle est infime, à faire de l'exercice. Le mois suivant, vous déciderez peut-être de troquer votre saut quotidien contre une marche rapide autour du pâté de maisons près de chez vous ou contre deux minutes de mouvements libres avec respiration profonde, ou contre la séance d'entraînement de quatre minutes du guerrier pacifique que vous trouverez au chapitre trois. Pour transformer votre vie, commencez simplement, en mettant le pied dans la porte.

SERVEZ-VOUS DE VOS RÉALISATIONS PASSÉES

L'idée de faire ce que vous devez faire même si vous n'êtes pas motivé peut sembler irréaliste et hors de portée. Et pourtant, vous avez mis le pouvoir de votre volonté à contribution bien des fois, ne serait-ce que pour faire le nécessaire à l'école, au travail ou à la maison, que vous vous soyez senti énergisé, inspiré, motivé, ou pas. Remémorez-vous les sacrifices que vous avez faits et la persévérance dont vous avez fait preuve pour apprendre à pratiquer un sport ou à jouer d'un instrument de musique, pour vous rendre au travail chaque jour, pour élever vos enfants, pour bâtir une relation durable. Rappelez-vous toutes les réalisations qui ont exigé patience et diligence – à faire ce qu'il fallait, que vous en ayez eu envie ou pas – et mettez cette même force de volonté à exécution pour la situation qui se présente à vous maintenant. Quand vous êtes tenté d'abandonner, souvenez-vous que tout ce que vous avez à faire, c'est un pas de plus, et laissez-vous guider par le dicton suivant: «C'est souvent la dernière clé du trousseau qui ouvre la porte.»

DISCIPLINE DE LA MODÉRATION
SUR LE PLAN DU TEMPS

Il y a de cela des années, je participai à un entraînement de quarante jours qui exigeait un régime alimentaire strict afin que notre vivacité et notre énergie soient maximisées. Mais les samedis soirs, de vingt à vingt-deux heures, étaient décrétés soirées de goinfrerie. Nous avions le droit de manger tous les desserts que nous voulions. Et ça fonctionnait très bien ainsi parce que nous n'étions pas obligés de renoncer à nos gâteries préférées: nous les remettions juste un peu plus tard. Au lieu de souffrir les affres de la tentation quand nous passions devant une boutique de crème glacée, un magasin de bonbons ou une pâtisserie, nous pensions au samedi soir suivant avec grande anticipation.

On peut utiliser la discipline de la modération pour « naviguer » sur Internet, jouer aux jeux vidéos, regarder la télévision ou pour tout autre comportement que l'on désire modérer ou limiter. Vous pouvez attendre avec impatience le plaisir que vous procurera l'activité choisie tout en mettant à l'œuvre votre volonté et en réduisant les effets négatifs puisque vous diminuerez le temps que vous y consacrez.

DISCIPLINE DE LA MODÉRATION SUR LE PLAN DE LA QUANTITÉ

Pour certains d'entre nous, limiter la quantité fonctionne mieux que limiter le temps. Par exemple, j'ai toujours eu un penchant pour les sucreries. Il y a quelques années, j'ai réalisé que je n'étais pas obligé de finir une sucrerie ou une collation. J'ai donc continué à manger tout ce qui me plaisait mais ne me permis qu'une seule bouchée par jour. Et comme je savourais cette bouchée-là ! Le reste, je le donnais ou le jetais. Comme le disait Épictète, on devrait agir dans la vie comme lors d'un banquet, c'est-à-dire se servir une portion bienséante de tous les plats qui sont offerts.

Ces directives ne se veulent pas des formules rigides à être appliquées en toutes circonstances. Elles servent plutôt de lignes directrices pour que vous puissiez vous-même créer vos propres stratégies de modération-temps et de modération-qualité, où et quand elles vous servent le mieux à reprendre votre volonté en main et à l'appliquer.

ARRÊT TOTAL IMMÉDIAT

Certaines habitudes et comportements ne se prêtent pas à une modération progressive. Si vous êtes fumeur, alcoolique ou accoutumé à toute autre substance nocive, ou si vous commettez des actes violents ou criminels, vous devez vous arrêter immédiatement, vous arrêter chaque fois que vous prend l'envie de recommencer.

Si vous voulez arrêter de fumer, par exemple, il s'agit d'une bataille héroïque car la nicotine est l'une des substances qui provoque la plus grande dépendance. La meilleure méthode pour la plupart des gens est de s'arrêter, non pas une fois, mais toutes les fois que l'envie de fumer survient. Et ceci jusqu'à ce que le besoin insatiable diminue et que la nouvelle habitude de ne pas fumer soit prise.

Pour vous arrêter, il faut d'abord vouloir s'arrêter, c'est-à-dire le vouloir aussi intensément qu'une personne en train de se noyer veut prendre sa prochaine inspiration. Si vous décidez que vous voulez arrêter de fumer, vous devez mettre votre vie en jeu – pas de filet de sécurité, pas d'échappatoire ou d'issue de secours. Faites-le ou passez à côté de ce que vous pouvez être. Faites-vous une offre que vous ne pouvez pas refuser. Reprenez possession de votre volonté, et retrouvez le respect de vous-même par la même occasion.

De tels conseils peuvent sembler simplistes ou irréalistes. Mais ils sont beaucoup plus réalistes que de faire appel aux trucs, aux raccourcis, aux miracles, aux pilules, aux lotions, à l'autohypnose ou aux formules magiques dans la perspective de pouvoir prendre le contrôle de votre vie.

TRAVAILLER DUR, JOUER SERRÉ ET SE GÂTER

Une autre bonne stratégie est de vous récompenser avec une gâterie lorsque vous avez atteint un but fixé. Ainsi, après avoir terminé chacun des chapitres de ce livre, je me gâtais en regardant un film. Quand je fus rendu à mi-chemin du livre, je m'offris un massage. Et quand je terminai le livre, eh bien, ce fut une récompense en soi.

La stratégie inverse est de gagner chaque gâterie par un geste constructif de discipline, c'est-à-dire en effectuant en premier lieu la tâche en question. Si votre objectif est de perdre du poids mais que vous vouliez également manger un morceau de gâteau au fromage, ne vous gênez pas pour le faire…une fois que vous avez fait une marche rapide autour du pâté de maisons près de chez vous. Cela vous donne droit à une mince tranche. Et si vous en voulez une deuxième, allez-y donc ! Dès que vous serez revenu de votre seconde marche rapide, par contre !

RENDEZ LES BONNES HABITUDES COMMODES ET LES MAUVAISES HABITUDES, MALCOMMODES

Rendez tout comportement positif aussi commode que possible. Pour briser mon habitude de grignoter le soir, je garde de la soie dentaire et une brosse à dents dans la salle de bains du rez-de-chaussée, près de la cuisine. Immédiatement après le souper, je me brosse les dents et me passe la soie dentaire. Je cours beaucoup moins le risque de grignoter étant donné qu'il faudrait que je me brosse à nouveau les dents et que je repasse la soie dentaire.

Et rendez tout comportement négatif aussi malcommode que possible. Pour fumer moins, ne gardez qu'un seul paquet de cigarettes chez vous, dans un petit coffre fermé à clé, glissé sous une valise se trouvant dans un placard dans le garage. Vous pourriez tout aussi bien mettre la télévision dans le même placard : vous ne la sortiriez que pour des occasions spéciales et utiliseriez le temps que vous passiez auparavant devant le petit écran à écrire tel livre, à peindre telle toile, à apprendre une nouvelle langue. De cette façon, vous remplacerez les vieilles habitudes négatives par de nouvelles : une abondante nouvelle énergie affluera dans ce nouvel être que vous serez devenu.

Les réalités de la tour de contrôle

Au cœur de la volonté, il y a le contrôle de soi, qui mène à la maîtrise de soi. Maîtrisez-vous – penchants et habitudes y compris – et vous pourrez accomplir ce que vous voulez.

Imaginez que votre volonté soit un faisceau de lumière. Si ce faisceau est trop large ou diffracté, il n'est pas très efficace. Mais s'il est très concentré, il peut fonctionner comme un laser, se frayer un passage partout où il éclaire. Alors, plutôt que de vous servir de la volonté pour les choses sur lesquelles vous avez un contrôle moindre, servez-vous-en pour vous concentrer intensément sur la chose sur laquelle vous avez du contrôle. Penchez-vous sur cette version de la Prière de la sérénité écrite par Reinhold Niebuhr :

> *Mon Dieu, accorde-nous la grâce d'accepter avec sérénité*
> *les choses qui ne peuvent pas être changées,*
> *le courage de changer les choses qui doivent être changées,*
> *et la sagesse de savoir faire la distinction entre les deux.*

Cela n'a aucun sens d'essayer d'appliquer votre volonté sur ce que vous ne pouvez pas contrôler. Afin de pouvoir utiliser votre volonté efficacement, vous aurez besoin de déterminer ce que vous pouvez et ne pouvez pas contrôler avec un geste d'intention. Prenez une feuille de papier que vous divisez en deux colonnes. Réfléchissez bien, puis écrivez ce qui vous vient dans la colonne appropriée. Ensuite, vous pourrez continuer votre lecture.

Ce que je peux contrôler :	*Ce que je ne peux pas contrôler :*
De parler ou de me taire	Le comportement des autres
Le mouvement de mes bras	Que quelqu'un m'aime ou pas

À mesure que vous rédigez votre liste, vous aurez peut-être découvert que la liste des choses que vous ne pouvez pas contrôler, que ce soit par la volonté ou l'intention, inclut le gouvernement, le temps, votre conjoint ou vos enfants, le résultat d'un jeu ou d'une entreprise commerciale, votre longévité ou celle de toute autre personne. (Il ne vous est même pas possible de contrôler vos pensées ou vos émotions.)

La liste des choses que vous pouvez contrôler ne devrait comprendre qu'un seul élément: votre *comportement*. Car votre comportement est la seule chose dans ce monde que vous pouvez contrôler en appliquant directement votre volonté. Peu importe ce que vous retirerez de ce livre ou de n'importe quel autre ouvrage semblable, pour bien vivre, il faut savoir utiliser sa volonté afin de contrôler son comportement.

Cela ne veut pas dire que les résultats sont garantis d'avance, mais fort probablement que vos chances de vivre plus longtemps seront accrues, ainsi que vos chances de penser et de sentir plus positivement, de réussir dans la vie, de gagner la partie de basketball, de vivre un mariage plus heureux et d'améliorer votre voisinage, votre pays ou le monde. De tels résultats ne sont pas garantis, mais vous pouvez tout de même faire cet effort. Comme Shoma Morita nous le rappelle: « L'effort porte chance. »

Dans le jeu qu'est la vie, vous ne pouvez pas être assuré d'enfiler un panier, mais vous pouvez tout de même essayer. Et quand vous essayez, vous honorez un des trésors de la vie, celui de poser un simple geste de contrôle de soi, le pouvoir de votre esprit.

Transcender vos penchants, c'est proclamer votre émancipation

Aux dires d'une vieille loi spirituelle, la discipline conduit à la liberté. Cela semble contradictoire étant donné que la plupart des gens considèrent la discipline comme quelque chose que nous ne voulons pas faire et la liberté comme le fait de pouvoir faire tout ce que nous voulons. Mais ceux d'entre nous qui ont atteint la liberté sur le plan des finances et de la société, la liberté de voyager où bon leur semble, la liberté de partager les fruits de leur labeur et de leur apprentissage avec les autres, ainsi que la liberté d'être en bonne santé, l'ont fait grâce à la maîtrise de soi. La plus grande des libertés humaines est la force du libre arbitre. Mais nous ne sommes libres que si nous avons libéré notre volonté de la servitude de nos penchants.

NOTRE VIE EST PLEINE DE PENCHANTS

Si vous avez faim ou que vous êtes bouleversé ou vous sentez seul, vous aurez peut-être tendance à manger des sucreries. Si vous êtes alcoolique, vous aurez tendance à vouloir prendre un autre verre.

Les intoxiqués du tabac auront un penchant à vouloir griller une autre cigarette. Certains penchants sont de nature génétique, d'autres de nature psychologique ou comportementale, que vous avez empruntés aux autres. Vous aurez peut-être tendance à vouloir trop ou pas assez travailler, à manger trop ou pas assez, à être timide ou ouvert. Les tendances *semblent vouloir* façonner votre vie. Et si vous les laissez faire, elle façonnent votre destinée.

Par tendance, on entend une certaine force vive. La première loi du mouvement de Newton énonce ce qui suit : « Un corps au repos aura tendance à rester au repos, alors qu'un corps en mouvement aura tendance à rester en mouvement, à moins qu'une force extérieure ne vienne exercer un effet sur lui. »

Ou bien une force intérieure, la force de votre volonté.

Vos penchants et tendances créent des schèmes comportementaux qui semblent fixes, inconscients et automatiques. Un des plus grands défis de la vie et une des plus grandes satisfactions est d'exercer la force de sa volonté pour changer ces tendances.

Donnez-moi un point d'appui
(ainsi qu'un levier assez long)
et je soulèverai le monde.

ARCHIMÈDE

Pour pouvoir changer le cours de votre vie, choisissez une des deux méthodes de base suivantes :

1. Vous pouvez focaliser toute votre énergie et votre attention pour essayer de fixer votre esprit, de trouver votre centre, d'affirmer votre force, de libérer vos émotions et de visualiser des résultats positifs afin que vous puissiez finalement développer la confiance pour trouver le courage qui vous permettra de trouver la détermination de vous engager à vous sentir suffisamment motivé pour faire ce qu'il y a à faire.

2. Ou vous pouvez tout simplement faire ce qu'il y a à faire.

Le quotidien nous procure de nombreuses occasions de faire face à nos penchants et de les dépasser, nous permettant par le fait même plus de contrôle de soi et de détachement. Voici quelques trucs que vous pourriez essayer, à l'occasion :

- La prochaine fois que quelqu'un vous offre un dessert et que vous le voulez, refusez- le. Et si vous ne le voulez pas, prenez-le.

- Soyez particulièrement bienveillant avec quelqu'un que vous n'aimez pas.

- Déplacez-vous ou conduisez plus lentement lorsque vous êtes en retard.

- Si vous aimez clouer le bec à votre réveille-matin pour continuer à dormir, sortez immédiatement du lit dès qu'il sonne.

- Dans toute situation présentant un défi, posez-vous la question suivante : « Qu'est-ce que la partie la plus forte, la plus brave, la plus courageuse et la plus aimante de moi ferait à cet instant même ? » Puis, faites-le. Faites-le bien. Faites-le immédiatement.

Faites-le ou ne le faites pas, mais laissez les excuses de côté

Ne soyez pas un spécialiste des « Si seulement... » : si seulement j'avais le temps, si seulement j'avais plus d'argent, plus de chance, des parents différents, un conjoint plus compréhensif, pas d'enfants.

La vie est dure. Soyez plus dure qu'elle.

Reprendre en main sa volonté n'est pas chose facile. Mais la vie n'a rien à voir avec la facilité ; elle vous demande de trouver la force intérieure que vous ignoriez posséder. Et de vous souvenir que vous n'êtes pas venu sur terre pour avoir la vie « facile ».

Ce serait merveilleux si nous pouvions maîtriser notre vie à partir de nos fauteuils, atteindre nos objectifs uniquement par la pensée positive ou la visualisation créatrice. Mais le pouvoir de changer ne dépend pas de ce que vous espérez, souhaitez, pensez, sentez ou même croyez. Il dépend de ce que vous faites. Passer à l'action peut s'avérer difficile, tout comme la vie elle-même. C'est censé l'être, du moins à certains moments, parce que la vie nous fait uniquement vivre ce qu'elle exige de nous. La vie quotidienne est une forme de poids et haltères spirituels qui vous permet de renforcer votre esprit.

Si votre intention dans cette vie est de vous rendre les choses plus faciles, alors ne vous mariez pas, ne faites pas d'enfants, évitez les responsabilités, travaillez un minimum pour pouvoir subvenir à vos besoins et apprenez à vivre à peu de frais. Ne vous engagez pas et ne vous portez pas volontaire pour quoi que ce soit. Ne possédez aucun bien parce qu'ils se brisent. Voyagez dans votre vie comme si vous voyagiez en auto-stop.

Comptez sur le bon vouloir, la charité ou la tolérance des autres. Et si vous êtes à court de parenté ou d'amis, il y a toujours le gouvernement.

J'ai connu quelques personnes qui vivent comme ça, qui n'entrent pas dans la danse, qui démissionnent de leur corps. Ces vagabonds sont parfois d'intéressants personnages, mais pour la plupart ils ne sont pas des modèles exemplaires du potentiel humain.

Seules les âmes les plus courageuses viennent fréquenter cette école planétaire. Et seules les âmes qui s'éveillent se procureront un livre comme celui-ci. Alors, si vous vous êtes rendu jusqu'à cette page, vous disposez de toute la volonté nécessaire.

Reprendre votre volonté en main peut refaire votre vie; si vous ne le faites pas, vous la détruirez. Arrêtez de chercher les solutions faciles. Au lieu de cela, mettez votre décision en jeu: imaginez-vous debout au bord d'une falaise, votre habitude juste derrière vous, prête à vous pousser. Visualisez votre penchant tenant un pistolet contre votre tempe, ce qui d'une certaine façon est le cas. Imaginez que vous devez choisir entre maintenir votre habitude ou sauver la vie d'un enfant (cet enfant étant vous). Puis prenez position. Vous aurez peut-être la sensation de vouloir céder à l'habitude ou au penchant. Vous sentirez peut-être que cela vous manque, que vous le voulez ou que vous croyez avoir besoin d'y céder parce que c'est trop souffrant. Acceptez le fait que ces émotions soient naturelles. Mais ne perdez pas de vue votre raison d'être, votre volonté et votre force. Et sachez également que tous les anges et ancêtres, tous ceux qui vous ont précédé, vous regardent et vous encouragent. Puis faites ce que vous vous êtes proposé de faire. Si vous retombez dans l'habitude, aimez-vous quand même et maintenez le cap. Vos supporters sont toujours là, avec vous. Bâtissez-vous une nouvelle façon de vivre, un jour, une heure, une minute à la fois.

Inspirez-vous de gens comme Helene Hines, à qui l'on avait diagnostiqué la sclérose en plaques. Lorsqu'elle avait ressenti les premiers symptômes de faiblesse dans les jambes, elle avait suivi des traitements médicaux. Mais cette faiblesse se transforma en engourdissement, et finalement, à l'âge de trente ans, elle fut complètement paralysée des jambes. Après avoir subi une électrothérapie dans le but de tonifier les muscles de ses jambes, elle entreprit un programme intense de rééducation, se remit à marcher, et ensuite à courir. Helene est toujours atteinte de sclérose en plaques mais elle finit le marathon en quatre heures et vingt minutes, inspirant grandement des milliers de gens qui courent avec elle le marathon de New York chaque année. Le mari d'Helene raconte que «peu importe qu'elle se sente bien ou mal, elle sort chaque jour faire ce qu'elle a à faire.»

REMPORTER LA BATAILLE DE LA VOLONTÉ

Vouloir, c'est aussi ne pas vouloir. Vous savez très bien que pour accomplir quelque chose, il faut faire des efforts et même des sacrifices.

Même si vous savez pertinemment que quelque chose est bon pour vous, même si vous savez que vous devriez absolument le faire, même si vous désirez ardemment que cela se produise, même si vous tombez parfaitement d'accord avec le fait d'accepter vos émotions, de connaître l'objet de votre raison d'être et de faire ce qu'il faut faire, le non-vouloir prend parfois le dessus sur le vouloir. Alors soyez clément avec vous-même. Car cela peut prendre un certain temps à raviver votre volonté. Et le temps que vous prendrez ne dépend que de vous. Les pensées et émotions négatives continueront peut-être à survenir, mais votre force de volonté grandira jusqu'à ce qu'un jour, un instant, vous découvriez que même lorsque vous ne pouvez pas faire quelque chose, vous l'aurez quand même fait.

Emboîter le pas à la volonté supérieure

Dans l'histoire humaine, et à la veille de ce nouveau millénaire, ceux qui ont fait des efforts colossaux – qu'ils soient partis à la recherche de nouveaux continents ou qu'ils explorent de nouveaux mondes – ont non seulement fait appel à leur propre force intérieure, mais aussi à une volonté supérieure qui les amène au-delà de leur volonté personnelle. Lorsque vous vous efforcez de vous dépasser, même dans le quotidien, ou que vous vous débattez face à l'adversité ou à de grandes difficultés, vous pouvez vous aussi faire appel à cette volonté supérieure. D'innombrables personnes aux prises avec une situation de vie ou de mort impliquant l'alcool ou d'autres drogues, ont trouvé la force en disant la prière suivante : « Que ta volonté soit faite, pas la mienne. »

Que vous croyiez ou pas en un Dieu externe ou que vous vous sentiez plus attiré par un esprit ou une force universelle, vous pouvez trouver une force infinie en remettant votre volonté à la volonté de votre être suprême, ou de l'esprit ou de Dieu. Cette force vous supportera quand vous commencerez à servir sa source, quand vous renoncerez à vos désirs personnels au profit du dessein supérieur qui vous fait vous dévouer à votre famille, à la société et à l'humanité. Au lieu de vous demander : « Qu'est-ce que je préfère ? Est-ce au meilleur de mes intérêts ? », commencez à vous demander : « Qu'est-ce qui est le mieux dans l'intérêt de tous ? » Par cette question, vous amenez l'essence de la spiritualité dans vos relations et vous donnez un nouveau sens et une nouvelle qualité à vos rapports avec la famille, vos partenaires en affaires et le monde dans lequel vous vivez.

Alors que vous vous apprêtez à quitter ce passage, n'oubliez pas que vous aussi êtes en mission, celle d'explorer l'espace intérieur et de découvrir de nouveaux mondes en traversant ces douze passages. Nous menons tous des batailles héroïques. En reprenant possession de votre volonté, vous retrouvez la force de persévérer en dépit de l'adversité et des obstacles. La force de votre volonté est la clé maîtresse de votre réalisation dans le quotidien et de tous les passages qui restent à franchir.

Tonifiez votre corps

Votre corps est la seule chose
que vous pouvez être certain de garder toute la vie.
Il constitue l'assise de votre existence terrestre.
Tonifier votre corps enrichit votre vie
parce que cela améliore toutes les capacités humaines.
Si vous manquez de vitalité
rien n'a plus vraiment d'importance.
Si vous êtes en santé,
tout est possible.

Une assise pour la vie

Votre corps est l'expression même de votre vie, sa métaphore de base.
Votre corps, c'est votre bible, votre encyclopédie, l'histoire de votre vie.
Tout ce qui vous arrive se trouve répertorié dans votre corps et s'y reflète.
Le mariage de la chair et de l'esprit ne peut jamais se terminer par un divorce.

GABRIELLE ROTH

Itinéraire de l'explorateur :
Au delà des bons conseils

Si vous n'avez pas encore atteint le maximum d'énergie, de vitalité et de santé, ce n'est certainement pas parce que vous n'avez pas lu ni écouté tout ce qu'on vous a conseillé de bon sur ce sujet. La plupart d'entre nous sommes bourrés d'informations dans ce domaine, car le monde regorge de directives et de principes. Mais combien d'entre nous mettent leur savoir en pratique ?

Les bons conseils ne suffisent pas. Vous pouvez bien lire un flot incessant de principes et de programmes dans une myriade de livres et de magazines. Vous ne tirerez cependant profit que de ce que vous mettez effectivement à exécution chaque jour. C'est pour cette raison qu'il est important de s'en tenir à ce qui est simple et pratique. C'est pour cette raison que, avec le troisième passage, vous trouverez non seulement des méthodes pratiques pour tonifier votre corps, mais également des façons pratiques de mettre ces dernières à exécution dans votre quotidien.

En voici un exemple: prenez une longue et profonde inspiration, aussi lente et profonde que vous pouvez, sans forcer, en gonflant d'abord votre ventre, puis votre torse; sentez ensuite que vous relaxez quand vous expirez lentement. En suivant les mêmes directives, prenez deux grandes respirations avant de continuer votre lecture. Et à partir de maintenant, et pour le restant de votre vie, prenez au moins, volontairement, une grande respiration toutes les heures. Prenez une bonne et profonde respiration maintenant et vous aurez déjà commencé. Vous venez à peine d'aborder ce troisième passage et déjà vous avez appris une technique tonifiante qui vaut infiniment plus que ce que ce livre vous a coûté, pour peu que vous la mettiez en pratique.

Ce livre, tout comme votre vie, peut représenter une fantastique occasion ou une perte totale de temps, suivant ce que vous en faites. Nous tirons profit d'un exerciseur, d'un livre, d'un atelier ou d'une vie entière dans la mesure où nous nous en servons.

Dans ce chapitre, nous revenons sur les principes de base des besoins du corps. Nous explorerons la triade sacrée de la santé: les sept principes alimentaires qui améliorent le système immunitaire, la longévité et l'énergie; le maintien d'un niveau stable et élevé d'énergie, et le secret essentiel que constituent l'exercice, la respiration et la relaxation conscients. Ces trois éléments vous seront présentés dans le cadre de la séance d'entraînement du guerrier pacifique, la série la plus efficace de mouvement fluides, de profonde respiration et de relâchement des tensions que vous puissiez jamais apprendre.

Revenons au corps

Nombre d'entre nous avons une relation d'amour et de haine avec notre corps. Nous le chouchoutons trop ou le privons trop, l'empiffrons ou l'affamons, le faisons trop travailler ou pas assez, le gâtons, le punissons, l'apprécions, le faisons souffrir et, parfois, nous sentons trahis par lui. Combien d'entre nous n'ont pas déjà souhaité se libérer de leur enveloppe charnelle, sortir de leur corps avant d'y être totalement entré, se réincarner avant de s'être totalement incarné ?

> *Si vous ne prenez pas soin de votre corps,*
> *où irez-vous vivre ?*

Auteur inconnu

Ce chapitre commence par un apprentissage de base : arriver à aimer et admirer le corps qui vous a été donné et faire la paix avec lui. En fait, votre corps est la seule chose que vous pouvez être certain de garder toute votre vie. Vous ne pouvez pas en dire autant de votre conjoint, de vos enfants, de votre maison, de votre voiture, de votre argent ou de vos croyances. Seulement de votre corps. Il constitue votre seule et réelle possession : cela vaut donc vraiment la peine de bien le traiter. Et si vous le faites, beaucoup d'autres choses tomberont en place tout naturellement. Peu importe où nos envolées fantasques nous entraînent, nous revenons toujours à une vérité fondamentale : le périple humain commence et finit avec le corps.

Évaluation de l'énergie : les questions suivantes ne sont pas censées être exhaustives mais leur intention est d'inciter un début de réflexion sur votre corps, votre santé, vos priorités et votre énergie tels qu'ils se présentent dans la vie de tous les jours.

- Êtes-vous totalement satisfait de votre corps ?
- Si vous ne l'êtes pas, préféreriez-vous modifier votre apparence ou le niveau de votre énergie ?

- Sur une échelle de un à dix, à combien évaluez-vous votre niveau moyen d'énergie ?

- Votre corps fonctionne-t-il aussi bien que vous le désireriez ?

- Combien de temps accordez-vous sur vingt-quatre heures à la santé et la mise en forme de votre corps ?

- Combien de temps passez-vous à maintenir ou à améliorer votre force physique, votre résistance et votre flexibilité ?

- Lorsque vous tenez compte de vos autres priorités (relations intimes, enfants, éducation, valeur personnelle, loisirs, spectacles et sommeil), combien de temps, d'énergie et d'attention accordez-vous à votre santé, votre forme physique et votre énergie, en comparaison ?

- Écoutez-vous ce que votre corps vous dit ?

- Traitez-vous votre corps avec soin et bienveillance ?

- Quelles sont les trois choses que vous aimez le plus de votre corps ?

- Quelles sont les trois choses que vous aimez le moins de votre corps ?

- Quelles sont les choses que vous pouvez changer et celles que vous pouvez apprendre à accepter et apprécier ?

Il n'y a pas de bonnes ni de mauvaises réponses. Le seul fait de prendre ces questions en considération vous permettra de faire le meilleur usage possible de ce chapitre.

Résultats supérieurs et bénéfices cachés

Ce chapitre combine le corps et l'esprit pour que les résultats escomptés se manifestent aussi bien sur le plan pratique que transcendantal. Les exercices et les principes d'ordre pratique proposés ici vous aideront à acquérir une assise sur le plan de la santé et de la vitalité physiques. En menant un style de vie tonifiant et en donnant à votre corps un équilibre dynamique, vous atteignez également trois résultats de niveau supérieur :

1. **Vous libérez votre attention** : Quand votre corps est dans un état d'équilibre dynamique et que l'énergie circule en vous librement, vous ressentez plus profondément le lien qui vous unit à la vie et vous commencez à atteindre des niveaux plus élevés d'attention et de conscience.

2. **Vos capacités augmentent** : Une énergie accrue fait augmenter votre force, votre vivacité et clarté d'esprit, votre charisme et votre présence, votre sensibilité et votre intuition, et même votre habilité à vous guérir vous-même et à aider les autres à guérir.

3. **Vous vous préparez pour les passages à venir** : Ce chapitre sert à créer une assise pour les étapes qui suivent, parce que l'énergie est le dénominateur commun qui procure la résistance, la force morale et la concentration nécessaires pour faire face aux défis à venir.

Comment gérer votre énergie

L'énergie est la substance la plus abondante dans l'univers. En fait, c'est l'univers. Vous êtes fait d'énergie : à un niveau terre-à-terre, vous l'absorbez par le biais de la nourriture que vous ingérez et, à un niveau plus subtil, par l'air que vous respirez et par les gens et les éléments vivants qui vous entourent.

Pourquoi, alors, vous sentez-vous parfois si peu énergique ? Il y a plusieurs explications à cela, tant sur le plan physique que sur le plan psychologique, y compris en premier lieu, une faible utilisation de la triade de la santé (mauvaise alimentation, repos insuffisant et manque d'exercice), qui se traduit par une intoxication, un affaiblissement, un déséquilibre et un système immunitaire en manque réactionnel, et, en second lieu, une motivation faible, c'est-à-dire un manque de détermination, qui se traduit par un état dépressif du système nerveux autonome (l'état du « bof » apathique).

La clé permettant de gérer l'énergie a en fait trois volets :

- l'assimilation de l'énergie par la nourriture que vous ingérez et l'air que vous respirez, tant sur le plan de la quantité que de l'efficacité ;
- le maintien et la circulation de l'énergie dans votre corps par l'exercice, les étirements, la relaxation et les massages, tant sur le plan de la quantité que de l'efficacité ;
- l'utilisation ou la dépense d'énergie dans vos activités extérieures, tant sur le plan de la quantité que de l'efficacité.

Ainsi que vous aurez l'occasion de l'explorer dans le prochain chapitre, *Sachez gérer votre argent*, et selon un principe pécuniaire souvent ignoré, peu importe le montant d'argent que vous gagnez, vous resterez pauvre si vous dépensez plus que ce que vous gagnez. Le même principe s'applique en ce qui concerne l'énergie.

Peut-être connaissez-vous l'histoire de l'homme qui se tenait sur le sommet d'une montagne et qui criait à Dieu : « Remplis-moi de ta lumière ! ». Une voix lui répondit des cieux dans un bruit de tonnerre : « C'est ce que je fais sans arrêt, mais tu as des fuites ! »

En ce moment même, une grande quantité d'énergie circule de par le monde, autour de vous, à travers vous. La première chose à faire pour bien gérer votre énergie est d'éliminer les fuites internes d'énergie afin de pouvoir maintenir un niveau énergétique élevé.

Les fuites d'énergie peuvent être d'origine mentale (anxiété, inquiétude, regrets et préoccupations), d'origine émotionnelle (peur, chagrin et colère) ou d'origine physique (maladie, blessures, déséquilibres posturaux et système digestif surchargé). Tous ces éléments génèrent des tensions et de l'inconfort, ce qui se traduit par une baisse de vitalité physique.

Afin de comprendre comment et pourquoi vous vous retrouvez avec des fuites d'énergie, imaginez une rivière dont l'eau tient lieu de l'énergie qui circule dans votre corps. Une rivière qui coule librement a une grande énergie, mais si des arbres ou des blocs de pierre obstruent son cours, il en résulte des turbulences. Dans votre corps, ces turbulences surviennent sous la forme de tensions et d'inconfort, qui pompent à leur tour votre énergie.

Il y a fondamentalement deux façons de réduire l'inconfort : en premier lieu, vous pouvez vous débarrasser des obstructions ou vous pouvez baisser le niveau de l'énergie (de l'eau), ce qui se traduira par un flot moins important, moins de turbulences et moins d'inconfort.

Peu de gens ont appris comment évacuer les obstructions mentales, émotionnelles et physiques de leur corps, ce qui fait qu'ils ont souvent recours à la seconde solution : trouver divers moyens de faire baisser le niveau d'énergie afin de réduire les tensions et les malaises. Les obstructions (problèmes) demeurent, mais en diminuant l'intensité du flot d'énergie, nous réduisons par la même occasion les symptômes, que nous ressentons avec moins d'acuité.

Les formes les plus communes de relâchement de tension sont l'exercice, l'orgasme, les activités créatrices, le surmenage physique et mental, la recherche de sensations fortes (le jeu, les films à suspense et les jeux vidéo), la suralimentation et la prise d'alcool et de drogues diverses. Le problème avec n'importe laquelle de ces méthodes est que, une fois que la tension est partie et que nous nous sentons mieux, l'énergie recommence à s'accumuler et l'inconfort reprend, et nous sentons à nouveau le besoin de nous en défaire. Ce cercle vicieux est communément connu sous l'appellation de comportement de dépendance.

Les douze passages de cet ouvrage vous proposent une solution plus durable à ce problème en vous montrant comment vous débarrasser des obstructions. Cette solution vous permet de :

- vivre plus de joie, d'extase et de spiritualité dans le quotidien ;
- réduire ou éliminer les pulsions de dépendances et les comportements compulsifs ;
- augmenter votre force physique, votre vivacité d'esprit et votre sensibilité intuitive ;
- renforcer votre système immunitaire et vivre une vie plus saine et plus tonique.

Les secrets pour être en bonne forme

Il est essentiel d'être en bonne forme lorsqu'on veut éliminer les obstructions qui occasionnent de la tension et dévitalisent notre corps. Les pierres angulaires de l'énergie sont l'exercice modéré mais régulier, un régime alimentaire simple mais sain, de l'air pur, de l'eau pure et du repos. Et également s'adonner à une activité créatrice. Il vous faudra aussi éviter les trois facteurs suivants, qui peuvent compromettre l'équilibre de votre système immunitaire et vous mener vers la maladie :

1. **La toxicité** : Par toxicité, j'entends l'état dans lequel nous nous sentons quand nous avons mangé ou bu plus que nous ne pouvons assimiler, surchargeant notre foie, nos reins, nos intestins et nos organes d'élimination. Nous connaissons tous la sensation de lourdeur, de fatigue, d'engourdissement et de nausée suite à un excès sur le plan alimentaire. Pour éviter la toxicité, il s'agit d'apprécier la qualité et non pas la quantité. Mangez moins, faites plus d'exercice et hydratez votre système avec de l'eau pure, des infusions et des fruits et légumes, qui aident à éliminer les déchets.

2. **L'affaiblissement:** Il s'agit de la baisse ou de la disparition de la force ou de la vitalité. L'affaiblissement fait référence à la fatigue chronique due au stress, comme lorsque vous vous surmenez avec un travail que vous n'appréciez pas. Pour éviter l'affaiblissement, il vous faut combiner des exercices modérés de détente avec suffisamment de repos. Et assurez-vous de prendre un minimum de trois périodes de vacances par année : elles valent leur pesant d'or.

3. **Le déséquilibre:** Votre corps doit maintenir un équilibre délicat sur les plans de la température, du taux de sucre, des hormones, de l'acidité et de la respiration, divers métabolismes qui peuvent être facilement perturbés. Afin d'éviter les déséquilibres physiques, pensez à respirer lentement et profondément de façon régulière, évitez les températures extrêmes à moins d'y être préparé et faites des trois éléments fondamentaux suivants la « triade magique » de votre santé et de votre énergie.

LA TRIADE MAGIQUE DE LA SANTÉ

Quand les gens me demandent des conseils sur des problèmes pouvant aller du terre-à-terre à la métaphysique, je leur pose les trois questions suivantes :

- Mangez-vous bien ?
- Faites-vous régulièrement de l'exercice ?
- Prenez-vous suffisamment de repos ?

Ces trois éléments constituent la triade magique de la santé. Combinés, ces éléments équilibrent votre corps et vous procurent la vitalité qui vous permet de faire face aux défis du quotidien et des douze passages.

Je suis convaincu qu'un souper frugal,
une bonne nuit de sommeil et une belle matinée
ont parfois fait un héros
du même homme
qu'une indigestion, une nuit agitée et une matinée pluvieuse
auraient transformé en lâche.

LORD CHESTERFIELD

Il ne suffit pas de connaître ou de comprendre seulement cette triade de la santé. Pour que vous puissiez en bénéficier, ces trois éléments (nutrition, exercice et repos) doivent devenir pour vous des priorités absolues. À moins que vous n'estimiez votre santé plus importante que votre travail, l'argent et la télévision, vous trouverez toujours quelque chose de plus pressé à faire à la place. Chaque jour, vous devez choisir si vous voulez prendre un repas nutritif à la maison ou vous procurer quelque chose dans un *fast-food*, si vous voulez vous lever tôt pour faire de l'exercice ou faire la grasse matinée parce que vous avez regardé la télévision jusqu'à une heure avancée de la nuit. Et voyons les choses comme elles sont: il est plus facile de regarder la télévision, de faire la grasse matinée, de sauter la séance d'exercice et d'acheter de la nourriture toute prête. Mais demandez-vous la chose suivante: « Quand je me regarde dans un miroir où l'on se voit en pied, qu'est-ce que je vois? » Vous voyez vos habitudes de vie s'y refléter. Alors n'attendez pas d'avoir le temps, *prenez* le temps.

S'alimenter pour avoir une énergie optimale

Nous savons presque tous – et la recherche vient confirmer cette croyance – que ce que nous ingérons a un effet sur notre énergie physique, notre esprit, nos humeurs et notre longévité. Nous devons donc faire attention à ce que nous mangeons et à quand et comment nous mangeons. Mais, méfiez-vous que la nutrition ne devienne une préoccupation hors de proportion.

Ainsi que mon vieux mentor Socrate me disait un jour : « Si tu
es trop obnubilé par la discipline et la pureté, diable, le stress
te tuera. »

Ne vous perdez pas dans les détails de la nourriture, c'est-
à-dire le nombre de calories que cet aliment ou celui-là contient,
ou si les protéines et les hydrates de carbone sont équilibrés. Je
vous recommande à la place de vous concentrer sur les principes
clés qui suivent. Mais tout d'abord, regardons ensemble de
quelle façon votre régime alimentaire peut influer sur la qualité
de votre vie et sa longévité.

L'ALIMENTATION ET LA LONGÉVITÉ

Certains scientifiques affirment que la longévité dépend
presque uniquement de facteurs génétiques. D'autres scientifiques ne sont pas d'accord avec cela. Les études des régimes
alimentaires, activités physiques et styles de vie des différentes
cultures dans lesquelles certaines personnes vivent très vieilles
laissent penser que notre bagage génétique pourrait créer une
tendance à vivre plus ou moins longtemps, mais elles indiquent
aussi que nous avons la capacité de maximiser notre potentiel
génétique grâce à nos habitudes. Mes conclusions personnelles
se fondent sur des recherches effectuées par le docteur Kenneth
Pelletier qui étudia le peuple Vilcabamba dans les Andes
équatoriennes, le peuple Hunza du nord du Pakistan, le peuple Abkhazanien de l'ancienne Union soviétique, le peuple
Mabaan du Soudan et les indiens Tarahumara du nord du
Mexique, où il découvrit un nombre suffisant de gens vivant
entre cent quinze et cent trente ans pour en faire l'objet d'une
étude sérieuse. Et chose très importante, Kenneth Pelletier
découvrit que les mêmes facteurs qui contribuaient à la quantité d'énergie vitale, contribuaient également à sa qualité. Vivre
longtemps ne signifie pas grand-chose si la vie n'est pas pleine
de joie et de vitalité, que chaque jour ne procure pas une nouvelle occasion de pratiquer la réalisation de soi dans le quotidien.

Une des façons les plus efficaces d'augmenter la qualité et la quantité de vie est de bien s'alimenter.

Ne mangez jamais plus que ce que vous pouvez soulever.

MISS PIGGY

Les sept grands principes de l'alimentation

Les lignes directrices suivantes n'exigent pas que vous fassiez des changements draconiens dans votre style de vie, pour la simple et bonne raison que les changements radicaux ont une forte tendance à vous faire revenir aux anciennes habitudes. À la place, ces recommandations vous amènent à vous adapter en douceur à un nouveau style de vie plus stimulant alors que vous faites attention à ce que vous mangez et à la façon dont vous vous sentez par la suite, aux aliments que vous découvrez être les plus appropriés pour vous, et que vous éliminez les extrêmes oscillant entre la privation et l'abus. Ce style de vie, vous pouvez vous le créer en observant les principes suivants :

1. **Mangez moins.** La sous-alimentation modérée mais systématique (de petites portions et moins de calories) est probablement l'habitude alimentaire la plus importante de toutes. Les gens qui vivent très vieux consomment entre 1 800 et 2 000 calories par jour, alors que l'Occidental en consomme en moyenne entre 3 200 et 3 500 par jour. (Cette habitude de sous-alimentation systématique *ne convient pas* aux enfants en pleine croissance, aux personnes très maigres, aux femmes enceintes ou qui allaitent, à ceux qui ont un métabolisme très élevé et brûlent beaucoup de calories, comme les athlètes et les ouvriers, ou aux gens qui ont des problèmes d'alimentation.)

2. **Mangez moins de protéines.** Nous sommes nombreux à nous demander si nous mangeons suffisamment. Et

pourtant les gens qui vivent très vieux consomment en moyenne environ moitié moins de protéines que les Occidentaux. La plupart de ces gens sont végétariens ou *presque* végétariens et tirent leurs protéines de céréales, légumineuses et produits laitiers. Ils ne mangent presque jamais de viande et uniquement de petites quantités de poisson ou de volaille. Les gens qui vivent longtemps ont des taux de cholestérol bien plus bas, moins de maladies coronariennes et pratiquement pas d'ostéoporose.

3. **Variez vos aliments.** Aux États-Unis, nous sélectionnons les grains pour leur uniformité grâce à la manipulation génétique, et ce pour obtenir de hauts rendements, par exemple pour le blé. Un champ de blé dans le Caucase, en Russie, patrie du peuple Hunza dont la longévité est légendaire, contient des plants de différentes couleurs et tailles, des qualités de blé différentes sur le plan génétique, dont la combinaison d'acides aminés divers donne une formule complète de protéines. Ce principe agricole s'applique évidemment à bien d'autres choses que le blé. Toute personne s'alimentant de façon variée, selon une diète comprenant différents fruits, légumes, céréales et légumineuses de saison, est assurée d'ingérer suffisamment de protéines, vitamines et minéraux.

4. **Expérimentez et faites confiance à votre instinct.** Lorsque de jeunes enfants se fient uniquement à leur instinct, ils choisiront à la longue parmi les divers groupes d'aliments qu'on leur présente, des aliments qui composeront un régime alimentaire équilibré comportant tous les éléments nutritifs dont ils ont besoin. Peu d'entre nous se fient à leur instinct, privilégiant plutôt ce que nos parents nous ont enseigné, ce que la publicité nous propose ou ce que les diverses théories alimentaires nous vantent dans les livres. Notre instinct a tellement été dénaturé par des influences extérieures que nous ne gardons chez nous qu'une sélection très limitée d'aliments, nous inspirant de la publicité télévisée ou nous laissant influencer par les tendances culinaires culturelles. Vous pouvez aiguiser votre

instinct par l'exercice et le jeûne, ainsi qu'en ajoutant ou en éliminant certains types (et quantités) d'aliments de votre régime habituel, et en prêtant attention à la façon dont vous vous sentez après avoir mangé. C'est une des façons les plus sûres de combiner l'instinct et la conscience pour trouver quel est le régime alimentaire qui vous convient le mieux. Faites confiance à votre corps plutôt qu'à toutes les théories et systèmes existants.

5. **Pratiquez périodiquement le jeûne.** Le jeûne, c'est-à-dire ne pas ingérer d'aliments pendant un ou plusieurs jours (tout en buvant de l'eau et des jus de fruits en abondance), est une pratique séculaire observée par presque toutes les traditions spirituelles. Le jeûne permet au système digestif de se reposer, au corps entier de se débarrasser de ses toxines, d'améliorer les défenses du système immunitaire, de prendre plus de temps pour la réflexion et la contemplation, et de se défaire de nos peurs inconscientes, puisque nous savons dorénavant que nous pouvons fonctionner pendant plusieurs jours sans nourriture si jamais nous le devons. Le jeûne *n'est pas* recommandé par contre pour les enfants en pleine croissance, les femmes enceintes et qui allaitent, les gens qui ont des problèmes d'alimentation ou les gens maigres ayant un métabolisme élevé. Le jeûne n'est pas non plus une cure amaigrissante. Avant d'entreprendre un jeûne, assurez-vous de lire un des nombreux ouvrages sur le sujet. Si vous avez quelque doute que ce soit ou des problèmes de santé, consultez un professionnel de la santé qui connaisse bien le jeûne.

6. **Régalez-vous de fruits et légumes crus en plus grande quantité.** Quand vous augmentez la proportion de légumes et de fruits frais non cuits, ce régime alimentaire vous procure des nutriments non traités, sous leur forme la plus originale. Ces nutriments comportent toute une série d'enzymes qui vous aident à assimiler la nourriture que vous ingérez. Ces aliments, au contenu élevé en eau, vous procurent également les fibres nécessaires à une bonne élimination. Manger seulement, ou presque, des aliments crus fait

naturellement maigrir tout en procurant des nutriments de grande qualité et de la vitalité au corps. Manger seulement des fruits et des légumes crus pendant un certain temps a à peu près le même effet nettoyant qu'un jeûne.

7. **Portez attention à la façon dont vous mangez et buvez.** La façon dont vous mangez est presque aussi importante que ce que vous mangez. Quelques habitudes toutes simples pourront améliorer votre digestion et vous aider à tirer profit de votre nourriture au maximum. Prenez l'habitude de bien mastiquer vos aliments et de respirer profondément pendant que vous mangez, tout en appréciant le goût et l'arôme de ce que vous mastiquez. Mangez chacune de vos bouchées comme s'il s'agissait de la seule bouchée que vous allez prendre dans la journée. Déposez votre fourchette ou votre cuillère entre chaque bouchée pendant que vous mastiquez. (Je travaille encore là-dessus !)

Vous êtes en fin de compte l'ultime autorité en la matière pour ce qui est de la façon de nourrir votre corps et vous devez découvrir ce qui fonctionne le mieux pour vous. Favorisez l'expérimentation plutôt que les règles rigides. Cela prend la vie entière pour apprendre et mettre en pratique le style de régime alimentaire qui nous convient. Il en va de même dans le domaine de l'exercice, sur lequel nous nous penchons maintenant.

Exercice de tonification

C'est notre conception de la forme physique qui détermine le genre d'exercices que nous pratiquons. Quand l'idée de la force prédominait, nous faisions des poids et haltères pour nous mettre en forme. Quand nous avons décidé que la santé cardiovasculaire était très importante, nous nous sommes mis à faire de la course à pied, de la marche rapide et de la danse aérobique.

Et maintenant que l'accent porte davantage sur l'équilibre neuromusculaire, les exercices de méditation, d'étirement et de relaxation deviendront de plus en plus les éléments principaux de notre mise en forme physique.

LES QUATRE ÉLÉMENTS-CLÉS
DE LA MISE EN FORME PHYSIQUE

Il existe selon moi quatre aspects physiques qui contribuent non seulement à la bonne forme globale, mais également à ce que l'on pourrait appeler « le talent physique ». Vous pouvez parvenir à une forme physique totale et équilibrée, ainsi qu'améliorer votre talent physique en exerçant les quatre éléments suivants :

1. **La force.** Contrôle et force musculaires ; la capacité de vous déplacer efficacement, même contre la résistance opposée par la force de gravité.
2. **La souplesse.** Flexibilité, élasticité et amplitude maximale des mouvements.
3. **La résistance.** Endurance ; capacité de maintenir un exercice pendant un certain temps.
4. **La sensibilité.** Équilibre, rythme, synchronisation, vitesse des réflexes et coordination.

Lorsque vous développez ces quatre aspects, vous équilibrez et ouvrez votre corps à la lumière de l'Esprit, vous illuminez littéralement votre corps. C'est pour cette raison que l'athlétisme peut devenir, lorsqu'on adopte une attitude consciente, une forme de pratique spirituelle.

EXERCICE CONSCIENT

Vous faites de l'exercice chaque fois que vous vous déplacez dans le champ de gravité, en marchant, vous asseyant, vous levant, lorsque vous soulevez et portez vos emplettes, que vous grimpez des escaliers, que vous faites le ménage ou que vous jardinez. En autant que vous vous servez de vos bras et de vos jambes, que vous fassiez travailler vos muscles (y compris le cœur) et que vous respiriez profondément, vous faites de l'exercice. En prenant les escaliers au lieu d'emprunter l'escalier mobile, en garant votre voiture un peu plus loin que le magasin où vous voulez aller, vous menez un style de vie tonifiant. Ce qui compte, ce n'est pas seulement l'heure durant laquelle vous faites des exercices au gymnase, mais la quantité de mouvements et de déplacements que vous avez effectués à la fin de la journée ou de la semaine.

Les sports permettent également de faire de l'exercice, mais les sports compétitifs sont conçus pour libérer la tension, pour se divertir, pour les loisirs et l'apprentissage de nouvelles aptitudes. Pas nécessairement pour se mettre en forme de façon équilibrée. En fait, la plupart des sports n'offrent que des avantages limités et aléatoires de mise en forme.

Au contraire, l'exercice fait consciemment est conçu spécialement pour améliorer l'équilibre général du corps et son développement. L'exercice fait consciemment :

- crée un équilibre entre les quatre éléments-clé de la bonne forme physique ;
- combine mouvement, esprit et respiration ;
- fait de l'aisance et de la relaxation une priorité ;
- tonifie au lieu de fatiguer ;
- demande à ce que l'on soit conscient des mouvements respiratoires ;
- amène un plus grand équilibre sur le plan de la latéralité (équilibre entre les deux côtés du corps) ;
- comprend des éléments particuliers de tension voulue suivis de relaxation (dans le but de relâcher la tension chronique).

Parmi les différentes formes d'exercice conscient, on trouve le hatha yoga, certains arts martiaux, les exercices psychocallisténiques d'Arica, les écoles non compétitives de gymnastique, le trampoline, les mouvements aérobiques, la danse et la séance de mise en forme du guerrier pacifique qui est présentée à la fin de ce chapitre. Effectué sur une base régulière et avec modération, l'exercice conscient peut vous équilibrer, vous rajeunir et vous tonifier.

Acquérir énergie et longévité par l'inspiration

Vous pouvez vivre pendant des semaines sans nourriture, des jours sans eau, mais seulement quelques minutes sans respirer. Pour la plupart d'entre nous, respirer est une fonction relativement automatique et un acte inconscient. Vous ne remarquez pas votre respiration à moins que vous n'ayez un problème à ce niveau-là. Un des objectifs de la pratique spirituelle est de rendre conscient ce qui ne l'était pas auparavant. Vous ne devez pas tout d'un coup porter attention à chaque respiration que vous prenez, mais vous tirerez de grands avantages à augmenter votre capacité et votre contrôle respiratoires. De plus en plus de chercheurs établissent un lien entre la capacité vitale (la profondeur de votre respiration) et la longévité.

LES ÉLÉMENTS DE BASE DE LA RESPIRATION

Vos poumons sont des organes passifs. Quand vous augmentez le volume de votre cage thoracique (poitrine), vous créez un vide qui aspire de l'air dans vos poumons. Ceci s'effectue principalement avec les muscles intercostaux. Mais le mécanisme premier de la respiration totale et relaxée est constitué par le diaphragme (voir illustration ci-contre), un muscle en forme de cloche qui sépare les cavités thoracique et abdominale. Lorsque le diaphragme s'aplatit ainsi que l'illustration le

montre, il aspire l'air dans les poumons. Lorsqu'il relaxe ou qu'il remonte vers le haut selon un effort volontaire, il expulse l'air des poumons.

Lorsque les nouveaux-nés respirent de façon détendue et naturelle, vous remarquerez leur ventre monter et descendre, étant donné qu'ils utilisent surtout le diaphragme pour respirer (respiration ventrale). La plupart d'entre nous respirons aussi de cette façon détendue lorsque nous dormons. La respiration ventrale est associée à un état d'aisance, de sérénité et de repos. La respiration thoracique courte et saccadée (lorsque seuls les muscles intercostaux entrent en jeu pour ouvrir la partie supérieure de la poitrine) est associée à un état d'anxiété et de tension.

Essayez de faire cet exercice tout simple.

1. Asseyez-vous et mettez une main sur le centre de votre poitrine et l'autre sur votre ventre au-dessous du nombril.

2. En premier lieu, respirez seulement avec votre poitrine. (La main qui se trouve sur votre ventre ne devrait absolument pas bouger.) Prenez de petites respirations rapides et peu profondes. Avec quel état émotionnel associeriez-vous la sensation qu'évoque ce genre de respiration?

3. En second lieu, respirez uniquement avec votre ventre. (La main sur votre poitrine ne devrait absolument pas bouger.) Si vous avez tendance à être très affairé et tendu dans votre vie, respirer seulement dans le ventre vous paraîtra probablement étrange ou gênant. Si vous avez de la difficulté à sentir cette respiration, allongez-vous, posez un ou deux livres reliés sur votre ventre et respirez afin que les livres

montent (inspiration) et descendent (expiration). Une fois que vous vous habituez à ce nouveau rythme, vous remarquerez que la respiration ventrale relaxe presque immédiatement le corps et amène un état de plus grande sérénité. En fait, étant donné que les émotions que vous ressentez sont associées à une tension ou à une contraction dans votre poitrine ou dans votre abdomen, vous trouverez qu'il est difficile de ressentir de la colère, de la peur ou de la tristesse lorsque vous respirez de cette façon calmante.

4. Transformons maintenant cet exercice respiratoire ventral relaxant et revigorant en une sorte de méditation. Imaginez que vous vous emplissez de lumière et d'énergie quand vous inspirez et que vous expulsez toxines, négativité ou problèmes en expirant et en relaxant votre corps entier.

Il est naturel d'adopter une respiration ventrale lorsqu'on est assis au repos, qu'on lit, relaxe, médite, étudie ou qu'on parle avec un ami. Mais lorsque vous êtes actif, que vous bougez, montez des marches, portez vos emplettes ou faites de l'exercice, vous devrez utiliser tout votre appareil respiratoire, diaphragme, poitrine et muscles dorsaux y compris. Dans de tels moments, vous ressentirez le besoin de respirer comme si vous emplissiez vos poumons en partant du bas, comme si vous remplissiez un verre d'eau. Ainsi, en prenant une respiration profonde, vous commencez par remplir votre ventre (en utilisant votre diaphragme), puis le bas de votre poitrine et enfin le haut de votre thorax. Lorsque vous expirez, laissez sortir l'air naturellement. Lorsque vous aurez bien ressenti cette respiration profonde, vous serez prêt à la mettre en pratique de la façon la plus naturelle du monde.

MARCHER ET RESPIRER:
LE MEILLEUR EXERCICE NATUREL

La marche est l'un des meilleurs exercices naturels qui puissent exister et dont les bénéfices sont multiples, n'entraînant que peu ou pas d'effets secondaires. Vous pouvez marcher tous les jours jusqu'à la fin de vos jours, et vous disposez déjà de tout l'équipement et de toutes les aptitudes nécessaires.

Lorsque le temps est vraiment mauvais, vous pouvez marchez sur une machine à courroie rotative à l'intérieur. Mais, quand vous le pouvez, il vaut mieux marcher le plus souvent possible dehors, en contact avec les éléments. Se déplacer dans un environnement naturel, saluer les voisins, observer les changements de luminosité peut s'avérer une expérience pleine de joie, voire spirituelle.

RESPIRER EN COMPTANT

L'exercice suivant, qui combine la marche et la respiration consciente, en est un que vous pouvez facilement intégrer à votre quotidien.

1. Dans cet exercice, vous inspirerez et expirerez sur un certain nombre de pas. Commencez en inspirant sur un compte de deux pas et expirez sur un compte de deux pas (inspiration un, deux; expiration un, deux). Continuez à marcher selon ce rythme jusqu'à ce que vous y soyez habitué. Vous voici maintenant prêt pour tout l'exercice, en commençant avec le compte de deux que vous venez d'apprendre.

2. Inspirez sur un compte de deux pas, expirez sur deux pas. Puis, inspirez sur un compte de trois pas et expirez sur un compte de trois pas. Puis, sur un compte de quatre pas. Continuez l'exercice en respirant toujours plus profondément et lentement, et en augmentant régulièrement le nombre de pas pour chaque longue inspiration et expiration jusqu'à ce que vous ayez atteint votre maximum (peut-être dix pas ou plus pour chaque inspiration et chaque expiration), c'est-à-dire le maximum de votre marge de confort, sans vous forcer excessivement.

3. Lorsque vous aurez atteint votre maximum, refaites l'exercice à rebours. Quand vous faites une longue promenade, et que vous avez fini le cycle progressif du compte, maintenez un rythme aisé pour chaque inspiration et chaque expiration (un compte de quatre pas par exemple) pour toute la durée du reste de la promenade. Ceci créera une sorte de méditation.

4. Si vous prévoyez marcher sur de courtes distances, disons de votre place de stationnement jusqu'au supermarché, essayez de vous garer à l'angle le plus éloigné du terrain de stationnement et marchez sur un compte de multiples de deux. Inspirez sur deux pas, expirez sur deux pas. Puis, inspirez sur quatre pas et expirez sur quatre pas. Inspirez sur six pas et expirez sur six pas. Et ainsi de suite.

5. Expérimentez pour voir ce qui vous convient le mieux. Si vous êtes à l'intérieur, essayez de faire cet exercice en marchant sur place, sur un trampoline, un appareil simulateur de marches d'escalier ou une bicyclette stationnaire.

En augmentant votre capacité vitale et en tonifiant votre corps, vous améliorerez vos chances de vivre une vie plus longue et plus saine. Vous respirerez mieux, littéralement, si vous faites ces exercices.

L'excellence avec aisance par la relaxation

Récemment, une dame me demanda si je pouvais en une phrase lui donner un conseil pratique qui améliorerait la qualité de sa vie. Voici ce que je lui ai répondu: « Respirez profondément et relaxez autant que vous le pouvez dans tout ce que vous faites. »

Si la respiration est la clé de la longévité, la relaxation est la clé de l'énergie.

La relaxation est une des choses les plus importantes que vous puissiez apprendre dans votre vie, car la capacité à relaxer accroît votre force, votre souplesse, votre grâce, votre coordination, vos réflexes, votre rapidité, votre sensibilité, votre sensualité, votre niveau de conscience, votre équilibre, la circulation sanguine périphérique, la respiration et la sensation générale de bien-être.

Nouveau-nés, nous étions des modèles en chair et en os de relaxation. Maintenant que nous sommes des adultes, notre mental impose des tensions à notre corps. Les regrets, les anxiétés, les inquiétudes et les préoccupations, qui répètent sans arrêt leurs scénarios désagréables dans nos têtes, génèrent des tensions neuro-musculaires. Nous portons presque tous en nous un certain degré de tension chronique, qui fluctue à la hausse et à la baisse au cours de notre quotidien, se manifestant sous la forme de maux de tête, de raideurs dans le cou, de douleurs lombaires, de fatigue chronique, tous ces symptômes n'étant que des fuites d'énergie. En apprenant à relaxer de façon consciente, nous pouvons retrouver notre état naturel d'aisance, exempt de tension.

RELAXATION DYNAMIQUE

Normalement, nous associons la relaxation à la tranquillité du sommeil, de la transe ou de la méditation. Mais la vie est mouvement et la relaxation par le mouvement est la forme la plus élevée de relaxation. Les anciens maîtres d'armes chinois et japonais, qui bougeaient et vivaient dans l'instant de vérité, devaient relaxer sinon ils mouraient. Vous et moi, dans nos moments à nous de vérité, pouvons apprendre à relaxer dans la vie. Ceci est l'épreuve la plus élevée et aussi la plus difficile.

CONSCIENCE ET RELAXATION

Alors que vous ne pouvez pas toujours contrôler votre sensation de paix intérieure, vous pouvez par contre apprendre à relâcher volontairement les tensions musculaires. Mais vos muscles ne pourront relaxer que s'ils peuvent se souvenir de la sensation de relaxation. Nous sommes nombreux dont le corps a oublié ce que s'asseoir, se lever et se déplacer comme un chat veut dire. Certains d'entre nous ne peuvent atteindre un certain degré de relaxation que lorsqu'ils sont endormis ou qu'ils ont pris un tranquillisant, de l'alcool ou toute autre drogue. Une fois que votre corps aura connu ce qu'est la relaxation profonde, l'hémisphère droit de votre cerveau pourra reproduire plus facilement cet état, et ce à volonté, même au plus fort des activités quotidiennes les plus potentiellement stressantes.

Si cela vous est possible, accordez-vous dix minutes pour procéder à l'exercice suivant, qui est conçu pour vous amener dans un état de profonde relaxation.

1. Commencez par vous allonger confortablement sur le dos. Si vous le désirez, mettez un oreiller sous vos genoux, vos bras et votre tête. Ou toute autre chose pouvant vous mettre le plus à l'aise possible.

2. Prenez conscience de la masse de votre corps qui s'appuie sur le lit ou le sol, ainsi que de la poussée égale que le lit ou le sol exerce sur votre corps.

3. Permettez-vous de ressentir une agréable sensation de poids, comme si votre peau, vos os et tout votre corps devenaient très lourds.

4. Sans vous préoccuper de savoir si l'exercice fonctionne ou pas, si vous commencez à relaxer ou pas, laissez votre attention se porter en premier lieu sur vos pieds, et ressentez votre peau, vos os et tout votre corps devenir très lourds. Gardez en tête cette pensée alors que votre attention, et la sensation de lourdeur, se propage des pieds aux mollets, aux genoux, aux cuisses, vers l'abdomen et le bas du dos, la

poitrine et le haut du dos, le haut du thorax jusqu'aux épaules, les bras, les avant-bras, pour enfin atteindre les mains et les doigts.

5. Puis, tout en relâchant la tension qui aura pu rester, laissez cette sensation de lourdeur parvenir à votre cou, vos mâchoires, vos oreilles, votre menton, votre bouche, votre nez, vos yeux, votre front et votre cuir chevelu.

6. Alors que vous vous trouvez dans cet agréable état de lourdeur relaxante, libéré de la tension habituelle, c'est l'occasion rêvée de vous sentir et de vous visualiser pratiquer un sport ou exercer un talent musical. Une fois que vous êtes libéré des tensions perturbatrices, l'aptitude que vous imaginez laisse une empreinte beaucoup plus claire sur votre hémisphère droit, sur la conscience du corps. Je faisais souvent cet exercice quand j'étais gymnaste, avec d'excellents résultats.

7. Avant de revenir à votre état de conscience de tous les jours, passez votre corps au « scanner » et rappelez-vous que vous pouvez retrouver cet état de profonde aisance en évoquant par la pensée un mot-clé ou une phrase-clé comme « Relaxe » ou « Laisse-toi aller ».

8. Lorsque vous êtes prêt, prenez trois profondes inspirations, chacune d'elle étant plus profonde que la précédente. À la troisième inspiration, vous sentant rafraîchi et alerte, étirez-vous comme un chat et asseyez-vous ou mettez-vous debout, tout en vous souvenant jusqu'à quel point vous pouvez vous sentir détendu dans l'immobilité ou le mouvement.

RALENTIR LE RYTHME
POUR TROUVER AISANCE ET ÉNERGIE

Ralentir le rythme dans la vie, vous mouvoir volontairement avec des mouvements très lents, amplifie la conscience et rallonge le temps, vous permettant ainsi d'être conscient du moindre mouvement, de remarquer et relâcher la tension dont vous ne seriez habituellement pas conscient.

L'exercice suivant illustre ce principe.

1. Faites comme si vous pratiquiez un sport ou toute autre activité habituelle, comme frapper une balle de tennis imaginaire, lancer un ballon, jouer une partition de musique ou frapper à la volée une balle de golf. Imaginez ces scènes en trois vitesses : premièrement, à la vitesse normale ; ensuite, deux fois moins vite ; puis, au ralenti. Dans le troisième cas, vous bougez si lentement que quelqu'un vous observant de loin ne pourrait presque pas vous voir bouger.

2. Pendant que vous bougez, remarquez votre respiration, votre équilibre, le changement de votre poids d'un pied à l'autre, le rapport entre les diverses parties de votre corps. Prenez note en particulier de toute autre tension que vous retenez et, à chaque instant qui passe, voyez si vous pouvez la laisser aller et vous détendre encore plus.

Une fois que vous devenez conscient de la tension, vous prenez automatiquement des mesures pour la relâcher. Ceci se traduit par une capacité à vous mouvoir plus efficacement. Ainsi, quand vous bougerez selon un rythme normal (sans précipitation), vous le ferez avec une plus grande aisance, plus de légèreté et plus d'énergie. Essayez. Vous serez peut-être agréablement surpris.

L'ALIGNEMENT PAR LA FORCE DE GRAVITATION

Observez la façon dont les jeunes enfants s'assoient, se lèvent et se déplacent. Remarquez comment leurs corps flexibles s'adaptent à la force de gravitation et comment ils se tiennent et s'assoient le dos bien droit. Chaque partie de leur corps est en harmonie et bien alignée avec les autres. Au fil des ans, les blessures et le stress aidant, notre corps perd l'alignement juste, à un degré ou un autre. C'est une des principales sources de perte d'énergie.

Quand vous sortez du lit le matin, votre corps ressemble à un empilement de cubes qui se déplacent dans l'espace. Savoir se mouvoir correctement permet d'économiser d'énormes quantités d'énergie. Par contre, se mouvoir ou rester debout dans une position incorrecte produit de la tension, une perte d'énergie et des douleurs. Une bonne posture, c'est-à-dire s'asseoir, se tenir debout et se mouvoir bien droit dans une position où le corps est en alignement avec la force de gravitation, se traduit par un gain très réel d'énergie.

Pour illustrer jusqu'à quel point une mauvaise posture crée des tensions et de la douleur, représentez-vous huit cubes empilés les uns sur les autres. Si vous exercez une pression vers le bas sur cette colonne lorsque les cubes ne sont pas bien alignés (voir illustration ci-dessous) – certains cubes étant déplacés vers l'avant, d'autres vers l'arrière, d'autres encore étant déviés de leur axe par rapport aux autres –, les cubes partiront dans toutes les directions. Si votre posture ressemble à

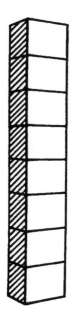
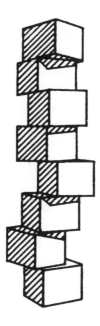

l'assemblage de ces cubes, l'énergie et la tension musculaire nécessaires pour vous maintenir ensemble au cours d'une journée vous siphonne toute votre énergie. (Vous n'avez qu'à imaginer que vous gardez une légère tension dans les muscles de vos bras pendant tout le jour: ceci aura comme effet de siphonner votre énergie à la façon d'un robinet qui fuit.) Pour expérimenter la façon dont cela fonctionne, faites ce qui suit:

1. Penchez-vous légèrement vers l'avant ou sur le côté à partir de la taille et gardez cette position pendant trente secondes. Remarquez que cela ne prend pas grand temps avant que vous ressentiez de la tension musculaire. Là où il y a de la tension musculaire, il y aura de la douleur et une perte d'énergie.

2. Dans la position assise, forcez votre menton ou penchez votre tête vers l'avant, à la façon dont nombre d'entre nous le faisons habituellement lorsque nous parlons, regardons la télévision ou lisons. Si vous gardez cette position, vous remarquerez une tension à l'arrière de votre cou, qui peut se traduire par un mal de tête et des douleurs dans le cou. La même chose se produit si vous voûtez les épaules et vous penchez vers l'avant lorsque vous étudiez, lisez ou travaillez à un bureau. (Lorsque vous vous penchez vers l'avant quand vous êtes dans une position assise, faites-le dans un mouvement qui part des hanches tout en gardant le dos droit.) Il est plus difficile de respirer profondément lorsque les épaules sont voûtées vers l'avant. Une mauvaise posture, si elle est chronique, se traduit par une respiration courte, qui, à son tour occasionne d'autres maux physiques.

Si, par contre, les cubes sont bien alignés verticalement, vous pourriez mettre un poids très lourd sur cette colonne et elle garderait toute sa force justement parce que sa structure est solide. Il en va de même avec votre corps: s'il est bien aligné, que votre tête est bien droite et en équilibre de façon naturelle au-dessus de votre colonne vertébrale (comme si un fil venant du ciel était attaché au sommet de l'occiput et tirait votre tête vers le haut), une énorme quantité d'énergie s'en trouve libérée. Au premier abord, une telle posture peut sembler réclamer une attention et un effort conscients afin de tenir la tête bien droite et le menton légèrement rentré. Mais, quand vous y êtes habitué, cette posture se prend naturellement et sans effort.

En réalignant votre posture, vous aurez immédiatement la sensation que votre corps semble plus léger, plus libre, plus jeune et plus souple. Vous respirerez mieux car votre poitrine sera dégagée et votre ventre relaxé. Il existe plusieurs méthodes pour retrouver votre posture de jeunesse.

- La première méthode est l'observation attentive. Vérifiez votre posture à l'aide d'un miroir. L'observation et un instant de réflexion de soi (au sens propre) peuvent servir d'aide-mémoire pour s'asseoir, marcher et se tenir droit. Même une gêne physique temporaire peut amener une plus grande conscience.

- La seconde méthode est de travailler les muscles. En fin de compte, tout exercice que vous effectuez pour équilibrer le corps peut être considéré comme une forme de travail des tissus. Mais des méthodes comme le Rolfing ou le système Heller constituent une forme précise de manipulation profonde des tissus musculaires qui aide à faire retrouver au corps son alignement. À l'inverse du massage, qui peut être un merveilleux outil de relaxation mais ne s'adresse qu'aux symptômes d'une mauvaise posture, la manipulation profonde des tissus procure des effets à plus long terme en allongeant, réalignant et harmonisant la structure corporelle. Les différentes parties du corps s'en trouvent également réintégrées.

- La troisième méthode est de travailler avec un spécialiste de la sensibilisation au mouvement avec des méthodes comme Feldenkrais, Aston Patterning ou la technique Alexander. Vous pouvez aussi travailler avec d'autres formes de sensibilisation de la conscience comme le yoga, les arts martiaux ou toute autre forme d'exercice conscient.

- Vous pouvez pratiquer sur vous-même la méthode suivante de travail corporel. Ainsi que décrit, cette méthode ne prend que très peu de temps, est agréable et produit des résultats immédiats. Je l'ai employée pendant des années tous les jours et elle m'a merveilleusement réussi. Effectuez cet exercice chaque soir et chaque matin afin de relaxer et de réaligner votre corps en renversant la loi de la gravité.

BATTRE LA GRAVITÉ À SON PROPRE JEU

Cet exercice simple et agréable utilise la force de gravitation, qui habituellement nous compresse et fait dégénérer nos corps, pour nous étirer et nous régénérer. Cet exercice réaligne et équilibre le corps grâce à la traction naturelle. Il aide également à prévenir ou à réduire l'ostéoporose chez les personnes âgées. Il renforce vos avant-bras et votre prise, amoindrit l'usure de la colonne vertébrale ainsi que la pression qui s'exerce sur elle. Enfin, il dégage et relaxe toutes les articulations de votre corps.

Et quel est ce miraculeux exercice? C'est tout simplement se laisser pendre, une activité physique naturelle, agréable et même instinctive. Tout ce dont vous avez besoin, c'est d'un encadrement de porte et d'une barre métallique, que vous trouverez dans la plupart des magasins d'articles de sport. Achetez une barre qui comporte des supports métalliques que l'on peut visser sur les montants de l'encadrement pour plus de sécurité.

- Le matin dès que vous vous levez et le soir avant d'aller vous coucher, agrippez la barre (en pliant légèrement les genoux si nécessaire) et laissez-vous pendre.
- Si votre prise n'est pas suffisamment forte pour tenir la barre pendant que vous supportez votre poids, appuyez-vous sur le sol ou sur une chaise pour supporter une partie de votre

poids (mais aussi peu que possible) jusqu'à ce que votre prise se soit renforcée (ceci prend une ou deux semaines).

- Commencez par vous laisser pendre pendant cinq à dix secondes, pour ensuite augmenter jusqu'à trente secondes ou plus. Respirez lentement et profondément, tout en sentant l'étirement dans vos bras, épaules et colonne vertébrale (trente secondes de cet exercice correspondent à un massage de quinze minutes).

La séance d'entraînement du guerrier pacifique MD

Il y a plus de dix ans, j'ai conçu un enchaînement de mouvements fluides, combinés à de la respiration profonde et à des postures de décharge de tension. Cet enchaînement comprend des éléments de callisthénique, de danse, de gymnastique, d'arts martiaux et de yoga. Et chose très importante, je me suis assuré que, une fois les mouvements bien intégrés, vous puissiez effectuer cet enchaînement en moins de quatre minutes par jour, dans un espace relativement restreint. Cet enchaînement est à l'abri de presque toute excuse. Je le fais tous les matins depuis dix ans pour démarrer ma journée avec entrain. Certaines personnes m'ont déjà mentionné le fait que cet enchaînement constituait un parfait échauffement pour tout type de sport ou de jeu, ou encore un exercice idéal pour se décontracter après une grosse journée de travail. Une transition relaxante mais tonifiante entre le travail et la maison. Si cet enchaînement est la seule partie du livre que vous mettrez en application, vous en ressentirez tout de même des résultats tangibles, qui augmenteront avec le temps.

Cet enchaînement d'exercices conscients outrepasse la plupart des méthodes de mise en forme, et par son style et par son intention. La séance d'entraînement du guerrier pacifique s'harmonise avec l'objectif supérieur des douze passages et procure un enchaînement de mise en forme efficace et équilibré qui développe force, souplesse, endurance et sensibilité.

Cet enchaînement travaille aussi à des niveaux énergétiques plus subtils. Pour clarifier ce que je viens d'affirmer, il suffit de se pencher sur la considération suivante. Bien que votre corps constitue l'aspect le plus visible de ce que vous êtes, vous êtes entouré d'un champ énergétique (aussi connu sous l'appellation d'aura) qui vous pénètre de part en part. Ce champ d'énergie relie le corps physique à la lumière qui émane à tout jamais de l'Esprit.

La Terre, tout comme le corps humain et tous les êtres vivants, possède elle aussi un champ énergétique, appelé biosphère. Si celle-ci subit une pollution par la radiation ou des gaz toxiques, le corps physique de notre planète s'en trouve affecté. De la même façon, les formes-pensées négatives, les regrets, les soucis et le ressentiment pollueront le champ énergétique humain, suscitant la création de zones faibles ou sensibles qui sont plus prédisposées aux blessures ou à la maladie.

Avoir un champ énergétique fort signifie avoir un corps fort. Les mouvements fluides et la respiration profonde proposés dans cet enchaînement libèrent énergie et attention pour améliorer votre fonctionnement sur les plans physique, mental et émotionnel. Après avoir terminé cet enchaînement, votre champ énergétique augmente, se vivifie et se purifie, comme l'atmosphère après une bonne pluie. Vous vous sentirez plus expansif, plus alerte et plus détendu.

Bien que ce court enchaînement ne puisse égaler une heure d'entraînement en gymnase, il est unique en soi car il combine tous les éléments de la mise en forme de façon efficace et aide à avoir un corps plus tonique.

Souvenez-vous que seule la régularité de la pratique est bénéfique. Vous serez probablement beaucoup plus porté à faire cet enchaînement pendant un certain temps car il est relativement facile à apprendre, ne demande que peu de temps et d'espace, et est agréable. Quatre minutes par jour, chaque jour, peuvent vous mener loin. Le secret, c'est de ne pas se compliquer la vie. Expérimentez la puissance du mouvement relaxant et de la respiration profonde. Faites de ces deux éléments la base d'un style de vie énergisant.

LIGNES DIRECTRICES POUR APPRENDRE ET EXÉCUTER L'ENCHAÎNEMENT

- Respectez le processus d'apprentissage de votre corps en y allant doucement au début.

- Si vous avez des problèmes physiques, consultez le spécialiste de la santé approprié. Les problèmes résultant de la faiblesse musculaire, de l'inactivité et du manque de flexibilité s'amélioreront avec le temps. Si, au début, vous ressentez une gêne ou qu'un mouvement vous semble particulièrement difficile à exécuter, trouvez une façon plus facile pour vous de le faire.

- Faites tous les exercices (ou une certaine version de tous les exercices) et ce dans l'ordre dans lequel ils sont présentés. Vous bénéficierez en particulier des mouvements qui vous donnent le plus de fil à retordre. Alors, ne les sautez pas !

- Chaque fois que vous effectuez l'enchaînement, posez-vous la question suivante : « De quelle façon puis-je améliorer chaque mouvement ? » De cette façon, vous vous améliorerez sans cesse.

- Faites votre enchaînement dehors ou dans une pièce sans meubles au sol recouvert de moquette, dans un espace d'environ deux mètres sur deux.

- Pour pouvoir terminer l'enchaînement en quatre minutes ou moins, effectuez le nombre de répétitions recommandées. Mais, en fin de compte, le nombre de répétition de chaque mouvement ne dépend que de vous et pourra varier selon vos besoins et votre niveau d'énergie de la journée.

- Considérez l'enchaînement comme une méditation en mouvement, que ce soit sur de la musique ou en silence.

- Exécutez les mouvements vigoureusement ou au ralenti, très consciemment, comme on le fait pour le hatha yoga ou le tai-chi-chuan, cet ancien art martial chinois.

- Faites votre séance du guerrier pacifique chaque matin ou à tout autre moment fixe de la journée afin qu'elle finisse par faire partie de vos gestes quotidiens. La clé pour réussir à intégrer cet enchaînement à votre train-train quotidien est de s'engager à le faire chaque jour pendant trente-six jours. Rendu à ce point-là, votre inconscient le reconnaîtra comme une habitude. Si vous sautez ne serait-ce qu'un des premiers trente-six jours, le jour suivant sera le jour numéro un pour ce qui est de l'inconscient.

LIGNES DIRECTRICES PARTICULIÈRES

- L'exercice n'est salutaire que dans la mesure où la posture dans laquelle il est effectué l'est aussi. La relaxation, la respiration et la posture sont des éléments-clés. Si cela vous est possible, utilisez un miroir au cours des premiers jours pour vérifier votre technique.

- Pour les mouvements effectués sur les deux côtés, vous pouvez commencer à droite ou à gauche, mais maintenez la même séquence.

- Faites particulièrement attention à la respiration profonde pendant que vous enchaînez un élément à l'autre. Respirez aussi profondément que possible sans forcer, tout en coordonnant votre respiration avec chaque élément de l'enchaînement. Ayez l'impression que c'est la respiration qui fait bouger votre corps. Inspirez par le nez et expirez par le nez ou la bouche.

- Portez attention à l'espacement entre vos pieds, ainsi que le symbole l'indique. Pour les exercices effectués debout, les pieds sont en position parallèle et espacés d'un, deux ou trois pieds, ainsi qu'illustré.

A
(espacement
d'un pied)

B
(espacement de
deux pieds)

C
(espacement de
trois pieds)

ÉTROIT   LARGEUR DES ÉPAULES   LARGE

La séance d'entraînement
du guerrier pacifique

1

Étirement arrière et balancier vers le sol

INDICATIONS:
- Les paumes des mains sont jointes devant vous, au niveau des yeux. En inspirant, vous levez vos bras au-dessus de votre tête.
- Tout en continuant à inspirer, contractez vos muscles fessiers et laissez vos bras se plier et tomber derrière votre tête. Étirez-vous doucement vers l'arrière.
- Commencez à expirer tout en redressant vos bras et votre corps. Continuez à expirer pendant que vous balancez vos bras vers l'avant et le sol dans un grand arc de cercle. Fléchissez vos genoux et laissez tomber votre tête vers le sol et relaxer.
- Quand vous finissez d'expirer, vos bras continuent leur mouvement de balancier vers l'arrière. Tendez brièvement vos genoux pour vous étirer.
- Fléchissez à nouveau les genoux et commencez une autre inspiration alors que vos bras repartent dans un mouvement circulaire vers l'avant, paumes jointes, puis vers le haut pour amorcer le même mouvement une deuxième fois.

RAPPELS:
- Espacement d'un pied entre les pieds.
- Répéter trois fois.
- Inspiration sur le mouvement ascendant et vers l'arrière; expiration sur le mouvement descendant.
- Les muscles des fesses sont contractés lors de l'étirement vers l'arrière.
- Les genoux sont fléchis lors du balancier vers le haut et vers le bas.
- Les jambes sont tendues brièvement à la fin du balancier vers le bas.

AVANTAGES:
- Réchauffement vivifiant.
- Étirement en douceur de la colonne vertébrale.
- Donne de la vigueur à tout le corps.
- Libère l'énergie bloquée pour les autres exercices.
- Commence à libérer les tensions présentes autour du cœur et du plexus solaire.

ÉTROIT

Début

Fin

a

b

c

d

e

f

g

h

i

2
Fléchissement et étirement latéral

INDICATIONS:

- Le dos bien droit, vous expirez en penchant le torse vers l'avant et en fléchissant vos genoux jusqu'à ce que vos coudes et avant-bras puissent reposer sur vos cuisses.
- Tout en commençant votre inspiration, redressez-vous et passez directement à la position d'étirement latéral en tendant vos jambes. Faites face vers l'avant (pas de torsion ni de position désaxée), les bras étant tendus sur le côté et les coudes derrière vos oreilles.
- Revenez au fléchissement tout en expirant, puis relevez-vous dans la position d'étirement latéral sur le côté opposé cette fois-ci, tel qu'indiqué. Répétez le mouvement.

RAPPELS:

- Espacement de trois pieds entre les pieds.
- Répéter trois fois.
- Inspiration pendant l'étirement sur le côté, expiration dans le fléchissement.
- Répartissez bien votre poids sur vos deux pieds.
- Les hanches sont étirées dans la direction opposée aux bras.
- Gardez votre corps bien aligné et faisant face vers l'avant, le coude du bras le plus haut se trouvant derrière l'oreille.
- Les avants-bras sont posés sur les cuisses pendant la posture accroupie.
- Passez directement de la position accroupie à la position latérale, plutôt que de vous relever et ensuite vous pencher sur le côté.

AVANTAGES:

- Ouvre la cage thoracique et les poumons.
- Étire la colonne vertébrale sur le côté.
- Revitalise.
- Nettoie l'énergie autour de la tête et des épaules.

LARGE

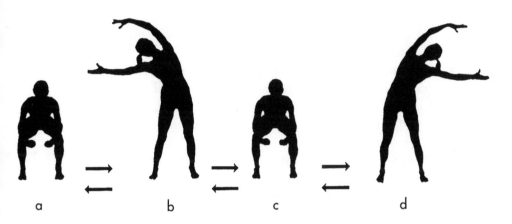

a   b   c   d

a & c
(Vue latérale)

3
Détente du cou

INDICATIONS:
- Tenez-vous debout dans une position naturelle. Inspirez alors que votre tête se penche vers l'avant d'une façon relaxée (ne pas forcer le mouvement). Puis, expirez tout en relaxant dans la position vers l'avant.
- Inspirez en amenant directement votre tête dans une position penchée sur le côté gauche (le nez et le menton font face vers l'avant, la tête n'est pas tournée sur le côté). Expirez tout en relaxant dans cette position.
- Vous inspirez alors que votre mouvement amène doucement votre tête vers l'arrière et vous expirez dans cette position. Votre menton doit être légèrement soulevé, les dents rapprochées mais non serrées. Ne forcez pas le mouvement.
- Inspirez en amenant directement votre tête dans une position penchée sur le côté droit et relaxez dans cette position tout en expirant.
- Puis, inspirez à nouveau lorsque votre tête revient dans sa position penchée vers l'avant, et expirez tout en la relaxant.

RAPPELS:
- Espacement de deux pieds entre les pieds.
- Faire une fois dans chaque sens: avant, gauche, arrière, droite, avant.
- Inspiration en prenant la position; expiration et relaxation dans la position.
- Laissez le poids de la tête effectuer l'étirement plutôt que de forcer la position avec la tête.
- Lorsque la tête se penche sur le côté, assurez-vous que l'épaule opposée ne se soulève pas.
- Soulevez légèrement le menton au lieu de forcer la tête vers l'arrière, les dents étant rapprochées.

AVANTAGES:
- Élimine la tension des mâchoires, du cou et des épaules.
- Ouvre les poumons.
- Élimine les tensions liées au poids des responsabilités.

LARGEUR DES ÉPAULES

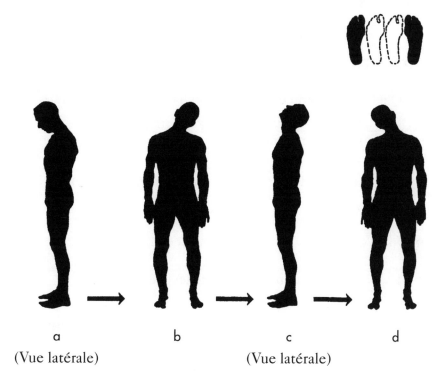

a
(Vue latérale)

b

c
(Vue latérale)

d

4

Rotation des épaules

INDICATIONS :

- Quand vous commencez à inspirer, faites rouler vos épaules vers l'avant et ensuite vers le haut.
- Quand vous commencez à expirer, faites rouler vos épaules vers l'arrière et ensuite vers le bas.
- Vos bras sont détendus, une main tenant le poignet de l'autre derrière vous.

RAPPELS :

- Espacement de deux pieds entre les pieds.
- Répéter trois fois.
- Inspiration avec la rotation vers l'avant et le haut. Expiration avec la rotation vers l'arrière et le bas.
- La rotation des épaules se fait vers l'avant, le haut, l'arrière, le bas.
- Tenez un de vos poignets avec l'autre main.
- Gardez les bras détendus et immobiles. Seules les épaules bougent.

AVANTAGES :

- Élimine la tension de la poitrine, des épaules et du haut du dos.
- Vivifie le mouvement de la partie supérieure du thorax et lui donne de l'ampleur.
- Nettoie les tensions émotionnelles qui se situent dans la région du cœur.

LARGEUR DES ÉPAULES

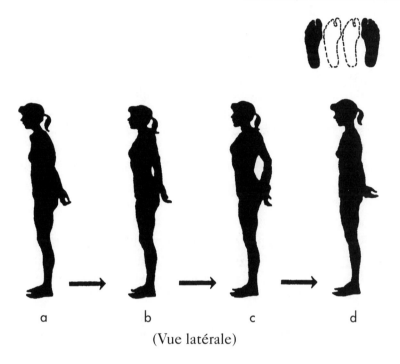

a   b   c   d

(Vue latérale)

5

Torsion de la colonne vertébrale

INDICATIONS :

- Vos bras sont droits et tendus sur le côté à la hauteur de vos épaules, et forment une ligne droite.
- Pendant tout l'exercice, vos hanches restent dans une position qui fait face vers l'avant. En d'autres mots, la torsion s'effectue au niveau de la taille et les hanches ne bougent pas.
- Vos bras restent également tendus dans la même position, c'est-à-dire selon un angle de 180 degrés par rapport à votre corps. Un peu comme si un manche à balai avait été attaché à vos bras et traversait votre poitrine.
- Quand vous inspirez, faites passer votre bras gauche vers l'arrière et tournez votre tête également vers la gauche, de façon à ce que vous puissiez voir votre main gauche (ce mouvement rotatoire fait aussi travailler votre cou).
- Quand vous aurez tourné aussi loin que vous le pouvez vers la gauche, expirez rapidement tout en faisant revenir votre torse dans la position de départ. Inspirez tout en faisant passer votre bras droit vers l'arrière et en tournant la tête vers la droite.
- La respiration est l'élément le plus délicat de l'exercice, car chaque inspiration amène un bras vers l'arrière, suivie d'une expiration rapide qui le ramène vers l'avant.

RAPPELS :

- Espacement de trois pieds entre les pieds.
- Faire de six à dix fois de chaque côté.
- Inspiration dans le mouvement vers l'arrière (droite ou gauche), expiration rapide dans le mouvement vers l'avant.
- Les genoux sont détendus et légèrement fléchis.
- Les hanches restent bien droites, faisant face vers l'avant, ce qui permet à la taille de s'étirer.
- La tête tourne pour regarder vers l'arrière pendant que le bras lui-même tourne vers l'arrière.
- Les mains et les bras forment une ligne droite comme si un manche à balai avait été attaché aux deux bras.

AVANTAGES :
- Bon pour les organes internes du bassin.
- Prévient l'atrophie du bas de la colonne vertébrale (associée au vieillissement).
- Nettoie le champ énergétique des genoux à la tête.
- Améliore la vitalité.

LARGE

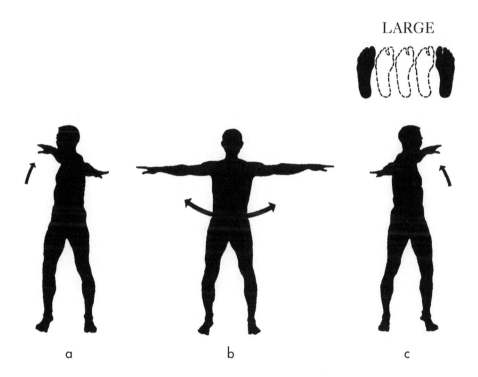

a   b   c

6
Rotation du pelvis

INDICATIONS:
- Au cours de cet exercice, imaginez votre pelvis comme étant une coupe, que vous sentez pencher vers l'avant, le côté, l'arrière et l'autre côté dans un mouvement circulaire.
- Commencez l'exercice en fléchissant légèrement les genoux.
- En inspirant, faites basculer votre pelvis vers l'avant (vos reins se cambrent légèrement et vos fesses ressortent).
- Puis, au moment où vous commencez à expirer, déplacez votre pelvis vers la gauche dans un mouvement circulaire (il sera alors incliné vers la droite).
- Pendant que vous finissez d'expirer, continuez le mouvement circulaire et rentrez le bassin vers l'avant et par en dessous (il sera alors incliné vers l'arrière).
- Puis, pendant que vous reprenez une autre inspiration, déplacez votre pelvis vers la droite dans un mouvement circulaire (il sera alors incliné vers la gauche). Vous aurez ainsi complété un cercle. Vous pouvez continuer le mouvement circulaire dans ce sens ou bien changer de direction.

RAPPELS:
- Espacement de deux pieds entre les pieds.
- Faire trois cercles complets dans chaque sens.
- Inspiration quand le pelvis va vers l'arrière; expiration quand le pelvis revient vers l'avant.
- Les genoux sont fléchis et la tête est bien droite et immobile.
- C'est le bassin qui accomplit un mouvement circulaire, pas le ventre.

AVANTAGES:
- Donne plus d'ampleur au mouvement du pelvis.
- Élimine la tension dans le bas du dos et les fascias musculaires de la hanche.
- Améliore la digestion en faisant bouger les intestins.
- Nettoie le champ énergétique des genoux au nombril.
- Libère l'énergie sexuelle créatrice bloquée.

   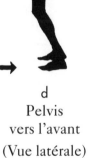

a
Pelvis
vers la gauche

b
Pelvis
vers l'arrière
(Vue latérale)

c
Pelvis
vers la droite

d
Pelvis
vers l'avant
(Vue latérale)

7

La terre et le ciel

INDICATIONS:
- Commencez par inspirer en fléchissant légèrement vos genoux et en repliant vos bras comme si vous portiez un poids avec vos deux mains. Retenez l'inspiration et tendez tout votre corps.
- Quand vous commencez à expirer et détendre votre corps, tendez votre bras gauche directement vers le ciel et votre bras droit vers la terre.
- Prenez bien note que, quel que soit le bras qui pointe vers le haut, c'est le genou opposé que vous levez jusqu'à hauteur de ceinture, la jambe étant pliée à 90 degrés et les orteils pointés vers le sol.
- Revenez à la position genoux fléchis originale pendant que vous inspirez et retenez votre inspiration.
- Tendez l'autre bras (droit) vers le ciel, le bras gauche se dirigeant vers le sol et le genou gauche se relevant, tel qu'illustré.
- Ce mouvement peut s'effectuer avec vigueur ou bien lentement, pour exercer l'équilibre.

RAPPELS:
- Espacement d'un pied entre les pieds.
- Répéter trois fois de chaque côté.
- Inspirez et tendez tout votre corps alors que vos genoux fléchissent et vos bras se replient.
- Expirez et relâchez votre corps en tendant un bras vers le haut et l'autre, vers le bas.
- Le genou monte jusqu'à hauteur de ceinture, du même côté que le bras descendu.
- Fixez un point devant vous pour vous aider à maintenir l'équilibre.
- Pour plus de défi, relevez-vous sur la pointe du pied lorsque vous vous étirez vers le haut.

AVANTAGES:
- Fortifie toute la musculature.
- Améliore la coordination et l'équilibre.
- Inonde de force et de vitalité le champ énergétique.
- Relaxe de nombreux points de tension le long des méridiens.

ÉTROIT

a

b

c

d

a / c
(Vue latérale)

b / d
(Vue latérale)

8

Mouvement glissé de ski de fond

INDICATIONS:

- Cet exercice est à faible impact et coulant, mais son mouvement en ciseaux vise à stimuler le système cardiovasculaire alors que vous sautez avec légèreté d'une fente avant de la jambe gauche à une fente avant de la jambe droite.
- Commencez l'exercice dans une position de fente avant, le genou avant étant plié selon un angle de 90 degrés (jambe droite ou jambe gauche en avant pour commencer).
- Les deux pieds font face vers l'avant, le talon du pied arrière étant relevé.
- Quand vous apprenez l'exercice, ne vous préoccupez pas des bras. Exercez-vous seulement à faire les ciseaux en douceur en passant d'une fente de la jambe gauche à une fente de la jambe droite.
- Une fois que vos jambes se déplacent avec facilité, ajoutez le mouvement des bras. Ce mouvement s'effectue comme si vous marchiez, le bras en avant étant opposé à la jambe d'en avant (bras droit, jambe gauche).
- Coordonnez votre respiration avec les ciseaux, en commençant par deux ciseaux sur une inspiration et deux ciseaux sur une expiration. Vous pourrez par la suite augmenter le nombre de ciseaux à chaque inspiration et expiration.

RAPPELS:

- Espacement d'un pied entre les pieds.
- Faire de dix à vingt fois.
- Dos et torse à la verticale.
- Inspirez sur quatre ciseaux et expirez sur quatre ciseaux.
- Mouvement à faible impact de glissement délicat, d'une fente droite à une fente gauche.
- Le poids est réparti également sur les deux pieds ou repose légèrement plus sur la jambe avant.
- Le poids de votre corps est également réparti sur les deux jambes en position de fente.

- Détendez-vous et laissez le mouvement s'effectuer en douceur.
- Cela peut prendre quelque jours avant de réussir à maîtriser la coordination entre les bras et les jambes.

AVANTAGES:
- Stimule le système cardiovasculaire.
- Augmente la force des jambes.
- Améliore la coordination.
- Intensifie le champ énergétique.
- Aide à améliorer le rythme, la synchronisation et la vitalité.

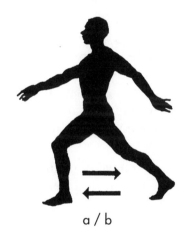

a / b

9

Fesses en bas, fesses en haut

INDICATIONS :

- Commencez le mouvement dans la position que vous prendriez pour faire des pompes. Vos bras sont parallèles et tendus, et vos épaules en alignement avec vos poignets. Votre dos est droit.
- Vos bras restent tendus pendant toute la durée des mouvements.
- Sur l'inspiration, laissez vos hanches (et vos fesses) tomber vers le sol. Votre dos s'arquera et vos yeux regarderont devant, légèrement vers le haut.
- Sur l'expiration, soulevez vos hanches (et vos fesses) vers le plafond en même temps que vous abaissez vos talons vers le sol et que vous amenez votre tête vers l'avant entre vos bras, de façon à voir votre ventre.
- À partir de cette position de saut de carpe, commencez à inspirer tout en laissant vos hanches (et fesses) retomber vers le sol pour recommencer le mouvement.

RAPPELS :

- Répéter trois fois le mouvement au complet.
- Inspiration lorsque les hanches (fesses) descendent vers le sol et que le dos s'arque.
- Expiration lorsque les hanches (fesses) pointent vers le haut.
- Les bras restent tendus tout le temps.
- Quand vous arquez votre dos (fesses en bas), relevez légèrement votre tête, vos yeux regardant un peu vers le haut.
- Au début, vous aurez peut-être besoin de prendre une respiration supplémentaire entre les mouvements. Il n'est pas nécessaire de vous forcer.

AVANTAGES :

- Améliore la flexibilité de la colonne vertébrale et des jambes.
- Élimine la tension du bas du dos et de l'abdomen.
- Renforce les épaules et les poignets.
- Ouvre la zone du plexus solaire.

a   b

10

La grande bascule

INDICATIONS :

- Ce mouvement rythmique de bascule d'avant en arrière étire le haut et le bas de la colonne vertébrale.
- Assis, les genoux repliés et les bras tendus devant vous, vous commencez le mouvement de bascule vers l'arrière en vous aidant des bras (mouvement vers l'arrière). Expirez tout en amenant vos genoux toujours repliés vers le haut, vos bras passant au-dessus et derrière vous jusqu'à toucher le sol. Vos genoux repliés se trouvent alors près de votre front, comme l'indique l'illustration.
- Puis roulez vers l'avant tout en inspirant.
- Expirez à nouveau pendant que vous vous étirez vers le sol et l'avant, votre tête retombant entre vos bras. Les plantes de vos pieds se font face et vos genoux s'ouvrent sur le côté. Vous êtes maintenant prêt à reprendre une autre inspiration sur le mouvement de bascule arrière, et à répéter le mouvement au complet.

RAPPELS :

- Répéter trois fois le mouvement de bascule arrière-avant.
- Inspiration pendant la bascule arrière et avant.
- Expiration pendant la position vers l'arrière et l'étirement vers l'avant.
- Le dos reste bien rond pour faciliter la bascule (il se peut que vous vous cogniez au début).
- Ne forcez pas. Roulez en douceur. L'amplitude du mouvement s'améliore avec le temps.
- Quand vous basculez vers l'arrière, vos bras tendus s'élancent vers le haut et l'arrière, derrière les oreilles, afin de protéger le cou. Les jambes sont serrées et les genoux repliés vers le front.
- Quand vous basculez vers l'avant, les genoux s'ouvrent sur le côté, les plantes des pieds se retrouvent face à face, la tête penche de façon détendue vers l'avant, et les bras sont étirés vers l'avant.

AVANTAGES :

- Active la circulation des systèmes lymphatique et vasculaire.
- Augmente la flexibilité du haut et du bas de la colonne vertébrale et des hanches.
- Élimine l'accumulation de tension.
- Active le déblocage de l'énergie.

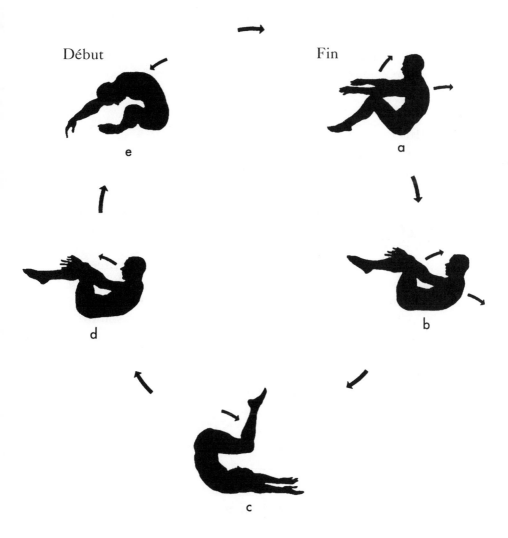

Début   Fin

e   a

d   b

c

11

Les grands abdominaux

INDICATIONS:
- Commencez dans la position allongée sur le dos.
- Sur l'inspiration, relevez votre tête et vos épaules vers le haut et l'avant. Puis, relevez vos jambes tendues*, jusqu'à atteindre un point d'équilibre sur le coccyx quand vous êtes rendu à la fin de votre inspiration et de votre mouvement. Vous vous retrouvez donc dans une position d'équilibre ayant la forme d'un V.
- Sur l'expiration, reposez vos talons sur le sol et déroulez votre colonne vertébrale jusqu'à ce que votre tête touche le sol. C'est la tête qui se soulève en premier et qui redescend en dernier.

RAPPELS:
- Répéter trois fois.
- Inspiration en vous relevant.
- Expiration en redescendant.
- *Vous aimerez peut-être faire ces grands abdominaux avec les genoux légèrement pliés pour commencer, avant de les faire avec les jambes tendues.
- Assurez-vous que votre tête se soulève bien en premier et redescend bien en dernier. Ceci aide à compresser le bas du dos sur le sol et, du fait, à le protéger pendant que vous soulevez les jambes. Avant de relever vos jambes, soulevez suffisamment la tête pour pouvoir voir votre ventre. Et quand vous rabaissez les jambes, regardez bien vos talons toucher le sol avant de dérouler votre colonne vertébrale et de finalement poser la tête sur le sol.
- Quand vous revenez vers le sol, déroulez bien votre dos une vertèbre à la fois, en partant du bas du dos.

AVANTAGES:
- Renforce les muscles abdominaux inférieurs et supérieurs.
- Améliore le sens de l'équilibre et la coordination.
- Supporte le bas du dos et élimine la tension.
- Fait bouger les viscères et améliore la digestion.

a   b

12

Le balancement du berceau

INDICATIONS :
- Pour apprendre cet exercice, commencez par vous allonger sur le sol, les genoux pliés et les pieds au sol. Attrapez l'arrière de vos cuisses avec vos mains et bercez-vous légèrement de l'avant vers l'arrière. Plus le mouvement est petit, mieux c'est.
- Pour augmenter la difficulté, lâchez vos cuisses et, tout en respirant de façon normale, bercez-vous dans un petit mouvement de l'avant vers l'arrière.
- Remarquez que votre tête est toujours maintenue levée et vers l'avant pour que le bas du dos soit bien compressé contre le sol.
- Avant de terminer le mouvement, tapotez votre ventre du bout des doigts avec vigueur pour sentir le tonus musculaire.

RAPPELS :
- Faire dix petits mouvements de berceau en gardant la position.
- Une respiration complète pour chaque mouvement de berceau (courte inspiration, courte expiration).
- Gardez la tête relevée, les yeux sur l'abdomen et le bas du dos bien compressé sur le sol.
- Les débutants pourront agripper l'arrière des genoux avec leur mains. Plus tard, ils le feront sans se tenir. Moins les genoux sont pliés, plus l'exercice est ardu.
- Juste avant de passer à l'exercice suivant, tapotez l'abdomen du bout des doigts.

AVANTAGES :
- Renforce le corps en profondeur dans sa partie centrale et le rend plus résistant au stress.
- Vous prépare à faire face aux rigueurs de la vie.
- Améliore l'endurance générale.
- Stabilise la force vitale et tout le champ énergétique.

13

Le saut de l'ange

INDICATIONS :

- Commencez dans une position allongé sur le ventre.
- Tout en inspirant, soulevez vos bras, votre tête, votre poitrine et le bas de vos jambes en même temps.
- Tenez cette position pendant trois profondes respirations.
- Les genoux sont tendus.
- Sur la dernière expiration, revenez à la position allongée, prêt à recommencer.
- Cet exercice est difficile pour la plupart des gens parce que nos dos ne sont pas très forts. Si vous trouvez cet exercice difficile, c'est qu'il vous fera le plus grand bien.

RAPPELS :

- Répéter trois fois.
- Tenir la position en arc (poitrine et genoux relevés, jambes tendues) pendant trois respirations.
- À la troisième répétition, faire un ciseau des jambes.

AVANTAGES :

- Renforce tout le dos, y compris les zones souvent ignorées et inertes.
- Élimine la tension chronique présente dans le bas et le haut du dos, ainsi que dans les épaules.
- Aide à améliorer et à assouplir la posture.

14

Mouvement libre

INDICATIONS:

- Il n'y pas grand-chose à recommander, si ce n'est de bouger et de s'étirer librement et spontanément.
- Restez aussi détendu et conscient que possible pendant l'exercice.
- Respirez amplement et profondément (éviter de retenir la respiration).
- Explorez différentes hauteurs: près du sol (se rouler et s'étirer sur le sol) et près du ciel (s'étirer de tout son long vers le haut).
- Bougez sans interruption pendant trente secondes.

RAPPELS:

- Respirez profondément et régulièrement.
- Soyez détendu, conscient et bougez avec aisance.
- Bougez spontanément, sans penser ni planifier vos mouvements au préalable.
- Variez certains de vos mouvements de jour en jour.

AVANTAGES:

- Complète tous les autres mouvements de l'enchaînement.
- Active la circulation de l'énergie dans tous les méridiens.
- Active les mouvements énergétiques qui sous-tendent la créativité, la force, la grâce, l'expression des émotions.
- Améliore la confiance en soi et la spontanéité.
- Si vous n'avez fait aucun des autres exercices de l'enchaînement, faites celui-ci.

15

Relaxation

INDICATIONS :

- Allongé sur le dos, relâchez tout le corps, ne pensez plus à rien, sauf à la respiration.
- Ressentez une courte mais profonde sensation de relâchement et de relaxation.
- Restez dans cette position de détente pendant trois à dix profondes respirations, ou jusqu'à ce que votre battement cardiaque redevienne normal.
- Essayez aussi de croiser vos jambes aux chevilles ou de poser vos mains sur votre poitrine et votre ventre.

RAPPELS :

- Ne sautez pas ce dernier exercice.
- Donnez-vous la permission de tout arrêter pendant trois à dix respirations, mettant de côté les préoccupations, les objectifs et tout le reste. Ne faites rien : soyez.

AVANTAGES :

- Ramène le métabolisme au rythme normal pour pouvoir revenir aux activités quotidiennes.
- Permet de se reposer, de relaxer et de tout relâcher.
- Ouvre le corps et l'esprit à la grâce, à l'équilibre et à la guérison. Le rend réceptif aux énergies vitales.

Aide-mémoire

1. ÉTIREMENT ARRIÈRE ET BALANCIER VERS LE SOL

   Inspiration en montant; expiration en descendant;
   genoux fléchis dans les mouvements descendants et
   montants.

2. FLÉCHISSEMENT ET ÉTIREMENT LATÉRAL

   Expiration avec la posture accroupie;
   inspiration dans l'étirement latéral; poids bien réparti;
   corps faisant face vers l'avant.

3. DÉTENTE DU COU

   Inspiration quand la tête bouge; expiration quand la tête est
   au repos; ne pas forcer et garder le cou détendu.

4. ROTATION DES ÉPAULES

   Inspiration quand les épaules montent et vont vers l'avant;
   expiration quand elles vont vers l'arrière et le bas; les bras
   sont détendus.

5. TORSION DE LA COLONNE VERTÉBRALE

   Inspiration sur chaque torsion; expiration rapide dans le
   mouvement vers l'avant;
   la tête tourne et les hanches restent bien face à l'avant.

6. ROTATION DU PELVIS

   Respiration en cadence avec le mouvement, de façon
   naturelle et profonde;
   bougez le bassin, pas le ventre; les genoux sont détendus.

7. LA TERRE ET LE CIEL

   Inspiration et contraction avec le genou plié;
   expiration et détente quand vous levez le genou ou bras
   opposé.

8. MOUVEMENT GLISSÉ DE SKI DE FOND
Inspiration et expiration à chaque deux ou trois fentes ;
jambe et bras opposés vers l'avant ; glissade en douceur.

9. FESSES EN BAS, FESSES EN HAUT
Inspiration quand le dos est arqué ;
expiration, talons vers le sol et tête vers le bas quand les
fesses sont en haut.

10. LA GRANDE BASCULE
Expiration dans la position avant et le mouvement arrière ;
inspiration pendant le mouvement ; genoux pliés, bras
au-dessus de la tête et par terre.

11. LES GRANDS ABDOMINAUX
Inspiration avec le mouvement vers le haut ;
expiration avec le mouvement vers le bas ;
tête soulevée en premier et abaissée en dernier ;
apprendre d'abord avec les genoux pliés.

12. LE BALANCEMENT DU BERCEAU
Tête soulevée ; bas du dos compressé sur le sol ;
genoux légèrement pliés ;
petits mouvements de bercement.

13. LE SAUT DE L'ANGE
Inspiration avec le mouvement vers le haut ;
tenir la position pendant trois respirations ;
les jambes sont tendues et collées ;
les bras sont relevés.

14. MOUVEMENT LIBRE
Exprimez votre créativité ; respirez profondément
et découvrez le mouvement libre.

15. RELAXATION
De dix à trente secondes ; relâchement de la tension ;
laissez le corps s'abandonner.

VITE, UNE DOUCHE!

Après avoir terminé votre séance d'entraînement, vous pouvez apprécier une dernière activité, tonifiante elle aussi: une douche ou un bain chaud, suivi d'une brève douche froide. Cette forme d'hydrothérapie a un effet stimulant et tonique sur le système circulatoire et le corps entier. Elle permet également de s'acclimater aux températures froides et constitue un remontant psychologique, vivifiant votre esprit, ainsi que le faisaient les guerriers samouraïs lorsqu'ils renversaient un seau d'eau glacée de la rivière sur leur tête en plein hiver. Il vaut mieux commencer par une douche chaude (pas tiède). Ensuite, tournez le robinet d'eau froide et laissez couler pendant quelques instants. Vous pouvez y arriver graduellement en amenant peu à peu la température de l'eau de chaud à frais (mais pas froid). À chaque douche, tournez le robinet un peu plus pour avoir de l'eau de plus en plus froide chaque jour, et ce pendant quelques secondes. Commencez par deux ou trois secondes, puis allez jusqu'à cinq à dix secondes. Faites suivre cette habitude vivifiante d'une friction vigoureuse avec la serviette. Vous vous sentirez pétillant, éveillé et alerte.

Mon intention avec cet enchaînement et tout autre exercice de ce chapitre est de vous faire découvrir combien des habitudes ordinaires et quotidiennes peuvent tonifier votre corps et vivifier votre esprit. La triade magique de la santé – régime alimentaire équilibré, exercice et repos – permet d'amener plus de lumière dans votre corps en renforçant, ouvrant, nettoyant, harmonisant, alignant et libérant votre énergie et votre attention. Et ceci vous prépare pour aborder les passages à venir.

Sachez gérer votre argent

L'argent n'est ni bon ni mauvais en soi,
il n'est qu'une forme d'énergie.
Comme l'amour ou la peur,
il peut vous servir ou vous asservir,
dépendant de la façon dont vous le gérez.
En clarifiant vos buts
et en utilisant vos talents,
vous pouvez bien gagner votre vie,
faire ce qui vous plaît
et ainsi répondre à l'appel le plus élevé de votre âme.
En utilisant l'argent sagement et judicieusement,
vous faites fructifier la richesse matérielle et spirituelle de ce monde.

L'aisance matérielle
et la pratique spirituelle

*Il existe un certain calme bouddhique
qui naît avec le fait d'avoir... de l'argent en banque.*

TOM ROBBINS

L'itinéraire de l'explorateur :
La circulation de l'argent

Maintenant que vous portez dans votre carquois les flèches de la valeur, de la volonté et de l'énergie, vous êtes mieux préparé pour affronter les défis que représente la gestion de l'argent. Le sens de la valeur personnelle a tendance à améliorer la valeur nette en banque. La discipline personnelle vous conférera la force de mettre les principes de ce chapitre en application. Lorsque l'énergie circule librement dans votre corps, cela améliore également la circulation de l'argent dans votre vie. Bien sûr, la lecture des trois premiers chapitres n'est pas comparable au fait de maîtriser ce qu'ils prônent, dans la vie quotidienne. Mais cette lecture permet du moins de commencer quelque part, d'avoir une base et une carte pour cheminer.

Avant d'aller plus loin, regardons de plus près la significa-tion de l'argent. Dans le contexte de la croissance personnelle, l'argent est plus qu'un moyen d'échange, plus que du liquide. La relation que vous entretenez avec l'argent reflète la relation que vous entretenez avec l'énergie, l'esprit et les services que vous pouvez rendre à l'humanité. Elle reflète également votre aptitude à fonctionner dans la société, votre degré d'ouverture au plaisir et à l'abondance. Et cette relation face à l'argent vous fait prendre conscience de ce qu'est la réalité. L'argent reflète la qualité des échanges entre vous et les autres, ainsi que votre capacité à recevoir et à donner. L'argent représente aussi la survie, la sécurité, la sûreté, le gîte et le couvert, la famille, un moyen de subsistance.

Plus complexe que le fait de mettre vos comptes bancaires à jour, n'est-ce pas ?

Si la vie spirituelle commence au rez-de-chaussée, l'argent quant à lui constitue la fondation sur laquelle on peut édifier celle-ci. Shivapuri Baba, un saint homme et yogi natif de l'Inde qui entreprit un pèlerinage à pied autour du monde alors qu'il avait plus de cent ans, répondit ainsi à quelqu'un qui lui avait demandé quelle était la meilleure façon d'entreprendre un cheminement spirituel : « Tout d'abord, il faut s'assurer une bonne base – bien gérer son argent. » (Grâce à son ardeur au tra-vail et à la simplicité de ses besoins quotidiens, il avait acquis dans ses jeunes années un sachet plein de pierres précieuses, qu'il revendait une à une selon les besoins du moment.)

L'ARGENT DANS LE QUOTIDIEN

Selon Pam, une amie qui avait lu une version initiale du manuscrit de ce livre, le chapitre *Sachez gérer votre argent* aurait dû être présenté plus loin dans le texte. « Il est certain, disait-elle, que l'argent ne peut pas être plus important que le fait de dompter son mental ou de faire face à ses peurs, ou que tout autre chapitre. » Tout à coup, elle regarda sa montre : « Mon Dieu ! Regarde un peu l'heure qu'il est ! Et la banque qui ferme dans dix minutes ! » Se demandant pourquoi l'argent était un élément si important, Pam dut partir à la course pour arriver à la banque avant la fermeture.

Et cependant, sa question était très valable et j'y réponds immédiatement : aucun des chapitres de ce livre n'est plus important qu'un autre, même si certains peuvent sembler plus pertinents à diverses personnes à différents moments. Mais tout comme vous devez marcher à quatre pattes avant de marcher sur vos deux jambes, apprendre l'alphabet avant de lire et d'écrire, chaque chapitre de cet ouvrage vous prépare à celui qui suit.

Pam me raconta par la suite que, en se rendant à la banque, elle réalisa combien son temps, ses pensées et son attention tournaient autour de l'argent : payer ses factures, mettre ses comptes bancaires à jour, discuter des dépenses encourues par l'ajout d'une pièce devant répondre aux besoins de sa famille grandissante. Après être passée à la banque, elle alla faire les emplettes, s'arrêta au magasin de meubles pour vérifier le prix d'un lit à acquérir pour l'un de ses enfants. Et toutes ces activités avaient à voir avec l'argent. Comme Pam, nous avons presque tous, d'une façon ou d'une autre, des préoccupations d'ordre pécuniaire : faire des efforts pour gagner plus ou s'arranger avec moins, apprendre à vivre simplement, confortablement et spirituellement.

Les gens pauvres sont certainement forcés de penser très souvent à l'argent, parce qu'il a rapport à l'alimentation, l'abri, la subsistance et la survie. Et les gens riches pensent eux aussi également souvent à l'argent, parce qu'il est lié au statut social, aux voyages, à la liberté, à l'influence et à la multiplicité des choix de vie. Mais la gestion de l'argent n'a rien à voir avec le fait de devenir riche ou de faire vœu de pauvreté. Elle a plutôt à voir avec le fait de créer une stabilité et une aisance, de créer une circulation équilibrée de l'énergie pécuniaire dans votre vie. Une telle gestion vous libère de la problématique de la survie, et l'argent n'occupe plus votre esprit ni ne monopolise plus votre attention. Lorsque l'argent rentre, vous le dépensez tout simplement là où il doit être dépensé, là où il sera le plus nécessaire et bénéfique. Vous réglez vos factures allègrement, sachant bien que votre argent aide à supporter des gens qui, à leur tour, vous fournissent des services. Si quelque chose se brise, vous faites un chèque et faites réparer ce qui doit être réparé sans vous en soucier plus qu'il ne faut. Libéré du cercle vicieux de l'indigence, votre attention peut se tourner vers des niveaux de conscience et d'expérience plus élevés.

> *L'argent, en l'occurrence, était beaucoup comme le sexe :*
> *vous ne pensiez à rien d'autre*
> *si vous n'en aviez pas,*
> *et vous pensiez à autre chose*
> *si vous en aviez.*

JAMES BALDWIN

Ce chapitre commence par l'examen des croyances et de la programmation négative qui nous contraignent. Ensuite, nous explorerons certains thèmes, comme la relation cachée que vous entretenez avec l'argent, la façon dont vos points de vue et vos croyances peuvent soudainement basculer, le fait que l'argent soit considéré comme une forme d'énergie, l'argent et la spiritualité en Orient et en Occident, les clés pour réussir une carrière et cinq principes simples pour avoir suffisamment d'argent.

Libérez votre esprit de la programmation et des préjugés

La réalisation spirituelle exige absolument l'expansion de la conscience, afin que la lumière puisse pénétrer votre corps, votre esprit et vos émotions. Nos croyances inconscientes sont un terrain miné d'idées, de désirs et d'aversions contradictoires, surtout dans le domaine de l'argent et de la spiritualité.

Même si consciemment vous désirez devenir plus riche, des croyances inconscientes peuvent très bien faire obstacle à ce désir. Vous bénéficierez de ce qui suit dans la mesure où vous aurez dépassé les émotions confuses et les attitudes fortes de mise en échec de vos propres besoins. À l'instar des autres chapitres, le but de celui-ci est d'amener de telles croyances à votre conscience et de les délester du pouvoir qu'elles ont sur vous.

ÉVALUATION DE L'ATTITUDE

Ce questionnaire vous aidera à cerner vos attitudes et conditions de vie actuelles dans le domaine de l'argent et vous donnera l'occasion d'y réfléchir.

- Est-ce que les questions d'argent monopolisent périodiquement votre attention ?
- Combien de temps et d'énergie dépensez-vous à vous débattre pour équilibrer vos dépenses et vos revenus ?
- Croyez-vous que l'argent vous rende heureux ?
- Croyez-vous que l'argent vous rende malheureux ?
- Combien d'argent aimeriez-vous gagner par année ? Pourquoi pas plus ?
- L'argent vous semble-t-il difficile à gagner ou vous glisse-t-il entre les doigts ?
- Sur le plan financier, votre vie oscille-t-elle entre l'abondance et la disette ?
- Quelle impression vous font les gens riches ?
- Quelle impression vous font les maîtres spirituels riches ?
- Croyez-vous qu'être riche ou chercher à le devenir fasse obstacle à votre vie spirituelle ?

- À quoi passez-vous le plus de temps à penser : l'amour ou l'argent ?

- Avez-vous tendance à dépenser plus que ce que vous gagnez ? Êtes-vous endetté ?

- Si vous l'êtes, est-ce en raison d'un revenu insuffisant ou de dépenses exagérées ?

- Dans la vie, les meilleures choses sont-elles gratuites ?

Comme pour les autres évaluations personnelles, il n'y a ni bonnes ni mauvaises réponses. Seulement l'occasion de faire un peu de lumière sur vos croyances concernant l'argent, surtout lorsque celui-ci est lié à la spiritualité.

Une autre façon directe et terre-à-terre d'évaluer vos priorités et vos valeurs est de passer vos carnets de chèques et relevés de compte et de cartes de crédit en revue pour les douze derniers mois. Ce sont des données claires et objectives de vos priorités, besoins, valeurs et habitudes de dépense : elles dressent un portrait très révélateur de votre vie.

Vos croyances en ce qui concerne l'argent constituent le facteur déterminant du degré de votre stabilité financière, bien plus que l'éducation, le talent et même les circonstances. Il existe beaucoup de gens très instruits et doués qui sont affligés par la pauvreté, cherchent consciemment un support financier mais, inconsciemment, l'évitent. Et d'un autre côté, il existe tout autant de gens beaucoup moins instruits et moins doués qui semblent attirer l'argent comme des aimants.

L'ironie pour ce qui est des croyances négatives au sujet de l'argent, c'est que nous ne les avons pas choisies. Nous avons été programmés par des postulats religieux et culturels, ainsi que par la rhétorique audio-visuelle et écrite que les médias entretiennent au sujet du lien entre l'argent et la spiritualité.

LES STÉRÉOTYPES DE LA SPIRITUALITÉ

Vous pouvez fort probablement et très facilement évoquer dans votre esprit des images de gens purs et spirituels : des moines tenant en main des bols à mendier, des ascètes hindous, des prêtres et des sœurs de diverses traditions religieuses qui ont renoncé à l'argent afin de mener une vie plus spirituelle, libre de toutes distractions mondaines. Des images de Jésus chassant les vendeurs du temple, et des lieux communs sur l'argent faisant de celui-ci la source de tous les maux et attribuant aux hommes riches la difficulté à entrer au paradis parce que justement ils ont de l'argent. Ces images et concepts, qui vous sont probablement familiers, aident à créer, dans l'esprit de nombreuses personnes, des stéréotypes selon lesquels pauvreté et spiritualité sont synonymes.

Je n'aime pas l'argent, en fait,
mais ça me calme les nerfs.

JOE LOUIS

Pour savoir gérer votre argent, il vous faut commencer par reconnaître toutes les ambiguïtés, la culpabilité ou la négativité que vous entretenez face à celui-ci et aux gens qui en ont beaucoup. Si vous associez la pauvreté délibérée à l'humilité, à la bonté et à la spiritualité, alors à quoi associez-vous la richesse ? Cela vaut la peine d'y réfléchir parce que ce que vous croyez au sujet de l'argent détermine en grande partie votre efficacité à l'acquérir.

L'ARGENT, LES FILMS
ET LES CROYANCES IMPOSÉES AUX MASSES

Depuis des siècles, la littérature, le théâtre et, plus récemment le cinéma, font des gens riches les méchants et des gens pauvres, les héros du quotidien, comme si la richesse était un péché et la pauvreté, une vertu. Prenez, par exemple, ce conte de Noël qui oppose la riche misère de l'avare et travailleur Ebenezer Scrooge, dénué d'humour, à la pauvre mais aimante et heureuse famille Cratchit. Ou encore George Bailey l'homme de famille éternellement pauvre et tirant le diable par la queue de *It's a Wonderful Life*: il incarne l'esprit de sacrifice, le devoir et l'amour alors que le riche M. Potter, qui possède une banque et presque toute la ville, est le diable et la cupidité en personne. Il est aussi vrai que les films et la littérature parlent de gens riches qui sont bienveillants, travailleurs, généreux et d'une grande moralité. Mais, c'est plus l'exception que la règle.

Les thèmes véhiculés dans les émissions populaires de divertissement associant la pauvreté à la spiritualité créent des postulats non vérifiés qui revêtent le pouvoir de suggestions hypnotisantes. Un peu de recul face à de telles croyances peut aider à les éliminer. Quand vous savez que vous avez une croyance négative face à l'argent, vous avez l'entière liberté de l'examiner et de la mettre de côté, si vous le décidez. Une telle liberté de choix n'existe pas lorsque les croyances sont inconscientes et les attitudes non questionnées.

Le réveil brutal quant à mon attitude sur l'argent

Au fil des ans, j'ai dû composer avec mes propres problèmes financiers afin de surmonter ma profonde aversion, mes peurs et mes croyances négatives face à l'argent. Il y a plusieurs années, alors que je regardais la télévision et sautais d'une station à l'autre, je suis tombé sur l'émission *La Vie des gens riches et célèbres*, qui présentait alors Barbra Streisand. Mme Streisand se faisait un plaisir de faire visiter sa maison aux téléspectateurs. Elle s'arrêta dans une pièce pour faire remarquer un tapis de laine très épais et aux dessins très complexes, exécuté sur commande, qui aurait pu recouvrir toute la surface de l'étage inférieur de ma maison (et qui aurait probablement coûté le même prix que celle-ci !). À un moment donné, elle souleva le coin du tapis pour dévoiler un sol de marbre qui reprenait exactement les mêmes dessins que le tapis. Elle expliqua que lorsque le tapis devait être envoyé au nettoyage, elle pouvait encore profiter des magnifiques dessins. Sur le moment, je trouvai cet étalage de richesse prétentieux et offensant. Indigné, je calculai le nombre de gens qui auraient pu manger pendant un an avec l'argent qu'avait coûté le sol en marbre à lui seul.

À ce moment-là, j'étais totalement inconscient de mes propres associations d'idées négatives, de mes préjugés et de mes jugements naïfs. J'aurais très bien pu oublier tout cela et reprendre mes activités. Mais, en faisant acte de réflexion sur moi-même, je réalisai que je ne connaissais pas du tout Barbra Streisand. En fait, tout ce que je savais d'elle de façon certaine, c'est qu'elle avait gagné son argent grâce à des années de travail acharné, et grâce à son talent et sa créativité. J'appris plus tard que, en un an, elle avait organisé plus de collectes et fait plus de dons à des organismes de charité que la plupart des gens ne donneront jamais dans toute une vie.

Je réalisai également que si je me sentais aussi négatif à son endroit parce qu'elle avait beaucoup d'argent, alors je n'attirerais sans doute pas beaucoup d'argent dans ma vie. En fait, à cette époque, j'occupais deux emplois pour pouvoir subvenir aux besoins de ma famille et gagnais environ sept dollars de l'heure. Il me fallait faire des journées de onze heures pour pouvoir joindre les deux bouts et je m'endettais de plus en plus, sans espoir à l'horizon.

Ce soir-là, lorsque je vis clairement mes croyances et que je réalisai que j'avais moi-même créé les obstacles qui se trouvaient sur ma route, une porte s'ouvrit en moi. Et avec l'objectif de créer une certaine stabilité et aisance pour ma famille (et avec le rêve de mettre un jour sur pied un organisme philanthropique), je commençai à agir avec toute la force de mon être afin de bien gagner ma vie, de me créer un travail satisfaisant et d'être utile aux autres.

À moins d'être financièrement autonome ou d'être pris en charge par les autres sur ce plan-là, vous aurez besoin de travailler pour pouvoir vivre dans ce monde. Et vos besoins seront déterminés par les choix que vous ferez: l'endroit où vous décidez de vivre, le fait de vivre seul ou de devoir supporter une famille, entre autres. Certains d'entre nous choisissent un style de vie qui exige un revenu élevé, alors que d'autres choisissent délibérément de vivre dans la plus grande simplicité.

Gandhi, un homme sage et courageux qui a inspiré des millions de gens en Inde et dans le monde entier, et que l'on associe souvent avec une vie de pauvreté et de simplicité volontairement choisie, est souvent cité pour avoir recommandé aux gens de vivre simplement afin que les autres puissent simplement vivre. Cette impression qu'il a laissée est certainement plus connue que le commentaire suivant attribué à un riche industriel qui supportait la cause de Gandhi: « Ça me coûte une fortune pour maintenir la simplicité de Gandhi. »

La gestion de votre argent n'exige pas de miracles ni de tours de magie. Elle demande par contre un honnête examen des valeurs, croyances et obstacles personnels qui s'interposent entre vous et l'abondance ou l'aisance.

Quelques réflexions sur l'argent

Ce chapitre nous fait cheminer dans un long tunnel, comme si nous étions dans une mine secrète où des pierres précieuses aux multiples facettes scintillent aléatoirement dans les crevasses comme autant de reflets de nos attitudes face à l'argent. (Mais faites attention où vous mettez les pieds!)

L'ARGENT ET LA VALEUR PERSONNELLE

Avant de demander une augmentation de salaire ou avant qu'un éventuel client vous demande: « Combien demandez-vous pour vos services? », vous devriez vous poser la question suivante: «Combien est-ce que mon temps, mes services ou mon talent valent?» Vous devriez arriver à une réponse claire et réaliste qui reflète la réalité du marché des affaires, ainsi qu'à un sens très clair de votre valeur, de vos talents et de votre énergie.

Quand vos actions commencent à se manifester à partir d'un sens élargi de votre valeur propre, vous acceptez, attirez et recevez plus du monde ambiant, et pas seulement sous forme d'argent, mais aussi sous forme d'amitié, d'amour et d'attention. Et quand vous prenez conscience que vous avez délibérément tourné le dos à une telle abondance, vous remplacez la pancarte «Il n'y a personne» par la pancarte «Bienvenue». Vous êtes plus disposé à accepter toute forme d'abondance ou marque de respect et à travailler en fonction de celles-ci. Et chose encore plus importante, vous êtes disposé à le faire en y prenant plaisir. Et, étant donné que nos inconscients communiquent entre eux par l'intermédiaire du langage corporel et d'autres signes subtils que nous ne comprenons pas encore totalement, vous sentirez que les autres commencent à vous accorder leur support de façon nouvelle lorsqu'ils perçoivent de votre part le message «Oui, appelez-moi. La chance me sourit», au lieu du message «Non, vraiment je ne me vois pas faire ça.» Lorsque vous gérez votre argent, vous gérez également votre vie.

> *Il vaut mieux avoir un revenu régulier*
> *qu'être fascinant.*
>
> Oscar Wilde

L'argent vous oblige à faire face au sens que vous accordez à votre valeur personnelle. Il faut du courage, à cause de la peur d'être rejeté, pour attribuer à votre temps un prix juste mais généreux et pour n'accepter que les clients qui valorisent les services que vous offrez. Bien sûr, vos tarifs se doivent d'être réalistes et correspondre avec ceux du marché des affaires. Et dans tous les domaines, il y a des gens qui demandent plus et d'autres qui demandent moins.

NE DEMANDEZ PAS MOINS, MAIS DONNEZ PLUS

Dans tous les ateliers et formations que j'ai organisés, je me suis toujours donné comme but que les participants en aient plus que pour leur argent. Lorsque vous êtes déterminé à améliorer ce qui est en haut (la qualité) plutôt qu'à abaisser ce qui est en bas (le prix), tout le monde y gagne. Si vous demandez trop peu (et donnez en conséquence), tout le monde y perd. Augmentez le niveau d'énergie en fixant un tarif qui dit: « Je valorise ce que j'offre. » (Si vous ne le faites pas, pourquoi les autres devraient-ils le faire ?)

Larry avait une petite entreprise de comptabilité. Il maintenait ses tarifs bas « afin de rester concurrentiel », m'avait-il dit. Ce faisant, il s'attirait des clients qui cherchaient avant tout des tarifs se situant vers le bas de l'échelle. Il me confia qu'il avait néanmoins reçu de nombreuses plaintes de la part de ses clients au sujet de ses tarifs. Un jour, après avoir passé en revue les tarifs des autres comptables de l'endroit, Larry décida d'augmenter ses tarifs, pour les fixer dans une gamme de prix « moyens à élevés ». Parallèlement, il améliora ses services, aménagea dans un beau bureau récemment décoré se trouvant tout près de chez lui et engagea un autre associé.

Il perdit presque la moitié de ses clients. Il remarqua qu'il s'agissait en fait de presque tous ceux qui se plaignaient. En un an, ceux-ci avaient été remplacés par des clients qui savaient apprécier quelqu'un qui valorisait son travail. Depuis, le nombre de ses clients a doublé et ils constituent un type de clientèle bien différent. Et les gens se plaignent rarement de ses tarifs.

Alors, ne demandez pas moins, mais donnez plus.

Méfiez-vous du raisonnement suivant: « Je ne veux pas demander trop, sinon les gens qui ont des moyens limités ne pourront pas se permettre mes services. » Demandez un prix suffisamment élevé pour pouvoir vous permettre, si vous le décidez, de faire payer moins à ceux qui ont des moyens limités. Au cours des quinze années durant lesquelles j'ai tenu la formation sur le courage, je demandais des prix assez élevés afin d'attirer des gens stables sur le plan énergétique, provenant de tous les milieux. Un jeune homme avait même mis de côté un dollar par jour pendant trois ans pour assister à ma formation. Mes tarifs décourageaient donc les gens indécis ou ceux dont la motivation n'était pas assez forte.

L'ARGENT EST UNE FORME D'ÉNERGIE

Je peux me servir de ma force physique pour mettre ma voiture au point, ou je peux utiliser des devises ou un morceau de plastique que je sors de mon portefeuille et me servir de cette énergie-là pour faire faire la révision en question. Avec de l'argent, je peux faire tondre la pelouse et nettoyer la maison. Je peux acheter des cadeaux de Noël, payer les frais de scolarité ou procurer de la nourriture aux enfants en Afrique ou à d'autres endroits dans le monde. Avec cet argent, je peux également m'établir une assise stable à partir de laquelle je peux m'élancer et rayonner dans un esprit de créativité et une attitude de serviabilité face à l'humanité.

Cependant, comme c'est le cas pour toute forme d'énergie, l'argent a besoin de bouger, d'être canalisé sagement et judicieusement. Comme toute autre forme d'énergie, l'argent est moralement neutre : il dessert la grandeur aussi bien que la bassesse. Peu lui importe qui en possède : il n'a aucun préjugé. Comme l'énergie, l'argent ne fait qu'accentuer ce que vous êtes et qui vous êtes.

L'ARGENT ET LA CULPABILITÉ

Certains gens riches se sentent coupables quand ils pensent à ceux qui vivent sous le seuil de la pauvreté. Vu que l'argent est énergie, vous sentez-vous également coupable lorsque vous avez plus d'énergie que votre voisin ? Le fait d'avoir plus d'énergie fait-il de vous une mauvaise personne ? Il est louable de ressentir de la compassion envers les moins nantis. Mais allez-vous vous arrêter de manger jusqu'à ce que le monde entier soit rassasié ? Pensez-vous aider les autres en restant pauvre ? La souffrance est une réalité de la vie. Même si nous réussissions à mettre fin à la famine chronique dans le monde, il y aurait toujours des gens qui, pour toutes sortes de raisons, auraient moins que d'autres.

En vous assurant en premier lieu d'avoir suffisamment de ce dont vous avez besoin, vous pouvez mieux aider les autres et rayonner dans le monde par votre force. Lorsque vous acquittez une facture, vous supportez les employés laborieux qui travaillent dans l'entreprise en question. Lorsque vous payez le jardinier ou la gardienne d'enfants, ou que vous donnez un généreux pourboire au serveur d'un restaurant, vous leur accordez support, confiance et appréciation.

LA SOLUTION ORIENTALE :
FUIR LE MONDE MATÉRIEL

Alors que la solution occidentale face à l'argent est de courir après lui, celle de l'Orient est de l'éviter. Certains d'entre nous, désenchantés du matérialisme exacerbé du monde occidental, se tournent vers les philosophies et pratiques spirituelles de l'Orient, confondant l'idée du détachement avec le fait de se débarrasser de tout bien matériel.

Le détachement en soi est beaucoup plus difficile que de simplement se défaire des possessions matérielles. Pourquoi ? Parce qu'il suppose de renoncer aux possessions intérieures, aux préférences et points de vue de la psyché. La pratique du détachement sous-entend que l'on voit les choses telles qu'elles sont vraiment, avec le recul nécessaire. Renoncer à tout ne veut pas dire que l'on doive se débarrasser de tout. Cela veut plutôt dire que l'on doit vivre une vie simple, fonctionnelle et ordinaire sans s'accrocher, ni toujours désirer ou retenir quelque chose.

AVEC L'ARGENT, LES CHOIX SE MULTIPLIENT

La plupart des gens grandissent, trouvent du travail, dépensent leur argent pour eux pendant un certain temps, réussissent peut-être à économiser ou à investir un peu, puis à un moment donné décident de se ranger et de se marier, créent un ménage et paient un loyer ou une hypothèque.

En fonction des choix que nous faisons et des priorités que nous avons, nos besoins augmentent ou diminuent avec le temps. Devrions-nous nous marier? Avoir des enfants? Acheter des vêtements neufs ou d'occasion? Habiter en banlieue et faire la navette pour aller travailler? Envoyer les enfants à l'école publique ou privée? À l'université privée ou d'état?

Si vous gagnez un revenu qui vous permet à peine de joindre les deux bouts, vos choix sont très limités. Plus votre revenu est élevé, plus vous aurez de choix. Et les choix que vous ferez détermineront votre situation présente et future, plus même que le niveau de votre revenu. Si vous faites des choix qui se traduisent par des dépenses inférieures à vos revenus et que vous réussissiez même à mettre de l'argent de côté de façon régulière, ceci veut dire que vous êtes sur la bonne route et que vous avez commencé à maîtriser un élément-clé de la gestion de votre argent: dépenser moins que ce que vous gagnez ou gagnez plus que ce que vous ne dépensez.

Entre-temps, prenez note des choix que vous faites.

La plus grande richesse de l'homme,
c'est de vivre avec peu et de s'en contenter,
car le peu ne vient jamais à manquer.

Lucrèce

Plus vous gagnez de l'argent, plus vos besoins sembleront augmenter. Vous découvrirez que vous pouvez rapidement vous habituer à un niveau différent de services et d'expériences de vie, comme passer d'un hôtel trois étoiles à un hôtel quatre ou cinq étoiles. D'une chaloupe à rames à un bateau à moteur ou à un bateau de croisière ou un yacht. L'escalade est sans fin.

CE QUE L'ARGENT NE PEUT PAS ACHETER

L'argent ne peut acheter la sécurité car la sécurité est un état psychologique. Pour certains, elle veut dire avoir suffisamment à manger, à se vêtir, avoir un toit sur la tête ou quelqu'un qui vous aime. Pour d'autres, cela veut dire avoir des millions de dollars dans des comptes hors-taxes un peu partout dans le monde.

Mais l'argent ne fait pas le bonheur, non plus. Au cours d'un sondage par téléphone, on demanda à deux cent soixante-quinze personnes de la région de la baie de San Francisco si elles seraient nettement plus heureuses si elles possédaient un million de dollars. Soixante-quinze pour cent des personnes interrogées ont répondu « Oui. Absolument. » Puis, la compagnie qui faisait ce sondage s'adressa à dix millionnaires pour leur poser la question suivante : « Vous êtes-vous senti plus heureux lorsque vous avez atteint votre premier million ? » La réponse fut unanime : « Non. »

Les plus belles choses de la vie, le soleil qui se lève le matin et la clarté de la lune dans la nuit, sont gratuites. Et l'argent n'assure pas le bonheur. Par contre, l'argent offre un certain nombre d'avantages pratiques. Le sommeil, par exemple. Très peu de gens riches vont au lit tard le soir en se préoccupant du fait qu'ils ont trop d'argent. L'argent achète l'espace, le silence et la tranquillité de l'intimité.

Les gens riches ont tout de même des problèmes, mais ceux-ci ont cependant moins à voir avec la survie. Il existe des gens riches désespérés et des gens pauvres heureux. Mais dans l'ensemble, le fait de bien gérer votre argent vous donne un bon coup de main.

Gagner sa vie en choisissant la bonne carrière

La plupart d'entre nous avons besoin de gagner un revenu. Pourquoi ne pas le faire d'une manière qui mette à contribution vos talents et vos intérêts tout en étant utile aux autres, de façon tangible ? Il peut s'agir de presque n'importe quel type de travail, des professions stressantes hautement rémunérées aux emplois à temps partiel payés à l'heure. Ou encore il peut s'agir de la carrière de la plus haute importance qui soit : celle de s'occuper des enfants et de les éduquer.

UN TRAVAIL QUI CORRESPONDE AU BESOIN DE VOTRE ÂME

Bannissez de votre esprit l'illusion que certaines professions sont intrinsèquement plus valables que d'autres. Un emploi ou une profession ne sont meilleurs que par rapport à *vous*, dépendant de vos goûts et de vos valeurs. Dans tous les domaines, il existe des gens que leur travail rend heureux et d'autres, que leur travail rend malheureux. Le secret est de trouver un travail qui corresponde à vos valeurs et stimule vos capacités. Un des plus grands cadeaux que la vie puisse nous faire est de nous permettre de trouver la signification propre à n'importe quel travail. Pour être plus précis, ce n'est pas le travail qui vous donne un sens, mais c'est vous qui donnez un sens au travail. En Occident, nous nous grisons du statut attribué à certaines professions et du vedettariat, alors qu'en Orient, les diverses traditions regorgent d'histoires de bouchers devenus maîtres spirituels, de boulangers zen. Un jour, j'ai moi-même rencontré un pompiste très intéressant dans une station-service. Et il y a un autre homme, je me souviens, charpentier de son métier...

Trouver ou créer le gagne-pain qui vous convient le mieux, ou tirer le meilleur parti possible de votre emploi actuel, peut devenir le plus créatif des défis. Relativement peu d'êtres savent, alors qu'ils sont petits, ce qu'ils voudront faire plus tard.

La plupart d'entre nous tombons dessus par hasard, à la façon dont nous tombons sur un conjoint ou un domicile lorsque le vent du destin nous pousse vers eux. Cependant, plus vous vous connaîtrez, plus vous connaîtrez vos intérêts et vos valeurs, plus il vous sera facile de trouver le travail qui corresponde à l'aspiration de votre âme.

Les psychologues qui se spécialisent en orientation de carrière proposent à leurs clients des tests d'intérêt professionnel pour les aider à évaluer quelle serait la profession appropriée pour eux. Vous pouvez aussi consulter l'ouvrage de Richard Bolle, un classique dans ce domaine, *What Color Is Your Parachute?*

Entre-temps, prenez quelques minutes pour réfléchir à environ dix de vos principales valeurs et rédigez-en une liste (par exemple la santé, la solitude, la socialisation, les rétributions financières ou spirituelles ou la localisation géographique juste). Classez-les par ordre d'importance, en commençant par le plus important et laissez cette liste de valeurs vous guider lorsque vous cherchez un emploi ou voulez en changer.

Pour résumer les choses, on pourrait dire que le but de la vie n'est pas de devenir riche, mais d'enrichir le monde. Le secret pour trouver de la satisfaction dans tout travail est de viser la qualité dans tout ce que vous faites. Faites de votre travail un outil de développement spirituel : utilisez-le pour servir, communiquer et prêter main-forte. Faites de votre labeur une offrande servant le bien de la collectivité.

> *Est bien payé*
> *celui qui est satisfait.*
>
> WILLIAM SHAKESPEARE

LES HAUTS ET LES BAS DE NOS REVENUS

Notre revenu a ses hauts et ses bas, un peu comme lorsqu'on saute sur un trampoline. Parfois, se présente à nous une ouverture particulière qui par contre entraîne une diminution dans nos revenus. À moins que vous soyez préparé à vous serrer un peu la ceinture et à simplifier votre train de vie, vous manquerez le bateau.

Soyez flexible. Ne restez pas fixé à un niveau de vie particulier, à votre pouvoir d'achat actuel, votre style de vie, votre lieu de résidence et aux choix habituels. Quelquefois, la seule façon de rebondir plus haut est de volontairement retomber plus bas pour un bout de temps. La vie vous demandera donc peut-être de reculer pour mieux prendre un nouveau départ.

SI VOUS NE RÉUSSISSEZ PAS À TROUVER LA CARRIÈRE IDÉALE, ALORS CRÉEZ CELLE QUI VOUS CONVIENT

J'adore raconter l'histoire de Ron Kaufman, un ami à moi qui aimait par-dessus tout jouer au Frisbee et voir ces disques de plastique voler. Mais, il avait trente-cinq ans et ses parents lui suggérèrent de grandir enfin et de se trouver un véritable travail. En plus de cette passion, il était également très motivé à promouvoir la paix dans le monde. Un jour, il lui vint à l'esprit de combiner ses deux passions. Il entra en communication avec les dirigeants de la compagnie Wham-O et leur demanda s'ils le commanditeraient pour s'envoler vers ce qui était alors l'Union soviétique pour emporter avec lui cinq cents Frisbees où seraient inscrits, en anglais et en russe, les mots « Paix dans le monde ». Ils acceptèrent et Ron devint l'ambassadeur bienveillant du Frisbee en Union soviétique, enseignant aux citoyens de ce pays les secrets de ce jeu et leur parlant de la paix dans le monde. Ron finit par créer une compagnie qui organisa de telles tournées en Russie, où il rencontra également sa femme. En faisant ce qu'il aimait, tout en servant les autres, Ron s'épanouit, ainsi que sa compagnie. La morale de cette histoire est simple : si vous ne réussissez pas à trouver une carrière satisfaisante, inventez votre propre carrière.

Ceux pour qui l'argent vient comme une gratification fortuite d'un travail qu'ils aiment pour ce qu'il est, sont les gens les plus satisfaits de la vie qu'ils mènent. Posez-vous la question suivante : « Si j'avais assez d'argent pour vivre jusqu'à la fin de mes jours, de quelle façon aimerais-je employer mon temps ? » Lorsque vous aurez trouvé la réponse, cherchez, si vous le pouvez, du travail dans ce domaine. Si vous êtes devenu riche et que vous aimeriez passer une partie de votre temps à faire ce que vous faites déjà pour gagner votre vie, alors vous avez de la chance.

N'importe quel genre de travail procurant un service quelconque aux autres a une signification en soi. Point n'est nécessaire que ce travail vous rende célèbre, vous amène à faire la charité ou vous demande d'être en communication directe avec des enseignements spirituels ou de guérison. Si vous apportez votre aide, que ce soit derrière un comptoir d'épicerie, pour construire des voitures, pour nettoyer la maison de quelqu'un, pour faire des études de marché, tondre le gazon, travailler dans la vente ou exercer le droit, votre travail et les relations que vous entretenez avec les gens que ce travail vous fait rencontrer peuvent être révélateurs et vous servir d'outils de transformation.

Mon ami Lou était agent de change et courtier d'assurances, mais, selon lui, c'était juste une excuse pour mettre le pied dans la porte et rencontrer des gens, pour peut-être ensuite leur procurer un service. Qu'ils fassent affaire ensemble ou pas, Lou ne sentait avoir réussi que s'ils avaient ri et partagé des instants fructueux ensemble. C'est probablement pour cette raison que Lou réussissait si bien. Mais il faut dire aussi qu'il était un excellent agent de change.

Quelques principes simples pour avoir de quoi vivre

Dans son ouvrage intitulé *Walden*, Henry David Thoreau décrit de quelle façon, en vivant frugalement, en faisant pousser ses propres fruits et légumes et en construisant une cabane avec du bois de charpente trouvé sur un terrain, près de Walden Pond, il n'aurait à travailler que six semaines par année pour se permettre de mener une vie tranquille et contemplative le reste du temps. On peut lever son chapeau devant une telle expérience (qui dura une saison ou deux), mais ce n'est pas tout le monde qui est fait pour un tel style de vie. Vous ne voudrez probablement pas suivre l'exemple de Thoreau, mais voici quelques principes simples que *vous* pouvez suivre.

VIVEZ AU-DESSOUS DE VOS MOYENS

Nous sommes nombreux à croire que notre principal problème quant à l'argent tourne autour du comment en gagner plus. En fait, ce qui est important est la façon dont nous le dépensons. Car, lorsque notre revenu augmente, nos désirs et nos dépenses en font tout autant. Tout cela n'est qu'une question de mesure. Beaucoup de gens riches finissent endettés.

L'argent est si facile à dépenser qu'un nombre alarmant de gens n'ont rien ou presque rien mis de côté pour leurs vieux jours. La discipline sur le plan fiscal est un élément essentiel de la gestion de l'argent. La plupart des gens riches le sont et le demeurent non pas en raison de leurs revenus extraordinaires, mais parce qu'ils mènent une vie sans prétention et ont la discipline de dépenser moins que ce qu'ils gagnent, tout en investissant le reste.

Selon Thomas Stanley, l'auteur du livre *The Millionnaire Next Door*, la route qui conduit à l'indépendance financière est pavée de modération, la consommation s'effaçant pour vous laisser travailler sans relâche sur la stabilité financière. Deux fois plus de millionnaires détiennent des cartes d'achats de magasins bas de gamme que de magasins de luxe. La plupart d'entre eux conduisent une Ford. Par contre, beaucoup de gens ayant des revenus moyens ne réussissent pas à devenir riches parce qu'ils dépensent leur argent sur des choses dont la valeur est relativement peu durable, comme des voitures ou des vêtements tape-à-l'œil ou des vacances de luxe.

PAYEZ-VOUS VOUS-MÊME D'ABORD

Établissez la règle rigoureuse de vous payer vous-même en vous allouant dix cents pour chaque dollar gagné, et ce jusqu'à l'âge de soixante-dix ans. Avant même de payer vos factures et vos impôts, avant de donner aux œuvres de charité, mettez cet argent de côté comme s'il n'avait jamais existé et apprenez à vivre avec le reste, quoi qu'il se passe. Déposez ce dix pour cent de votre revenu dans un compte réservé à cet effet ou investissez-le de façon prudente et laissez l'intérêt composé travailler pour vous jour et nuit au fil des années. Oubliez les stratégies d'investissement trop élaborées, les calculs compliqués et les experts. Si vous avez de l'argent pour vous faire la main, alors c'est la cerise sur le gâteau. En cas de véritable urgence, donnez-vous quelques jours de réflexion pour décider si vous avez vraiment besoin d'entamer votre capital. Ne retirez jamais plus de la moitié de votre capital. Quand vous aurez soixante-cinq ou soixante-dix ans, vous pourrez en disposer comme bon vous semblera.

VENTILEZ VOTRE BUDGET

Que votre revenu provienne d'un salaire dont l'impôt est retenu à la source ou que vous soyez à votre compte, une des plus importantes mesures que vous puissiez prendre est d'établir un budget et de ventiler clairement la répartition de vos revenus en fonction de vos divers objectifs. Une fois que votre budget est établi, tenez-vous-y. Ceci n'a rien de très radical comme méthode et pourtant peu de gens la mettent en pratique, ainsi que le niveau d'endettement avec les cartes de crédit le laisse supposer. À moins que vos impôts soient retenus à la source, répartissez votre revenu (par tranche de 1000 dollars) comme suit :

- En premier lieu, versez immédiatement 10 % de chaque dollar gagné dans votre compte d'épargne.

- Si vous êtes à votre compte, mettez de côté le pourcentage correspondant à votre revenu brut pour les fins d'impôts fédéral et provincial (20 à 40%), ainsi que pour l'assurance-maladie, le cas échéant.

- Si vous faites des dons aux œuvres de charité (disons 5%), indiquez cette dépense en troisième position.

- Attribuez un versement de 5% à un compte pour les dépenses des fêtes de Noël et autres.

- Attribuez un versement de 5% à un autre compte pour des vacances.

Si l'on s'en tient à ce genre de ventilation, on constate que 45 à 65% de votre revenu (dépendant de la fourchette dans laquelle vous vous situez) paie votre retraite, vos impôts, les dons aux œuvres de charité, les festivités et les vacances. Le reste de votre revenu (entre 35 et 55%) est attribué aux dépenses mensuelles : le loyer ou l'hypothèque, la nourriture, les articles de consommation courante, les soins médicaux et ainsi de suite. Même si les pourcentages des diverses dépenses varient selon les familles, le principe reste le même : faites un budget pour l'argent que vous gagnez et ventilez-le. En vous en tenant à cette discipline, vous éliminerez une grande partie du stress associé à la déclaration d'impôt et à la retraite. Une telle discipline est en fin de compte plus simple que l'approche «vivre au jour le jour» et «dépenser tant qu'on en a». Et, en prenant la responsabilité de gérer votre argent de cette façon, vous y gagnez en respect de vous-même et en autonomie.

LES DEUX ÉLÉMENTS ESSENTIELS À LA RÉUSSITE EN AFFAIRES

Afin de réussir dans presque n'importe quel genre d'affaires, que vous travailliez pour une grosse entreprise ou que vous soyez à votre compte, vous devez fonctionner en vous conformant à ces deux principes :

1. **Être bon dans ce que vous faites.** Ceci veut dire vous per-
    fectionner continuellement par les études, la pratique,
    l'innovation et la distinction. Considérez votre travail
    comme une sorte de formation spécialisée. Ne croyez
    jamais que vous êtes rendu au maximum de votre art.
    Chaque jour, chaque année, efforcez-vous de maîtriser
    votre travail. Peu importe ce que vous faites: si vous
    devenez un des meilleurs dans votre domaine, vous réus-
    sirez sans aucun doute (si vous observez aussi le second
    principe).

2. **Savoir bien vendre ce que vous faites.** C'est incroyable
    le nombre de gens doués et exceptionnels qui existent dans
    les divers domaines et qui ne réussissent pas, justement
    parce qu'il ne sont pas disposés à se vendre. Je connais
    d'extraordinaires musiciens dont les compositions ne seront
    entendues que par une poignée de personnes, alors que les
    quarante premières chansons du hit-parade ne sont que de
    regrettables clichés cependant bien vendus. Quelle triste
    ironie de voir ceux qui se consacrent le plus à leur art, et qui
    aiment le plus ce qu'ils font, vouloir passer naturellement
    leur temps à s'améliorer sans songer le moindrement à la
    nécessité de se vendre.

Posez-vous la question suivante: « Est-ce que je suis bon
dans ce que je fais? Est-ce que j'offre un service de valeur? »
Si vous répondez négativement à ces questions, alors restez
dans l'ombre et efforcez-vous de vous améliorer. Mais si vous
répondez affirmativement, alors vantez-le à qui veut l'entendre!
Vous ne pourrez certainement pas être utile à qui que ce soit si
les gens ne savent pas que vous existez.

Que vous ayez ou non un intérêt spontané pour le marke-
ting et la publicité, que vous y preniez plaisir ou pas, il faut que
vous y consacriez au moins la moitié de votre temps, de votre
énergie et de votre attention quand vous mettez sur pied une
nouvelle entreprise. Mousser votre commerce vous aide à

aider les autres et met à la disposition du monde un service de valeur que vous seul êtes capable d'offrir.

L'ÂME DE L'ARGENT

Il est facile de se perdre dans les détails pratiques de la gestion des finances et d'oublier la raison d'être essentielle de ce passage : se créer une base pour pratiquer la spiritualité et libérer l'attention qu'exige tout ce qui est lié à la survie. Lynne Twist, la cofondatrice de Hunger Project, le résuma de la façon suivante à Michael Toms qui l'interviewait à l'émission de radio *New Dimensions*:

> « L'argent est un objet inanimé, (mais) nous pouvons lui attribuer une signification, une voix et une force spirituelles si nous le décidons, et aussi lui donner un peu d'âme. L'argent n'a pas d'âme, mais *nous*, oui, et nous sommes ceux par qui l'argent circule et s'exprime... Et lorsque notre esprit prend son envol, ce qui s'épanouit c'est la prospérité de l'âme, du cœur... et cette vérité étant établie, le monde peut dorénavant être nôtre. »

Quand je pris la résolution d'enseigner tout ce que je pourrais apprendre, l'information se mit à arriver à flots. De la même façon, lorsque vous ressentez la joie que cela vous procure de partager l'abondance spirituelle qui vous est propre, les cieux vous en envoient encore davantage, vous inondant ainsi de leur lumière. La gestion de votre argent est une autre avenue dans laquelle vous pouvez mettre en pratique l'illumination, chaque jour.

Tout en gardant cela à l'esprit, tournons-nous maintenant vers la source de toutes nos croyances : le mental. Pour certains, il joue le rôle d'une prison, mais pour vous, il deviendra peut-être la clé de la liberté.

Domptez votre mental

*Vous percevez le monde
à travers la ténébreuse fenêtre
des croyances, des interprétations et des associations.
Le monde n'est donc
que le reflet de votre mental.
Et lorsque votre mental s'éclaircit,
vous percevez la réalité
telle qu'elle est.
Que vous révèlent les expériences que vous faites dans votre vie
sur vos filtres de perception?*

La paix intérieure
et la réalité telle qu'elle est

Nous sommes ce que nous pensons.
Tout ce que nous sommes émane de nos pensées.
Avec nos pensées,
nous créons le monde.

BOUDDHA

Itinéraire de l'explorateur :
Au royaume de la pensée

D ans son ouvrage intitulé *La République*, Platon décrit un groupe de personnes qui vivent au fin fond d'une sombre caverne, loin de la lumière du jour, et qui ne voient que leurs ombres projetées sur les parois de la grotte par la lueur de leur feu. Ces obscures formes constituent leur unique réalité, car elles ne se sont jamais aventurées dehors. Et, évidemment, elles ne se doutent même pas qu'il y a un dehors.

Platon poursuit son allégorie de la grotte en expliquant comment une de ces personnes s'échappe de la grotte pour se retrouver inondée par la lumière du soleil du monde réel. Ayant vu la lumière, elle retourne dans la grotte et essaie sans grand succès de raconter à ceux qui sont restés dans leur prison ce qu'est le vrai monde, là-bas dehors. Ses paroles n'ont de sens pour personne, à part pour quelques âmes aventureuses qui osent lui emboîter le pas dans son ascension vers l'inconnu, vers une réalité plus lumineuse, plus reluisante.

Nous vivons tous dans la grotte de nos perceptions troubles et distordues, ne voyant non pas le monde, mais notre propre mental. Dans ce chapitre, *Domptez votre mental*, vous verrez comment appréhender la réalité telle qu'elle est, au-delà du jeu des ombres de la pensée.

La réalité n'est pas ce que vous pensez qu'elle est.

UNE DÉMARCHE RAFRAÎCHISSANTE

Maintenant que vous avez vu la pointe de l'iceberg du mental, vous êtes prêt à regarder sous la surface et à pénétrer au cœur du mental pour y voir l'influence omniprésente qu'il exerce sur tous les aspects de votre vie. Si les pensées peuvent se comparer au flot boueux d'une rivière qui coule, vous trouverez dans ce chapitre les pierres d'un passage à gué qui vous permettront de traverser de l'autre côté de la rivière, vers un lieu d'une réalité très simple, d'humour et de tranquillité.

Ce chapitre vous révèle comment dompter votre mental, non pas en l'assujettissant, le contrôlant ou l'obligeant à se calmer, car vous vous rendrez compte que cela ne sert absolument à rien, mais en faisant la paix avec lui.

Nous commencerons par explorer l'anatomie cachée du mental, un passage qui comporte mes opinions intuitives et originales qui, je pense, seront un jour corroborées par la recherche scientifique. Ensuite, nous aborderons plusieurs éléments clés, entre autres les filtres mentaux et leur influence sur nos perceptions, sur la communication et sur les relations. Puis, nous verrons quelle est la nature de la pensée et l'illusion que nous nous faisons au sujet de la paix de l'esprit. Sont ensuite proposés une méthode radicale pour trouver la paix intérieure, un regard nouveau sur la méditation et une explication sur l'impossibilité pour nous tous de contrôler les pensées. Nous aborderons ensuite une méthode réaliste de «domptage» du mental dont l'objectif est de diriger l'attention et, enfin, nous ferons un retour vers la simplicité en vivant dans l'instant présent.

Une évaluation de soi bien simple

Comme c'est le cas dans les autres chapitres, une réflexion et évaluation personnelles vous préparent à explorer le territoire du mental. L'auto-évaluation rend l'information plus pertinente et plus personnelle. Si vous voulez dompter un lion, mieux vaut en savoir un peu plus à son sujet, n'est-ce pas? Il en va de même pour le mental. Penchez-vous donc sur les questions suivantes:

- Diriez-vous que votre mental est calme ou agité?
- Pensez-vous avoir une compréhension claire de la réalité?
- Que faites-vous lorsque vous êtes inquiet dans vos pensées (soucis, préoccupations, culpabilité ou anxiété)?
- Croyez-vous que votre vie s'améliorerait si vous aviez un meilleur contrôle sur votre mental?
- Avez-vous déjà essayé de calmer votre mental? Que s'est-il produit?
- Essayez-vous de penser de façon positive? Avez-vous réussi à le faire de façon continue?
- Les gens sont-ils responsables des pensées ou des idées qui s'attardent sur les tracasseries, la jalousie, la négativité ou le sadisme?

- Aimeriez-vous mener une vie plus simple? Qu'est-ce que cela pourrait bien avoir à faire avec votre mental?

Anatomie du mental

Tout d'abord, un mot sur le terme *pensées*, étant donné que je l'emploie beaucoup. Les pensées sont ces images, paroles et sons subjectifs (avec toutes les croyances, associations, interprétations, opinions et acceptions personnelles que cela sous-entend) qui traversent notre esprit et retiennent notre attention. Le mental est un océan de conscience à travers lequel les pensées passent, parfois comme des épaves flottantes, parfois comme des voiliers et parfois comme des yachts de course.

Nous pouvons faire appel à des pensées de façon délibérée, par exemple lorsque nous préparons un discours, nous remémorons la liste des emplettes à faire ou résolvons une devinette ou un problème de mathématiques. Il est clair que la pensée délibérée est une fonction exceptionnelle et fort utile du cerveau humain, un avantage et non pas un problème.

Les pensées que nous devons transcender, le mental que nous avons besoin de dompter, sont ces lutins qui surgissent à brûle-pourpoint et nous posent des problèmes parce qu'ils nous empêchent de penser clairement, de percevoir clairement la réalité dans le silence, particulièrement en ce qui concerne la relation que nous entretenons avec nous-mêmes, avec les autres et avec la vie quotidienne. Ce que nous devons dompter, c'est l'esprit décousu, ce sont les singeries mentales débridées.

Au moment même où vous lisez ces lignes, les recherches que les hommes de science réalisent sur le cerveau humain repoussent encore plus loin les limites des connaissances scientifiques. Et pourtant, peu d'entre nous ont une idée de l'anatomie de notre propre mental, de sa structure et de sa fonction. Pour en avoir une idée plus précise, je vous présente ici une théorie sur les hémisphères droit et gauche du cerveau.

Bien que les deux hémisphères du cerveau interagissent pour ne former qu'un tout, chacun d'eux dispose de fonctions et de responsabilités qui diffèrent globalement de celles de l'autre.

L'hémisphère gauche de votre cerveau fonctionne plus de façon linéaire, logique, rationnelle, structurée, mathématique (la conception est la fonction de base). Il déduit, raisonne, traite et soupèse les données, fait le tri des valeurs, compare et analyse afin d'en arriver aux décisions.

L'hémisphère droit de votre cerveau fonctionne de manière plus primitive, enfantine, suggestive, symbolique, visuelle, spatiale, globale (la sensation est la fonction de base). Il traite instantanément l'information par le biais de l'instinct et de l'intuition plutôt que par celui de la pensée logique.

Ces faits sont bien connus. Mais ce qui l'est moins, et que je pense être tout aussi vrai, est le fait que :

- votre hémisphère gauche fonctionne comme le centre de l'ego (ou conscient), le centre de l'identité personnelle et de l'intellect. Il sait apprendre : il enregistre et traite l'information, les données, les croyances et les valeurs auxquelles vous pouvez avoir accès quand vous le voulez ;

- votre hémisphère droit fonctionne (d'une façon que nous ne comprenons pas encore) comme le centre de l'inconscient, des croyances, valeurs et associations non questionnées auxquelles vous ne pouvez pas avoir accès à volonté.

Plus loin, vous en apprendrez plus sur les rôles des hémisphères droit et gauche du cerveau en ce qui concerne l'intuition et nos caractéristiques sexuelles. Dans ce cinquième chapitre, nous nous pencherons en détail sur le rôle et l'influence du conscient et de l'inconscient pour ce qui est de la qualité et de la clarté dans votre vie.

Pour l'instant, il vous suffit de comprendre que votre cerveau et votre corps fonctionnent mieux lorsque les deux hémisphères travaillent de concert et forment un tout plus grand que la somme de ses parties, tout qui aide à développer au maximum aussi bien vos capacités de raisonnement que vos capacités de créativité.

FAISONS LA LUMIÈRE SUR L'INCONSCIENT

Rendre conscient ce qui est inconscient est important pour que la conscience, la guérison, l'équilibre et notre intégralité puissent prendre le maximum d'expansion. Ceci veut dire rendre conscients les croyances, les pensées et les souvenirs.

L'inconscient profond est la partie de vous dont vous n'êtes pas normalement conscient et à laquelle vous ne pouvez pas habituellement avoir accès. C'est le lieu du sommeil profond, du silence, de l'immobilité et du mystère. L'inconscient profond est si mystérieux en fait, que nous ne savons même pas s'il existe.

L'inconscient, aussi appelé subconscient, est la partie de vous dont vous n'êtes pas normalement conscient mais à laquelle vous pouvez avoir accès, par le biais des rêves, de l'intuition, des croyances, des images, etc. (L'inconscient est la partie non observée et non questionnée du mental.)

Dans ce passage (comme dans la méditation), nous dirigeons la lumière de notre conscient en territoire inexploré, nous projetons de la lumière dans l'obscurité et nous faisons des ombres des réalités tri-dimensionnelles.

Vous savez déjà probablement que l'inconscient se manifeste également sous la forme de la sagesse corporelle instinctive et qu'il contrôle les processus involontaires (automatiques) comme les réactions du système immunitaire et les réserves d'énergie vitale (par le biais des sécrétions endocrines et hormonales). Vous connaissez aussi certaines des qualités « enfantines » de l'inconscient, comme la motivation et la volonté. (Ceux qui parlent de leur « enfant intérieur » font en réalité référence à leur inconscient.) Vous avez besoin de vous familiariser avec votre inconscient parce que c'est dans celui-ci que les pensées incohérentes et spontanées naissent, dans ce même champ auquel nous avons accès par l'intermédiaire des rêves et de la méditation.

Les pensées surviennent de leur propre chef, selon un flot continu. Elles retiennent parfois votre attention consciente (vous remarquez que vous êtes en train d'avoir certaines pensées), mais elles passent pour la plupart inaperçues, comme un courant sous-jacent inconscient. Ces pensées se manifestent sous la forme de chuchotements évocateurs qui se transforment par la suite en humeurs, émotions, désirs et impulsions. Lorsque ces pensées restent inconscientes, elles fonctionnent comme l'hypnose et influent de façon suggestive sur votre comportement. Lorsque vous les observez de façon consciente comme *étant* des pensées (ainsi que vous le faites quand vous méditez), la guérison se produit, car les pensées (peurs, croyances et associations) sont éclairées par la lumière de la conscience. Elles perdent alors le pouvoir de distordre votre réalité, de contrôler vos humeurs ou d'imposer des limites à votre vie.

Les filtres du mental

Un vieux proverbe sur la spiritualité dit : « Le mental tue la réalité. » Qu'est-ce que cela veut dire et dans quelle mesure cela peut-il être important dans votre vie ? Regardez autour de vous immédiatement. Que voyez-vous ? Portez attention aux sons autour de vous. Qu'entendez-vous ?

Votre expérience du monde se fait par l'intermédiaire des cinq sens : la vue, l'ouïe, le toucher, l'odorat et le goût. Mais les impressions que ces sens vous procurent ne vous arrivent pas sous une forme directe et objective, telles qu'elles sont. Elles passent à travers une superposition de filtres, teintés et souvent distordus par vos propres interprétations, attentes, suppositions, croyances, associations d'idées, peurs, désirs et opinions. Vos perceptions vous parviennent également à travers les filtres de la culture, de la religion, de la profession, de la race et du sexe, que vous avez vous-même créés dans votre vie en raison de votre expérience personnelle unique.

Ainsi, par exemple, vous ne faites pas que voir, entendre ou goûter. Vous voyez quelque chose de vide, de triste ou d'intéressant. Vous entendez une musique magnifique ou décevante. Vous goûtez une nourriture fade ou délicieuse qui vous rappelle la cuisine de votre grand-mère. Pour vous, la réalité, c'est *votre* réalité. La réalité est en fait remplacée par votre réalité : ce qui *est* devient ce que vous *pensez* qui est. Le principe essentiel dont il faut se souvenir quand on met son mental au pas est que la réalité n'est pas ce que vous pensez qu'elle est.

S'il vous arrive d'avoir faim lorsque vous déambulez en ville, ce sont les endroits où l'on peut se procurer de la nourriture qui prendront la vedette. Si, par contre, vous avez besoin d'argent, ce sont les banques qui vous interpelleront. Et comme Ram Dass le mentionna une fois, pour citer un de ses enseignements : « Si un voleur à la tire évolue dans une foule de saints personnages, tout ce qu'il verra ce sont leurs poches. »

Étant donné que nous avons tous des filtres différents, aucun d'entre nous ne voit ni n'entend le monde de la même façon. Nous voyons bien les mêmes objets, mais nos perceptions leur attribuent des significations diverses. Ainsi qu'un poète inconnu l'écrivit un jour sur un mur de prison : « Deux hommes regardaient à travers les barreaux de leur prison : l'un vit de la boue et l'autre, les étoiles. »

LES IMAGES DE LA RÉALITÉ

Nous ne voyons pas la réalité telle qu'elle est : nous la voyons telle que *nous* sommes, c'est-à-dire à travers le filtre de notre expérience personnelle. Imaginons deux personnes dans un train de montagnes russes : l'une hurle de plaisir, l'autre, d'effroi. La première espère que le prochain virage sera encore plus excitant, alors que l'autre imagine que le véhicule déraillera. La façon dont nous expérimentons notre vie dépend de l'habitude mentale que nous avons prise de trier les événements (ou de les anticiper): soit que nous le faisions en fonction du plaisir, soit en fonction du danger.

L'anticipation ou les attentes déterminent la façon dont nous percevons les choses. Si vous traversez à pied un quartier étant réputé comme dangereux, chaque homme grand et inconnu que vous croiserez pourrait bien être un agresseur en puissance. Je me souviens d'une annonce télévisée de la fonction publique qui confirma en tous points ce phénomène. Sur l'écran est affichée la photo d'un homme d'origine africaine, à l'air grave. Imaginez l'effet que vous fait ce visage sombre pendant que vous lisez la légende qui l'accompagne: «Andrew Coombs: vandalisme et larcin à 14 ans; voies de fait qualifiées à 16 ans; vol qualifié de véhicule à 17 ans; attaque à main armée à 20 ans; recherché pour meurtre à 24 ans. Poursuivi et arrêté par l'officier de la police fédérale, Bob Jones – que nous apercevons sur cette photo.» D'un coup, tous vos jugements volent en éclats.

La mesure selon laquelle vos perceptions sont distordues par un filtre d'associations ou de croyances détermine l'importance des malentendus et du manque de communication que vous expérimentez dans votre vie. La réalité toute simple, ainsi qu'elle se présente dans l'instant présent, est obscurcie par différentes significations, difficultés, blessures, interprétations et de la confusion.

DES MONDES DIFFÉRENTS

Si vous pouviez voir la vie à travers le regard de quelqu'un d'autre, le monde vous semblerait tellement différent que vous vous demanderiez si vous n'êtes pas en train d'halluciner. Une chaise serait toujours une chaise et une automobile resterait une automobile, mais vos pensées, vos sentiments et les associations d'idées les concernant pourraient être tellement divergents de ceux des autres que l'expérience que vous en feriez serait totalement différente.

Même lorsque nous parlons la même langue, nous ne parlons pas le même langage et nos filtres personnels comptent pour beaucoup dans les difficultés que nous éprouvons à communiquer. Les mêmes mots auront des significations différentes pour des gens différents. Essayez cette expérience toute simple : représentez-vous l'image d'un cheval. Est-ce une jument ou un étalon ? Est-il tout blanc ou a-t-il des taches ? Où sont-elles et de quelle grosseur sont-elles ? Quel âge a-t-il environ ? A-t-il d'autres traits particuliers ? Déposez maintenant ce livre et demandez à quelqu'un se trouvant près de vous de visualiser un cheval et de vous le décrire. Il y a de grandes chances pour que ce cheval soit très différent de celui que vous avez imaginé. Mais en plus, chacun de vous éprouvera des sentiments différents et fera des associations d'idées diverses au sujet des chevaux.

Étant donné que nous vivons dans des mondes différents, je suis stupéfait de constater que nous puissions quand même nous comprendre les uns les autres.

Les filtres et la communication

Des filtres antagonistes peuvent être à l'origine des problèmes de communication que nous éprouvons dans nos relations. Exemple : Alex, le fils adolescent de Reba, rentre de l'école, va tout droit vers le réfrigérateur pour rendre hommage au dieu de la bombance et s'affale sur le canapé, la télécommande du poste de télévision en main pour prendre quelques minutes de répit. Arrive Reba. Elle remarque Alex et se souvient qu'il a bientôt un examen important. Reba sait bien qu'Alex est un étudiant sérieux, et qu'il est consciencieux en ce qui concerne ses révisions. Elle est elle-même fort occupée à une activité particulière mais veut tout de même montrer à son fils l'intérêt qu'elle porte à sa vie et à ses études. Donc, avant de retourner au bureau, elle lui dit: «Salut, Alex. Comment s'en viennent tes révisions pour l'examen d'histoire de ce vendredi?»

«Fiche-moi la paix, tu veux, maman?» réplique Alex sur la défensive. «Je me remets à mes révisions bientôt!»

L'intention de Reba était de montrer à Alex qu'elle s'intéresse aux activités de son fils et que celles-ci lui tiennent à cœur. Lorsqu'elle lui dit: «Comment s'en viennent tes révisions?», Alex interprète cette question par le biais de son propre filtre, qui lui fait entendre ceci: «Eh, mollasson, qu'est-ce que tu fais là, affalé devant la télévision, à regarder un feuilleton idiot alors que tu as du travail à faire?»

Quand vous comprendrez comment fonctionne votre mental, ou du moins que vous commencerez à reconnaître les filtres à travers lesquels vous voyez et entendez, vous ne souffrirez plus de l'illusion que vous vous faites d'entendre ou de voir le monde réel, mais réaliserez au contraire que vous créez pour vous-même des significations, interprétations et associations personnelles.

Cela prend un peu de temps et de pratique pour mettre de côté ces filtres subjectifs. Les deux exercices suivants ont été conçus pour vous permettre d'expérimenter l'écoute, l'observation et l'expression verbale objectives, sans qu'interviennent les interprétations subjectives.

ÉCOUTEZ DE FAÇON OBJECTIVE

«As-tu compris ce que j'ai dit?» Nous avons tous déjà entendu cette question, justement à cause du fait que peu d'entre nous écoutent attentivement ce que les gens nous disent. Avec pour résultat que nous répondons à ce que nous avons entendu (par le biais de nos filtres) plutôt qu'à ce qui nous a été dit.

Le premier devoir de l'amour,
c'est d'écouter.

PAUL TILLICH

Vous pouvez pratiquer l'écoute objective en demandant à quelqu'un de vous raconter sa vie et en prêtant une attention particulière à ce qui est précisément dit. En même temps que vous entendez les mots, *répétez*-vous-les en silence. En vous concentrant de cette façon sur ce qui est réellement dit, vous comprenez mieux ce que l'autre vous signifie, au lieu de filtrer par la signification que *vous* attribuez à ce qu'il dit.

VOIR ET PARLER OBJECTIVEMENT

Cet exercice représente un défi et il est révélateur également. Pour en profiter au maximum, faites-le d'abord avec un partenaire, puis ensuite tout seul.

En premier lieu, asseyez-vous en face de votre partenaire. Observez son visage attentivement et puis décrivez ce que vous voyez sans interprétation ni jugement de valeur. Nommez exactement ce que vous voyez, les formes, les couleurs, les textures, les tons, les lignes. Pas ce que cela a l'air pour vous. Évitez les jugements de valeur subjectifs comme « joli, attirant, laid, bizarre ou intéressant ». Demandez par la suite à votre partenaire quel a été votre degré d'objectivité. Puis, demandez-lui de procéder à son tour à l'exercice de description objective.

Au cours de la prochaine étape de l'exercice, tenez-vous debout et seul devant un miroir. Observez très attentivement votre propre visage et décrivez-le de façon objective. Parlez à haute voix. Remarquez bien si vous décrivez exactement ce que vous voyez ou alors si vous interprétez ce que vous voyez. Cet exercice permet de clarifier ce qu'est l'observation objective et vous donne la rare occasion de vous voir tel que vous êtes.

En réduisant l'influence que vos interprétations et associations d'idées ont sur vos perceptions, vous entrez plus intimement en contact avec la réalité et avec les autres. L'écoute objective vous aide à dompter votre mental et vous rapproche, au cours de ces moments d'attention, de la réalisation de soi dans le quotidien.

IL Y A DEUX SORTES DE CROYANCES

Voici une petite anecdote au sujet d'un vaillant Amérindien qui demande à son jeune fils de lui décrire la couleur du poney qui se trouve près de lui. « Il est blanc avec des taches brunes, sur ce côté-ci. » Ce récit évoque la connaissance fondée sur l'expérience directe. Le fils de l'Indien ne décrit que le côté qu'il voit.

Nous sommes nombreux à penser que nous fonctionnons, agissons et prenons des décisions en fonction de notre connaissance et de l'expérience directe. En réalité, nous fonctionnons à partir d'innombrables croyances et suppositions, non pas à partir de l'expérience directe.

Les croyances *inconscientes* sont celles que nous prenons pour la vérité ou la réalité. Nous ne disons pas : « Je crois que c'est comme ça. » Nous disons : *« C'est* la vérité. » Les croyances inconscientes sont à l'origine de tout intégrisme. Les croyants convaincus défendent avec zèle leurs croyances et leurs idées et les posent comme étant la vérité ultime, confondant leurs opinions avec la parole de Dieu. Un tel intégrisme n'existe pas seulement dans le domaine religieux, mais dans tout autre domaine, en tout autre lieu, à tout autre instant où nous sommes convaincus que notre façon, notre méthode ou nos idées sont universellement vraies.

Nous faisons un incroyable bond en avant sur le plan de la conscience lorsque nous devenons *conscients* de nos croyances, au moment où nous les reconnaissons comme étant *notre* vérité et non pas comme *la* vérité. Il s'agit du premier pas que nous faisons pour reconnaître la nature illusoire de la pensée. Les pensées, comme le contenu de nos rêves, surgissent mystérieusement de la psyché, aussi naturellement que se forment les vagues dans la mer. Les pensées ne constituent pas un problème en soi : c'est seulement lorsque nous les croyons et les prenons pour la réalité que nous commençons à avoir des problèmes.

LA SOUFFRANCE EST OPTIONNELLE

À n'importe quel moment, votre attention se trouve dans un des deux mondes suivants : le monde objectif de ce qui se passe ou le monde subjectif de vos pensées et de vos interprétations concernant ce qui se passe. Un seul de ces deux mondes est réel.

La douleur physique, par exemple, est une fonction objective de votre système nerveux. Les souffrances mentale et émotionnelle sont vos créations subjectives, fondées sur vos interprétations et sur la signification que vous donnez aux choses. La vie n'a pas en elle-même de signification cohérente, sauf quand vous projetez sur elle vos propres interprétations. C'est le point de vue qui détermine ce qui est bon ou mauvais. Le fils d'un fermier chinois se casse la jambe : mauvais. L'armée vient le réquisitionner pour partir à la guerre mais c'est impossible en raison de sa jambe cassée : bon. En premier lieu, la jambe cassée était une mauvaise affaire. En second lieu, une bonne affaire.

LA DOULEUR ET LA SOUFFRANCE

La douleur est un phénomène physique relativement objectif. La souffrance est le résultat de la résistance psychologique que nous opposons à ce qui se produit. Il est possible que certains événements causent de la douleur physique : ils n'occasionnent cependant pas d'eux-mêmes de la souffrance. C'est la résistance qui engendre la souffrance. Le stress survient lorsque le mental résiste à ce qui est. Si votre conjoint ou votre amant vous quitte, la quantité de stress ou de souffrance dont chacun de vous fera l'expérience dépendra de la signification que chacun de vous accorde à l'événement lui-même. Si vous estimez que c'est une bonne chose et que vous êtes maintenant libre, vous souffrirez moins. Si vous estimez que c'est une mauvaise chose et que vous êtes maintenant tout seul, vous souffrirez plus. Le seul problème dans votre vie, c'est la résistance que votre mental oppose au déroulement de celle-ci justement.

Le mental à lui seul
peut faire de l'enfer, un paradis
et du paradis, un enfer.

JOHN MILTON

En acceptant un événement tel qu'il se produit, non pas passivement mais en en tirant ce qu'il y a de meilleur, en acceptant vos pensées et vos émotions, et en agissant de façon constructive, vous pourrez réduire votre souffrance et amener une plus grande fluidité et une plus grande aisance dans votre vie. Par l'acceptation, vous vous entraînez à vous réaliser dans le quotidien. Vous domptez votre mental non pas en changeant le monde, mais en changeant votre attitude.

Libération de l'attention à la source

Dans les douze passages que vous parcourrez, il y a un thème central qui revient sans cesse : celui de la libération de l'attention. Nous avons vu un peu plus tôt combien votre attention peut être piégée ou monopolisée par certaines problématiques, et ce dans chacun des passages. Mais le piège le plus subtil et le plus insidieux est cependant le mental lui-même.

Imaginez qu'un poste de télévision fonctionne toute la journée à l'arrière-plan de votre mental. Le volume augmente et baisse lorsque le canal de l'attention passe d'un drame intérieur à un autre. De temps en temps, vous prêtez attention à ce qui se passe dans le monde autour de vous, à vos tâches et activités quotidiennes. Cependant, la majeure partie du temps, vous revenez à votre monde télévisé intérieur.

Si quelque chose se produit dans le monde extérieur qui demande votre totale attention, vous vous éloignez de votre monde télévisé intérieur. En de pareils moments, vous vous sentez vivre totalement et intensément. Et pourtant, vous avez le pouvoir, à tout moment, de dompter votre mental en dégageant votre attention des programmes et dialogues intérieurs. Comment? Simplement en levant les yeux et en devenant plus conscient de la beauté du monde réel.

Nous sommes nombreux à emprunter l'autoroute de la vie, perdus pendant des minutes, des heures ou des années dans nos pensées, nos soucis, nos rêveries, nos questionnements, dans une sorte de rêve à demi éveillé, jusqu'au moment où nous nous rendons compte que nous avons manqué la sortie et que le paysage nous a totalement échappé en cours de route. La fête bat son plein mais nous n'y faisons jamais vraiment acte de présence. Mais lorsque nous reconnaissons que le mental subjectif est un pourvoyeur d'illusions, nous retrouvons nos esprits. Et au lieu de dormir sur nos lauriers ou de filer à toute vitesse en pilotage automatique, nous nous éveillons et revenons à la vie.

Un mental tranquille, cela n'existe pas

La plupart d'entre nous voyons le monde par le biais du mental sans voir le mental lui-même. Les pensées et les impressions qui naissent deviennent nos pensées et nos impressions, *notre* vérité. Nous adhérons à nos croyances et à nos interprétations à la façon dont un jeune enfant croit que ce qui se passe dans un film est réel. Mais à un moment donné, nous nous réveillons suffisamment pour nous douter que ce sont probablement les filtres de notre mental qui sont à l'origine de nos difficultés.

Rendus à ce point-là, nous commençons à vouloir réparer, améliorer ou calmer notre mental. À mesure que notre capacité de discernement grandit, nous remarquons à quel point le mental fonctionne comme une radio syntonisée principalement sur la cacophonie des soucis, des préoccupations, des regrets et des anxiétés. Nous tournons alors notre attention vers des pensées plus positives ou vers le silence intérieur. Et pour la première fois, nous montrons un intérêt pour la méditation.

Un regard nouveau sur la méditation

De nombreux enseignants fort appréciés, spécialisés dans l'étude du mental, proposent des techniques de méditation pour calmer le mental.

Le seul hic, c'est qu'aucune d'entre elles ne fonctionne et que le mental semble de plus en plus agité. Malgré les efforts faits dans le moment et les techniques ou stratégies utilisées, les pensées continuent d'affluer. Vous pouvez cependant détourner votre attention vers autre chose de façon à ne pas remarquer les pensées qui viennent, un peu comme vous le faites quand vous vous concentrez sur un bon livre et n'entendez même pas les gens qui parlent autour de vous.

La méditation présente un certain nombre d'avantages :

- relaxation et repos profonds, ainsi qu'une amélioration du système nerveux ;
- moments de tranquillité qui viennent faire le pendant aux activités mouvementées du quotidien ;
- pratique du détachement (dompter votre mental) ;
- discernement en ce qui concerne la nature de la pensée subjective.

La méditation n'est pas :

- une pratique spirituelle spéciale, plus noble qu'autre chose ;
- un état d'être supérieur distinct de la vie quotidienne ;
- un exercice exclusivement oriental, ésotérique, mystique ou religieux.

La méditation est une chose simple et ordinaire, mais la pratiquer est un défi infini qui exige vigilance et engagement pour pouvoir rester totalement conscient de ce qui se produit dans l'instant. S'asseoir en tailleur pour méditer n'a en soi rien de plus ni de moins spirituel que d'observer la façon dont vous marchez, mangez, respirez, faites de l'exercice, faites l'amour ou lacez vos chaussures. En fait, l'essence de la méditation, de l'illumination, est l'observation, l'attention. Ce qui rend un peu spécial le moment que vous réservez à la méditation, c'est que dans la vie quotidienne vous ne portez que très rarement votre attention sur quelque chose. Alors que dans la méditation, vous vous consacrez uniquement à cela. Lorsque vous prêtez votre totale attention à quoi que ce soit (ou bien à rien), cela devient une pratique spirituelle.

À l'instar de l'exercice physique, la méditation n'est qu'un moyen pour arriver à une fin. Vous trouverez peut-être utile d'inclure la méditation, en tant qu'élément essentiel, à votre entraînement physique quotidien. Même si vous ne vous assoyez ne serait-ce qu'une minute à la fin de votre entraînement ou après votre douche, vous constaterez toute une différence. Comme c'est le cas pour l'exercice physique, un petit peu de quelque chose vaut mieux que beaucoup de rien. Les recherches effectuées sur le sujet montrent que la méditation pratiquée sur une base régulière peut faire baisser et stabiliser la tension artérielle, réduire le stress et l'anxiété, améliorer la créativité, diminuer les risques d'hypertension et de crise cardiaque, et aider à réduire les tendances à la dépendance.

COMMENT FONCTIONNE LA MÉDITATION

Les principes de méditation varient d'une tradition à l'autre, mais dans l'ensemble ils comprennent les éléments suivants :

- S'asseoir dans une position confortable, équilibrée et stable, la colonne vertébrale étant bien droite et les épaules relaxées. (Les positions recommandées varient de la position en tailleur, à la position sur les genoux, en passant par la position assise sur une chaise ou même la position allongée).

- Garder les yeux fermés ou à peine ouverts. Vérifiez ce qui vous convient le mieux.

- Maintenir le bout de la langue en contact avec l'avant du palais.

- Se détendre et pratiquer la respiration abdominale.

- Choisir un objet sur lequel maintenir l'attention : un mantra ou une psalmodie, le fait de compter ou d'observer vos respirations, des images (intérieures ou extérieures), des sons (intérieurs ou extérieurs) ou encore prendre note de toutes les sensations, émotions, images ou pensées qui surgissent spontanément dans votre champ de conscience. Dans ce dernier cas, il s'agit du type de méditation dite de l'observation.

- Les opinions varient et sont toutes aussi valables les unes que les autres quant à la durée de la méditation. Certains suggèrent de méditer aussi longtemps que vous voulez bien rester assis. D'autres préconisent de vous donner un temps défini en utilisant un compte-minutes. Vous voudrez peut-être vous donner un temps minimum de dix ou vingt minutes, ou bien commencer avec trois à cinq minutes et augmenter le temps progressivement. Faites des essais comme vous le feriez avec n'importe quelle autre pratique.

MÉDITER POUR SE DÉTENDRE

Si la principale raison pour laquelle vous méditez est que vous voulez connaître une sensation de paix intérieure, alors vous aurez peut-être intérêt à centrer délicatement votre attention sur un mantra ou sur votre respiration ou encore à écouter les sons intérieurs. Les pensées continueront de surgir, mais elles s'atténueront et passeront en arrière-plan lorsque vous reportez votre attention sur le mantra, la respiration, l'image ou le son. Le corps se détend et éprouve une sensation de silence intemporel.

LA MÉDITATION DITE DE L'OBSERVATION

Ce genre de méditation demande que l'on note toute chose se présentant à sa conscience (c'est-à-dire à ce que l'on soit attentif à tout). Pratiquer la méditation revient à pratiquer l'éveil puisque vous devenez la conscience même, que vous observez les pensées, les images, les sons intérieurs et extérieurs, les voix, les émotions et les sensations physiques. Vous observez sans jugement ni attente, en remarquant simplement tout ce qui survient et en le laissant passer.

L'acte méditatif est complet lorsqu'il comprend les trois éléments suivants : attention, observation et lâcher-prise. Le lâcher-prise veut dire qu'on laisse aller les choses qui surviennent plutôt que de s'y accrocher (images, sons, sentiments, sensations physiques, intuitions, fantasmes, peurs, joies, peines).

Mais c'est plus facile à dire qu'à faire. Vous avez peut-être déjà vu les gardes hautement disciplinés de Buckingham Palace, en Angleterre. Ils restent debout, tout en fixant un point droit devant eux, avec une expression calme malgré les enfants qui s'évertuent à les distraire. Quand vous méditez, votre conscience peut se comparer aux gardes de Buckingham Palace et vos pensés, à ces enfants.

Ce qu'il y a de bien avec ce genre de méditation, c'est que vous pouvez la pratiquer à n'importe quel moment, dans le quotidien, les yeux ouverts, en utilisant n'importe quelle activité du moment comme objet de méditation. Cette méditation est la clé qui permet de comprendre l'art zen, dont la cérémonie du thé, l'art floral, la calligraphie, le tir à l'arc, le sabre et tous les autres arts martiaux. Toutes ces activités sont des formes de méditation. En fait, quoi que vous fassiez dans votre vie de tous les jours avec une véritable attention est un moyen de dompter votre mental et de pratiquer l'éveil dans le quotidien.

MÉDITATION D'UNE MINUTE

Cet exercice tout simple est une façon fort puissante de rétablir votre attention et de récupérer votre équilibre (de dompter votre mental dans le moment). C'est un peu une méditation instantanée dans la vie de tous les jours. Voici ce que vous devez faire.

À n'importe quel moment de votre journée, en particulier quand les choses s'emballent ou deviennent tendues, *arrêtez* instantanément l'activité que vous êtes en train de faire, prenez une profonde inspiration et faites une minute de méditation ou de prière ardemment ressentie. (La prière peut être une requête fervente pour recevoir de l'aide ou simplement une remémoration sincère de l'esprit dans le moment.) La clé dans cette méditation, c'est de syntoniser le cœur, l'attention et les émotions (cette démarche sera plus amplement expliquée au onzième chapitre). Il s'agit d'un moment de remémoration, de recul, de senti pur et simple qui nettoie le mental à la façon dont une brise rafraîchissante balaye les feuilles tombées sur le trottoir. Vous sentirez un changement d'état presque immédiat. Répétez cet exercice tout simple plusieurs fois par jour : vous remarquerez à la longue de profonds résultats.

POUVEZ-VOUS CONTRÔLER VOS PENSÉES?

Êtes-vous capable de n'avoir que des pensées positives de façon suivie? Lorsque quelque chose vous préoccupe, réussissez-vous à vous dire d'arrêter de vous inquiéter? Les pensées flottent dans votre mental à la façon dont les nuages défilent dans le ciel. Vous ne pouvez pas plus contrôler ou calmer vos pensées de façon durable que vous ne pouvez changer le temps qu'il fait.

Essayez de faire ce qui suit maintenant: fermez ce livre et pendant les deux minutes qui suivent (cent vingt secondes) maintenez votre regard sur sa couverture. Remarquez-en le moindre détail et *ne pensez à rien d'autre* qu'au titre et à la couleur, en essayant d'éloigner toute autre pensée de votre esprit. Essayez dès maintenant, avant de continuer votre lecture.

Re-bonjour! Avez-vous été capable à force de volonté de ne pas avoir de pensées pendant deux minutes? Pendant une minute? Pendant vingt secondes? Si vous étiez très concentré, il y a de fortes chances pour que vous vous soyez rendu compte que les pensées ont recommencé à affluer dans votre champ de conscience, ne serait-ce que quelques secondes après le début de l'exercice: impressions vagues, images ou dialogue intérieur. De telles pensées mijotent sans cesse dans le chaudron de la psyché. Vous les remarquez ou pas, dépendant sur quoi est fixée votre attention.

Même si vous *pouvez* apprendre à diriger votre attention jusqu'à un certain point, vous ne réussirez jamais à contrôler les pensées elles-mêmes. Les experts en méditation, qui laissent leur attention se fixer sur un son intérieur, réussissent à atteindre de profonds états de relaxation justement parce que leur attention n'est pas accrochée aux pensées qui surviennent. Mais les pensées ne s'arrêtent pas de survenir pour autant.

Voici un koan Zen: si une pensée tombe sur la forêt de votre mental mais que vous ne lui accordiez aucune attention, est-elle réellement tombée?

BANNIR LES MAUVAISES PENSÉES

Vous avez la capacité d'utiliser activement votre imagination pour vous représenter l'image d'une pomme bien mûre et délicieuse au lieu de penser à quelqu'un contre qui vous êtes en colère. Mais pour combien de temps?

Les pensées sont comme les bulles dans l'eau: vous pourrez en attraper quelques-unes dans vos mains et les maintenir sous l'eau. Mais tôt ou tard, elles remontent à la surface. Des exercices comme compter les respirations ou réciter un mantra précis ou une prière particulière amènent une concentration moment après moment sur un objet qui exclut tous les autres. Mais si votre attention se relâche pour un instant, les pensées refont surface.

Les stratégies de pensée positive, tout comme les méthodes qui visent à calmer le mental, sont fondées sur des chimères plutôt que sur une compréhension réaliste des choses. Vous n'avez pas besoin de contrôler vos pensées: vous avez seulement besoin d'arrêter de les laisser vous contrôler.

UNE SOLUTION TRANSCENDANTALE

Il existe une autre solution au problème du mental, plus radicale: *laisser faire*. Faites la paix avec lui et acceptez-le tel qu'il est. Nul besoin de le rectifier ou de le calmer ou de faire quoi que ce soit d'autre. Le mental peut se comparer à un chien qui aboie: point besoin de se débarrasser du chien parce qu'il aboie. Après tout, il est normal que les chiens aboient: cela fait partie de leur nature. Au lieu de porter votre attention sur les aboiements du chien, centrez-la sur ce que vous êtes en train de faire et *laissez le chien aboyer*. Laissez vos pensées être ce qu'elles sont, négatives ou positives, et suivez le cours de votre vie. Apprenez à avoir de la compassion pour vous-même et faites la paix avec votre mental.

Ceci est la forme de méditation la plus élevée qui soit.

Beaucoup de gens veulent calmer leur mental parce qu'ils en ont peur : peur de ce qu'ils peuvent penser, peur des pensées négatives, effrayantes, déplaisantes, érotiques, interdites, dégoûtantes. Peur des impulsions du mental.

Vous vous libérez d'une telle peur lorsque vous réalisez les trois choses suivantes :

Tout d'abord, les pensées ne constituent qu'un jeu d'ombres sur un écran de cinéma. Comme le ferait un film, les pensées peuvent susciter le rire ou les larmes. Mais elles n'ont aucune réalité intrinsèque.

En second lieu, même si vous pouvez distraire votre attention ou la détourner vers autre chose, vous ne pouvez pas contrôler vos pensées.

Troisièmement, et chose la plus importante de toutes, étant donné que vous ne pouvez ni contrôler ni arrêter vos pensées, *vous n'en êtes pas responsable*, peu importe que ce soient de bonnes ou de mauvaises pensées. Comment pouvez-vous être responsable de pensées, comètes, taches solaires ou toute autre chose sur laquelle vous n'avez aucun contrôle ? Vous ne pouvez donc pas contrôler vos pensées : seulement vos réactions face à celles-ci.

L'objet de l'attention

Il n'y a pas longtemps, je suis sorti faire ma promenade dominicale en bicyclette. Pendant que je pédalais sur une route sinueuse qui traversait une forêt, je pensais à une offre de conférence que j'avais récemment décidé de décliner.

Je laissai mon attention voguer dans mes pensées, mon monde intérieur, et en oubliai le luxuriant paysage qui m'entourait. Je roulai sur un kilomètre avant de me rendre compte de ce qui s'était produit et portai à nouveau mon attention sur le monde qui m'environnait. Je vis alors le tapis de mousse couleur émeraude et les ramures frissonnantes qui formaient une tonnelle au-dessus de moi. Puis, j'entendis le murmure d'un fougueux ruisseau. Pendant que j'étais perdu dans mes pensées, j'avais aussi manqué le ciel d'un bleu limpide et les rayons de soleil qui passaient à travers les branches. J'avais perdu quelques extraordinaires moments de beauté, pour les retrouver ensuite.

Ceci est en fait la méditation à pratiquer dans notre quotidien : faire du monde qui nous entoure notre objet d'attention. Nous sommes peu nombreux à avoir développé la capacité de diriger ou de maintenir notre attention sur un objet ou un sujet donné à un moment déterminé. Nous souffrons tous, à un certain degré, du syndrome du manque d'attention. Que faire pour y remédier ?

L'ART DE DIRIGER NOTRE ATTENTION

Penchons-nous un peu sur l'analogie suivante qui poserait le mental comme un poste de télévision et les pensées comme les images et les sons qui passent à l'écran. D'un point de vue cosmique, toutes les chaînes transmettent en même temps. Votre téléviseur capte habituellement une chaîne de transmission à la fois. À un moment donné, il s'agit d'une comédie. À un autre, d'une tragédie. Un peu plus tard, il s'agit du programme de télé-achats. Dans la mesure où notre programmation influe sur nos émotions et nos comportements, nous sommes tous un peu fous.

Nous ne pouvons pas mettre fin au programme (c'est-à-dire arrêter nos pensées). Mais en dirigeant notre attention ailleurs, nous pouvons aller dans le monde et jouer. Pendant que nous portons moins attention à l'écran de télévision et plus au monde qui nous entoure, nous faisons de plus en plus l'expérience de la conscience pure. Nous *devenons* en fait cette conscience. Les jugements, les attentes, les interprétations et les associations continuent de se produire dans ce champ de conscience, parallèlement à toutes autres sortes de pensées. Mais nous les voyons pour ce qu'elles sont au lieu de les prendre pour la réalité, pour la vérité.

LA VIE QUOTIDIENNE EST LA MÉDITATION DU GUERRIER

J'ai acquis la capacité de me concentrer parce que, dès l'âge de onze ans, j'ai appris une méditation du genre « guerrier ». Et je l'ai mise en pratique pendant neuf ans presque tous les jours, pendant au moins trois heures. Cette méditation à moi portait le nom de « gymnastique ». Quand on pratique un tel sport, on met sa vie en jeu. En effet, quand vous tournez autour de la barre ou que vous rebondissez au-dessus du trampoline, les conséquences d'un manque d'attention peuvent s'avérer beaucoup plus désastreuses que le fait d'être disqualifé.

À l'époque où j'étais entraîneur de gymnastique à l'Université Stanford, les autres entraîneurs ne réussissaient pas à comprendre comment notre équipe avait réussi à passer de la dernière position de la conférence de *Pacific-8* à celle d'une des meilleures équipes du pays. Au cours d'une compétition, un entraîneur vint me voir pour me demander si les membres de notre équipe méditaient avant une compétition. « Non, lui répondis-je, ils méditent *pendant* la compétition. »

AU-DELÀ DE LA MÉDITATION

Si vous méditez avec assiduité, viendra un temps où vous saisirez la nature du mental et où vous sentirez une distance et une certaine liberté face à son contenu. Rendu à ce point-là, vous serez libre de pouvoir progresser dans votre vie. Même la méditation peut devenir une habitude inconséquente. Point n'est besoin de s'engager à vie à méditer en tailleur. Mais vous pouvez souhaiter insérer naturellement dans vos activités quotidiennes une courte période de méditation : votre style de vie n'en sera que plus équilibré et plus sain. Mais la méditation assise s'adresse aux débutants en la matière, car une fois que vous avez vu ce que vous deviez voir, chaque instant de la vie devient objet de méditation.

La méditation est une habileté qui s'améliore avec la pratique, comme le piano, si vous vous y consacrez avec attention et intention. Avec le piano par contre, si vous ne vous concentrez pas assez, vous le savez immédiatement. Pas avec la méditation. Certaines personnes s'asseoient pour méditer et ne font que rêvasser. Il n'y a rien de mal à cela si votre intention est de vous adonner à la rêverie : vous pratiquerez la rêverie, pas la méditation. Pour la méditation, il faut de la vigilance, de l'attention et un certain engagement à vouloir laisser aller les pensées, en douceur mais de façon déterminée, de la même manière que vous relâcheriez un poisson dans la rivière où vous venez de le prendre. Une fois que vous avez assez médité pour voir la nature décousue et illusoire du mental telle qu'elle est, vous pouvez vaquer à vos occupations – et voir à votre vie –, les yeux ouverts, l'attention libre. Vous avez dompté votre mental en faisant la paix avec vos pensées et n'avez plus besoin d'en avoir peur.

Revenez au présent

Seul le présent existe. Le passé et le futur sont des illusions existant seulement en tant qu'édifications mentales. Votre corps vit ici et maintenant. Votre esprit lui-même ne peut se transposer dans le passé ou le futur. Lorsque vous pensez au passé, vous le faites en étant dans le moment présent. Seul, le contenu de vos pensées concerne le passé, en tant qu'événement remémoré ou imaginé, ou le futur, en tant qu'événement anticipé ou imaginé. Le mental fait semblant d'être une machine à remonter le temps, à vous balader du passé au futur, mais il n'est qu'un vulgaire imposteur.

Nous sommes ici et maintenant.
Au-delà de cela, toute connaissance humaine n'est que balivernes.

H. L. MENCKEN

VIVRE SIMPLEMENT

Avec le rythme de la vie qui s'est accéléré, l'idée de vivre simplement, comme celle d'avoir un mental paisible, sourit à un nombre grandissant de gens. Tout extrême fait naître le besoin d'avoir son opposé. La complexité est une réalité de la vie, et simplicité ne veut pas nécessairement dire facilité et détente. Helen et Scott Nearing, les auteurs du livre intitulé *Living the Good Life*, ont démontré qu'une vie dite simple comprend des efforts de nature diverse, une immersion totale dans le moment présent par l'attention, face à ce qui nous occupe, pour faire ce qui doit être fait, une chose à la fois.

Il est tout à fait possible de vivre, à la ville, une vie pleine, active et variée tout en ressentant cependant une sensation de simplicité, pourvu que votre attention soit fixée sur le moment présent. En tant qu'époux, père de deux adolescentes actives, écrivain de métier et conférencier voyageant beaucoup et recevant un courrier abondant et de nombreuses requêtes, je dois voir à un grand nombre de choses. Pourtant, ma vie est très simple étant donné que je ne peux faire qu'une seule chose à la fois. Il en va de même pour vous.

Lorsque vous avez besoin de penser à quelque chose, de vous rappeler, de résoudre ou de trouver quelque chose logeant dans votre esprit ou votre mémoire, dirigez votre attention vers cette chose. Autrement dit, maintenez votre attention sur ce qui se passe dans le moment présent, sur ce que vous faites dans l'ici et maintenant. L'exercice suivant vous aidera précisément à rester dans l'ici et maintenant.

Les trois questions « prise de conscience » : dès l'instant où vous remarquez que votre attention s'étiole, vous pouvez la diriger à nouveau vers votre corps, vers le moment présent, en vous posant les trois questions suivantes : *Est-ce que je respire bien ?* (Prenez consciemment une grande inspiration.) *Suis-je détendu ?* (Laissez aller toutes les tensions que vous sentez.) *Est-ce que j'accomplis ce que je suis en train de faire avec grâce et raffinement ?* (Permettez qu'il en soit ainsi.) Ces trois questions servent d'indicateur pour vous ramener à votre réalité présente. C'est ainsi que vous pratiquez l'éveil dans votre quotidien.

Quand vous domptez votre mental en disciplinant votre attention, la vie devient plus simple. Faites que l'instant présent devienne à tout jamais l'objet de votre méditation, votre illumination de chaque jour.

> *Si vous vous laissez complètement prendre par ce que vous faites,*
> *si vous vous abandonnez totalement à chaque instant qui passe,*
> *vous vivrez ces instants plus richement.*
>
> ANNE MORROW LINDBERGH

Nous connaissons tous le dicton *Carpe diem* (saisir le jour présent). C'est un aide-mémoire précieux pour nous aider à vivre totalement, mais en même temps il n'est pas très réaliste car vous ne pouvez pas « saisir le jour présent », seulement l'instant présent. Cet instant même.

C'est la qualité de vos instants présents qui confère la qualité à votre vie. Alors, pendant que vos pensées vont et viennent et que les vagues du mental déferlent, *Carpe punctum*, saisissez l'instant présent. Cet instant-là mérite toute votre attention car il ne se représentera jamais plus.

Maintenant, dans l'instant présent, doté d'un plus profond discernement face à la nature de votre mental, vous êtes prêt à avoir accès et à faire confiance à la petite voix qui est en vous. Cette voix vous conduira, grâce aux plages de silence s'interposant entre les pensées, vers de subtils signaux et vers des moments de synchronicité se produisant chaque fois que vous en avez besoin, pour peu que vous y portiez attention.

Faites confiance à votre intuition

*Sous la conscience de la vie de tous les jours
se cache une conscience d'essence chamanique, enfantine,
tisserande des rêves et gardienne de l'instinct.
Votre inconscient détient la clé des trésors que recèlent
la sagesse intuitive, la vision éclairée et le pouvoir vierge inexploité.
Tout ce que vous avez à faire,
c'est observer, écouter et faire confiance,
prêter attention à vos rêves, vos impressions, votre instinct.
Si vous ne pouvez pas faire confiance
à vos propres sensations intérieures,
en quoi pouvez-vous avoir confiance ?*

Comment avoir accès au guide intérieur

*Dans la vie, les grandes décisions
sont en général plus tributaires de l'instinct
et d'autres mystérieux facteurs inconscients
que de la volonté consciente
et de la pondération bien intentionnée.
Ce qui va comme un gant à quelqu'un
sera trop serré pour quelqu'un d'autre.
Il n'existe pas de recette universelle pour vivre sa vie.
Chacun porte en soi sa propre forme de vie,
une forme irrationnelle qu'aucune autre ne peut venir remplacer.*

CARL JUNG

Itinéraire de l'explorateur :
Une autre façon d'appréhender les choses

Les gestes routiniers de notre vie quotidienne – prendre tous les jours la même rue pour se rendre en voiture au travail ou à l'école, les rituels répétitifs de la maisonnée – n'exigent pas beaucoup sur le plan de notre capacité décisionnelle. Mais lorsque ces décisions et ces choix concernent des choses importantes comme un changement de carrière, un déménagement ou un mariage, beaucoup de gens se sentent mal équipés pour prendre la décision appropriée. Cela est dû au fait que, pour la plupart d'entre nous, notre éducation a favorisé le développement des facultés de la logique et du raisonnement. Nous avons appris uniquement à penser comment mener notre vie au lieu d'apprendre à sentir comment la mener. Toute notre capacité d'intuition propre à l'hémisphère droit a dépéri, parce qu'elle a été sous-évaluée, non appréciée et en grande partie inutilisée. C'est pour cela que dans la vie nous naviguons seulement avec la boussole de notre hémisphère gauche, que nous soupesons les différents facteurs et jonglons avec les diverses variables.

Peu d'entre nous font totalement confiance au système qui nous permet d'avoir accès à notre guide intérieur. Nous ne pouvons faire confiance à ce que nous savons seulement quand nous savons ce que nous avons. Mais vous apprendrez à faire confiance en vos capacités intuitives innées, une fois que vous aurez saisi quels sont les pouvoirs de votre inconscient et que vous aurez découvert comment fonctionne ce dernier, quand il fonctionne et pourquoi il fonctionne. Alors, vous saurez où trouver la petite voix qui est en vous. Et vous apprendrez la façon dont vous devez l'écouter.

Ce chapitre, *Faites confiance à votre intuition*, vous ouvre les portes qui mènent à la créativité, à l'écoute du guide intérieur, à la clarté et à l'action instinctive. Ce chapitre se termine par un exercice puissant qui peut vous confirmer vos capacités innées d'intuition et vous ouvrir à la clairvoyance. Cet exercice vous montre comment accéder et faire confiance à votre intuition, en somme il vous aide à réaliser les promesses de ce passage. Mais pour cela nous devons tout d'abord nous préparer en brossant patiemment un contexte, une nouvelle vision de la situation dans son ensemble.

ÉLÉMENTS DE BASE DE L'INTUITION
ET LIGNES DIRECTRICES

L'intuition n'est pas ce que la plupart des gens pensent qu'elle est. En fait, elle n'est pas du tout ce que nous *pensons*. La raison peut compléter l'intuition ou interférer avec elle, mais elle ne peut pas la remplacer. En fait, l'intuition a son siège dans l'hémisphère du cerveau opposé à celui de la logique. Pour vivre chaque jour l'illumination, il faut savoir utiliser pleinement les deux hémisphères de notre cerveau, marier logique et intuition, conscient et inconscient, science et mysticisme, afin d'obtenir une représentation globale de la réalité.

Les sensations intuitives s'apparentent aux émotions mais en diffèrent tout de même. Quelqu'un qui n'est pas en contact avec ses émotions n'est en général pas non plus en contact avec ses intuitions. L'intuition, c'est ressentir des impressions ou sensations qui peuvent se présenter sous la forme de ce que l'on appelle « drôles de sensations » ou sous la forme d'images, de sons et (à de rares occasions) d'odeurs ou de saveurs.

J'utilise indifféremment les termes « intuition » et « instinct » puisqu'ils sont apparentés (mais pas identiques). Alors que l'instinct concerne plus particulièrement une sensation au niveau des « tripes », l'intuition est une impression qui survient sans localisation exacte. Mais l'instinct et l'intuition ont tous deux rapport avec les capacités propres à l'hémisphère droit.

Ce chapitre explore des thèmes comme la nature de l'intuition et les sens intuitifs primaires, les clés pour comprendre les pouvoirs de votre inconscient, des méthodes pour provoquer des états modifiés de conscience, des techniques faisant appel à des oracles pour trouver votre guide intérieur, une méthode avancée d'ouverture à la clairvoyance et, enfin, une explication de la relation entre l'intuition et la foi. Nous commençons en premier lieu, comme dans les autres chapitres, par un exercice de réflexion sur soi.

AUTO-ÉVALUATION DE L'INTUITION PERSONNELLE

Vous utilisez probablement votre intuition de façon régulière sans en être totalement conscient. Les questions suivantes peuvent vous aider à cerner la mesure selon laquelle vous utilisez généralement vos facultés intuitives et y faites confiance.

- Lorsque vous devez prendre une décision, faire un choix et soupeser le pour et le contre, vous sentez-vous confus ou incertain ? Que faudrait-il pour que vous vous sentiez plus sûr de vous ?

- Est-ce que votre processus de prise de décision change lorsque la décision comporte quelque chose que vous ressentez comme étant très important ?

- Rappelez-vous un moment important de votre vie où vous avez suivi votre intuition.

- Rappelez-vous un moment important de votre vie où vous n'avez pas suivi votre intuition.

- Avez-vous tendance à accorder plus confiance à ce que les autres disent qu'à ce que votre propre instinct vous dit ? Si quelqu'un vous offre son aide et que celle-ci ne correspond pas à votre intuition, à laquelle des deux faites-vous le plus confiance ?

- Si vous pouviez jouir totalement de vos capacités intuitives, de quelle façon votre vie s'améliorerait-elle ?

Comme il en va dans les chapitres précédents, ces quelques questions sont là pour susciter une réflexion qui vous permettra d'adapter ce qui suit à vos besoins personnels.

La nature de l'intuition

Lorsque vous comprenez que la nature de l'intuition est ordinaire plutôt que magique, c'est que vous avez commencé à faire confiance à votre capacité innée de savoir sans savoir comment vous savez. Un jour, Socrate me conseilla de « penser moins et de sentir plus ». Ce qu'il voulait dire, c'est qu'il y a des moments pour cogiter mais que les facteurs que nous soupesons pour prendre des décisions logiques ne constituent qu'un condensé de la réalité, que la pointe de l'iceberg. Notre inconscient a aussi accès à ce qui se situe au-dessous de la ligne de flottaison, à des variables dont ne nous sommes peut-être même pas conscients. Les décisions d'ordre intuitif ont donc tendance à correspondre davantage à nos mission et destinée inconscientes, dont notre conscient n'est justement pas conscient.

Afin de pouvoir avoir accès à votre faculté intuitive et d'y faire confiance, vous devez arrêter d'être aussi raisonnable. Ces facultés intuitives sont totalement intactes, mais souvent dissimulées derrière un écran de logique. C'est-à-dire que vous ressentez une certaine impression et si elle n'a aucun sens pour vous sur le moment, vous la mettez probablement de côté. Faire confiance à son intuition revient parfois à suivre certaines impressions bizarres sans consciemment comprendre pourquoi.

Je vais illustrer cela en vous racontant un événement étrange qui s'est produit dans ma vie il y a quelque temps. Avant d'écrire *Votre chemin de vie*, j'envoyais aux gens qui me consultaient des cassettes audio contenant des réflexions sur le but-de-vie. Un jour, je reçus cinq enveloppes renfermant chacune une demande de cassette ainsi qu'un chèque. Mais quand j'ouvris l'une d'entre elles et jetai un coup d'œil au chèque, j'eus une mauvaise impression, comme si quelque chose allait de travers. Je vérifiai l'enveloppe : rien d'inhabituel ne me frappa. Je regardai ensuite le chèque plus attentivement : les codes de la banque, le numéro de téléphone, la signature. Tout me semblait normal. Puis, je fis quelque chose que je n'avais jamais fait auparavant (et que je n'ai jamais refait depuis): j'appelai la banque pour vérifier ce qu'il en était au sujet de ce compte. Ils me donnèrent un deuxième numéro à appeler. J'aurais pu tout laisser tomber, mais comme l'impression persistait, je poursuivis ma recherche, par curiosité. Quelque temps plus tard, j'appris que ce compte était fermé depuis deux mois. Je n'avais eu aucune *raison* logique de poursuivre ma recherche, mais je le fis tout de même.

Faites confiance à votre instinct et votre intuition. Vous pourrez aussi vous syntoniser sur le monde de la synchronicité et sur celui de la magie de la réalité, avoir accès à votre guide intérieur et vous ouvrir à des possibilités qui sans cela resteraient dans l'ombre. Vous deviendrez ainsi le maître de votre destinée.

> *Nul besoin d'aller à l'extérieur pour mieux voir.*
> *Demeurez plutôt au centre de votre être.*
> *Scrutez votre cœur et regardez...*
>
> Lao Tseu

Les sens intuitifs primaires

Vous savez déjà que les impressions vous proviennent du monde par l'intermédiaire des cinq sens physiques: la vue, l'ouïe, le toucher, le goût et l'odorat. Vous avez aussi vu dans le chapitre *Domptez votre mental* que ces impressions passent par vos filtres subjectifs et qu'une des façons de s'éveiller – de trouver l'illumination – est de nettoyer ces filtres à travers lesquels vous percevez le monde, pour pouvoir saisir la réalité telle qu'elle est, directement et objectivement, sans distorsion aucune.

Cela étant acquis, vous serez mieux outillé pour comprendre vos sens intuitifs, pour y avoir accès et leur faire confiance. Ils fonctionnent en fait de façon fort semblable aux sens physiques. Les impressions intuitives que vous avez vous parviennent la plupart du temps par le biais d'un de vos cinq sens. Et dans la mesure où vous êtes conscient de vos filtres mentaux et où vous apprenez à percevoir la réalité objectivement (c'est-à-dire sans vos conceptions et interprétations personnelles), les messages intuitifs vous arrivent clairement, sans distorsion, et se transforment en clairvoyance, « clairaudience » et « clairsenti ».

Pour appréhender le monde extérieur, la plupart d'entre nous nous fions tout d'abord à notre principal sens, la vue, ensuite, à l'ouïe, puis au toucher. Cette tendance se vérifie également en ce qui concerne nos sens intuitifs. Chez la plupart des gens, l'inconscient produit des images et des couleurs symboliques. Mais il se manifestera également sous la forme de paroles (les nôtres ou celles de quelqu'un d'autre). D'autres impressions issues de l'inconscient se manifesteront sous la forme de sensations tactiles ou kinesthésiques (une sensation au niveau des tripes ou quelque chose de ressenti).

Il se peut également que les impressions intuitives se manifestent par le biais des sens du goût ou de l'odorat : vous sentirez peut-être qu'une affaire tourne au vinaigre, que vous avez un mauvais goût dans la bouche, que quelque chose de bon se présente à vous ou qu'une situation sent mauvais. Étant donné que vous utilisez les sens de l'odorat et du goût à un degré moindre, nous nous dispenserons de les aborder en tant que clés ouvrant sur l'intuition pour nous concentrer davantage sur les trois sens qui prédominent.

COMMENT ACCÉDEZ-VOUS À L'INFORMATION ? AUTO-ÉVALUATION

Ce test simple vous servira à déterminer quelles sont les clés sensorielles première et seconde qui vous permettent d'avoir accès à votre intuition. Tout de suite, avant de continuer votre lecture, imaginez un orage. À l'aide de tous vos sens, imaginez-le de la façon la plus tangible possible avant de poursuivre votre lecture.

Très bien. Vous remarquerez que j'ai employé un terme neutre : imaginer. Je n'ai pas dit voyez, entendez ou sentez. Lorsque vous avez imaginé cet orage, quel sens avez-vous utilisé pour vous représenter la scène ? Avez-vous en premier lieu *vu* les nuages gris, la pluie battante et peut-être aussi les éclairs ? Ou bien vous a-t-il été plus aisé d'*entendre* d'abord le tonnerre, puis ensuite de voir les éclairs ou les nuages ? Ou bien encore, et ceci est moins courant, de *ressentir* comme une impression tactile de l'air, de l'eau et du vent avant même d'être capable de voir ou d'entendre l'orage ?

Tout comme vous serez limité dans le monde physique si vous n'utilisez pas pleinement tous vos sens, vous le serez également si vous ne développez pas et n'utilisez pas tous vos sens intuitifs lorsque des impressions vous arrivent. De quoi cela a-t-il l'air ? Comment est-ce que cela sonne ? Comment est-ce que cela se ressent ? Faisant office d'outils de vérification et de corroboration, chacun des sens intuitifs sert à confirmer ou à corriger vos autres impressions. Et si un sens est plus faible qu'un autre, vous pouvez raffiner les autres (comme une personne privée de la vue peut davantage développer son ouïe).

Enfin, nous disposons tous d'un sixième sens, qui n'a aucune correspondance physique. Il ne se manifeste pas sous la forme d'images, de sons ni même de sensations tactiles. Il se manifeste par l'impression que nous savons, un point c'est tout.

LA MYSTÉRIEUSE SOURCE DU SAVOIR

Étant donné que la méthode scientifique (un outil fort utile du conscient et de l'hémisphère gauche du cerveau) est devenue une forme de religion dans le monde moderne, tout ce qui n'est pas scientifique devient hautement suspect et frôlant l'hérésie, comme c'était le cas pour tout ce qui n'était pas américain à un moment donné. L'ironie veut que la plupart des grandes découvertes scientifiques, de celles d'Archimède à celles d'Einstein, aient vu le jour à partir de l'hémisphère droit du cerveau alors que l'auteur était en train de faire un somme, de rêver dans son sommeil, de prendre un bain ou de rêvasser. Ce n'est que plus tard que ces découvertes ont été validées par des méthodes scientifiques. Sur ce plan-là donc, les capacités intuitives de l'hémisphère droit prévalent sur les capacités logiques de l'hémisphère gauche. Mais, les deux hémisphères du cerveau (comme la science et l'intuition) forment un tout plus grand que la somme de ses parties.

Lorsque j'écris, j'adopte une attitude d'ouverture semblable à la prière et l'information m'arrive mystérieusement. Ce sont des choses que je sais, tout en ignorant comment je le sais. Peut-être s'agit-il d'un cadeau de ma muse ou de ce que Carl Jung appelait « l'inconscient collectif ». Tout ce que je sais, c'est que nous avons tous accès au même vaste et mystérieux réservoir de sagesse. Le mécanisme et les outils permettant de capter cette sagesse ont leur siège dans l'hémisphère droit du cerveau dont les fonctions principales sont la créativité et l'intuition, fonctions qui lui permettent de capter les impressions provenant de l'inconscient. De telles informations – que ce soit des chuchotements de sagesse, de subtiles images ou sensations – sont à la disposition de tous ceux dont l'attention est suffisamment prédisposée pour pouvoir les remarquer. À nouveau, nous revenons au thème et à l'intention supérieure des douze passages proposés dans cet ouvrage, c'est-à-dire rendre notre attention et notre énergie disponibles pour pouvoir avoir accès à des niveaux supérieurs de conscience et d'expérience. Alors que vous entamez la traversée de votre sixième passage, vous êtes vous-même en ce moment engagé dans ce processus.

Avec un peu d'entraînement et en vous mettant davantage à l'écoute des messages que vous transmet votre intuition, vous pouvez changer d'outils de perception de vos intuitions à volonté comme vous le feriez de vos sens physiques. Par exemple, vous vous fierez plus à votre vue lorsque vous marchez de jour dans la forêt, alors que la nuit, c'est à l'ouïe et au toucher que vous ferez appel.

Mais peu importe, ce processus commence par un moment d'arrêt au cours duquel vous *regardez*, *écoutez* et *sentez*. Il s'agit essentiellement du même exercice que vous avez appris dans le chapitre précédent, au cours duquel vous vous êtes accordé un arrêt d'une minute pour prendre un repos teinté de prière. Ainsi que Ram Dass le faisait observer : « Plus vous devenez paisible et silencieux, plus vous pouvez entendre. » Et voir. Et sentir.

En écoutant respectueusement et attentivement la petite voix de votre enfant intérieur, vous vous branchez à nouveau sur la sagesse toute simple qui provient du plus profond de la vie.

QU'EN EST-IL DU « MOI » SUPÉRIEUR ?

Selon les enseignements hawaïens Huna, lorsque l'âme arrive dans un corps physique, elle vient avec trois « moi » : un « moi » supérieur (en quelque sorte un ange gardien), un « moi » basique (l'inconscient et la sagesse corporelle instinctive) et un « moi » conscient (un ego, une personnalité qui se développe lorsque nous sortons de l'enfance). Le « moi » supérieur peut entrer en contact avec vous uniquement par le biais de votre « moi » basique (ou votre inconscient), c'est-à-dire par l'intermédiaire de votre corps et de vos sens. Plus vous êtes en contact avec vos cinq sens et vos émotions, mieux vous pouvez voir, sentir ou entendre les discrets chuchotements que le guide intérieur de votre « moi » supérieur vous murmure. Faire confiance à votre instinct et à vos intuitions est une façon d'écouter votre sagesse supérieure.

À l'exception des neuf mois
précédant son premier souffle,
aucun homme ne mène sa vie
aussi bien qu'un arbre ne le fait.

GEORGE BERNARD SHAW

APPRENEZ À FAIRE CONFIANCE
AUX MESSAGES DE L'INTUITION

Depuis cette expérience initiatique dont j'ai parlé dans le chapitre *Préparation*, mes capacités intuitives ont pris de l'ampleur parce que mon mental conscient a établi une relation de confiance et d'intimité avec mon inconscient. Au lieu que mon esprit logique domine ou dénigre mes inspirations intuitives, les deux hémisphères de mon cerveau ont établi un contact, sont devenus amis et, parfois, s'étreignent sans retenue. (Un neurologue expliquerait ce phénomène en disant qu'une ouverture neurale se produit au niveau du corps calleux, élément qui relie les hémisphères droit et gauche du cerveau, mais je préfère ma propre métaphore.)

Fondée sur le respect et la coopération, cette relation entre le conscient et l'inconscient, entre l'hémisphère gauche et l'hémisphère droit, est le pivot crucial permettant de s'ouvrir à l'intuition et de lui faire confiance. Afin d'accéder à vos aptitudes intuitives, vous devez d'abord prêter attention à de nouvelles fréquences que vous n'aviez pas remarquées auparavant.

Les pouvoirs intuitifs de l'inconscient

Bien que nous ne puissions pas voir les particules subatomiques, les physiciens savent pertinemment qu'elles existent, en raison de leurs effets. Il en va de même pour l'inconscient: même si nous ne pouvons pas le voir, nous pouvons en observer les effets. Les phénomènes décrits dans ce chapitre, considérés dans leur ensemble, soutiennent fortement l'existence d'une intelligence (in)consciente, qui fonctionne par le biais du système nerveux autonome, qui a la garde de notre corps.

L'EFFET PLACEBO

Phénomène établi médicalement, l'effet placebo se produit chez un nombre important de personnes dont les symptômes se trouvent réduits ou éliminés lorsqu'elles prennent des pilules de sucre (ne comportant aucun ingrédient actif) en pensant que ce sont des médicaments. De toute évidence, ce ne sont pas les pilules de sucre qui produisent la guérison mais l'inconscient suggestible qui, parce qu'il contrôle le corps, augmente les globules blancs ou toute autre substance dont le corps a besoin pour se guérir. On attribue les nombreuses guérisons ou rémissions miraculeuses à une myriade de sources diverses : régime alimentaire particulier, jeûne, exercice intensif, guérison par la prière et la foi, eau provenant d'un endroit spécial (comme celle qui vient de Lourdes), objets pieux, chimiothérapie ou radiation, méthodes comme le massage, l'herboristerie ou l'acupuncture, ou une combinaison de ces dernières. Il n'existe pas une méthode unique applicable à tous. Le secret est de trouver quelle méthode vous attire, vous inspire, vous intéresse ou captive votre imagination. Celle en laquelle vous *croyez* le plus. Car c'est en fait cette croyance qui vous confère le pouvoir de guérison. (L'assurance d'un guérisseur, qui se traduit par son charisme et son attitude, peut dans certains cas s'avérer plus importante que le genre de thérapie utilisée.)

L'HYPNOSE

L'hypnose est un processus simple par lequel le sujet est amené dans un état de confiance par la relaxation ou la somnolence. Dans un tel état (et également lorsque vous êtes malade ou anesthésié), le conscient sceptique qui traite habituellement l'information s'efface pour faire place à l'inconscient suggestible, auquel on peut avoir directement accès. Les suggestions émises vont tout droit dans l'inconscient (et l'hémisphère droit) qui peut influer sur le fonctionnement du système immunitaire, par exemple. Un bon hypnotiseur peut par exemple poser brièvement un cube de glace sur le bras d'un sujet en lui suggérant qu'il s'agit du bout incandescent d'une cigarette et voir ensuite apparaître à l'endroit même une cloque rouge. Vous ne pouvez pas consciemment faire apparaître une rougeur sur votre bras, fait qui semble à nouveau indiquer le pouvoir de votre inconscient, qui contrôle les fonctions du corps.

De l'information peut provenir de l'inconscient également : c'est pour cette raison que l'on utilise parfois l'hypnose sur des personnes ayant été témoins de crimes. Elles peuvent, sous l'effet de la transe hypnotique, se souvenir de détails que le conscient n'a pas retenu (des choses qu'elles ont vues mais ignoraient avoir vues). L'hypnose est aussi une façon de communiquer directement avec le système nerveux autonome et le système immunitaire, par le biais de l'inconscient. C'est pour cela que des médecins et autres praticiens obtiennent des résultats probants avec certaines techniques de visualisation et thérapies rattachées à l'hémisphère droit du cerveau pour supporter le système immunitaire ou en améliorer les défenses.

Prenez, par exemple, le travail du Dr Bernie Siegel et les dons incroyables d'Edgar Cayce.

BERNIE SIEGEL, GUÉRISSEUR RESPECTÉ

Bernie Siegel, docteur en médecine, chirurgien et auteur de l'ouvrage *Peace, Love and Healing* (Messages de vie : de l'amour à l'autoguérison), respecte grandement les facultés de guérison par l'inconscient de ses patients alors qu'il est en train de les opérer. Les patients anesthésiés (c'est-à-dire avec le conscient endormi mais l'inconscient éveillé et alerte) se trouvent dans un état particulièrement suggestible. La façon dont on leur parle et dont on les traite fait toute une différence quant aux résultats. Parce qu'il reconnaît le pouvoir de ses suggestions, le docteur Siegel parle à ses patients durant toute l'opération. Parfois, lorsque le pouls d'un patient est trop rapide pendant une opération, il lui dira par exemple quelque chose du genre : « Maintenant, nous voudrions que votre pouls batte à quatre-vingt-six pulsations à la minute. » Il choisit un chiffre exact parce qu'il veut que tout le monde voie le pouls descendre exactement à ce chiffre. Le docteur Siegel dit que *quelque chose* dans le corps entend ces messages et sait de quelle façon y répondre.

Ce même « quelque chose » peut très bien vous réveiller chaque matin juste avant que le réveille-matin ne se déclenche. Parfois, il vous annonce quelle est la personne qui vous appelle avant même que vous ne décrochiez le récepteur. Ce « quelque chose » peut même avoir accès à des aptitudes ou habiletés physiques provenant de vies antérieures ou d'autres sources qui nous sont encore incompréhensibles. Ce fut le cas de Mozart et de celui d'autres enfants prodiges qui sont dotés de capacités extraordinaires qu'ils n'ont jamais apprises de façon consciente.

Et vous savez maintenant ce qu'est ce « quelque chose » – c'est votre intuition.

EDGAR CAYCE : LE PROPHÈTE ENDORMI

Un des témoignages les plus fascinants et les mieux documentés des pouvoirs intuitifs de l'inconscient se retrouve dans l'ouvrage de Thomas Sugrue, *There Is a River* (Edgar Cayce : il est un fleuve), la biographie d'Edgar Cayce, un des *channels* les plus connus dans le monde. Cayce était considéré comme un élève assez lent qui avait de la difficulté à épeler, jusqu'au jour où il mit sa tête sur son livre de lecture et s'endormit. Lorsqu'il se réveilla, il savait épeler n'importe quel mot se trouvant dans son manuel. Après avoir terminé sa carrière scolaire qui ne brillait pas par la distinction, Cayce trouva un emploi de photographe. Peu après, on découvrit qu'il parlait pendant son sommeil et qu'il diagnostiquait des maladies avec une précision étrange et qu'il recommandait des traitements efficaces pour les soigner. Il lui suffisait de connaître le nom et l'adresse de la personne. Au cours de son sommeil, il « visitait » d'une façon ou d'une autre le corps de la personne en question, diagnostiquait ce qu'il y voyait et recommandait soit des médicaments traditionnels, soit des médicaments peu orthodoxes. Cayce n'avait aucune connaissance consciente de la médecine ou de la guérison.

Il ne se faisait d'ailleurs jamais rémunérer pour ce qu'il faisait. En tant que fervent chrétien, il estimait qu'il avait reçu un don de Dieu et qu'il ne pouvait se permettre de faire payer pour ce qu'il disait pendant son sommeil. On a commenté dans les moindres détails un grand nombre des diagnostics dictés par Edgar Cayce, et ces derniers ont été largement publiés sous forme de volumes.

Les capacités d'Edgar Cayce sont la preuve incarnée du potentiel qui dort en chacun de nous. Le fait qu'il avait accès à son immense capacité intuitive dans son sommeil nous indique à quel point les pouvoirs de notre inconscient sont immenses, pouvoirs qui se cachent dans les replis et les mystères de l'hémisphère droit de notre cerveau.

Comment ouvrir les canaux de l'inconscient

La relaxation, ainsi que la transe hypnotique, sont deux façons de mettre de côté notre conscience de tous les jours et de placer notre inconscient au premier plan. Mais il existe bien entendu d'autres méthodes. Depuis les temps les plus reculés, les humains savent comment avoir accès à des états modifiés de conscience (ou de transe), comment changer leur perception et leur conscience telles qu'elles sont dans l'état d'éveil commun. Ils y arrivent par des moyens comme la méditation, les substances psychoactives, la respiration profonde, la psalmodie, la danse, le jeûne et les expériences poussées d'endurance, de privation sensorielle et aussi de cérémonies initiatiques douloureuses. De telles méthodes étaient principalement employées par les chamans, les prêtres et les guérisseurs comme des formes sacrées de purification, de guérison ou de quête de vision.

Pour ce qui est de notre époque et de notre culture, ce ne sont pas toutes ces méthodes qui fonctionnent ou qui sont appropriées. Certaines de celles que j'ai mentionnées sont soit illégales (usage de drogues illicites), soit elles comportent des risques graves si elles sont utilisées sans la supervision d'un accompagnateur expérimenté. Je donne ci-dessous un résumé uniquement de celles qui conviennent à notre vie moderne, c'est-à-dire des méthodes qui mènent à une quête de vision et suscitent un rapport plus profondément intuitif avec la vie. (Les méthodes qui suivent sont une porte d'entrée dans le monde chamanique de l'inconscient mais elles ne sont pas nécessairement conçues pour rappeler par l'intuition des informations particulières. Nous aborderons ces méthodes un peu plus loin.)

- **La méditation:** Dans un état méditatif, la relaxation s'approfondit et des symboles imagés apparentés à la rêverie vont et viennent dans le champ de la conscience, vous syntonisant à des courants de plus en plus profonds et affinés de créativité.

- **Le yoga onirique:** Aussi appelé rêve éveillé, le yoga onirique permet aux « rêveurs » d'être éveillés pendant leur rêve et d'être conscients qu'ils sont en train de rêver. Selon les moines tibétains, ce genre d'exploration de l'inconscient est un entraînement pour se mouvoir dans l'espace du *bardo*, cet espace qui se situe entre les vies, après la mort et avant la renaissance.

- **La respiration:** Il existe diverses méthodes d'hyperventilation consciente (comme c'est le cas pour la respiration holotropique ou la palingénèse) pour atteindre des états semblables à ceux provoqués par l'hypnose ou les drogues psychotropes, mais sans en subir les effets secondaires. La musique pendant ces sessions aide à inviter les images et expériences propres aux archétypes à se manifester hors de l'inconscient. Ce genre de travail devrait s'effectuer exclusivement sous la direction d'une personne formée dans le domaine.

- **Psalmodie, tambour et danse:** Les paroles, sons et mouvements répétés de façon rythmique pendant un certain temps conduisent à un état de transe qui permet à l'inconscient de se manifester.

De telles méthodes, ainsi que bien d'autres, sont utilisées depuis toujours par les cultures autochtones, en Amérique et un peu partout dans le monde, pour mettre de côté la réalité de tous les jours et entrer dans le royaume des chamans, l'au-delà inconscient qui est en contact avec le passé, le futur et l'éternel présent au plus profond de la psyché humaine. La méditation, les rêves, la respiration, la psalmodie, les tambours et la danse sont également utilisés avec succès dans notre culture moderne.

Les oracles : un outil pour avoir accès au guide intérieur

Après avoir exploré certaines façons d'avoir accès à votre inconscient, nous nous tournons maintenant vers des méthodes particulières qui peuvent comprendre ou pas des états modifiés de conscience ou des états de transe. Ces méthodes précises permettent d'avoir accès à l'information intuitive en tant qu'outil de divination ou de prise de décision. De telles méthodes sont connues sous le nom d'oracles.

Les gens sensibles, comme les chamans, les devins, les médiums, certains prêtres, les guérisseurs ou les *channels* peuvent servir d'oracles en jouant le rôle d'intermédiaire entre les royaumes du conscient et de l'inconscient. D'autres personnes marient leur intuition avec des méthodes de divination particulière comme l'astrologie, la numérologie, le tarot, la chiromancie, les boules de cristal, le Yi-King chinois, les runes ou d'autres outils. Ces personnes entrent dans des états de transe légère ou profonde pour avoir accès à leur inconscient, mais peuvent également synthétiser l'information recueillie par le biais de leurs outils respectifs.

Lorsque nous consultons un professionnel de l'intuition, de la même façon que nous consultons un spécialiste en santé ou en psychologie, la rencontre peut s'avérer intéressante et très instructive. Mais l'objet du sixième passage est de faire confiance à *votre* intuition plutôt que de vous fier uniquement aux capacités intuitives des autres. Il ne faut pas non plus oublier qu'il existe dans tous les domaines des consultants plus ou moins doués. Lorsque notre confiance en nous-mêmes s'affermit, nous en venons à nous fier de plus en plus à notre propre «consultant intérieur». Il devient l'expert ultime et nous lui préférons l'information qu'il nous donne à celle des autres.

Les gens qui jouent le rôle d'oracles ne sont en rien différents de vous ou de moi. Ils ont tout simplement appris à faire confiance à leurs dons intuitifs naturels et, grâce à la pratique, ils se sont parfaitement harmonisés à la méthode qu'ils ont choisie. Vous et moi pouvons aussi apprendre à nous servir de telles méthodes pour prendre des décisions ou trouver la direction à emprunter. De tels outils servent un peu de béquilles jusqu'à ce que nous n'en ayons plus besoin et que nous puissions directement déverrouiller notre sagesse inconsciente. En d'autres termes, le pouvoir, le mystère, la magie, ne résident pas dans les outils utilisés, mais en *vous*. Cela étant établi, regardons d'un peu plus près les différents outils et moyens utilisés pour s'ouvrir au guide intérieur.

L'astrologie, la numérologie, le Yi-King, les runes, le tarot, les boules de cristal, la chiromancie et les autres méthodes employées depuis des milliers d'années sont fondées sur des principes intuitifs fixes, propres au fonctionnement de la psyché humaine et à la nature du monde.

COMMENT FONCTIONNE LA DIVINATION

Si tout est relié, spirituellement et énergétiquement, alors la moindre goutte de pluie ou le moindre flocon de neige est un hologramme de l'univers tout entier. Et nous pouvons par conséquent en tirer des informations par des méthodes qui font appel à l'hémisphère droit de notre cerveau, dont les capacités sur le plan intuitif fonctionnent à la façon d'un émetteur-récepteur. Pendant plusieurs années, j'ai moi-même joué le rôle de devin en utilisant une méthode numérologique que j'ai présentée dans mon ouvrage *Votre chemin de vie.*

De tels systèmes, fondamentalement holistiques et intuitifs, sont presque par définition irrationnels et ont été associés à tort aux pratiques occultes et évités aussi bien par la science que par la religion. Et pourtant ces systèmes existent depuis longtemps et continueront d'exister à tout jamais, non pas parce qu'ils peuvent (ou seraient censés) vous guider de façon infaillible (aucun système, aucune méthode ne devrait substituer votre guide intérieur), mais parce qu'ils nous rappellent le mystère de l'univers, ainsi que le lien qui existe entre toutes les choses de l'univers.

Je vais maintenant vous présenter le test de Rorschach et le pendule, deux phénomènes qui expliquent comment fonctionnent la plupart des méthodes de divination. Nous explorerons ensuite certaines de ces méthodes.

Le test de Rorschach : Ayant été baptisé du nom du psychiatre du dix-neuvième siècle qui le mit au point, ce test psychologique consiste en une série de taches d'encre imprimées sous formes d'images symétriques sur la verticale ou d'images créées au hasard. On montre ces images à des patients psychiatriques à qui l'on demande par la suite de décrire ce à quoi elles ressemblent afin de déterminer leur degré d'harmonisation psychologique. Étant donné que les images ne ressemblent à rien de précis, ce sont les patients qui projettent sur celles-ci les images et le contenu de leur inconscient ainsi que la signification de ce qu'ils y voient.

Ce mécanisme de projection de notre interprétation est le même que celui que l'on utilise pour lire intuitivement les feuilles de thé, les boules de cristal, le tarot, les runes, le Yi-King et tout autre instrument divinatoire.

Le pendule : Ce phénomène est fondé sur le mouvement idéomoteur. Il s'agit d'un phénomène qui prouve combien l'inconscient peut avoir un effet sur votre corps et comment il peut livrer à travers celui-ci des messages simples comme un « oui » et un « non ». Il reçoit des données de l'inconscient sous forme symbolique et les transforme en signes physiques simples un peu à la façon dont on communiquerait avec un patient paralysé par une attaque d'apoplexie en lui demandant de cligner une fois des yeux pour dire « oui » et deux fois, pour dire « non ». Essayez cette petite expérience pour voir comment vous pouvez avoir accès aux messages de votre inconscient :

- Attachez une bague, une boucle d'oreilles ou une petite pesée à un fil ou une ficelle de quinze à vingt centimètres.
- Tenez la ficelle par son extrémité en laissant le poids de l'objet pendre librement.
- Maintenant, gardez votre main parfaitement immobile jusqu'à ce que l'objet se soit immobilisé.
- Imaginez ensuite que l'objet commence à se mouvoir d'avant en arrière selon une ligne droite. D'avant en arrière. Fixez simplement l'objet et pensez « Avant-Arrière », « Avant-Arrière » sans avoir aucune intention consciente de vouloir bouger votre main. Observez ce qui se produit.
- Imaginez maintenant que l'objet bouge selon un mouvement circulaire. Pensez seulement « Cercle » et notez ce qui se produit avec le mouvement d'avant en arrière. Vous remarquerez que les pensées créent des mouvements sans votre intention consciente.

Les choses deviennent maintenant encore plus intéressantes.

- Pour déterminer quelle direction votre inconscient préfère utiliser pour un « oui » ou pour un « non », pensez « oui » en premier lieu et observez de quelle façon le pendule bouge. Puis, juste pour voir, pensez « non » et observez son mouvement. Les signaux « oui » et « non » sont dorénavant réglés par ces mouvements. Trouvez ce qui fonctionne pour vous.

- Par la suite, dans un état de détente, visualisez des questions ou des décisions à prendre pour lesquelles vous aimeriez avoir un appui de votre inconscient. N'oubliez pas que les questions doivent être formulées de façon telle qu'elles puissent trouver leur réponse dans un simple signal signifiant «oui» ou «non». Tenez bien le pendule sans bouger, détendez-vous et attendez.

L'usage d'un pendule est une des façons les plus efficaces d'avoir accès à la sagesse de votre corps, surtout en ce qui a trait à des questions concernant votre propre santé, mais aussi pour tout autre aspect de votre vie sur lequel vous pourriez avoir une connaissance inconsciente. Ce phénomène de mouvement idéomoteur fonctionne également avec les méthodes de divination physico-intuitive, comme c'est le cas lorsqu'on cherche de l'eau ou des minéraux par la radiesthésie.

Maintenant que vous avez reconnu que votre inconscient est la source première ou le principal canal de vos intuitions, il est temps d'apprendre comment y avoir accès. Une des méthodes les plus importantes est d'utiliser vos rêves comme instruments de divination.

Les rêves: Lorsque le conscient est endormi, l'inconscient entre en jeu pour rééquilibrer votre psyché à sa façon propre et mystérieuse en faisant intervenir un canevas riche et varié de symboles, métaphores et archétypes, sur lesquels vous pouvez projeter ou trouver une signification. Certains vous révéleront seulement que vous avez peut-être trop mangé de pizza la soirée précédente, alors que d'autres vous transmettront des enseignements divinatoires, des précautions à prendre, des possibilités à explorer et vous serviront de guide. Voie royale vers l'inconscient, les rêves constituent un outil fascinant de prise de conscience intuitive.

Plusieurs d'entre nous ne se rappellent qu'occasionnellement de leurs rêves et seulement de façon fragmentaire et absurde. Je n'avais jamais accordé beaucoup d'attention ou d'énergie à mes rêves jusqu'au jour où j'ai consulté un thérapeute jungien qui me demanda de lui raconter mes rêves lors de ma visite la semaine suivante. Engagé dans cette démarche, et déterminé à me réveiller la nuit pour mettre sur papier ce dont je me souviendrais de mes rêves, je finis par rédiger cinq pages en une semaine. Vous pouvez très bien vous souvenir de vos rêves si vous le voulez vraiment et cela devient de plus en plus facile avec le temps (en particulier si vous méditez régulièrement, car la méditation vous aide à effacer les barrières qui existent entre les états de conscience éveillés et oniriques). En tenant un journal de vos rêves, un journal de votre vie onirique, vous aurez une précieuse source d'informations intuitives.

RÉSOLUTION DE PROBLÈMES PAR L'INTUITION PENDANT LE RÊVE

Il vous est peut-être déjà arrivé de vous coucher en ayant à l'esprit un problème ou un dilemme, ou en jonglant avec les pour et les contre d'une décision à prendre, pour vous réveiller le lendemain matin en ayant trouvé la solution à ce qui vous préoccupait. L'ouvrage de Carl Jung intitulé *Memories, Dreams and Reflections* (Ma vie : souvenirs, rêves et pensées) est un des meilleurs textes jamais publiés sur le sujet du processus mystique que sont les rêves. Et le professeur de l'Université Stanford, Stephen Laberge, propose son aide dans son ouvrage bien connu, *Lucid Dreaming* (Le Rêve lucide), pour pénétrer dans le monde onirique par le biais du yoga onirique moderne.

Votre inconscient peut résoudre des problèmes ou des énigmes qui sont apparemment hors de portée de votre conscient. William Dement, un spécialiste du domaine du sommeil et des rêves connu dans le monde entier, également professeur à l'Université Stanford, confia l'énigme suivante à ses étudiants : H I J K L M N O, c'est-à-dire huit lettres de l'alphabet. Cette énigme n'avait aucun sens, mais il demanda à ses étudiants d'y songer avant d'aller au lit, de dormir dessus et ensuite d'écrire leurs rêves pour vérifier si leur inconscient leur avait suggéré une réponse.

Ted, un des gymnastes que j'entraînais à Stanford à cette époque, me parla de cette énigme le lendemain matin mais me confia qu'il n'en avait toujours pas trouvé la clé. « Tout ce dont je me souviens avoir rêvé, c'est d'une tempête en pleine mer, me dit-il. Je me trouvais sur une vieille goélette et les vagues déferlaient et se brisaient tout autour de moi. La pluie tombait à torrents. Je n'ai aucune idée de la signification de mon rêve. »

Un peu plus tard cette même journée, Ted trouva la clé de l'énigme sans même le savoir consciemment. H I J K L M N O sont les lettres de l'alphabet qui vont de H à O, en anglais, *H to O*, qui est aussi phonétiquement l'homonyme du symbole chimique de l'eau (H_2O) qui, prononcé à l'anglaise, se dit *H two O*. Et il avait rêvé d'orages torrentiels, de la mer et de vagues déferlantes.

Les rêves font plus que trouver la clé d'énigmes. Ils représentent également ce que vous êtes et vous révèlent beaucoup sur votre ombre, sur vos aspects cachés. Nous aborderons cela dans le chapitre suivant.

La prière : Comme les rêves, la pratique sacrée de la prière peut également vous donner accès à la sagesse de votre intuition. La prière est une requête sincère et humble, mais néanmoins fervente, pour obtenir une aide spirituelle. Ce genre de prière n'appartient à aucune confession particulière et ne se limite pas à une religion précise. La prière est probablement la forme la plus élevée, la plus personnelle et la plus puissante d'accession à la sagesse de l'intuition parce que vous demandez à Dieu, ou à l'Esprit, ou à votre moi supérieur de vous apporter aide et clarté. En tant que telle, la prière fonctionne surtout lorsqu'on la prononce dans une attitude d'abandon, avec une ouverture face à tout ce qui peut venir dans le message. On pourrait résumer cette attitude par cette phrase bien connue : « Que ta volonté soit faite ! »

Parfois, la prière demande une manifestation par un signal dans le corps ou dans le monde autour de soi. L'aide que vous demandez dans votre prière vous sera peut-être accordée pendant celle-ci ou quelque temps après. Cette méthode peut être mise en pratique (et s'améliorer avec le temps pour ce qui est de votre ouverture), explorée et vérifiée. Elle amène de la clarté, des prises de conscience et des réponses à des questions cruciales et, chemin faisant, intensifie votre réceptivité à la petite voix de votre guide intérieur.

Pour obtenir les réponses voulues, vous devez poser les bonnes questions. Nous sommes nombreux à ne jamais poser de questions de façon consciente car cela a l'air stupide, semble ne servir à rien, ou parce que nous ne croyons pas que des réponses viendront. Mais, ainsi que l'énonce la citation biblique : « Demandez et vous recevrez, frappez et l'on vous ouvrira. » Demander, que ce soit dans une attitude de prière ou dans un état d'ouverture dégagé de toute religion, comme dans un état de transe ou de rêverie, implique que la requête soit faite clairement et précisément. Celle-ci doit être suivie d'un état de relaxation où la réceptivité et la confiance face à vos canaux d'accès à l'intuition vous permettront de pénétrer les secrets royaumes de l'ombre et les célestes royaumes de lumière.

Les voyages : Bien que la plupart d'entre nous arrivons difficilement à voir dans les voyages une méthode de divination, s'éloigner de son milieu habituel pour aller explorer de nouveaux territoires a un effet stimulant sur l'inconscient : vous vous sentez éveillé, présent et alerte. Et il est tout à fait commun, je dirais même presque universel, que les voyages vous permettent d'avoir une nouvelle vision des choses, plus de clarté et des prises de conscience sur vous-même et votre vie. En fait, c'est un peu comme si vous preniez réellement de la distance face à un événement ou un problème. C'est pourquoi les voyages peuvent vous donner l'occasion rêvée de prendre des décisions en fonction de votre intuition. Pas besoin non plus de dépenser d'énormes sommes d'argent ou de vous rendre dans des endroits exotiques. Juste le fait d'aller dans un endroit inconnu peut faire naître en vous de nouvelles idées fort créatrices.

AU CŒUR DE L'INTUITION

Ainsi que je l'ai déjà mentionné, même si les médiums, les astrologues ou tout autre type de devins sont dotés d'un don réel, l'intuition est quelque chose qui gagne à être pratiqué par soi-même. Bien sûr, le point de vue des autres peut être utile à certains moments, mais en fin de compte le sixième passage que nous devons franchir dans notre vie concerne la confiance que *nous* devons développer face à *notre* propre guide intérieur, face à *nos* propres divinations. Nous devons chercher la sagesse à l'intérieur et non pas à l'extérieur. L'objectif est d'assumer la responsabilité de jouer le rôle de votre propre guide pour mener votre vie et de faire confiance à votre intuition pour y arriver.

Vous êtes vous-même un oracle. Vous avez la capacité de déchiffrer les signes que vous lancent votre corps, vos rêves et vos rêveries, les réflexions que vous renvoient les flaques d'eau de pluie ou les murmures chuchotés par votre cœur. C'est vous le spécialiste de votre vie et de votre destin. Si vous savez ouvrir les yeux, vous vous connaîtrez vous-même mieux que quiconque ne pourra jamais le faire.

Le monde lui-même est un oracle. Vous pouvez avoir accès à la sagesse de votre intuition à n'importe quel moment pendant que vous regardez un arbre, qui dans sa souplesse ploie au vent. La forme des nuages peut avoir une signification particulière pour vous. Les changements de saisons ou un cours d'eau sinueux qui dévale la pente d'une montagne peut vous amener à des prises de conscience qui changeront votre vie.

Maintenant que vous avez exploré les voies d'accès à votre guide intérieur, vous serez à même de bien comprendre ce que je vais dire. Tout comme vous pouvez conduire une voiture ou regarder la télévision sans comprendre tous les mécanismes du moteur à combustion ou de la transmission des ondes électroniques, vous pouvez parfaitement faire confiance à votre intuition et vous en servir sans savoir précisément comment elle fonctionne. La confiance est la clé. Voici maintenant venu le moment de mettre en pratique ce que vous avez appris en faisant vos choix et en prenant vos décisions, et en leur faisant confiance.

Prise de décision intuitive

Au cours d'une journée, la vie vous place devant une multitude de décisions à prendre, d'options à envisager et de choix à faire. Tournerez-vous à droite ou à gauche, ferez-vous ceci ou cela, direz-vous oui ou non ?

Quand votre route arrive à une fourche, prenez-la.

YOGI BERRA

La raison et la logique à elles seules (c'est-à-dire employer seulement la moitié de votre cerveau) ne fonctionnent pas nécessairement bien, peu importe l'intensité de votre analyse. Vous pouvez soupeser les variables, comparer les pour et les contre et faire valoir les avantages et les inconvénients jusqu'à ce que votre mental se mette à courir après sa propre queue et que vous vous retrouviez paralysé par un excès d'analyse.

Il se peut aussi que vous ayez de la difficulté à prendre des décisions importantes parce que vous avez peur de prendre la mauvaise décision. Vous pouvez également confondre ce qui vous attire réellement avec ce que vous (ou les autres) pensez que vous devriez faire. Il se peut encore que vous preniez une décision de façon prématurée, bien avant qu'elle soit nécessaire ou appropriée (ce qui pourrait se comparer à vouloir savoir quel pied vous utiliserez pour descendre du trottoir qui se trouve à quelques centaines de mètres de vous). Ou bien encore, il se peut que vous ne vous fiiez qu'à votre logique et que vous vous égariez à soupeser toutes les variables.

L'hémisphère gauche du cerveau détient les connaissances, mais sans la sagesse intuitive de l'hémisphère droit chaque décision prise l'est à moitié. Chaque problème comporte toujours deux aspects. La clé est d'arriver à trouver un équilibre entre les hémisphères droit et gauche, entre l'intérieur et l'extérieur, entre l'Orient et l'Occident, entre la logique et l'intuition.

Les lignes directrices suivantes vous aideront à vous ouvrir à votre pouvoir de prise de décision par l'intuition et à lui faire confiance.

- **Demandez-vous «Et si je savais?»** Quand vous êtes dans l'incertitude, le doute ou l'irrésolution, posez-vous la question suivante, avec ces mots magiques: « Et si je savais? » et voyez ce qui se produit.

- **Restez détendu et prenez cela comme un jeu.** Plus vous êtes détendu (comme c'est le cas dans un état d'hypnose ou dans le sommeil), plus l'hémisphère gauche, qui prédomine habituellement et pense logiquement de façon consciente, se calme et s'efface, plus vos capacités intuitives se manifestent. Et maintenez de la légèreté dans ce jeu. C'est quand vous êtes détaché du fait que vous perdez ou gagnez que vous réussissez le mieux.

- **Mettez la logique de côté.** La logique interfère avec l'intuition. Utilisez les deux, mais pas en même temps. L'ignorance est synonyme de béatitude. Ne vous attendez à rien et laissez venir. Observez ce qui se présente.

- **Faites confiance à vos capacités innées.** Lorsque je participai aux finales des championnats mondiaux de trampoline il y a des années, j'inventai mon enchaînement, alors même que je virevoltais dans les airs. Pendant que j'accomplissais un saut périlleux, mon corps prit instantanément une décision quant au mouvement suivant. Ma logique n'y serait tout simplement pas arrivée. C'est l'ouverture et la confiance en mon corps qui permirent à ce dernier de faire ce qu'il voulait, et moi je ne faisais qu'être présent. Comme je fis confiance à mon instinct, vous pouvez aussi faire confiance à votre intuition.

Pour mettre les lignes directrices précédentes en pratique et prendre une décision claire, vous manquerez peut-être parfois de recul. Après tout, comment pouvez-vous connaître les répercussions qu'une décision aura dans dix ans. Vous ne pouvez pas le savoir, pas de façon certaine. Mais vous pouvez avoir un certain recul en utilisant votre imagination intuitive.

PROJECTION DANS LE FUTUR À L'AIDE DE L'IMAGINATION INTUITIVE

Quand vous projetez votre imagination dans le futur, vous obtenez intuitivement une vision des choses beaucoup plus profonde que si vous les considérez dans la perspective unique du moment présent. Cette projection dans le futur vous permet également d'employer la sagesse de l'intuition pour prévoir les conséquences futures de la décision en question. Ce processus est tout simple et ne demande que quelques minutes, au cours desquelles vous accumulerez davantage de données intuitives qui vous permettront de prendre une décision. (Si je reprends la métaphore de la fourche sur la route, cet exercice vous permet de vous projeter en imagination sur les deux embranchements et de sentir ce qui vous y attend.)

Supposons que vous avez à choisir entre les trois possibilités A, B et C.

1. Supposons pour l'instant que vous ayez arrêté votre choix sur A.
2. Cela étant fait, asseyez-vous en silence, les yeux fermés ou ouverts, prenez une grande respiration et détendez-vous. Puis, posez-vous la question suivante et observez ce qui survient dans votre vision intérieure :

- En ayant choisi A, de quoi aurai-je l'air, que sentirai-je et que ferai-je dans *une heure*? (Attendez un peu et laissez votre imagination intuitive créer une image.)

- En ayant choisi A, de quoi aurai-je l'air, que sentirai-je et que ferai-je dans *un jour*? (Attendez un peu et laissez votre imagination intuitive créer une image.)

- En ayant choisi A, de quoi aurai-je l'air, que sentirai-je et que ferai-je dans *une semaine*? (Attendez un peu et laissez votre imagination intuitive créer une image.)

- En ayant choisi A, de quoi aurai-je l'air, que sentirai-je et que ferai-je dans *un mois*? (Attendez un peu et laissez votre imagination intuitive créer une image.)

- En ayant choisi A, de quoi aurai-je l'air, que sentirai-je et que ferai-je dans *un an*? (Attendez un peu et laissez votre imagination intuitive créer une image.)

- En ayant choisi A, de quoi aurai-je l'air, que sentirai-je et que ferai-je dans *dix ans*? (Attendez un peu et laissez votre imagination intuitive créer une image.)

3. Procédez de la même façon pour les possibilités B et C. À la fin de l'exercice, qui ne prend que quelques minutes, vous aurez plus de recul face à la situation qu'au début, car vous aurez eu accès à votre imagination intuitive.

Vous vous demandez peut-être si ce que vous voyez est exact, étant donné que vous ne faites qu'*imaginer* comment vous pourriez bien vous sentir ou de quoi vous pourriez bien avoir l'air et ce que vous pourriez faire. Et si vous ne faisiez qu'*inventer* un meilleur scénario parce que c'est le choix qui vous attire le plus? Pour répondre à ces questions, prenez ceci en considération: pourquoi votre imagination (ou inconscient) vous a-t-il livré ces images plutôt que d'autres? Et si vous avez inventé un beau scénario parce que vous préférez telle option plutôt que les autres, cela ne veut-il pas dire que votre décision est déjà prise?

L'intuition et la foi

À un moment donné, vous mettrez les outils et les méthodes de côté pour plonger directement à la source, pour faire directement appel à votre guide intérieur, à l'esprit, à Dieu, à la conscience supérieure qui chuchote en vous. Faire confiance à votre intuition revient à dire que vous faites confiance à Dieu. En fait, l'intuition doit en fin de compte être fondée sur la foi, car le système de votre guide intérieur ne mène pas toujours à des décisions sans risque. Parfois, vos choix vous mènent là où vous *pensez* que vous voulez aller, mais à d'autres occasions il se peut que vous vous fiiez à votre intuition, preniez une décision et trouviez que la route soit pas mal cahoteuse pendant un bout de temps. Cela ne veut pas automatiquement dire que vous ayez pris la mauvaise décision.

La vérité conventionnelle vous dit que vous avez le droit de faire des erreurs.

La vérité transcendantale vous dit que, finalement, vous ne pouvez pas prendre de mauvaise décision.

Intuition ne veut pas dire certitude. Non, car l'intuition concerne la confiance et la foi. Avoir la foi veut dire avoir le courage d'accueillir chaque événement de la vie exactement comme étant celui dont vous avez besoin dans le moment pour votre plus grand bien et votre apprentissage.

Parfois, votre intuition vous conduit directement sur un sentier difficile pour vous tester, vous modérer et vous apprendre à composer avec les difficultés et à évoluer consciemment.

La vie ne vous donnera pas toujours ce que vous voulez, mais elle vous apportera infailliblement ce dont vous avez besoin. Elle ne vous dira pas toujours ce que vous voulez entendre, mais elle vous dira où vous avez besoin d'aller, ce que vous avez besoin de faire et en qui vous pouvez avoir confiance. Cette foi éveille l'intuition, et votre façon de savoir, de voir et de faire dans le monde s'effectue sur un mode plus expansif.

Acceptez vos émotions

*Les émotions ressemblent aux vagues de la mer
ou aux nuages dans le ciel :
elles affluent et refluent d'elles-mêmes.
Vous ne pouvez les contrôler
par l'intention ou la volonté.
Vous n'êtes donc pas responsable de vos émotions,
seulement de vos réactions face à elles.
Acceptez totalement vos émotions et
laissez vos sentiments être,
mais ne les laissez pas gouverner votre vie.*

L'œil du cyclone

La clé, c'est de ne pas résister aux émotions,
de ne pas se rebeller contre elles
ni d'essayer de les contourner par toutes sortes de trucs.
Non, la clé, c'est de simplement les accepter telles qu'elles sont.

Dʀ Takahisa Kora

Itinéraire de l'explorateur :
L'énigme des émotions

En société, nous ne montrons que rarement la force ou la spontanéité de nos émotions, un peu comme si nous ne les sentions pas. Et pourtant, la majeure partie de notre vie est menée par les émotions, car nous sommes toujours à la recherche d'émotions agréables et voulons éviter les émotions désagréables. Nous sommes à la poursuite de tout ce qui, nous espérons, peut nous faire sentir bien. En fait, pour beaucoup de gens, la quête de l'illumination se résume à une quête d'émotions agréables en permanence.

Si vous comparez votre vie à un voyage, alors les émotions sont les fronts climatiques naturels à travers lesquels vous passez (ou qui passent à travers vous) chemin faisant. Vous retrouverez souvent dans ce chapitre la métaphore des « orages d'émotions », parce que les émotions se comportent de façon semblable aux conditions météorologiques.

Imaginez un peu ce que serait votre vie si vous passiez une grande partie de votre temps et de votre énergie à vous débattre à « améliorer » les conditions climatiques, chaque fois qu'il y a un orage, une chute de neige, des rafales de vent ou une vague de chaleur. Et pourtant c'est exactement ce que nombre d'entre nous essayent de faire lorsque la tempête se lève en nous. À la recherche de stratégies pour régulariser nos émotions, nous sollicitons l'aide de spécialistes. Mais, malgré la logique apparente de la chose, le fait de chercher à améliorer notre état émotionnel en travaillant directement sur nos émotions n'est pas très réaliste (et pas aussi utile que de travailler sur nos propres comportements), ainsi que nous le verrons.

Après avoir approfondi votre discernement sur des questions comme la valeur personnelle, la volonté, l'énergie, l'argent, le mental et l'intuition dans les six premiers chapitres, vous vous trouvez maintenant sur le point d'aborder le domaine des émotions avec une attitude nouvelle, radicale et par-dessus tout, réaliste. Et vous apprendrez également comment composer avec elles dans la vie de tous les jours. Lorsque vous accepterez vos émotions (et celles des autres), vous serez à même de guérir et de redonner un souffle de jeunesse à toutes vos relations, que ce soit pour de simples connaissances ou des intimes.

Accepter ses émotions n'est pas une recette pour mieux se sentir ou ne connaître que des émotions positives. C'est plutôt une façon réaliste d'accepter vos émotions comme étant naturelles, d'en tirer des leçons et de les laisser passer à travers vous pour pouvoir ensuite aller de l'avant dans votre vie. En traversant ce septième passage, vous apprenez à transformer vos relations en fonction de vos émotions. Cela exigera de votre part vigilance et ouverture d'esprit, car vous serez confronté à des postulats acceptés par la plupart d'entre nous presque depuis notre naissance et que nous n'avons jamais remis en question.

Dans ce chapitre, vous explorerez l'origine et les causes premières des difficultés émotionnelles. Vous verrez pourquoi les émotions sont naturelles, comment les émotions « négatives » peuvent nous donner des leçons « positives », pourquoi les thérapies qui veulent régulariser les émotions ne fonctionnent pas. Vous trouverez aussi sept façons d'agir sur vos humeurs, un texte sur l'acceptation et la guérison, et enfin, une méditation pour s'élever au-dessus des tempêtes émotionnelles.

Ceux qui sont le moins intéressés à traverser ce passage sont probablement ceux qui en bénéficieront le plus. (Ce principe s'applique également aux autres chapitres.)

L'avènement des émotions

La plupart des enfants commencent leur vie émotive dans un jardin d'Eden. Si vous avez été un bébé normal et en santé, votre état naturel était l'extase, une fois reposé, nourri et changé. Si vous en voulez la confirmation, vous n'avez qu'à plonger votre regard dans les yeux d'un bébé. Bien sûr, il vous arrivait de traverser des hauts et des bas d'une grande intensité émotionnelle, toute naturelle cependant. À votre naissance, vous étiez muni de peurs instinctives et de réflexes d'alarme qui vous faisaient crier. Vous avez bien vite appris que la frustration et la colère existaient, et quand vous étiez triste, vous le faisiez savoir à tout le monde dans la maison. Les émotions vous traversaient comme des vagues et vous les laissiez s'exprimer pour ensuite les laisser aller. Vous ressentiez vos émotions de manière intense et les exprimiez sans retenue. Puis, quand vos besoins somme toute élémentaires étaient comblés (qu'on vous avait changé de couche, tenu dans les bras, bercé et nourri), vous retourniez une fois de plus dans le repos, vers cet état d'ignorance et d'extase.

En grandissant, vous avez quitté le jardin de l'innocence enfantine et vous avez commencé à anticiper les choses, à devenir anxieux, à vous créer des attentes et à formuler des jugements sur vous-même et les autres. Je ne pense pas avoir besoin d'élaborer sur le sujet car vous êtes probablement tout à fait conscient de votre état émotionnel (ou non émotionnel) actuel. Cependant, comme dans le chapitre précédent, le questionnaire d'auto-évaluation suivant vous aidera à cerner plus adéquatement la relation que vous entretenez avec vos émotions.

AUTO-ÉVALUATION DE VOTRE ÉTAT ÉMOTIONNEL

Tout le monde, que ce soit en Orient ou en Occident, connaît des tempêtes émotionnelles et des périodes de moral à zéro. Ce qui nous distingue les uns des autres, c'est la rapidité avec laquelle les nuages se déplacent dans nos vies. Lorsque vous ferez l'inventaire de vos émotions, par ce questionnaire, vous remarquerez que nous n'abordons pas beaucoup ici les émotions dites positives parce que nous sommes peu nombreux à considérer le bonheur, la joie ou l'excitation comme étant problématiques. Mais passons en revue les questions suivantes :

- Quel comportement avez-vous tendance à adopter lorsque vous vous sentez bouleversé ?

- Souhaitez-vous que votre conjoint, votre partenaire, vos parents, vos enfants ou vos amis soient moins (ou plus) émotifs ?

- Diriez-vous que vous êtes une personne « émotive » ? (Qu'est-ce que cela signifie pour vous ?)

- De quelle façon réagissez-vous quand quelqu'un vous critique ou est négatif envers vous ?

- Vous arrive-t-il d'être gêné par vos propres émotions ou par celles des autres ?

- Laquelle des émotions suivantes semble être plus problématique pour vous : la peur, la tristesse ou la colère ?

- Aimeriez-vous pouvoir vous sentir plus heureux, plus motivé ou plus paisible plus souvent ?

- Lorsque vous vous sentez heureux et aimant, pour quelle raison n'êtes-vous pas capable de perpétuer ces émotions ?

- Combien de temps demeurent en vous les émotions dites négatives (colère, peur ou tristesse) ?

- Combien de temps demeurent en vous les émotions dites positives (excitation, inspiration ou impression de bonheur) ?

- Attendez-vous de retrouver un état émotionnel dit positif (motivation, inspiration, sens de l'engagement ou du dévouement) avant de faire ce que vous avez à faire ?

Ces questions donnent le ton pour créer une nouvelle façon d'accepter, et même d'accueillir, dans votre vie, les diverses émotions qui se présentent. Ce faisant, vous commencerez à vivre votre vie et à sentir l'Esprit en couleurs plutôt qu'en noir et blanc.

L'origine des émotions

Un météorologue saura vous expliquer les raisons compliquées pour lesquelles il a plu aujourd'hui, y compris l'interaction entre les inversions de température, le *jet-stream* et l'air marin qui vient se heurter aux flancs chauds des montagnes. Quant aux psychologues, qui sont en quelque sorte les météorologues des émotions, ils pourront peut-être vous expliquer ce qui se passe avec vos intempéries intérieures. Mais quelles qu'en soient les raisons, si la pluie continue de tomber, il vous faut surmonter les intempéries, les accepter comme des phénomènes naturels et aller de l'avant.

J'ai entendu raconter l'histoire d'un homme qui avait écrit au ministère de l'Agriculture pour se plaindre des mauvaises herbes qui poussaient dans sa pelouse et la déparaient. Le Ministère lui répondit en lui proposant un certain nombre de suggestions pour s'en débarrasser. Il les essaya toutes mais ne réussit pas à se débarrasser définitivement de toutes les plantes nuisibles. Exaspéré, il écrivit à nouveau au Ministère en question pour expliquer que toutes leurs suggestions avaient échoué. Il reçut peu après une petite note lui disant: «Nous vous suggérons d'apprendre à les aimer.»

Bien entendu, nous n'aimons pas les émotions pénibles comme l'anxiété ou la dépression. Rien ne nous oblige à les aimer, mais il nous faut par contre les accepter, aussi difficile que cela puisse sembler parfois. Peu importe la souffrance qu'elles occasionnent, ce ne sont pas les émotions qui constituent le problème. Le problème, c'est de laisser tomber l'école ou un emploi, de mettre votre famille, vos obligations ou votre vie en suspens aussi longtemps qu'il vous est nécessaire pour résoudre vos problèmes émotionnels. Que préféreriez-vous: vous sentir déprimé tout en restant seul assis dans votre chambre à essayer de tout comprendre ou vous sentir déprimé tout en faisant le ménage dans votre maison ou en finissant une activité déjà entamée? Dans le deuxième cas, vous vous sentirez peut-être aussi déprimé, mais au moins votre maison sera plus propre.

En essence, accepter vos émotions (et, comme vous l'avez vu, retrouver votre volonté), c'est faire ce qu'il y a à faire malgré les émotions que vous ressentez. Acceptez vos émotions et tirez-en des leçons, mais ne les laissez pas mener votre vie. En restant productif pendant les périodes émotionnelles difficiles, vous améliorez fort probablement plus votre état émotionnel que si vous ne faites rien d'autre que ressasser vos états d'âme et attendre que le temps se remette au beau.

Pour bien comprendre pourquoi l'acceptation dans la détente peut s'avérer la méthode de loin la plus réaliste pour composer avec les émotions, commençons par examiner l'origine des émotions. Cette prise de conscience ne vous aidera pas à contrôler vos émotions, mais elle vous donnera par contre un certain recul et de la compassion face à vous-même et aux autres. Penchons-nous donc sur les causes les plus communes qui génèrent des émotions. Bienvenue au cours de Météorologie émotionnelle 101 !

Le mental et l'interprétation : Au cours d'une promenade avec un ami, alors que nous étions en Europe, un groupe de jeunes nous dépassa et l'un d'entre eux gesticula en nous regardant. Je lui répondis par un sourire en pensant que son geste était amical et m'apprêtais à lui faire un signe de la main quand je remarquai que mon ami était en colère. Selon lui, le geste, que je n'avais pas compris, était grossier et obscène. Mais, à mes yeux, il n'avait aucune signification et ne suscita donc en moi aucune émotion. De nombreuses émotions trouvent donc leur source dans l'interprétation mentale que nous faisons des situations.

Le régime alimentaire : Les aliments et les boissons que vous ingérez influent sur vos humeurs. Certains états émotionnels négatifs proviennent parfois non pas de votre cœur mais de vos intestins. En allégeant votre régime alimentaire, ainsi que le troisième chapitre le prescrit, vous pouvez améliorer vos humeurs.

La fatigue : La plupart des gens se sentent plus irritables ou plus ombrageux à la fin d'une longue journée et trop fatigués pour affronter un problème. Ce n'est généralement pas le meilleur moment pour entamer une discussion sérieuse, mais c'est justement à ce moment-là que les disputes s'engagent le plus facilement. L'effet de la fatigue sur vos émotions dépend de son origine : provient-elle du stress ou d'un épuisement, ou bien encore d'avoir fait une bonne séance d'entraînement physique ou d'avoir accompli une tâche satisfaisante ?

L'intoxication : Toute chose générant un état d'intoxication peut intensifier ou amoindrir vos émotions en réduisant vos inhibitions. Si vous vous sentez bien, vous serez peut-être plus joyeux. Les gens tristes deviennent encore plus tristes et les gens colériques aggravent leur cas.

Les hormones : Que vous soyez un homme ou une femme, les hormones auront tendance à influencer vos humeurs et vos émotions. Et comme tout déclencheur émotionnel, elles ont tendance à affecter votre comportement, sans pour cela que ce soit automatique.

La tension et le stress : Comme c'est le cas pour la maladie ou la douleur, la tension ou le stress peuvent se traduire par encore du stress, des réactions émotives ou de l'hypersensibilité.

La maladie et la douleur : Il se peut que les gens qui changent sans cesse d'humeur ou qui sont capricieux souffrent en fait de maladies ou de douleurs chroniques. Peu de gens se sentent au meilleur d'eux-mêmes quand ils sont malades ou pas dans leur assiette. Il faut du courage pour se comporter avec bienveillance lorsque la douleur nous afflige.

Les circonstances et le milieu : De toute évidence, votre état émotionnel a tendance à varier suivant que vous venez d'apprendre que vous avez été accepté à l'université de votre choix ou que vous venez d'être licencié. Les circonstances agréables favorisent plus les états émotionnels expansifs que les circonstances douloureuses. La plupart des gens qui arrivent à Las Vegas sont de meilleure humeur que ceux qui en partent.

Les autres facteurs : Les émotions peuvent être engendrées par n'importe quoi : des transits astrologiques aux biorythmes, en passant par les souvenirs d'enfance, les vieilles associations, et même des odeurs ou des chansons surgies du passé.

Ce qui ressort de cette liste de facteurs générant des émotions, c'est qu'il n'est point besoin pour vous d'analyser et de comprendre tous les facteurs déclencheurs de vos hauts et bas émotionnels. D'ailleurs, vous ne le pouvez pas. Il suffit de savoir que l'interaction du mental et des circonstances est ce qui produit ces hauts et ces bas. La question clé n'est pas de savoir d'où proviennent les émotions, mais ce que l'on doit en faire, s'il y a quelque chose à faire.

Une des façons dont nous composons presque tous avec les émotions, c'est de les ignorer ou de prétendre qu'elles n'existent pas, c'est-à-dire de les nier. Puis, lorsque la pression monte, nous connaissons à l'occasion quelques frasques émotionnelles sous la forme de disputes ou d'explosions colériques (pour lesquelles nous nous reprochons par la suite d'avoir « perdu le contrôle »).

La négation des émotions

Le jour où l'on vous a dit que les grands garçons (grandes filles) ne pleuraient pas, la première fois que quelqu'un vous a demandé *pourquoi* vous étiez bouleversé, le jour où vous avez appris que vous dérangiez les autres quand vous exprimiez votre colère, vous avez commencé à vous couper de vos propres émotions ou même à ne plus les reconnaître. Vous avez appris à intellectualiser vos émotions et avez commencé à les analyser, les réprimer, les justifier et les nier. L'exil du jardin de l'authenticité émotionnelle venait de commencer pour vous.

LES SYMPTÔMES DE LA NÉGATION DES ÉMOTIONS

Pourquoi une personne raisonnable voudrait-elle entrer en contact avec ses émotions ? N'avons-nous pas dépassé ce genre de choses au cours des années soixante et soixante-dix ?

Mais voici les faits :

- Les émotions ne peuvent pas plus être niées que les nuages dans le ciel.
- Vous devez accepter vos émotions avant de pouvoir les transcender.

- Avant de pouvoir accepter vos émotions, vous devez savoir ce que vous ressentez, afin de reconnaître, apprécier et pouvoir exprimer ces émotions.
- Vous ne transcendez pas les émotions de la façon dont vous l'imaginez.

Lorsque nous dévalorisons ou nions nos émotions, nous en payons le prix sur le plan physique. La tension émotionnelle chronique peut faire naître ou aggraver des symptômes comme les maux de tête, le mal de dos, l'arthrite, l'hypertension ou la haute tension sanguine, la dyspepsie, la colite. Elle peut aussi aggraver les ulcères et l'insomnie, ainsi que d'autres maladies psychosomatiques. Et avec l'âge, la tension créée par la retenue des émotions se traduit par une raideur physique, des douleurs musculaires et une réduction de la flexibilité. Les mouvements deviennent plus douloureux, ce qui fait que nous bougeons moins, réduisant par conséquent l'amplitude de nos mouvements, l'amplitude de notre vie. Chez certaines personnes âgées, on peut voir l'effet cumulatif des émotions niées sous la forme de tension chronique accumulée dans le corps. Une telle retenue peut même engendrer un état mental appelé « psychosclérose », c'est-à-dire un durcissement des attitudes. Le psychologue Wilhelm Reich rappelait toujours à ses clients que les émotions non exprimées s'inscrivent dans les muscles fléchisseurs du corps et que ce sont les organes qui pleurent les larmes que les yeux refusent de verser.

> *Un de mes problèmes est que*
> *j'intériorise tout.*
> *Comme je ne peux pas exprimer la colère,*
> *alors je me fais pousser une tumeur à la place.*
>
> Woody Allen

Ceux d'entre nous qui sont le moins en contact avec leurs émotions sont aussi ceux qui en général sont le moins en contact avec leur corps. Lorsque les athlètes ignorent la souffrance physique il peut y avoir des avantages immédiats, mais les inconvénients surgiront à long terme. Il en va de même lorsque nous perdons contact avec nos émotions. Car, une fois la sensibilité émotionnelle perdue, nous perdons aussi le contact avec nos capacités intuitives. Et quand nous perdons le contact avec nos émotions, nous perdons également contact avec les émotions des autres. Cela peut même atteindre un tel paroxysme, que nous vivons dans une sorte d'engourdissement, nous sentant détachés ou dissociés de la vie. En fait, ce que certains d'entre nous ont vécu comme étant un problème de nature spirituelle (la sensation d'être coupé de Dieu) est en réalité un problème d'ordre émotionnel (être coupé des émotions).

UN EXERCICE FACILE

Si vous n'êtes plus très sûr de ce que vous ressentez (de la peur, de la colère ou de la tristesse), l'exercice suivant peut vous aider à raviver votre capacité à percevoir vos émotions et, ce faisant, à améliorer votre intuition et la compassion dans les relations que vous entretenez.

- Lorsque vous pensez que vous êtes peut-être perturbé mais que vous se savez pas clairement ce que vous ressentez, posez-vous cette question : « Si je ressentais quelque chose en ce moment, serait-ce plutôt de la peur, de la peine ou de la colère ? »

- Il se peut que vous répondiez : « Je ne sais pas comment je me sens. » Persistez. « D'accord, je ne sais pas ce que je sens. Mais *si* je savais, si soudain j'en prenais conscience ou si l'émotion devenait si forte qu'elle en devenait évidente, serait-ce plutôt de la peur, de la peine ou de la colère ? »

- Puis dites tout haut à vous-même ou à quelqu'un d'autre : « Je me sens _____. » Cela est le premier pas que vous faites pour ramener vos émotions dans votre corps et dans votre vie, et pour vous ouvrir à des niveaux d'authenticité toujours plus profonds.

EXPRIMER SES ÉMOTIONS : LES BONS ET LES MAUVAIS CÔTÉS

Une fois de plus, pour accepter vos émotions, vous devez les reconnaître. Et des deux aspects de l'authenticité émotionnelle (connaître et exprimer ses émotions), connaître ses émotions est l'aspect le plus important. Il est bon de toujours savoir ce que l'on ressent, mais il n'est pas toujours nécessaire de l'exprimer. Parfois, nous nous sentons mieux lorsque nous nous soulageons et parfois pas. C'est pour cela qu'il n'y a pas de règle absolue en ce qui concerne l'expression des émotions.

L'expression des émotions peut s'avérer un acte de courage et d'honnêteté, car elle donne un son de cloche précieux à ceux qui ne se rendent pas compte de l'effet de leurs paroles ou de leurs actes. Garder le silence par politesse, stoïcisme ou malaise ne rend service ni à vous ni aux autres. C'est un mauvais service à rendre que de s'exprimer sur le ton du reproche, parce que cela crée encore plus de confusion : « Tu as encore fait un beau gâchis ! Tu es un abruti et tu me fais enrager ! »

Si vous exprimez votre vérité d'une façon plus respectueuse, vous aurez plus de chance d'être écouté.

Ceci veut dire se servir du « je » plutôt que du « tu ». Complétez la phrase suivante : « Quand tu dis (fais) ça, je me sens _____. » Ou bien : « J'apprécierais beaucoup que tu dises (ne dises pas) ou fasses (ne fasses pas) ça. » Si c'est nécessaire, vous pouvez ajouter : « J'ai de la difficulté à rester en ta compagnie quand tu agis ainsi. » De cette façon, vous avez défini vos limites et exprimé ce que vous ressentiez. Tenez-vous-en là. Point n'est besoin de critiquer, d'être condescendant ou de repousser l'autre.

Pourvu que l'enveloppe soit la bonne et qu'il y ait une adresse de retour, vous pouvez livrer n'importe quel message. Si une réponse vous arrive, écoutez simplement.

La capacité d'exprimer les émotions est une chose importante dans la vie. Mais le fait d'exprimer sans arrêt des émotions souffrantes a comme conséquence d'activer ce genre d'émotions. Apprenez à vous défendre et à définir clairement vos limites. Mais ne vous attachez pas à toujours vouloir sentir et exprimer vos émotions ou à vérifier sans arrêt si votre sensibilité a été offensée par quelqu'un. Cela peut devenir un cercle vicieux. Les autres n'ont pas besoin de connaître chacune des émotions que vous ressentez. Essayez de trouver un juste équilibre.

Vouloir régulariser les émotions

Lorsque vous souffrez physiquement, vous irez peut-être voir un médecin, un chiropraticien ou tout autre spécialiste de la santé. Si vous souffrez émotionnellement, vous irez peut-être voir un psychothérapeute. Nombreux sont les thérapeutes à mettre l'accent sur la raison pour laquelle leurs clients sont venus les voir: se sentir mieux. En général, cela se fait en travaillant sur les émotions, c'est-à-dire en prenant contact avec elles et en les exprimant, en améliorant les attitudes mentales et les états émotionnels par l'analyse des causes, en travaillant sur les problèmes de l'enfance, en laissant sortir les émotions ou en faisant travailler l'esprit de pair avec les émotions pour avoir une meilleure estime de soi, une plus grande confiance en soi ainsi qu'une authenticité et une honnêteté accrues sur le plan des émotions.

Il y a certes quelque chose de bon à tout cela, surtout lorsque la seule alternative est de se morfondre seul dans sa chambre. Cela fait du bien que quelqu'un vous écoute raconter vos problèmes. Mais cela peut en fin de compte devenir un processus obsessionnel sans fin d'autoanalyse au cours duquel une grande partie de la journée sert à analyser nos problèmes et une autre partie à leur accorder une trop grande importance.

Nous ressemblons à des sites archéologiques sans fond. Les rêves nous fournissent constamment matière à analyse, ainsi que les hauts et les bas de nos relations, de notre travail et de la vie quotidienne. Nous finissons par devenir les spécialistes de notre propre thérapie. Mais une fois que tout a été dit, il vous reste principalement trois façons de réagir à des émotions souffrantes ou perturbantes:

- Vous pouvez les nier (les réprimer ou les supprimer).
- Vous pouvez leur accorder trop d'importance (les laisser déterminer vos comportements).
- Vous pouvez les observer et en tirer des leçons sans y réagir.

L'observation est le point central du septième passage: pour pouvoir accepter totalement vos émotions comme étant naturelles, employez votre temps, votre énergie et votre attention à des activités constructives plutôt que vouloir à tout prix régulariser vos émotions.

SE LIBÉRER DE TROP D'ATTENTION SUR SOI

Quand vous êtes trop préoccupé par vous-même et vos émotions, votre attention est figée dans un regard qui ne porte que sur vous. Au contraire, lorsque vous êtes absorbé par l'activité qui vous occupe, vous n'êtes que très rarement anxieux. Mais, dès que vous essayez d'analyser, de comprendre, de régulariser ou de solutionner vos émotions ou vos états intérieurs, votre regard sur vous-même s'intensifie.

Patient :   « Lorsque je soulève mon bras gauche pendant que je mordille une feuille de papier d'aluminium, je ressens un picotement à la base de la colonne vertébrale. Qu'est-ce que j'ai, docteur ? »

Médecin :   « Trop de temps libre, je dirais. »

Plus vous accordez d'attention aux symptômes émotionnels, l'anxiété par exemple, plus vous finirez par centrer votre énergie et vos efforts sur les symptômes au lieu de les centrer sur ce que vous désirez accomplir malgré les émotions déplaisantes.

Accepter vos émotions ne veut pas dire les ignorer, les dévaloriser ou prétendre qu'elles n'existent pas. Cela veut dire en prendre parfaitement connaissance, les laisser exactement telles qu'elles sont et continuer à agir dans votre vie dans le sens de vos objectifs.

Ce détachement face aux émotions ne provient pas du fait que vous allégez votre malaise ou que vous atteignez un état permanent de sensation agréable (un but impossible à atteindre), mais du fait que vous passez à l'action de façon constructive. Cela vous aide à mener une existence pleine et significative, libre de la domination de vos émotions exaltées.

Les émotions sont quelque chose de naturel

Une fois que vous avez compris que les émotions sont quelque chose de naturel (que vous les aimiez toutes ou pas), il vous devient plus aisé de les accepter comme vous accepteriez, même si cela vous déplaît, une bruine ou une rafale de neige. Si vous apprenez par exemple que vous avez eu de l'avancement au bureau, il est fort probable que vous serez excité et content. Mais si vous apprenez qu'un de vos amis est décédé, vous aurez du chagrin. Et il est tout à fait naturel de réagir par de telles émotions à de telles circonstances. Point besoin d'essayer de les modifier ou de les régulariser. Les émotions elles-mêmes sont beaucoup moins épuisantes que le conflit qui vous y oppose.

Il est facile d'accepter ses émotions lorsque celles-ci sont positives. Après tout, qui veut accepter la souffrance émotionnelle? Pratiquement personne. Cependant, il semble plus réaliste d'accepter les émotions que l'on ne peut pas contrôler plutôt que d'essayer en vain de s'en débarrasser. Étant donné que vous n'avez pas plus de contrôle sur elles que vous n'en avez sur le temps qu'il fait, la meilleure chose que vous puissiez faire est d'agir de façon aussi constructive que possible en dépit d'elles. De toutes manières, elles finiront par passer tôt ou tard. Et, entre-temps, vous pourrez mener à bien ce que vous vous étiez promis de faire.

L'ASPECT POSITIF DES ÉMOTIONS

À l'instar de la douleur physique qui vous signale que vous devez vous occuper d'un problème corporel, les émotions souffrantes servent elles aussi à quelque chose d'utile. À chaque émotion correspond un enseignement précieux. Chaque charge émotionnelle comporte un enseignement, et tout enseignement s'avère positif, même si l'émotion ne l'est pas.

S'il n'y avait pas de désirs,
il n'y aurait aucune satisfaction.

Dᴿ Sʜᴏᴍᴀ Mᴏʀɪᴛᴀ

L'anxiété dénote un puissant désir de réussite. La peur génère la vivacité et la prudence, et elle vous rappelle de bien vous préparer et de vous protéger quand c'est nécessaire. Vous n'éprouvez pas d'inquiétude à moins de vous soucier de quelqu'un. La préoccupation indique la prévenance et la sensibilité. L'insécurité reflète le désir de vouloir bien faire et aussi de se prouver quelque chose. La timidité vous rappelle que vous voulez être aimé et faire bonne impression. La colère révèle un engagement passionné ou le désir de s'impliquer. La dépression peut indiquer une âme sensible, de l'affliction ressentie pour le monde. Accepter nos émotions signifie quelquefois que l'on sait apprécier les leçons positives que comportent les émotions négatives.

La météorologie changeante des émotions

Récemment, après avoir terminé une conférence, quelqu'un est venu me trouver pour me dire : « Je me sens tellement inspiré ! »

« Ne vous inquiétez pas, lui ai-je répondu, ça passera ! »

Comme le temps, les émotions changent constamment. Toutes les émotions, qu'elles soient positives ou négatives, s'estompent avec le temps, à moins qu'on ne les réactive. L'amour et la haine passent. Ainsi que le chagrin, l'excitation, la colère, la joie et la peur. Si vous voulez que l'amour dure dans vos relations, vous devez le cultiver et le réactiver. Si vous voulez que le chagrin s'estompe, évitez les associations et les souvenirs qui le réactivent.

JOURNAL DES CORRESPONDANCES ÉMOTIONS-COMPORTEMENTS

Pour vérifier le principe que nous avons posé, c'est-à-dire que les émotions changent constamment, essayez ce qui suit. Réglez votre montre pour qu'elle sonne toutes les heures, vingt minutes après l'heure, et ce pendant toute une journée. Tracez trois colonnes sur une feuille de papier et prenez note des trois facteurs suivants chaque fois que l'alarme se déclenche : l'heure, ce que vous faisiez et ce que vous ressentiez.

En voici un exemple :

Heure	Comportement ou activité	Émotions
8 h 20	Accompagné les enfants à l'école	Bousculé, préoccupé
9 h 20	Parlé avec un client	Enthousiaste, plein d'espoir
10 h 20	Pause-café au bureau	Neutre
11 h 20	Fait un appel téléphonique	Irrité

Lorsque vous passerez en revue votre journal, vous remar-querez que de nombreuses et différentes émotions surviennent dans une même journée, ou même en l'espace de quelques heures. Chacun de nous dispose d'un schème fascinant de modifications climatologiques. Parfois, les émotions sont liées à ce que vous faites dans le moment et, parfois, elles provien-nent de pensées ou d'associations d'idées qui vous passent par la tête.

La chose importante à garder à l'esprit est que si vous vivez et agissez en fonction de vos émotions changeantes, alors vous aurez une existence instable et pleine de soubresauts. Vous agirez quand vous vous sentirez motivé, arrêterez tout quand vous douterez de vous, recommencerez quand vous vous sen-tirez inspiré, puis arrêterez encore quand le découragement vous gagnera. L'objectif de ce chapitre est d'apprendre à accepter vos émotions, et non à vivre en les suivant, les combattant ou les régularisant.

La réalité des émotions à la tour de contrôle

Dans le chapitre *Domptez votre mental*, vous avez vu le peu de contrôle que vous avez sur les pensées qui passent dans votre tête et dont vous êtes conscient. Il s'agit de la même chose pour les émotions. Si vous pouviez, par la force de la volonté, changer d'émotion quand vous êtes triste, apeuré ou inquiet, c'est-à-dire la faire disparaître et la remplacer par une émotion plus agréable, il n'y aurait aucune raison d'accepter l'émotion telle qu'elle est. Vous pourriez simplement en changer. Mais si vous observez bien ce qui se passe dans votre vie, vous constaterez que vous avez encore moins de contrôle sur vos émotions que sur vos pensées.

Avec l'exercice précédent, vous avez vu comment les émotions vont et viennent, que vous le vouliez ou non. Réfléchissez bien à ce qui suit, car il s'agit d'une des grandes vérités de la vie: vous ne pouvez pas vous faire ressentir ce que vous voulez ressentir. Vous ne pouvez pas vous faire tomber amoureux de quelqu'un qui vient juste de vous blesser, ni vous sentir reconnaissant envers lui. Vous ne pouvez pas, à force de volonté et à coup sûr, arrêter de vous sentir seul ou déprimé.

Et il est tout aussi vrai que vous ne pouvez pas être responsable de ce que vous ne pouvez pas contrôler. Accepter les émotions revient à changer d'attitude, à considérer ce que vous pouvez faire pour améliorer votre situation (plutôt que d'essayer d'améliorer instantanément vos émotions, ce que vous ne pouvez faire d'ailleurs). En posant des gestes constructifs pour améliorer votre situation, vous influerez probablement sur votre état émotionnel.

Sept façons indirectes d'influer sur votre état émotionnel

Bien que vous ne puissiez pas directement contrôler ni changer votre état émotionnel uniquement par l'intention, vous pouvez influer sur vos émotions par la respiration, la posture, la relaxation, le changement de milieu, la distraction et l'humour, et en posant les gestes appropriés.

Si vous vous sentez déprimé, vous aurez tendance à vous isoler, à vous affaler et peut-être à fixer le sol ou le vide. Votre respiration deviendra courte pendant que vous songez aux façons dont vous avez gâché votre vie. Une bonne manière de *sortir* de la dépression est de vous tenir bien droit, de respirer profondément et pleinement en imaginant que vous traversez une belle prairie ou un centre commercial stimulant et vivement éclairé, tout en repensant à ce que vous avez fait de bien dans votre vie. Faites-le, que vous ayez envie de le faire ou pas. Je ne peux pas vous garantir que votre moral reprendra le dessus, mais au moins ce sera un début.

Passons en revue certaines choses que vous pouvez faire pour influer sur votre état émotionnel.

Rééquilibrez votre respiration. Lorsque vous ressentez de la colère, de la tristesse ou de la peur, votre respiration se bloque ou se déséquilibre. En pratiquant consciemment la respiration abdominale, de façon régulière et profonde, vous ne réussirez certes pas à faire partir l'émotion, mais au moins vous rééquilibrerez le duo corps-psyché et pourrez ainsi vous exprimer et agir plus efficacement.

Faites attention à votre posture. Le corps, l'esprit et les émotions s'interpénètrent et influent les uns sur les autres. Étant donné que vous pouvez plus directement contrôler votre corps, commencez donc par celui-ci. Puisque les émotions peuvent influer sur votre posture, votre posture peut également influer sur vos émotions. Pour pouvoir vous sentir davantage expansif, asseyez-vous et tenez-vous bien droit. Tendez vos bras sur les côtés, les paumes des mains tournées vers le ciel. Vous pouvez également vous servir des muscles faciaux pour relever les coins de votre bouche, garder vos lèvres détendues et laisser paraître vos dents. (Cela s'appelle un sourire.)

N'oubliez pas de relaxer. Faites la petite expérience suivante. Détendez maintenant votre corps aussi profondément que vous le pouvez avec quelques respirations, en respirant par le ventre et en relâchant la tension que vous retenez dans votre poitrine, vos épaules, votre cou et votre abdomen. Lorsque vous vous sentez totalement détendu et à l'aise, imaginez combien il serait difficile de vous sentir en colère ou d'avoir peur dans cet état-là. Lorsque vous relaxez, vous pouvez vraiment relâcher la tension associée à la peur ou à la colère. La relaxation court-circuite les effets nocifs de la tension émotionnelle et permet au flot d'énergie de circuler librement. De ce fait, vous pouvez continuer à agir et à vous mouvoir avec efficacité.

Changez de milieu. Dès l'instant où vous changez de milieu, vous changez ce que vous êtes, aussi bien de façon subtile que marquée. Installez-moi dans mon bureau et je me sentirai de telle façon. Installez-moi sur une plage à Hawaï et je peux presque vous garantir que je me sentirai différemment. Vos frontières personnelles ne sont peut-être pas aussi fermement établies que vous le croyez. Dans un certain sens, vous faites partie de votre milieu et celui-ci fait partie de vous. Mais le changement en question n'a pas besoin d'être énorme. Il vous suffit de remarquer comment vos émotions changent lorsque vous passez d'une pièce à une autre dans une maison ou bien quand vous mettez le nez dehors. Pour aider à changer les habitudes ou les émotions, un changement de milieu peut faire des merveilles – ne serait-ce que le fait d'aller faire une balade. Cela vous ouvre à de nouvelles facettes de vous-même.

Utilisez la distraction. Dans le chapitre *Domptez votre mental*, vous avez appris de quelle façon vous pouviez, à un certain degré, contrôler la direction de votre attention. Bien que vous ne puissiez pas faire disparaître vos émotions, vous pouvez vous distraire en déplaçant votre attention vers quelque chose de constructif.

Personne ne se sent seul en mangeant avec des baguettes chinoises :
cela demande tellement d'attention !

CHRISTOPHER MORLEY

La distraction diffère de la négation en ce sens que vous savez pertinemment ce que vous ressentez mais dirigez consciemment votre attention sur autre chose. Disons par exemple que vous avez une peur bleue de prendre l'ascenseur et que tous les symptômes déplaisants qui sont rattachés à cette phobie se présentent lorsque vous le faites. Cependant, vous avez un rendez-vous d'affaires très important au cinquante-deuxième étage. Vous entrez donc dans l'ascenseur, très mal à l'aise, mais réussissez à vous détacher de cette sensation en revoyant mentalement point par point tous les éléments de la présentation que vous allez faire. Et vous terminez cet exercice juste au moment où la porte s'ouvre pour vous laisser sortir à l'étage voulu.

La police utilise parfois la distraction lorsqu'elle doit s'occuper de disputes conjugales : un agent de police aura peut-être revêtu ses vêtements civils ou portera une casquette de livraison en arrivant avec une pizza entre les mains. Au lieu de demander « Quel est le problème ? », il dira « Voilà la pizza que vous avez commandée. » Ce stratagème désamorce la charge émotionnelle. Dans le quotidien, la distraction ou le détournement d'attention peut se produire aussi simplement qu'en changeant de sujet. Ou en commandant de la pizza.

Faites de l'humour. Lorsqu'on allège les situations par l'humour, on peut prendre du recul dans n'importe quelle circonstance. L'histoire suivante, que j'ai reçue par le biais d'Internet, est un exemple flagrant de la façon dont l'humour peut désamorcer la tension dans une situation.

Une foule de voyageurs, furieux parce qu'on avait annulé leur vol, faisaient la queue au comptoir de United Airlines. Soudain, un homme en colère passa devant tout le monde, jeta son billet sur le comptoir et hurla : « Je veux un billet en première classe sur le prochain vol, et tout de suite ! »

Se sentant harcelée, la préposée aux billets replaça calmement une boucle de cheveux d'un geste de la main et lui répondit : « Ce sera avec grand plaisir, Monsieur, dès que j'aurai fini de m'occuper des gens qui font la queue. »

« Vous voulez que je fasse la queue ? » hurla-t-il de plus belle. *« Savez-vous qui je suis ? »*

La préposée aux billets n'hésita qu'une fraction de seconde avant de prendre le micro et de faire l'annonce suivante dans la salle d'attente : « Mesdames et Messieurs, il y a un homme à la porte dix-sept *qui ne sait pas qui il est*. Si quelqu'un peut l'aider à trouver son identité... »

« Allez vous faire foutre ! » hurla l'homme en question, en partant comme une flèche.

Avec un sens de la répartie sans pareil, la préposée ajouta : « Monsieur, j'ai bien peur que pour cela aussi vous ne deviez faire la queue ! »

Son humour n'améliora en rien les émotions de cet homme, mais les siennes, certainement. Et les gens qui étaient furieux un peu plus tôt faisaient maintenant la queue en souriant ou en riant. Et personne d'autre ne se plaignit.

Posez le geste approprié. La façon la plus constructive d'influer sur vos émotions, c'est de *faire* quelque chose. Par exemple, si je doute beaucoup de moi et que je me sens envahi d'inquiétude face à l'examen qui s'en vient, la façon la plus efficace d'influer sur mes émotions est de me plonger dans mes livres et mes notes. Même si le doute et les inquiétudes persistent, j'aurai au moins étudié. De la même façon, les alpinistes se concentrent sur leur ascension au lieu d'essayer de se débarrasser de leur peur de tomber.

Un homme, que j'appellerai Georges, me raconta à quel point il détestait se sentir coupable parce qu'il n'allait pas rendre visite à sa mère âgée plus souvent. Il voulait savoir de quelle façon il pourrait réduire sa culpabilité. « Allez rendre visite à votre mère », lui suggérai-je.

Il existe de nombreuses et constructives façons d'influer directement sur votre état émotionnel. Quand vous apprenez à accepter totalement vos émotions, sans toutefois les laisser décider de vos comportements ou les limiter, vous découvrirez qu'il est moins nécessaire de les changer ou de les régulariser.

Revue des principes clés concernant les émotions

Étant donné que certaines de ces idées peuvent aller à l'encontre de ce que vous avez cru ou pris pour acquis, elles peuvent prendre un certain temps à se mettre en place. Il est donc bon que vous revoyiez les points clés suivants.

Les émotions s'estompent avec le temps. Parfois les émotions s'estompent lentement et parfois, rapidement, mais elles s'estompent de toute manière à moins qu'on ne les réactive. Il se peut que le chagrin, la dépression, l'anxiété ou la déception vous tourmentent, mais avec le temps l'intensité de ces émotions diminuera. Si par contre vous les réactivez sans cesse, vous continuerez à souffrir de ces états émotionnels associés aux expériences passées.

La vie n'est qu'une suite de moments. Personne ne se sent d'humeur égale de façon permanente. Même si vous êtes en colère, déprimé, hors de vous, apeuré ou triste, vous connaîtrez des moments où d'autres choses viendront vous détourner de ces émotions. Il n'y a pas de gens illuminés, gentils, méchants, intelligents, névrosés ou stupides, mais plutôt des gens vivant des moments plus ou moins illuminés, agréables, mauvais, névrosés ou stupides.

Vous ne pouvez pas avoir de contrôle direct sur vos émotions. Lorsque vous êtes déprimé, pouvez-vous sortir de votre dépression juste comme ça ? Pouvez-vous par un acte de volonté tomber amoureux ou vous détacher de quelqu'un dont vous êtes amoureux ? Les acteurs sont sans cesse aux prises avec ce défi étant donné qu'un grand nombre d'entre eux croient qu'ils ont besoin d'une façon ou d'une autre d'évoquer des émotions qu'ils ne ressentent pas afin d'être authentiques dans les rôles qu'ils jouent. Mais les acteurs n'ont pas besoin de ressentir toutes sortes d'émotions dans leurs rôles, ils ont seulement besoin de poser des actes, de faire comme si. C'est pour cela qu'on les appelle des « acteurs » et non pas des « sondeurs » d'émotions : ils jouent à sentir mais ne sentent pas.

Vous n'êtes pas responsable de vos émotions. Vous ne pouvez pas vous porter responsable de ce que vous ne pouvez pas contrôler. Même pas si vous ressentez de la haine. Même pas si vous ressentez du désir sexuel. Même pas si vous avez les idées et les émotions les plus perverses et bizarres qui vous viennent à l'esprit. (Et si vous éprouvez des émotions altruistes, compatissantes, bienveillantes, courageuses, vous n'en êtes pas non plus responsable.) Vous *êtes* par contre responsable de ce que vous *en faites*, de la façon dont vous y réagissez. Mais pas de ce que vous éprouvez.

Jeanne, une religieuse participant à une formation en résidence que j'avais organisée il y a quelques années, était là parce qu'elle espérait pouvoir résoudre un terrible sentiment de culpabilité qui la hantait depuis des années. En fait, la culpabilité, à l'instar de toute autre émotion, se serait estompée peu à peu, mais Jeanne la réactivait chaque fois qu'elle avait une pensée inacceptable ou qu'elle éprouvait une émotion inavouable. Comme beaucoup d'entre nous, elle avait été élevée dans un esprit qui la tenait pour responsable de toutes les pensées et émotions dont elle était le siège, surtout les pensées et les émotions liées à la luxure.

Acceptez donc les pensées et les émotions liées à la luxure comme vous accepteriez n'importe quelle autre. Cela n'invitera pas un flot de pensées et d'émotions encore plus condamnables à se déverser. Au contraire, cela vous permettra d'accepter comme naturel tout ce que vous pouvez ressentir. Lorsque vous cessez d'essayer *de ne plus* penser ou sentir quelque chose, vous libérez votre énergie et votre attention pour vivre des expériences sur des plans supérieurs.

Même ceux d'entre nous qui souffrons de dépression, d'anxiété ou de colère chroniques, probablement en raison d'un déséquilibre biochimique qui réclame un traitement médical, avons tout avantage à accepter aussi bien nos émotions négatives que positives, et à rester déterminés à agir de manière constructive pour traverser les tempêtes qui font rage sur notre route.

Quand on se libère de l'impossible fardeau de se sentir responsable de ses propres émotions, avec toute la culpabilité que cela sous-entend, on éprouvera peut-être des sentiments de bonheur et de soulagement. Mais le bonheur passe, ainsi que le soulagement, tout comme la luxure, la haine, l'envie, la tristesse, la joie ou toutes les autres émotions qui vont et viennent comme les vagues sur l'océan.

Acceptez les émotions des autres

Certains d'entre nous vivent leur vie en fonction de ce que les autres ressentent, et essaient de les rendre heureux. Mais, étant donné que vous ne pouvez pas contrôler vos propres émotions, comment pouvez-vous vous occuper des émotions des autres ? La vérité crue est que se sentir responsable du bonheur (ou du malheur) de quelqu'un d'autre est chose tout à fait irréaliste.

Lorsque vous ne vous sentez plus responsable des émotions des autres, vous réussissez à les accepter totalement au lieu d'y réagir. Si vous savez accepter vos propres émotions comme étant chose naturelle, vous devez aussi savoir accepter les émotions des autres comme telles. Leurs émotions, qu'elles soient placides ou orageuses, leur appartiennent.

Comme il vous arrivera d'avoir besoin d'exprimer vos émotions à vos proches, ces derniers ressentiront également le besoin de vous exprimer, à l'occasion, leurs émotions. Ils le feront parfois de façon douce, parfois avec véhémence. Il existe peu de choses au niveau relationnel qui soit plus salutaire que le fait de laisser les autres exprimer leur colère ou leur peine, que d'accepter cela comme leur réalité du moment, que de reconnaître leur vérité (ce qui ne veut pas dire que c'est *la* vérité). Après avoir écouté ce qu'ils avaient à dire, vous pouvez leur demander s'ils leur reste quelque chose à ajouter. Cela vous permet de vous rapprocher de la personne et d'avoir une relation encore plus intime avec elle.

Ceci ne veut pas dire cependant que vous devez écouter quelqu'un qui, en général, vous critique sans cesse. Accepter les émotions des autres n'est pas la même chose que de devenir la poubelle des déchets psychologiques des autres. N'oubliez pas de délimiter vos frontières.

La transcendance

Si votre objectif était de ramener un enfant à sa mère et que vous deviez pour cela affronter une tempête, vous remarqueriez probablement les intempéries mais vous resteriez fixé sur l'objectif de votre mission, c'est-à-dire ramener l'enfant chez lui. C'est un peu de cette façon que vous pouvez poursuivre votre vie malgré toutes vos intempéries émotionnelles. Alors que votre expérience s'affirme pour traverser ce septième passage, viendra le moment où vous transcenderez les émotions, non pas parce qu'elles auront disparues, mais parce que vous aurez fait la paix avec elles. Parce que vous les laisserez passer à travers vous comme la forêt laisse passer le vent entre les arbres. Vous saurez et continuerez d'honorer ce que vous ressentez. Mais au lieu de résister au flux des émotions, vous avancerez sans ciller, quel que soit le temps qu'il fait.

Lorsque vous observez vos émotions dans la méditation, vous pouvez ressentir une pensée ou une émotion de colère sans automatiquement agir de façon colérique. Et lorsque vous en êtes rendu là, vous ressentez une forme de maîtrise de vous-même si puissante et si inspirante que vous avez l'impression de traverser un orage sans vous mouiller. Et, bien sûr, l'inspiration passe, tout comme la colère.

LA RÉALISATION DE SOI
SUR LE PLAN DES ÉMOTIONS

Ce que je vais donner en exemple pourrait être considéré comme la réalisation de soi ou du moins comme une façon peu conventionnelle de réagir aux émotions. Disons que votre conjoint ou votre partenaire se plaint de quelque chose que vous n'avez pas fait ou que vous auriez dû faire. Votre première tentation sera peut-être de crier, de faire la gueule ou de vous enfuir, en colère ou sur la défensive. Alors, faites quelque chose qui dépasse l'entendement. Dites : « Je t'aime », et donnez une accolade à votre conjoint ou partenaire, ainsi qu'un baiser.

Supposez que la promotion que vous attendiez vous passe sous le nez : vous vous sentez frustré, découragé et peu apprécié. Précipitez-vous dans le bureau de votre patron, exprimez-lui votre reconnaissance pour les commentaires qu'il a émis à votre sujet, dites-lui que vous respectez son jugement et que vous avez l'intention d'améliorer votre rendement à l'avenir.

Et si vous invitiez quelqu'un à sortir avec vous et que cette personne refuse ? Vous éprouveriez peut-être de la déception et du découragement. Mais souriez-lui et remerciez-la d'avoir envisagé votre offre et souhaitez-lui de trouver la personne de ses rêves. Puis faites une liste des gens que vous aimeriez inviter et continuez jusqu'à ce qu'une personne accepte.

Un jour que j'étais en retard à un rendez-vous, j'entrai en vitesse dans une quincaillerie qui se trouvait sur mon chemin car j'avais besoin de quelque chose – que je trouvai rapidement. Par contre, le commis était nouveau et prenait un temps incroyable pour me faire un reçu. Je lui dis : « Excusez-moi, je suis en retard à mon rendez-vous et je suis vraiment pressé... » Il leva la tête et me regarda pendant que je continuais à lui parler : «... alors j'apprécierais grandement que vous preniez tout le temps qu'il vous faut et que vous alliez particulièrement lentement. Ça me fera le plus grand bien. » Il me regarda, stupéfait, puis se mit à rire.

Remarquez bien que dans ces exemples, les comportements ne concordent pas avec les émotions. Un tel détachement face aux émotions est une façon d'accéder à la liberté émotionnelle puisque vos comportements ne sont plus à la merci de vos émotions... ces émotions qui montent et descendent, vont et viennent, apparaissent et s'estompent, comme le font les pensées, comme le font les nuages dans le ciel.

Pensez un peu à la façon dont votre vie a été bousculée d'un côté puis de l'autre par les orages fluctuants de vos émotions. Imaginez la liberté que vous ressentez quand vous acceptez vos émotions et celles des autres comme étant quelque chose faisant naturellement partie de la vie, quand vous centrez votre attention et votre énergie sur des agissements constructifs au lieu d'essayer de vouloir régulariser tout ce qui ne va pas. Vous avez certainement déjà fait cela très souvent. Mais ce chapitre vous apprend à le faire de façon consciente, claire et délibérée. Ce faisant, votre attention se libère pour viser quelque chose de plus haut : faire face à vos peurs.

Faites face à vos peurs

*La peur est un merveilleux serviteur
mais un piètre maître.
Comme la souffrance, elle peut vous servir de système d'alarme
et de conseillère, mais elle peut aussi vous limiter et vous aveugler.
La peur prend bien des formes :
« Je n'ai pas vraiment envie de faire ça » ou
« Pourquoi s'en faire ? » ou « Je ne peux pas. »
Vous confrontez la peur chaque jour :
la peur de l'échec, la peur d'être rejeté,
et même la peur d'être vous-même.
Vos peurs ne sont pas des murs, mais des obstacles.
Le courage, ce n'est pas de ne pas avoir de peurs,
mais de les conquérir.*

Vivre comme des guerriers pacifiques

*Beaucoup de nos peurs sont minces comme du papier
et il suffirait d'un unique et courageux pas en avant
pour nous faire passer sans problèmes à travers elles.*

BRENDAN FRANCIS

Itinéraire de l'explorateur :
Explorons la jungle de nos peurs

Vous entamez maintenant l'étape finale de votre ascension
vers le sommet, qui passe par la jungle des peurs et l'au-
delà du pays des ombres pour arriver à la récompense finale : un
cœur en éveil et l'appel à servir les autres, expression parfaite
de l'illumination dans le quotidien.

Vous arrive-t-il souvent d'être conscient d'avoir peur ? La
plupart d'entre nous ne diraient avoir peur que dans des
moments intenses : lorsqu'un chien grogne en vous montrant les
dents, quand vous entendez soudainement un crissement de
pneus sur l'autoroute ou dans les moments qui précèdent une

allocution importante que vous allez faire. Pourtant, la peur est quotidiennement à nos côtés de façon beaucoup plus subtile. Nos âmes sont peut-être immortelles, mais nous sommes des êtres de chair qui peuvent connaître la douleur, subir des blessures, trouver la mort, se sentir gênés et être bouleversés par l'échec, la honte et le rejet. C'est pour cela que la peur originelle sape à sa base presque chacun de nos agissements. En fait, ce chapitre aurait pu être le premier. Mais la peur est un adversaire tellement intimidant que vous aviez besoin de la force que les passages précédents vous confèrent pour vous préparer à cette confrontation.

Dans le chapitre précédent, vous avez appris comment accepter vos émotions, la peur y comprise, comme étant naturelles. Mais parce que la peur peut avoir un tel effet inhibiteur (et même dévastateur) sur votre vie, et aussi parce que cet effet reste souvent caché dans l'inconscient, il nous faut aborder à part, dans ce chapitre, la façon dont vous devez affronter et dépasser vos peurs.

La peur n'est pas seulement notre adversaire, c'est aussi notre guide et conseiller. Il est naturel et même tout à fait approprié (souvent même c'est un signe de santé mentale) de laisser la peur vous guider dans des situations dangereuses sur le plan physique, où un manque d'attention ou de soins peut se traduire par des blessures ou par la mort.

Mais les moments à risques de ce genre sont rares. Les principales batailles contre la peur ne se livrent pas dans le monde extérieur. Elles se déroulent dans le monde intérieur, dans les recoins de la psyché, dans l'arène de la survie psychologique et de l'imagination ténébreuse. La peur y prend des formes déguisées comme le doute de soi, l'insécurité, le manque de confiance, la réserve, la timidité, l'inhibition, la répugnance à s'affirmer, à s'exprimer ou même à être soi-même. Peu importe la forme que la peur prenne : votre détermination à y faire face sera le facteur décisif de votre destin dans le noble pays qu'est le potentiel humain. La peur deviendra votre amie ou votre ennemie selon que vous en serez le maître ou l'esclave. C'est en franchissant ce passage-ci que vous pouvez reprendre le dessus et emboîter résolument le pas à la vie que vous êtes venu vivre ici-bas.

Certains chapitres étaient plus axés sur la conscience, la compréhension, le discernement et le recul. Mais dans le cas de la peur, ce sont l'action et les gestes à poser pour faire face à vos peurs qui comptent. C'est pour cette raison que ce chapitre traite d'exercices particuliers, de choses à faire.

Un seul acte courageux en appelle d'autres. De telles petites décisions, de tels moments, donnent forme à votre vie et inspirent les autres à en faire de même. Alors, bienvenue à ce huitième passage. Il constitue votre rite de transition dans le royaume du guerrier pacifique.

Dans ce chapitre, vous explorerez les endroits du corps où se localisent les peurs, vous aurez l'occasion de faire face à votre moment de vérité personnelle avec le test de l'épingle, d'affronter et de dépasser le doute de soi et d'apprendre une méthode pour libérer votre corps des peurs qui se sont accumulées dans des zones particulières de tension.

Comprendre l'adversaire

Mon ami Walter m'appela un jour pour me dire qu'il avait échoué à un test de courage qui exigeait que les participants grimpent jusqu'au sommet d'un poteau téléphonique, se tiennent debout dessus et s'en jettent pour attraper au vol un trapèze situé environ un mètre cinquante plus loin. Même s'il était assuré par un harnais et des courroies de sécurité, cette entreprise lui semblait plus qu'imposante.

« Tu dis que tu as échoué. Mais est-ce que tu n'es pas arrivé à grimper jusqu'en haut du poteau ? » lui demandai-je.

« Oui, j'ai grimpé jusqu'en haut », répondit-il.

« Mais tu n'as pas été capable de te tenir debout sur le poteau ? Tu es tombé ? » hasardai-je.

« Non, je ne suis pas tombé. »

« Alors, tu as manqué le trapèze ? »

« Non, j'ai réussi à attraper le trapèze sans problème », répliqua Walter.

« Quelque chose m'échappe, Walter. Tu m'as bien dit que tu avais échoué ? »

« En effet, c'est ce que je t'ai dit, confirma-t-il. Mais tu vois, j'essayais en fait d'éliminer ma peur, mais j'ai eu peur tout au long de l'exercice. »

Ce qui s'était produit chez Walter, c'était qu'il s'était fondamentalement mépris, comme nous le faisons tous, sur la façon d'affronter ses peurs. Vous ne pouvez pas contrôler votre peur en voulant qu'elle disparaisse. Vous ne pouvez conquérir cet adversaire qu'en en faisant votre esclave et conseiller, *jamais* en lui permettant de devenir votre maître. La peur ne peut pas vous subtiliser votre pouvoir. Mais le danger, c'est que vous le lui laissiez sans même faire un geste pour vous battre.

LE SECRET D'UN CASCADEUR

Dar et moi sommes des amis d'enfance. Nous nous sommes rencontrés à l'école où nous avons appris le trampoline. Un jour, nous avons grimpé, grâce à une échelle, sur un panneau publicitaire installé sur le toit de notre école, pour plonger par la suite sur un matelas rembourré posé par terre. Je m'arrêtai au cinquième barreau de l'échelle, alors que Dar continua à monter toujours plus haut. Dix ans plus tard, il était l'un des cascadeurs les plus téméraires et les plus connus des temps modernes.

Au cours d'une de ses cascades, Dar dut courir à toute vitesse, faire un demi-tour dans les airs, se précipiter à travers une fenêtre vitrée, faire une chute de seize étages, puis effectuer un saut périlleux et une demi-vrille avant de tomber sur un matelas d'air. Tout mauvais calcul ou toute erreur de sa part aurait pu lui coûter la vie. Ses engagements comme cascadeur l'amenèrent à se jeter du sommet de l'édifice de Capitol

Records situé à Los Angeles, à sauter d'un hélicoptère effectuant un vol stationnaire pour atterrir sur un énorme matelas d'air situé cent mètres plus bas (qui semblait, d'une telle hauteur, avoir les dimensions d'un timbre-poste) et à se propulser au volant d'une voiture dans le vide du Grand Canyon pour ensuite s'en éjecter et ouvrir son parachute alors qu'il se trouvait dans les airs. Un jour, Dar me rappela en plaisantant que : «Quand tu sautes en parachute, si tu ouvres ton parachute lorsque les gens en bas ont l'air de fourmis, c'est bien. Si les fourmis ont l'air de gens, alors c'est mauvais signe. »

Chaque fois que Dar se préparait à effectuer une nouvelle cascade aérienne, il récitait auparavant un mantra, de plus en plus fort et de plus en plus vite, jusqu'au moment où il se sentait prêt : «Okelandouyejesui, Okelandouyejesui, Ohquelandouillejesuis, Oh! quelle andouille je suis! »

Certains estimaient que Dar était aussi fou qu'intrépide. Mais il n'était ni l'un ni l'autre. Il se servait d'un secret qu'il avait appris il y avait longtemps, sur cette échelle, sur le toit de notre école de trampoline. En fait, Dar Robinson, un des plus grands casse-cou de tous les temps, était terrifié, pratiquement mort de peur, chaque fois qu'il exécutait une nouvelle cascade. Le cœur lui débattait à en exploser et il devait contrôler consciemment sa respiration haletante. Il transpirait et tremblait comme nous le faisons tous. Puis, il faisait ce qu'il avait prévu de faire. Et c'est ce que vous et moi pouvons faire dans notre vie de tous les jours.

Ralph Waldo Emerson a recommandé dans un ouvrage de faire exactement ce dont vous avez peur et que la peur mourrait de façon certaine. Belles paroles. Mais ça ne marche pas. La peur ne meurt jamais. Peut-être ne part-elle jamais non plus. Ou même si elle s'évanouit, elle renaît un peu plus tard pour venir vous saluer un peu plus loin sur votre route. Votre tâche à ce moment-là n'est pas d'attendre que la peur meure, mais d'y faire face pendant que vous vivez.

ANATOMIE DE LA PEUR

Quand vous comprenez les symptômes physiques de la peur, c'est-à-dire comment vous ressentez physiquement la peur, cela vous aide à la « gérer », un peu comme le font beaucoup de femmes enceintes qui, connaissant le processus de l'accouchement, se trouvent plus outillées pour affronter les puissantes vagues du travail. Le fait de savoir ne calme pas la houle, mais cela aide à réorienter les voiles, à fermer les écoutilles et à affronter la tempête.

Lorsque la peur est sourde, c'est-à-dire que vous ressentez une vague anxiété, une légère préoccupation ou nervosité, les symptômes physiques sont subtils : légère modification de la respiration, augmentation imperceptible ou inaperçue de la tension musculaire dans le corps entier, froncement des sourcils, gestes automatiques de nervosité, comme se ronger les ongles ou serrer les mâchoires. Mais lorsque vous percevez un grand danger ou une grave menace, les messagers chimiques du corps, comme l'adrénaline et le glucose, affluent dans le flot sanguin pour énergiser vos muscles et vous préparer à faire face, à combattre ou à fuir le danger. Votre bouche s'asséchera et votre cœur battra plus vite. Votre respiration deviendra rapide et superficielle ou bien elle s'interrompra momentanément. Quand on a peur, on se sent mal à l'aise sur le plan psychologique. Et c'est ce qui est censé arriver. Comme la douleur physique, elle attire notre attention. Cependant, il faut parfois supporter ce qui est douloureux et, parfois, passer à travers ce qui nous fait peur.

LES DIVERSES COUCHES DE LA PEUR

Vous n'avez pas réellement peur de l'acte lui-même de parler en public, de chanter, de passer des examens, de laisser une tarentule grimper le long de votre bras ou même de sauter d'un avion. Non, ce qui vous fait peur, c'est ce que vous imaginez qui pourrait mal tourner : ce que vous pourriez oublier de dire dans votre allocution, chanter faux, échouer à l'examen, vous faire piquer par l'araignée ou encore oublier de tirer la cordelette d'ouverture du parachute. Et la vérité, c'est que vous n'avez même pas peur de toutes ces choses en elles-mêmes, mais plutôt de leurs conséquences émotionnelles ou physiques : l'embarras, la honte, la médiocrité, la douleur ou la mort, en un mot les pires scénarios.

La mention du mot «croisière» amène certains à s'imaginer immédiatement les dîners élégants, les jeux de galets sur le pont ou les magnifiques couchers de soleil, alors que d'autres, terrorisés, se mettent à penser au *Titanic*. Il en va de même pour le camping sauvage : certains s'imaginent des vues panoramiques, de douillets feux de camp et de beaux ciels étoilés, alors que d'autres voient des serpents, des insectes et des ours. Ainsi que vous l'avez appris, les attentes ont tendance à modeler votre vie : des attentes empreintes de peur se manifestent par une vie pleine de peur. Une des clés pour faire face à vos peurs est par conséquent de consciemment vous mettre à visualiser des dénouements positifs pour créer les images de ce que vous voulez, plutôt que d'accorder votre attention à ce qui vous fait peur.

QUAND ÉCOUTER LA PEUR ET QUAND LA DÉPASSER

Les gens me demandent de quelle façon ils peuvent déterminer le moment où ils doivent écouter ce que leur peur leur conseille de faire et celui où ils doivent dépasser cette peur. Je leur réponds que, de façon générale, lorsque le danger est physique, ils doivent laisser la peur les guider afin de prendre leurs précautions, bien se préparer ou même choisir de ne pas prendre de risques inutiles. Mais, lorsque la peur est de nature psychologique, comme c'est le cas de l'embarras, de la honte, du rejet, etc., il est bon de la dépasser.

Les peurs de nature physique sont directes, objectives et réalistes. Si jamais quelque chose tournait mal lorsque vous faites un saut en parachute, vous pourriez vous blesser gravement ou même vous tuer. La peur vous recommande de prendre des précautions.

Mais les peurs de nature psychologique sont indirectes, subjectives et symboliques. Le ciel ne vous tombera pas sur la tête si vous oubliez une phrase dans votre allocution, si vous chantez faux ou échouez à un examen. Il n'y a aucun risque de blessure physique ni de mort. Si vous regardez plus en profondeur dans votre psyché, vous découvrirez que vous avez peur non pas de l'échec, mais de ce qu'il représente : tout ce qui a rapport à la survie psychologique, la peur originelle de perdre la face, d'être rejeté, abandonné, frappé d'ostracisme, dévalorisé, qualifié de médiocre, de charlatan ou d'imbécile.

ÉVALUATION DE VOTRE RELATION À LA PEUR

Les anciens guerriers savaient qu'ils devaient d'abord connaître l'ennemi pour ensuite pouvoir le vaincre. Faites l'inventaire suivant des peurs que vous avez dans votre vie et de la façon dont elles pourraient être reliées à vos besoins et à vos objectifs.

- Êtes-vous quelqu'un qui prend des risques ?

- Pourriez-vous dire de vous que vous êtes quelqu'un de timide et de réservé qui manque d'assurance ou qui doute de lui (d'elle) ?

- Avez-vous déjà remarqué la façon dont vous composez chaque jour avec vos peurs subtiles ?

- Remémorez-vous un incident au cours duquel vous avez laissé la peur vous empêcher de faire quelque chose que vous vouliez faire.

- Remémorez-vous quelque chose que vous avez fait malgré la peur.

- Avez-vous des phobies quelconques ?

- Quelles sont les cinq pires peurs que vous ayez ? L'échec ? Perdre la face (la honte, l'embarras, le ridicule) ? Le rejet ? L'imperfection ou la médiocrité ? Parler en public ? La douleur ? Les hauteurs ? Les insectes ? Les animaux ? Les espaces confinés ? Les gens ?

- Si vous pouviez sauver la vie d'un enfant en faisant ce dont vous avez le plus peur, le feriez-vous ?

- Si vous dépassiez vos peurs, de quelle manière votre vie changerait-elle ?

Plus votre discernement face à vos peurs s'accroît, plus votre pouvoir augmente aussi. Lorsque la conscience éclaire une peur, elle la dissout dans ses fondements. Nombre d'entre nous se méprennent sur la nature de la peur et du courage.

COMMENT VOUS LAISSEZ LA PEUR LIMITER VOTRE VIE

Quelles que soient les causes de la peur, si vous la fuyez (comme beaucoup de gens le font pour éviter les confrontations émotionnelles qui permettraient de résoudre les conflits), vous vous limitez de l'une ou l'autre des façons suivantes :

- Vous deviendrez peut-être votre propre geôlier, en maintenant vos expériences dans une cage censée vous préserver du danger, mais qui bientôt se refermera sur vous.

- Vous évitez peut-être d'essayer quelque chose de nouveau par peur de vous sentir incompétent ou de paraître stupide ou ridicule.

- Il se peut que vous ne vous engagiez jamais totalement dans quelque chose afin de pouvoir vous consoler avec des pensées du genre : « Si j'avais vraiment essayé, j'aurais pu y arriver. »

- Il se peut que vous évitiez, dès que c'est possible, toute situation dans laquelle vous n'avez pas le contrôle, parce que vous avez peur de ne pas être en contrôle.

- Vous pouvez aussi vous empêcher de réussir par crainte que le succès vous laisse insatisfait ou désœuvré.

- Vous pouvez également éviter d'exprimer ce que vous ressentez réellement, par peur que ces émotions vous reviennent et vous mettent mal à l'aise.

- Vous pouvez enfin vous coller une étiquette sur le dos qui devienne à la fois une explication et aussi une excuse. « Je ne peux pas faire ça parce que j'ai une phobie. J'ai une personnalité de nature phobique. »

LES PHOBIES ET AUTRES ÉTIQUETTES

Nominatif recherché du domaine psychologique, le terme phobie désigne une grosse peur. Les petites peurs suscitent des réactions physiologiques légères, alors que les grosses peurs en suscitent de sérieuses. Lorsque nos réactions physiologiques aux ascenseurs, placards, grands espaces, chiens, chats, serpents, araignées, souris, papillons de nuit, insectes ou hauteurs deviennent très désagréables nous les nommons phobies.

Éviter le danger
n'est pas plus sûr à la longue
que de s'y exposer franchement.
Les peureux se font prendre
aussi souvent que les téméraires.

HELEN KELLER

Nous disons souvent « Je ne peux pas » alors que ce que nous voulons dire c'est « Je ne veux pas » ou « Je ne le ferai pas. » Il est absolument vrai que nous ne pouvons pas faire certaines choses comme bondir d'un saut sur un toit ou dépasser en courant des voitures de course. Mais nous pouvons par contre dépasser n'importe quelle peur. Même si cela est désagréable – si nous tremblons, nous évanouissons, transpirons et avons des symptômes semblables à ceux de la grippe –, nous pouvons y arriver. J'ai un ami, David, qui a peur de prendre l'avion (en fait il a peur que l'avion ne s'écrase). La paume de ses mains devient moite, son cœur bat plus vite, il tremble et ses jointures blanchissent tellement il s'agrippe fort à ses accoudoirs. Certains psychologues diagnostiqueraient probablement chez lui une phobie. Malgré tous ces symptômes, David parcourt des milliers de kilomètres chaque année autour du globe parce que son travail le veut. La peur (phobie) est toujours là. Et il n'a pas essayé de s'en débarrasser. Ceux qui prétendent ne pas pouvoir prendre l'avion en raison de leur peur ne prennent en fait pas l'avion parce qu'ils n'achètent pas de billet et ne montent pas à bord de l'avion. David, lui, achète un billet et monte à bord. C'est de cette façon qu'il affronte sa peur.

> *Je n'ai pas cessé d'avoir peur,*
> *mais j'ai cessé par contre*
> *de laisser la peur me contrôler.*
>
> ERICA JONG

LE PROBLÈME, CE N'EST PAS LA PEUR

La peur est comme la petite araignée dans notre jardin qui nous fait sursauter ou la pauvre guêpe perdue dans l'habitacle de notre voiture à qui nous attribuons nos accidents. Le problème avec la peur, c'est notre *réaction*, la façon dont nous traitons les animaux ou les insectes qui nous font peur. La peur, c'est l'animal qui est pris au piège en nous et qui montre les dents, le dénominateur commun humain le plus primaire. C'est la peur qui écrase la délicate araignée ou la svelte guêpe. La peur est le bouc émissaire universel sur qui faire retomber le blâme lorsque nous fuyons l'intimité ou que nous rapetissons intérieurement de mille et une façons subtiles.

Il faut néanmoins apprécier la peur à sa juste valeur, car elle nous lance des avertissements, qu'elle nous le chuchote discrètement à l'oreille ou le crie sur les toits. La peur vous interpelle comme une mère surprotectrice que vous devriez toujours écouter mais dont vous n'avez pas toujours à observer les recommandations. Faites davantage preuve de respect et de moins d'obéissance face à l'enfant effrayé qui est en vous et qui, après tout, peut tout aussi bien être sage ou insensé, serviable ou incapable. Considérez la peur comme une voix qui vous invite à la prudence, mais considérez-la comme un mur à escalader, un obstacle à sauter, un défi à relever, un appel à l'action.

Vous ne pouvez pas contrôler votre peur, mais vous pouvez contrôler votre réaction. Vous pouvez ralentir votre respiration, vous pouvez vous secouer pour défaire vos tensions et relaxer vos muscles. Vous pouvez sentir votre peur et malgré cela faire ce que vous voulez.

Ceux qui sont habités par les plus grandes peurs sont ceux qui ont le plus à gagner en traversant ce huitième passage.

UTILISEZ LA COLÈRE POUR DÉPASSER LA PEUR

Avez-vous déjà éprouvé de la peur pour ensuite ressentir de la colère ? Que s'est-il passé ? Si vous ne vous souvenez pas d'un tel événement, imaginez ce qui pourrait se produire. Vous pourriez en conclure que la colère est plus forte que la peur et qu'elle peut vous servir à transcender la peur par l'action. Et vous auriez raison. La visualisation suivante fournit une métaphore claire à votre inconscient quant à la façon dont la colère peut vous aider à dépasser la peur. En suivant exactement les étapes indiquées, vous créerez au plus profond de votre psyché une sorte d'archétype auquel vous pourrez faire appel, au besoin, dans le quotidien.

- Imaginez que vous avez passé toute votre vie dans une pièce obscure, à peine éclairée. Dehors, une nouvelle vie de liberté et d'ouverture vous attend. Vous aimeriez bien sortir et entrer plus totalement dans la danse de la vie.

- Vous avancez vers le seuil de la pièce et vous vous apprêtez à mettre le pied dehors lorsqu'une silhouette fait son apparition. C'est M. ou Mme Peur qui bloque votre chemin. Imaginez qui ou quoi cela peut bien être. Un parent ? Un professeur ? Un étranger ? Une apparition, un monstre, un extra-terrestre, un clown ? Visualisez cette silhouette.

- À nouveau, vous vous dirigez vers la porte parce que vous voulez mettre le pied dehors, mais juste au moment où vous en atteignez le seuil, M. ou Mme Peur se met devant vous et vous dit : « Stop ! Tu ne peux pas ! Tu ne dois pas ! Tu vas échouer, c'est trop dangereux. Ça ne fonctionnera pas ! » Arrêtez-vous sur le pas de la porte, même si vous voulez vraiment sortir à la lumière. Sentez ce que cela fait de se laisser arrêter par la peur. Imaginez M. ou Mme Peur vous bloquant le chemin, vous intimidant, vous décourageant et vous paralysant. Comment vous sentez-vous ?

- Maintenant, répétez l'exercice exactement de la même façon. Faites rejouer le même scénario dans lequel vous voulez aller dehors mais où la peur vous en empêche. Répétez ce scénario une multitude de fois – trois fois, six fois, dix fois ou plus – et laissez chaque fois la peur vous arrêter. Répétez cela jusqu'à ce que la colère monte. Non pas un petit peu de tristesse, de découragement, de frustration ou d'irritation, mais une vraie colère. À ce stade vous êtes prêt à faire quelque chose de différent.

- Prenez cette colère et transformez-la en énergie de résolution. Prenez une grande inspiration et faites passer le film encore une fois. Avancez vers la porte. M. ou Mme Peur est toujours là, encore devant la porte à vous dire de vous arrêter. Mais cette fois, n'accordant plus d'attention à la peur, passez le seuil de la porte et sortez à la lumière du soleil, accédez à une nouvelle vie.

- Appliquez maintenant cette expérience à des événements de votre vie quotidienne. Le processus étant intégré, choisissez une peur précise qui vous arrête ou vous freine. Cela peut aller de l'expression de vos émotions jusqu'au saut de *bungee*. Imaginez que la peur vous arrête chaque fois que vous voulez faire le pas. Peu à peu vous vous lassez, vous devenez irrité, puis vous vous mettez en colère et, dans votre vision intérieure, vous transformez la situation en passant au travers de la peur. Puis, sortez de chez vous et passez à l'action.

La leçon à tirer de cet exercice, c'est que lorsque la peur croise votre route et que vous avez besoin de la dépasser, vous pouvez soit vous mettre en colère, soit vous arrêter. Le choix vous appartient.

Les prémisses du courage

Les peurs qui nous donnent le plus de fil à retordre dans le quotidien sont plus souvent psychologiques que physiques. Nous pouvons de façon routinière et sans peur rouler à tombeau ouvert sur les routes et les autoroutes, mais nous sentir les genoux fléchir si nous devons faire une allocution devant un groupe de personnes ou aborder quelqu'un qui nous plaît pour lui proposer une sortie. Se jeter dans des activités (relativement sécuritaires) qui font monter l'adrénaline, entre autres la descente de rapides en pneumatique, le parachutisme en chute libre, l'escalade de parois rocheuses, les exercices avec des cordes suspendues dans les airs, le saut de *bungee* ou la marche sur le feu, peuvent sembler être les meilleures façons de dépasser les peurs. Ce ne sont en fait que des prémisses, des actes symboliques qui vous préparent aux défis véritablement effrayants de la vie quotidienne, c'est-à-dire exprimer vos émotions, admettre que vous aviez tort, prendre le risque de vous sentir embarrassé, ridicule ou rejeté, ou d'être juste vous-même.

Les activités suivantes peuvent servir de bonnes préparations et «d'entraînement» sécuritaire pour tous ceux qui veulent faire face à leurs peurs.

Les films: Les films à suspense, les films d'horreur et de science-fiction, et de manière générale les films qui provoquent des tensions et des relâchements, donnent l'occasion de rencontrer, par personnes interposées, des meurtriers, des psychopathes et des monstres, ainsi que de devenir des héros et de courageux aventuriers.

La réalité virtuelle: Bien plus que les films, la réalité virtuelle vous fait de nos jours quasiment vivre l'expérience viscérale de piloter une voiture de course, de voler dans les airs ou de plonger dans les profondeurs de la mer. Vous pouvez ainsi vous jeter dans des aventures et affronter des défis qui autrement pourraient être très risqués.

Les glissades dans les parcs d'amusement: Les montagnes russes ou tout autre manège du genre procurent un maximum de peur avec un minimum de risque. Contrairement aux films et à la réalité virtuelle, elles comportent de véritables sauts périlleux, des vitesses vertigineuses, des forces gravitationnelles importantes et des sensations viscérales.

Les ateliers de défis: «Si j'ai réussi à faire ça, je peux faire n'importe quoi.» Pour ceux d'entre vous qui veulent se donner des frissons, il existe des ateliers de croissance personnelle conçus pour proposer aux participants l'occasion de faire face à leurs peurs par le biais d'activités, comme par exemple:

- marcher sur le feu: autrefois réservée aux yogis et aux chamans, cette activité est entreprise de nos jours par des milliers de gens. Pour eux, marcher sur des charbons ardents, c'est une façon symbolique de faire face à leurs peurs;
- le parachutisme en chute libre: de nos jours, les sauts en tandem et les nouveaux types de parachutes permettent de sauter dans le vide de façon relativement sécuritaire;

- la descente de rapides en pneumatique : selon la force des rapides, une telle activité comprend d'agréables moments de tranquille pagayage en eau calme ainsi que des moments de pagayage débridé en eau vive ;

- le saut de *bungee* : pourquoi ne vous jetteriez-vous pas dans le vide, d'une tour, avec des câbles élastiques attachés à votre harnais ou vos chevilles ? Comme sensations fortes, c'est difficile à battre ;

- l'escalade de parois rocheuses et les exercices avec des cordes suspendues dans les airs : harnachés de façon sécuritaire, les participants grimpent, font de l'équilibre et se perchent dans des arbres, sur des poteaux ou des câbles tendus jusqu'à vingt mètres de hauteur. Ce genre d'exercice vous met directement en contact avec l'impression « Je n'arriverai jamais à faire ça. » Mais vous le faites quand même.

Puis, il y a la performance et la compétition. Toute personne ayant joué la comédie (y compris raconté des blagues dans une réunion de famille), tenu un rôle dans une production théâtrale, prononcé une allocution, joué d'un instrument de musique et chanté dans un concert devant une audience, ou pris part à une importante compétition sportive connaît la peur qui est associée à la performance et au spectacle. Ces situations exigent que vous fassiez carrément face à votre peur, et certainement pas de façon moindre que pour le saut en chute libre. En fait, beaucoup de gens estiment que la peur de parler en public est légèrement plus élevée que la peur de la mort.

Mais la chose importante à comprendre ici est que vous n'avez pas besoin de sauter d'un avion pour faire preuve de courage. Si vous voulez relever un défi vraiment effrayant, invitez votre conjoint au restaurant et chantez-lui quelques lignes d'une chanson d'amour pendant que les clients dînent. (J'ai un tas d'amis qui, si on leur donnait le choix entre chanter en public ou sauter en chute libre, se précipiteraient immédiatement vers l'aéroport.)

Chacun de nous a ses peurs particulières. Celles qui appartiennent au quotidien sont les plus significatives et les plus difficiles à surmonter. Prenez quelques instants pour penser aux peurs que vous ressentez dans votre quotidien.

TOUT SIMPLEMENT PASSER À L'ACTION : UN EXERCICE POUR FAIRE FACE À LA PEUR

- Choisissez une activité ou une tâche qui vous pose un certain défi (comme parler ou chanter en public, inviter quelqu'un à dîner, demander une augmentation de salaire à votre patron ou exprimer un fantasme), quelque chose que vous aimeriez vraiment faire mais que vous n'avez pas osé faire, par peur d'échouer, de vous sentir rejeté ou ridicule.

- Prenez l'engagement de la mener à bien au cours des six semaines à venir.

- Faites part à un ami de cet engagement ainsi que des raisons qui vous y poussent. Choisissez soit d'écrire une lettre dans laquelle vous expliquez vos plans ou bien rédigez un contrat avec vous-même et signez-le.

- Voyez aux préparations ou aux dispositions nécessaires afin de pouvoir donner suite à cet engagement.

- À mesure que la date et l'heure de faire face à votre peur et de la dépasser approchent, n'oubliez pas de rester dans l'instant présent. Lorsque vous vous mettrez à penser à l'activité en question, vous vous sentirez probablement nerveux, anxieux ou peut-être simplement excité. Le geste que vous avez choisi de poser n'est peut-être après tout pas aussi effrayant que ce que vous aviez imaginé. Ou peut-être l'est-il. En maintenant votre attention sur l'instant présent, vous restreignez l'émergence de la peur au moment où elle est naturelle et appropriée, c'est-à-dire au moment où vous vous apprêtez à faire ce dont vous avez peur. Ne la laissez pas sortir des heures ou des jours avant.

- Après avoir posé votre geste, faites un dessin ou une peinture de la signification de cette expérience pour vous. Vous pouvez également rédiger quelques paragraphes. Cependant, la peinture ou le dessin expriment de façon plus appropriée l'expérience faite par votre inconscient. Point besoin de comprendre ce que vous dessinez ou peignez. Regardez simplement ce qui émerge.

- Comme exercice de suivi, vous pourriez choisir chaque mois un geste que vous avez toujours voulu poser mais n'avez jamais osé, en partie à cause de la peur, et observer le même processus d'engagement, de préparation et d'action. Il pourrait s'agir d'un des défis présentés aux pages précédentes : vous retrouver dans l'action de la réalité virtuelle, sur les montagnes russes d'un parc d'amusements ou même encore descendre des rapides en pneumatique ou sauter en chute libre. Ou bien il peut s'agir de quelque chose d'immédiat et de pratique auquel vous devez faire face chaque jour.

Dépassez la peur par l'action

Les peurs qui surgissent dans la vie et les rencontres quotidiennes sont cependant de loin les plus importantes. Lorsque vous remarquez que vous évitez de passer à l'action parce que vous vous sentez nerveux ou hésitant, c'est que le moment de vérité est arrivé. Qu'allez-vous faire ?

Tous les gens ayant déjà fait face à un moment de vérité, ayant senti la peur et sauté de l'avion, fait leur entrée sur scène pour s'asseoir au piano ou entamer leur allocution devant une audience, ou qui, d'une façon ou d'une autre se sont trouvés au bord du précipice et ont sauté, savent quelque chose que les âmes moins téméraires ne savent pas. C'est-à-dire qu'une fois que vous êtes totalement engagé, pris par l'activité, la peur s'estompe ou disparaît parce que votre attention n'est plus fixée sur ce qui pourrait arriver. Elle est totalement absorbée par ce qui est en train d'arriver. Il se peut que la peur soit encore là, mais vous ne la remarquez pas.

Peu importe la conviction avec laquelle vous dites ou pensez être engagé à faire quelque chose : il ne s'agit que d'une intention, d'un plan, d'un fantasme. Vous ne pourrez connaître votre degré d'engagement ou de courage que si vous les éprouvez dans le feu de l'action, dans le moment de vérité, quand c'est tout ou rien, la vie ou la mort. Le test suivant est une façon pratique de découvrir et de développer le courage et l'engagement, ainsi que d'en faire preuve. Il sert de rappel symbolique dans tous les moments de votre vie où vous devez dépasser vos peurs.

LE TEST DE L'ÉPINGLE :
RÉSOLUTION À VIVRE LE MOMENT DE VÉRITÉ

Que feriez-vous si un jour une voiture venait faire une embardée sur votre voie ou que quelqu'un dans la rue se mette à vous injurier ou vous attaquer ? Resteriez-vous pétrifié, paniqueriez-vous ou passeriez-vous à l'action de façon résolue ? L'exercice suivant, le test de l'épingle, sert de leçon et de rappel symbolique pour faire preuve de courage dans vos moments personnels de vérité.

Vous devez tout d'abord trouver une surface de bois, comme un dessus de table, et quelques épingles de couture.

La première étape consiste à planter la pointe d'une épingle dans le bois de la table ou de toute autre surface : l'épingle doit tenir debout toute seule. Puis, la main ouverte, paume à plat, vous frappez d'un grand coup et directement sur l'épingle, pour que celle-ci se plie en deux.

Cette épingle tient symboliquement lieu des peurs qui s'interposent entre vous et vos objectifs. Poser sciemment ce geste, c'est-à-dire frapper et tordre l'épingle, représente le geste résolu que vous avez besoin de poser pour passer à travers la peur et atteindre votre objectif. En ayant cela à l'esprit, procédez comme suit :

- Frappez de votre main ouverte une surface plane de bois, par exemple une table, de façon à ce que vous sentiez un picotement et que cela résonne. Cela est une répétition du même mouvement que vous ferez lorsque vous frapperez de votre main l'épingle plantée dans le bois.

- En premier lieu, vérifiez vos épingles en en tenant une entre les doigts des deux mains et en la pliant. Vous pouvez aussi, si vous le voulez, planter à la verticale une épingle dans le bois de la table et laisser tomber dessus un livre relié pour vérifier de quelle façon elle se plie. Après cela, vous serez prêt.

- Concentrez-vous sur l'épingle et arrivez-en à la résolution de frapper avec votre paume l'épingle et la table comme si l'épingle n'était pas là. Ne pensez pas à l'impact sur l'épingle, mais pensez à passer à travers elle, à la façon dont les adeptes des arts martiaux doivent penser à passer à travers une planche pour pouvoir la casser.

- Quand vous vous sentez prêt, allez-y. Votre moment de vérité est venu.

- Si vous abattez la paume de votre main énergiquement et sans retenue sur la table avec un grand bruit de claque, vous ne vous rendrez même pas compte que l'épingle était là. Elle se pliera simplement en deux et laissera la paume de votre main totalement intacte. Le seul inconfort que vous ressentirez, peut-être, sera un picotement dans votre paume dû à l'impact de la claque sur le bois.

- N'y allez pas à moitié. Faire juste assez d'effort n'est pas tout à fait suffisant. Si vous vous retenez – que vous laissiez la peur interférer dans votre résolution et que vous creusiez votre paume ou que vous ralentissiez – il est beaucoup plus probable que vous manquiez votre coup. Vous pourriez même vous entailler la main !

- Soit vous choisissez de ne pas relever ce défi, soit vous y allez sans retenue aucune, avec toute la force de votre être. Il est naturel de sentir de la retenue, des doutes ou de la peur. Il vous suffit de ne pas laisser ces émotions interférer avec ce que vous avez décidé de faire.

- Lorsque vous passez à l'acte, remarquez comment vous vous sentez quand vous faites ce que vous avez choisi de faire malgré la peur ou le doute.

Si vous décidez de ne pas faire le test de l'épingle, faites honneur à la clarté d'esprit qui vous a fait faire ce choix. Mais, en même temps, notez que ce défi est une belle occasion. Vous ne pouvez profiter que des gestes que vous posez réellement.

Le doute de soi : le grand imposteur

Comme vous avez pu le constater, ce ne sont pas toutes les peurs qui sont aussi particulières et définies comme faire face au test de l'épingle ou à un plongeon dans le vide ou à une allocution à prononcer. Ainsi que cela se produit pour certaines personnes qui ne réalisent pas qu'elles sont manipulées, exploitées ou séduites à moins que cela ne les frappe de plein fouet, il nous arrive aussi de ne pas reconnaître les mécanismes subtils et insidieux de la peur lorsqu'ils se manifestent par une sensation vague, à peine perceptible de malaise ou de doute. Nous ne nous rendons pas souvent compte que nous nous trouvons devant la peur lorsque nous ressentons de la nervosité, de l'hésitation, de la procrastination, de l'aversion, un manque d'intérêt ou – et c'est la forme la plus insidieuse de la peur – lorsque nous doutons de nous-mêmes.

Lorsque vous étiez bébé, il ne vous est jamais venu à l'esprit de douter de vous-même. Celui qui a inventé le dicton « Si vous tombez sept fois, relevez-vous huit fois » doit avoir observé les bébés qui essaient inlassablement de se tenir debout et de marcher, et qui tombent et se relèvent sans cesse.

En grandissant, vous vous êtes mis à vous comparer aux autres et vous avez commencé à élaborer des croyances quant à vos capacités. Presque toutes nos croyances sur nos compétences et nos capacités proviennent du fait que nous croyons manquer de talent alors qu'en fait nous manquons seulement d'expérience.

Voici ce qui se produisit dans mon cas : on m'envoya à la maternelle avec deux semaines de retard, ce qui eut pour conséquence que lorsque je commençai à peindre des arbres, les autres enfants le faisaient presque tous les jours depuis une semaine. Mais cela, je ne le savais pas. Tout ce que je sus, lorsque je me mis à comparer mes arbres à ceux des autres enfants, c'est que leurs arbres avaient des branches et des feuilles alors que mes premières tentatives ressemblaient plutôt à de grosses sucettes vertes. Je pris donc pour acquis qu'ils étaient plus doués que moi. Par conséquent, lorsqu'on me donnait le choix entre peindre ou aller jouer dans le carré de sable (j'étais vraiment doué pour le carré de sable), que pensez-vous que je choisissais ?

Chacun de nous porte en soi une liste, courte ou longue, des choses pour lesquelles nous croyons sincèrement ne pas être doués. Nous pouvons bien essayer de justifier ces croyances en citant des expériences qui viennent les confirmer. Mais ce qui pouvait être vrai alors, ne l'est peut-être plus maintenant. Les vilains petits canards savent parfois se transformer en de beaux cygnes. Albert Einstein était nul en mathématiques à l'école élémentaire et le joueur de baseball Babe Ruth était le roi des retraits au bâton avant de devenir le roi des coups de circuit.

Faire l'impossible

Vous allez entreprendre une activité qui, à coup sûr, suscitera en vous de sérieux doutes sur votre capacité à l'accomplir.

Votre expérience vous fera dire : « Je suis incapable de faire ça. » Et votre logique dira non aussi.

Le défi suivant vous prouvera que vous pouvez faire beaucoup plus que ce que vous pensez.

- En premier lieu, lisez la liste suivante qui comprend vingt objets : une table, un lapin, un téléphone, une automobile, une orange, des jeans, un cigare allumé, un petit bocal à poisson, une télévision, un sac à main, un vieux réveille-matin, une moto, un réfrigérateur, des chaussures de course, une montagne, de la peinture jaune, une cascade, des culottes, une balle de tennis et un vieux physicien.

- Que penseriez-vous si je vous disais que dans les quatre minutes qui suivent vous serez capable d'avoir mémorisé cette liste de vingt objets, et pas seulement dans l'ordre donné, mais à l'envers. Et ce n'est pas tout. Si je nomme n'importe lequel de ces objets, vous saurez vous rappeler quels objets viennent immédiatement avant et après.

- En raison de vos expériences passées, vous doutez probablement fort de pouvoir y réussir. Veuillez évaluer vos doutes sur une échelle de 1 à 10 (1, représentant un très petit doute et 10, un fort doute). Écrivez ce chiffre ici __ou dites-le à haute voix.

- Maintenant, utilisez vos capacités naturelles d'imagination pour visualiser un film. Tout d'abord, imaginez une petite *table*. Imaginez que vous tendez les bras et que vous tenez la table par ses pattes. Sentez maintenant que la table bouge de haut en bas. Pourquoi ? Parce qu'un petit *lapin* rose saute dessus comme sur un trampoline. Il bondit pour attraper le *téléphone* qui sonne et qui est accroché au plafond. Vous voyez le lapin qui attrape le téléphone fixé au plafond ? Puis une grosse *automobile* passe à travers le plafond pour tomber dans le salon et venir s'écraser sur une immense *orange* d'une couleur éclatante et l'aplatir en faisant gicler son jus sur des *jeans* qui sont accrochés au mur. Bien sûr, lorsque vous arrosez les *jeans* de jus d'orange, la fermeture éclair s'ouvre et un *cigare* allumé en sort, pour tomber dans un *petit bocal à poisson* avec un chuintement, ce qui transforme comme par magie le bocal en écran de *télévision*. Qu'est-ce qui passe en ce moment à la télé ? C'est la programmation de télé-achats : on vous propose un beau *sac à main*. Le sac s'ouvre et en jaillit en tournant sur lui-même un *réveille-matin* cliquetant, puis un autre. Les deux réveille-matin qui tournent se transforment en roues de *moto* et celle-ci s'éjecte de l'écran de télévision pour aller s'écraser sur le *réfrigérateur*. La porte du frigo s'ouvre et plusieurs paires de *chaussures de course* en sortent en courant pour gravir une montagne au sommet de laquelle se trouve un gros bidon de *peinture jaune* dans lequel elles donnent un grand coup de pied. Alors que la peinture se déverse sur le flanc de la montagne, elle se transforme en eau pure et claire pour former un peu plus bas une *cascade*, comme les chutes du Niagara, inondant toutes les *culottes* suspendues sur la corde à linge en dessous. Une *balle de tennis* d'un beau jaune sort d'une des culottes et atterrit sur la tête d'un *vieux physicien* qui, à ce moment là, a une idée géniale.

- Repassons ce film ensemble. Le premier objet que vous avez tenu entre vos mains était une ___; dessus, sautait un ___qui se saisit d'un ___fixé au plafond, plafond qui s'effondra en même temps qu'une ___y passa au travers et tomba sur une gigantesque ___; son ___arrosa le ___accroché au mur ; la ___s'ouvrit et le ___tomba dans le ___qui se transforma en ___où l'on pouvait voir un ___d'où sortit en tournant un ___, puis deux, qui se transformèrent en ___de ___, qui s'éjecta de l'écran de télévision pour s'écraser sur le ___ d'où sortirent plusieurs paires de ___qui se mirent à courir vers le haut d'une ___pour renverser de la ___qui se transforma en une immense ___, qui à son tour trempa les accrochées sur la corde à linge. Une ___sortit de l'une d'elles et finit par atterrir sur la tête d'un ___qui eut une idée géniale.

- Maintenant, fermez les yeux et faites dérouler le film à l'envers, en commençant par le physicien et en terminant avec la table. Amusez-vous bien !

- Finalement, si je vous nommais un des objets, disons *l'orange*, quel objet venait avant et quel objet venait après ? ___et ___. Et pour le réfrigérateur ? Qu'est-ce qu'il y avait avant et après ? ___ et ___.

Remarquez que vous venez de faire quelque chose – peut-être pas à la perfection, mais plutôt bien – que vous doutiez sérieusement de pouvoir faire. Si vous avez réussi à le faire, vous pouvez aussi surmonter le prochain doute que vous aurez.

Pratiquer le courage: Ainsi que le proverbe le dit : « Ceux qui osent avec témérité risquent également de tomber. » En tant que gymnaste, j'avais l'habitude de tomber entre vingt et trente fois par jour lorsque j'essayais de nouveaux mouvements. Lorsque l'échec devient un événement quotidien, cela réduit beaucoup l'impact de la peur.

Il est très bon de connaître l'échec, le rejet, l'embarras, la honte, car nous découvrons ainsi que, malgré tout, le ciel ne nous tombe pas sur la tête et que la vie continue. Et si nous persévérons malgré ces revers, nous continuons de nous améliorer.

Clé importante: développer une aptitude aide à diminuer la peur: Nous pouvons dire que nous sommes tous des ignorants puisque nous ignorons tous certaines choses. De façon similaire, nous avons tous peur, mais dans des circonstances diverses. Vous et moi pouvons avoir peur de nous tenir sur le bord d'un plongeoir de dix mètres de haut, alors que nous nous préparons à exécuter le saut de l'ange. Par contre, des plongeurs expérimentés ne ressentiront pas de peur, ou très peu, parce qu'un tel plongeon de base ne représente plus de risques, pour eux. Mais, le jour où ils ont effectué leur premier saut de l'ange ou lorsqu'ils ont essayé de faire un plongeon qu'ils n'avaient jamais exécuté auparavant, ils ressentirent aussi de la peur.

La peur diminue donc avec l'amélioration des aptitudes. Lorsque votre compétence s'améliore, votre confiance s'améliore aussi.

Doutez-vous d'être un bon cuisinier ? Croyez-vous manquer de coordination physique et de talent pour le sport ? Pensez-vous que vous n'êtes pas très bon avec les chiffres parce que vous aviez des problèmes de langage à l'école élémentaire ? Croyez-vous qu'il vous manque un gène parce que vous doutez de pouvoir installer des appareils électroniques ?

Alors, relevez ce dernier défi :

- Trouvez quelque chose – n'importe quoi – dans quoi vous voudriez être bon mais dans quoi aussi vous doutez de l'être (ce à quoi vous pouvez donner toutes sortes de bonnes raisons).

- Donnez-vous un objectif clair et précis, comme : « Je vais débrancher et rebrancher tous mes appareils électroniques », ou « Je vais apprendre à faire la roue » (ou toute autre prouesse physique), ou « Je vais préparer un repas de cinq services. »

- Une fois que vous avez choisi votre objectif, établissez un échéancier réaliste. « Un de ces jours » n'est pas assez précis.

- Ensuite, rédigez une liste des choses que vous pouvez faire pour vous préparer, c'est-à-dire un plan des étapes successives vous permettant d'apprendre à faire ce que vous voulez faire. Cela pourrait débuter par quelques appels téléphoniques, une visite à votre bibliothèque pour y trouver un livre, prendre des cours ou consulter un ou une amie qui a de l'expérience dans ce que vous voulez apprendre.

- En d'autres termes, choisissez un objectif, préparez-vous bien, doutez si vous le voulez, puis passez à l'action parce que vous pouvez y arriver.

Choisir des objectifs dont nous doutons, puis les réaliser, est une des choses les plus inspirantes, vivifiantes et stimulantes que je connaisse. N'oubliez pas les paroles de Bob Dylan : « Ceux qui ne sont pas occupés à vivre, s'occupent à mourir. »

Libérez le corps de la peur

La peur commence par une pensée, une émotion ou une attente, mais elle finit par se retrouver prise dans votre corps sous la forme de tension physique et de respiration courte ou retenue. Une façon de composer avec la peur, c'est de travailler directement avec le corps, d'en éliminer la peur qui s'y est accumulée sous forme de tension.

Le professeur Oscar Ichazo, fondateur de l'école Arica, préconisa le fait que le corps comporte différentes zones de peur, des zones où diverses peurs sont emmagasinées. En massant ces zones, quelquefois pratiquement jusqu'aux os, vous permettez au corps de se libérer de la tension et de la peur.

La tension musculaire chronique générée par la peur limite les combinaisons de mouvements et occasionne des douleurs physiques ou même ce qu'on appelle l'anesthésie biologique (blocage des sensations). Nous commençons par restreindre certains mouvements ou façons de penser, nous perdons quelques degrés de conscience, de vivacité d'esprit, de spontanéité et d'autres fonctions cérébrales. L'automassage nous permet de prendre directement la responsabilité du nettoyage des tensions produites par la peur dans notre propre corps. En pétrissant doucement, profondément et respectueusement les parties où est logée la tension, nous aidons le corps à devenir plus vivant, plus élastique et plus jeune.

Vous trouverez ci-dessous une liste des différentes zones où la peur se fixe dans le corps. Que chacune de ces zones de peur corresponde ou pas à quelque chose pour vous, le seul fait de sentir que vous nettoyez une peur particulière en pétrissant profondément les muscles et en travaillant le long des os – cela fonctionne comme un rituel de purification – a des répercussions profondes sur vous. Faites confiance à votre instinct : il saura guider vos mains pour que vous employiez la pression nécessaire.

Prévoyez plusieurs heures pour pouvoir vous masser le corps entier en une seule fois ou massez-vous un peu chaque jour dès que vous avez un moment de libre. Si vous massez une zone ne serait-ce que cinq minutes par jour, à la fin de l'année vous aurez passé plus de trente heures à libérer votre corps des tensions et des peurs qu'il abrite.

Vous aurez besoin d'un partenaire pour masser les zones qui se trouvent dans le dos. Utilisez l'huile à massage parcimonieusement et assurez-vous que vos ongles soient coupés courts. Travaillez le corps lentement et patiemment, profondément mais avec délicatesse, en adoptant une attitude de respect face à lui. Commencez par un effleurage avant de passer à des mouvements de pétrissage plus profonds.

LES ZONES OÙ LA PEUR SE LOGE

- **Les pieds (peur d'être soi-même) :** Tirez, vrillez et pliez chaque orteil ; travaillez le cou-de-pied, autour des os de la cheville, et massez en profondeur la plante des pieds.

- **Les mollets et les tibias (peur de l'action) :** Faites des effleurages délicats sur toute la longueur du plat et des côtés du tibia ; travaillez en profondeur le haut et le bas des mollets.

- **Les genoux (peur de la mort) :** Dégagez les deux côtés intérieurs des genoux, déplacez la rotule dans tous les sens et travaillez l'arrière du genou en profondeur.

- **Les cuisses (peur d'un manque de capacité) :** Travaillez sur l'aine et le haut de la cuisse, sur tous les muscles des os du pelvis et pétrissez en profondeur les muscles des cuisses.

- **Les parties génitales, y compris le coccyx et les ischions (peur de la sexualité) :** Massez toutes les parties tendres autour du sexe, de l'anus et du coccyx.

- **Le pelvis, de l'os du pubis jusqu'en haut du sacrum à l'arrière (peur de la vie, timidité) :** Travaillez profondément la partie supérieure du pelvis, de la colonne vertébrale au pubis.

- **Le diaphragme, du bas des côtes jusqu'à l'os du pelvis (peur de l'assimilation, de manger, de respirer, de prendre sa place dans le monde) :** Travaillez sous la cage thoracique dans le dos et jusqu'au plexus solaire (sous le sternum).

- **De la cage thoracique jusqu'à la clavicule (peur de la colère, qui se manifeste par la tristesse et les soupirs) :** Travaillez sous la clavicule, les muscles de la poitrine et entre chaque côte.

- **Les mains, jusqu'en haut des os du poignet (peur de poser un geste) :** Travaillez entre tous les doigts et dans la partie entre le pouce et l'index, jusqu'au point où les os se rejoignent.

- **L'avant-bras et le coude (peur d'être puni) :** Travaillez le creux entre le radius et le cubitus à partir de l'intérieur du coude jusqu'au poignet.

- **Les épaules, les deltoïdes et la partie allant des aisselles aux coudes (peur d'être déçu) :** Bien travailler les muscles du dessus et des côtés des épaules, ainsi que les biceps et les aisselles.

- **Haut du dos, trapèzes et rhomboïdes (peur de perdre le contrôle, l'incapacité de déléguer met tout le poids du monde sur les épaules) :** Travaillez sous les omoplates et le long de tous les muscles de la partie supérieure du dos.

- **Bas du dos, du pelvis aux omoplates (peur de perdre) :** Travaillez tout le long de la colonne vertébrale et autour des omoplates.

- **Base du crâne jusqu'au haut du dos, au trapèze (peur de faire des gaffes en société) :** Bien sentir chaque fibre des muscles allant de la base du crâne aux muscles du haut du dos.

La tête et le visage (seul ou avec un partenaire): Massez doucement et lentement la surface de tous les os, en appuyant un peu plus là où cela est tolérable et un peu moins là où c'est plus sensible. Effleurez le front avec des mouvements qui vont du milieu vers les tempes. Faites des pressions avec vos index entre les sourcils et passez avec vos doigts sur l'arcade sourcilière. Massez les tempes, les pommettes, la zone autour du nez, les lèvres et le menton. Massez en profondeur sous les mâchoires. Massez l'oreille (externe) en la vrillant et la tournant. Frottez le cuir chevelu de façon vigoureuse.

- **Peur des malentendus :** Oreilles, région du cou et mastoïde.
- **Soucis et questionnements :** Front, des sourcils jusqu'à la racine des cheveux.
- **Colère :** Arcades sourcilières et entre les sourcils.
- **Préjugés et jugements :** Bords osseux du globe oculaire et attaches musculaires.
- **Honte :** Pommettes.
- **Peur du contrôle extérieur :** Nez.
- **Peur d'être déçu :** Lignes allant de la base du nez aux lèvres.
- **Peur d'être dégoûté :** Bouche, lèvres et muscles autour de la bouche.
- **Peur de l'infériorité :** Menton.
- **Peur d'être répugné (choses vues et senties, situations) :** Mâchoires.

Ce massage intense est destiné à éliminer tout ce qui peut rester des tensions associées à des peurs passées et présentes. Il ne fait pas disparaître la peur, seulement les tensions qui l'accompagnent. En éliminant la tension, vous apprendrez à maintenir votre corps en état de relaxation et votre esprit malléable. Cela vous permettra d'agir efficacement, de façon déterminée et courageuse face à la peur.

Adieu à la peur

Vous avez peut-être découvert que plus vous ressentez de peur dans un défi, plus l'exaltation qui en résulte est grande lorsque vous l'avez dépassée. Dans la vie, il existe peu de paroles plus satisfaisantes que celles-ci: « J'y suis arrivé! » Chaque fois que vous affrontez votre peur en faisant ce que vous voulez ou avez besoin de faire, vous mettez en pratique dans le quotidien l'état d'illumination. La peur n'est donc pas un mur infranchissable, mais une ouverture sur autre chose. Elle n'est pas la fin du monde, mais seulement le commencement. Nous devons parfois sauter à pieds joints dans l'inconnu avec foi et nous attendre à ce que les ailes nous poussent durant notre descente.

La fin d'un sentier nous conduit vers un autre sentier. Maintenant que vous avez approfondi dans ses recoins les plus cachés la peur qui se manifeste sous toutes sortes de formes dans le quotidien, vous êtes prêt à aborder le prochain passage, c'est-à-dire les ombres de votre psyché. Vous allez rencontrer les parties abandonnées et reniées de vous-même pour faire la lumière dessus. Ce faisant, vous aurez la possibilité de devenir intégralement vous-même.

Faites la lumière
sur vos zones d'ombre

Quand vous étiez bébé, vous étiez un pur potentiel
total et complet, ouvert et authentique,
docile et fort, sage et capricieux,
discipliné et spontané,
une multitude de possibilités.
En grandissant,
vous avez découvert que certaines parties de votre être
entraient en conflit avec les valeurs du moment
et les avez délaissées pour créer de fausses images de vous-même
afin de devenir « ceci » et non pas « cela ».
Viendra un jour où ces fausses images seront révolues.
C'est ce que vous ne voyez pas qui peut vous faire mal :
en faisant la lumière sur vos zones d'ombre,
vous redevenez à nouveau complet et authentique.
En libérant l'énergie autrefois liée
à la défense de l'image de vous-même,
vous retrouvez énergie, compréhension,
humilité et compassion.

Cultivez la compassion
et l'authenticité

Je suis allé vivre dans la forêt parce que
je voulais vivre de mon plein gré,
pour faire face seulement aux choses essentielles de la vie
et voir si je ne pouvais pas apprendre ce qu'elle avait à m'enseigner,
plutôt que de découvrir, le jour de ma mort,
que je n'avais pas vécu ma vie.

HENRY DAVID THOREAU

Itinéraire de l'explorateur :
À la recherche de l'authenticité

S ocrate, le philosophe grec de l'Antiquité, conseillait à tous
de « se connaître soi-même » avant toute chose. Platon, son
étudiant le plus connu, écrivit la phrase suivante dans son
ouvrage *Dialogues* : « Une vie que l'on ne questionne pas ne vaut
pas la peine d'être vécue. » Ces paroles portent loin.

Un sage des temps modernes du nom de Harry Palmer formule cette vision de la façon suivante :

> Depuis le temps des anciens brahmanes indiens jusqu'aux précurseurs du mouvement du potentiel humain des temps modernes, en passant par les civilisations grecque et romaine, une seule doctrine est restée identique à elle-même, même si elle a été formulée de façons diverses. C'est une doctrine qui s'insinue dans toute pratique spirituelle, toute philosophie et tout programme dont l'objectif est de s'aider soi-même. Il s'agit de la formule, *Connais-toi toi-même.*
>
> Ne serait-ce rien d'autre qu'un extraordinaire petit conseil qui s'est transmis de génération en génération depuis dix mille ans ou bien est-ce quelque chose de beaucoup plus profond ? Serait-ce l'expression d'une quelconque finalité humaine fondamentale qui niche au creux de notre âme ?
>
> Même l'enfant abandonné, élevé dans un isolement total sans langage ni coutumes connus, en viendra un jour à emprunter le sentier du voyage intérieur. Qui suis-je ? Qu'est-ce que la vie ? Ces questions-là ne trouvent pas de réponse satisfaisante dans les biens matériels. Elles sont l'apanage d'un questionnement qui conduit vers l'intérieur, vers l'âme, et qui passe par les turbulences inexplorées du mental.

Dans le chapitre précédent, *Faites face à vos peurs*, vous avez reconnu votre peur fondamentale de la médiocrité – la peur d'être démasqué et pris pour un charlatan ou un idiot. Ce n'est pas en nous rassurant ou en jouant certains rôles, qui ne trompent personne d'autre que nous-mêmes, que nos peurs disparaissent. Non, elles s'estompent plutôt lorsque nous plongeons notre regard dans les profondeurs de nos zones d'ombre et que nous découvrons que nous sommes après tout des charlatans et des idiots, ainsi que des héros et des fripons, des voleurs et des amants, de mauvais lutins et de vieux sages. Nous sommes tous des diamants comportant de multiples facettes et imperfections.

Chacun de nous est comme la lune,
avec un côté obscur dissimulé
qu'on ne fait jamais voir à personne.

MARK TWAIN

Vous êtes conscient de certaines de vos qualités, de la fameuse pointe de l'iceberg. Vous avez par contre occulté d'autres aspects de votre personnalité, et avec eux, vous vous êtes coupé d'une partie de votre pouvoir, de votre créativité et de votre éclat. Le temps est venu de faire la lumière sur vos coins d'ombre, de redevenir complet et vrai, sans laisser quoi que ce soit à dissimuler ou à défendre.

Puisque vous avez vu les trésors cachés de l'inconscient et savez les apprécier, vous êtes maintenant prêt à fouiller plus profondément, à aller au royaume des ombres, où des parties de votre identité reniées et laissées à l'abandon n'attendent qu'à être revendiquées.

La raison pour laquelle vous avez rejeté certains aspects de votre caractère, certaines qualités qui constituent avec d'autres la richesse de votre personnalité et de votre force, s'éclaircira bientôt. Le royaume de l'ombre est le royaume des anges déchus et des peurs, où l'image de soi meurt et l'illusion cède sa place à une réalité nouvelle et unifiée, à l'humilité, à la compassion et à l'authenticité. Vous vous sentirez peut-être plus vieux, mais vous serez sans aucun doute plus sage.

N'oubliez pas que l'objectif supérieur de l'exploration que vous faites avec chaque passage – et la raison particulière pour laquelle vous voulez reconnaître les parties secrètes ou cachées de vous – est d'élever votre niveau de conscience et d'attention afin de pouvoir vivre plus totalement et de libérer l'énergie qui vous servait auparavant à défendre une image.

Cette exploration vous fera aborder des sujets tels que des réflexions sur l'obscurité, la lumière et l'intégralité. Vous ferez aussi la lumière sur vos propres zones d'ombre en clarifiant leur signification et leur pouvoir, ainsi qu'en vous demandant en premier lieu pour quelle raison vous voudriez faire la lumière sur

votre ombre. Puis, après avoir exploré certaines façons éprou-
vées de longue date pour exprimer vos zones d'ombre de façon
constructive, vous procéderez à l'examen de la réalité par trois
questions-clé. Cette vérification est le moyen le plus constructif jamais conçu pour se retrouver face à son ombre, afin de l'accueillir et de finalement pouvoir devenir authentique et total.

Obscurité et lumière

Une nuit alors que je marchais dans la rue avec Socrate, je
vis deux silhouettes menaçantes se rapprocher de nous. Socrate
me dit : « Parfois, tu dois t'occuper de l'obscurité avant de pouvoir voir la lumière. » Ses paroles peuvent servir de prophétie
à tous.

Là où il y a de la lumière, il y a de l'ombre. Tout extérieur
comporte un intérieur. À toute hauteur correspond un bas-fond.
À chaque chose ayant été révélée correspond quelque chose de
caché. Les nations, les organismes, les groupes spirituels, les
religions et les cultures possèdent tous leurs ombres collectives.
Mais, c'est votre *propre* ombre que vous devez accepter pour
pouvoir traverser ce neuvième passage.

Il n'y a pas de lumière sans ombre
et aucune intégralité psychique sans imperfection.

CARL JUNG

Dans le conte merveilleux de James Barrie, Peter Pan perd
son ombre dans la maison des Darling, où, par le trou de la ser-
rure, il écoutait Wendy raconter des histoires le soir avant le
coucher. Peter Pan est obligé de courir le risque de se faire
découvrir, c'est-à-dire de se faire voir pour qui il est – parce qu'il
doit trouver son ombre à tout prix. Ainsi en est-il de nous, sans
exception.

Sans son ombre, Peter Pan ne se sent pas complet et en fait il ne l'est pas. Le fait de savoir si James Barrie avait saisi la signification plus profonde de son conte ou s'il l'avait tout simplement laissé sortir de son inconscient créatif est moins important que de comprendre les vérités que son histoire nous fait découvrir sur nos vies, à savoir que nous devons tous aller à la recherche de notre ombre.

ÉVALUATION PERSONNELLE

À l'instar des autres chapitres, celui-ci vous propose une évaluation qui vous permettra de réfléchir sur les questions suivantes :

- Si quelqu'un vous offense, vous traite de tous les noms ou vous accuse de quelque chose, vous mettez-vous automatiquement à vous défendre ?
- Combien de fois avez-vous volé ou menti ? En êtes-vous certain ?
- Vous arrive-t-il d'éprouver du ressentiment lorsque vous donnez plus que vous ne recevez ?
- Estimez-vous recevoir votre juste part des largesses de la vie ?
- Éprouvez-vous du ressentiment face aux erreurs que vos parents ont faites ?
- Estimez-vous faire plus pour votre conjoint ou partenaire que ce que celui-ci ou celle-ci ne fait pour vous ?
- Vous connaissez-vous bien ?
- Êtes-vous quelqu'un de bon ? Êtes-vous aussi quelqu'un de mauvais ?
- Nommez deux ou trois traits de caractère ou comportements qui vous dérangent le plus chez les autres. Une partie de vous voudrait-elle se comporter de cette façon ?

En traversant ce passage, votre exploration vous amènera à faire des prises de conscience révélatrices, car en faisant la lumière sur vos zones d'ombre, vous réaliserez qu'en chacun de nous il y a un peu de nous tous, et vous découvrirez en vous une plus grande authenticité ainsi qu'une plus grande compassion.

Mettez votre ombre en lumière

Comme le dit Carl Jung, l'ombre est la somme des aspects de votre être que vous niez, dévalorisez et avez reniés. En d'autres termes, l'ombre est ce que vous persistez à prétendre ne pas être.

Imaginez-vous ramener un jour à la maison un chien-loup énorme, dont les autres ne veulent pas et dont vous finirez vous-même par ne plus vouloir et par enfermer dans la cave. Le chien-loup a des qualités, comme la loyauté, le courage, la sensibilité, mais il est également un animal puissant et même féroce. Vous dites alors aux autres qu'il n'est plus là et vous niez complètement le fait qu'il vive encore dans la maison. Après un certain temps, vous oublierez même qu'il existe. Mais, il est bien là, et il devient de plus en plus féroce et menaçant. Si seulement vous le sortiez de sa cave obscure pour le ramener à la lumière du jour, que vous l'encouragiez, il pourrait courir, jouer et se servir de sa force pour tirer votre traîneau sur la neige ou protéger la maisonnée. En le reniant, vous perdez sa force et ses belles qualités. Il se peut même qu'un jour, comme une bête vorace et déchaînée, il réussisse à s'échapper de sa prison souterraine, ce qu'une partie de vous craint grandement. Mais, il n'est qu'un chien-loup aux nombreuses qualités, laissé pour compte et verrouillé dans la cave.

Vos zones d'ombre sont en fait ces qualités que vous niez, réprimez et refoulez, la poussière que vous poussez sous le tapis de votre conscience. Ces aspects refoulés de vous-même ne sont pas nécessairement mauvais, immoraux ou négatifs. Et pourtant, vous pouvez avoir l'impression que c'est le cas, et c'est pour cette raison que vous les avez reniés. Si vous avez été élevé dans une famille tranquille, vous rejetterez peut-être votre côté péremptoire et plutôt agressif. Au contraire, si vous avez été élevé dans une famille où la compétition régnait en maître, vous rejetterez probablement votre côté doux et sensible. Peu importe la raison pour laquelle vous le faites, ce que vous refoulez devient partie intégrante de votre ombre.

En fait, votre ombre comprend des qualités qui pourraient être positives. De nombreux hommes qui refoulent la peur refoulent par la même occasion des qualités de leur enfance comme leur sensibilité et leur côté maternant. De nombreuses femmes qui refoulent la colère refoulent par la même occasion des qualités de guerrier, comme la force et le côté péremptoire. Les personnes antisociales se comportent en fonction des qualités que la société rejette, et refoulent totalement les qualités qu'elles considèrent comme des faiblesses, c'est-à-dire la peur, la confusion, la vulnérabilité ou même la compassion.

LA RÉALITÉ, LA LUMIÈRE ET L'OMBRE

Chaque chose abrite son contraire. Les clowns et les comédiens possèdent un côté cynique et triste. Les gens doux ont un côté revêche. Les pessimistes cachent en eux un aspirant optimiste. Grattez un peu le vernis d'un puritain et vous découvrirez un hédoniste acharné, qui réclame à cor et à cri sexe et sucreries. La vérité quant à l'ombre est qu'elle contient toutes les polarités. Les hauts et les bas, le saint et le pécheur, le moraliste et le libertin. Et qu'y a-t-il de mal à cela ? Devons-nous avant tout accepter ce qui est positif et éviter ce qui est négatif ? Nous accrocher à ce qui est bien et fuir ce qui est mal ?

Mais, mettre en lumière nos zones d'ombre ne veut pas dire manger au même râtelier que le diable ou permettre à nos qualités ou impulsions négatives d'influencer nos comportements. Une fois que vous connaissez vos côtés obscurs, vous pouvez faire un choix plus éclairé quant à la façon dont vous voulez vous comporter. Pour moi, savoir que j'ai un côté paresseux m'aide à m'appliquer consciencieusement à mon travail plutôt que de me laisser aller à ma tendance à éviter l'effort.

LA RECHERCHE DE L'AUTHENTICITÉ, LA CONNAISSANCE DE SOI ET L'ESTIME DE SOI

Pour certains, la croissance personnelle est devenue un programme sans fin d'amélioration de soi, un travail sur soi permettant de se sentir plus beau, plus heureux et plus en sécurité. Beaucoup de gens ayant une faible estime d'eux-mêmes ne se sentent pas assurés parce qu'ils ont fondé cette estime sur un masque astucieusement élaboré. Ce qui en résulte n'est pas de l'estime de soi mais une image de l'estime de soi. Même les gens riches, talentueux et ayant réussi dans la vie continuent à se sentir agités, anxieux et peu assurés s'ils se cachent derrière un masque social. C'est par l'authenticité et la compassion pour soi-même que nous retrouvons notre propre estime, et aussi quand nous voyons et acceptons autant la lumière que l'obscurité qui existent en nous. Accepter notre ombre et lui ouvrir les bras est un des changements les plus puissants qu'un être humain puisse effectuer en lui.

> *Personne ne peut devenir conscient de son ombre*
> *sans un effort moral considérable...*
> *Cela implique que l'on reconnaisse les aspects sombres de la personnalité*
> *comme étant réels et présents.*
>
> CARL JUNG

Vous ne pouvez pas devenir vous-même ni vous accepter à moins de vous connaître. Une fois que vous vous connaissez, vous acceptez et devenez vous-même, vous savez accepter les autres et vivre en harmonie avec eux.

En même temps que vous apprenez à vous accepter tel que vous êtes, vous découvrez en vous la compassion permettant d'accepter votre conjoint, vos parents, vos enfants et vos amis comme ils sont. Le monde devient une fête permanente où vous arrivez tel que vous êtes. Et, de façon paradoxale, alors que vous ouvrez les bras à votre ombre et au monde qui vous entoure, se crée une ouverture au changement, par le biais même de cette acceptation. Vous en venez à réaliser combien peut être épuisant le vernis social, et la vie devient alors une occasion de grandir dans la détente plutôt que de toujours chercher à cacher vos faiblesses. Vous continuez à vous améliorer sans avoir besoin de prouver quoi que ce soit. Et vous devenez ainsi de plus en plus qui vous êtes.

Pourquoi mettre en lumière votre ombre ?

La réalité est une danse de dualités : le jour et la nuit, la lumière et l'obscurité, les hauts et les bas. Bien sûr, il est bien plus agréable de s'arrêter sur notre lumière, nos espoirs et nos rêves que d'explorer le côté noir de notre âme. Alors pourquoi vouloir ouvrir la boîte de Pandore ? S'il existe des parties de vous que vous n'aimez pas, pourquoi ne pas simplement les laisser en paix ? Étant donné que, par définition, votre ombre est quelque chose que vous préféreriez ne pas regarder, l'idée de lui ouvrir les bras est quelque chose que vous aimeriez mieux remettre à plus tard, bien plus tard.

La lumière a toujours plu davantage que l'obscurité. Même si ce neuvième passage est un des plus ardus à traverser et des moins agréables à explorer, il peut ultérieurement se révéler le plus susceptible de vous amener à vous transformer, à vous connaître vous-même, à acquérir de la compassion, à développer l'indulgence, le pardon, l'authenticité et la liberté. Nombreuses sont les raisons qui vous poussent à accueillir et à accepter vos zones d'ombre ainsi qu'à les mettre en lumière.

Vous retrouvez votre intégralité première. En accueillant à bras ouverts les qualités propres à vos zones d'ombre, vous sollicitez un répertoire beaucoup plus vaste d'émotions, de tendances, de pulsions et de qualités. Vous faites appel à l'éventail intégral des possibilités humaines, du bas au haut de l'échelle. En devenant vous-même plus total, vous apportez à n'importe quelle relation quelque chose de complet, ce qui fait que vous attirez et recherchez un partenaire également plus intègre et équilibré.

Vous devenez authentique. De façon globale, il se peut que vous vous reconnaissiez dans les affirmations suivantes : « Je ne suis pas un ange et il peut parfois m'arriver d'être pas mal impoli ou grossier. Je fais souvent des erreurs. En réalité, je suis trop critique envers moi-même. Je n'ai pas besoin de voir mon ombre, j'ai plutôt besoin de reconnaître la lumière qui est en moi. » La plupart d'entre nous avons beaucoup de difficultés à reconnaître en nous aussi bien l'ombre que la lumière. Lorsque vous traversez ce passage, il ne s'agit pas de mettre l'accent sur vos côtés positifs ou vos côtés négatifs, il s'agit de devenir vrai. De toute façon, en mettant vos zones obscures en lumière, vous revendiquez également la lumière qui est en vous. À moins que vous n'ouvriez les bras à tout l'éventail de ce qu'il y a d'humain, de sage et de stupide en vous, vous continuerez à ressentir comme un fardeau la sensation subtile que vous n'existez pas totalement, que vous osez montrer au monde seulement certaines parties de vous. La plupart d'entre nous entretenons la peur que si les gens nous connaissaient réellement, ils nous rejetteraient. C'est pour cela que nous nous montrons par petits bouts. Cependant, une fois que vous voyez et acceptez vos zones d'ombre, il ne reste plus rien à cacher. Vous retrouvez l'authenticité, l'attrait et le charme propres à l'enfance.

Vous reprenez le contrôle de votre vie. Par définition, votre ombre est ce que vous n'avez pas encore vu. C'est ce que vous ne pouvez pas voir qui peut vous blesser ou vous contrôler parce que ce que vous niez peut se manifester de façon destructive. Voici un exemple.

Il y a quelque temps, un article parut dans les journaux au sujet d'un agent littéraire réputé, que je n'avais jamais rencontrée, qui se préparait à vendre un roman aux enchères à l'une des quatre importantes maisons d'édition qui avaient soumissionné. Au dernier moment, trois des maisons d'édition se retirèrent, ne laissant qu'un intéressé dans la course. Ainsi que l'agent littéraire le formula par la suite, « à partir d'un endroit en moi *dont je ne connaissais pas l'existence* », elle décida de ne pas révéler à la quatrième maison d'édition que les autres s'étaient désistées. Celle-ci fit une offre sur le roman, incluant une avance assez importante. Mais quand elle apprit que les autres s'étaient désistées, elle retira son offre. Si cet agent littéraire avait su qu'il existait chez elle une partie capable de malhonnêteté, elle aurait probablement examiné son comportement avec plus d'attention et aurait agi différemment dans cette situation.

Cette partie « dont elle ne connaissait pas l'existence » est quelque chose qu'ont en commun les maîtres spirituels dont les zones d'ombre de nature avide se sont enfuies avec l'argent de l'ashram, et les évangélistes, prêcheurs à la télévision, dont le côté caché libertin avait des relations sexuelles avec des prostituées.

Vous faites la lumière sur vos zones d'ombre en permettant à certains traits comme l'agressivité ou la violence de s'exprimer et de se libérer de façon constructive, comme dans les sports et les arts martiaux. Une personne extrêmement honnête doublée de malhonnêteté cachée peut inventer des histoires fantastiques pour les enfants ou devenir un écrivain ou un acteur. Point n'est besoin de nier ni de refouler les parties de nous qui sont malhonnêtes ou sexuelles afin d'être de bons citoyens. Il nous suffit de ne pas leur donner libre cours. Vous n'avez pas besoin de nier votre côté malveillant, seulement de le reconnaître et d'agir avec bienveillance. Par contre, ceux qui s'évertuent trop à être bons, ou pacifiques, niant par le fait même tout élément négatif contraire, feront l'expérience de leurs côtés négatifs de façons problématiques.

Vous faites preuve de plus de compassion. Quand j'en vins à réaliser mes côtés irresponsable, paresseux, immature, égoïste, malhonnête, faible, peureux, inflexible et manipulateur, il me devint plus difficile de condamner les autres. Nous avons presque tous tendance à éviter et sous-estimer les gens qui prétendent être quelque chose qu'ils ne sont pas, ainsi qu'à nous moquer d'eux, jusqu'au moment où nous découvrons que nous avons en commun avec eux un grand nombre de ces prétentions et peurs.

Se pencher sur ses zones d'ombre ne veut pas dire se critiquer, se prendre en défaut, comme un criminel se fait prendre la nuit. Les jugements ne font qu'enfoncer encore plus profondément vos aspects cachés dans le tréfonds de la négation. Au lieu de juger, accueillez votre ombre dans la demeure de votre esprit. Explorez la sombre forêt non pas en abattant ses arbres à coups de jugements, mais en l'éclairant d'un fanal de compassion.

> *Je pense que chacun doit finalement*
> *prendre sa vie dans ses bras.*
>
> ARTHUR MILLER

Vous libérez de l'énergie et de l'attention auparavant monopolisée à la défense d'une image idéalisée de vous. Vous connaissez-vous vraiment? Avez-vous fait la lumière sur votre ombre? Avez-vous exploré ce qu'il y a sous le vernis de la personnalité et de l'image par le biais des miroirs que sont les relations? Si oui, vous pouvez alors confesser, même à vous-même: «Je suis puritain, libertin, arrogant, égoïste, stupide, hypocrite, cupide, rigide, prétentieux, plein de préjugés, raciste et sexiste. Ce n'est pas tout ce que je suis, mais ces attributs *font* partie de moi.» Et quand vous aurez rencontré et accepté votre ombre, vous aurez beaucoup moins à la défendre chez vous ou à la condamner chez les autres.

Vous faites place nette pour aborder le passage qui suit. À moins d'avoir reconnu vos côtés obscurs, vous êtes comme un invité à un bal masqué, qui tombe amoureux d'un autre masque et ne connaît pas le cœur à cœur. En tournant le dos à votre ombre, vous tournez également le dos à la lumière qui est en vous. Mais, une fois que vous avez vu ce qu'il y avait à voir et que vous savez ce qu'il en est, vous êtes mieux préparé à intégrer votre sexualité, à éveiller votre cœur et à servir l'humanité.

Comment trouver votre ombre

Si votre ombre est par définition inconnue de votre conscient, cachée dans les dédales de votre inconscient, comment la trouver, et même comment lui ouvrir les bras ?

LES RÊVES

Les rêves constituent le terrain de jeu de l'ombre. C'est dans le domaine des rêves que l'ombre réside et se manifeste sous la forme de toutes les images symboliques encodées dont vous disposez dans la réserve qu'est l'inconscient. Lorsque vous sollicitez votre mémoire pour trouver des pistes concernant votre ombre, gardez à l'esprit que chaque personnage faisant son apparition dans un rêve est un aspect de vous-même. La mère, le père, l'étranger, le saint, le vampire, le clown, la sorcière, le loup, le serpent, le criminel, la princesse et toutes les autres images archétypales parlent de votre ombre, de vous-même.

LA MÉDITATION

La méditation n'est pas seulement une bonne façon de faire des prises de conscience sur votre mental ; elle sert aussi essentiellement à faire connaissance avec votre ombre. Lorsque vous méditez assis, comme lorsque vous rêvez, le contenu de votre inconscient – que vous dissimulez au monde et à votre propre conscience – se dévoile. On sait combien la confession fait du bien à l'âme. La méditation est une autre forme de confession et de catharsis. Pendant que vous méditez, les pensées issues des zones d'ombre montent vers la lumière de votre conscience afin que vous en preniez note et les laissiez aller dans le détachement. La vérité qui, vous pensiez, aurait pu vous détruire est au contraire la vérité qui vous libère.

OBSERVEZ-VOUS DANS VOS RELATIONS AVEC LES AUTRES

Les relations et les interactions avec les autres, en particulier celles qui comportent une charge émotionnelle, vous en disent beaucoup sur vos zones d'ombre. En observant ce qui vous dérange ou vous irrite le plus chez les autres, c'est-à-dire ces qualités même que vous réfuteriez avec véhémence si on vous accusait de les posséder, vous découvrirez les formes de votre propre ombre.

Si vous détestez une personne,
vous détestez quelque chose en elle
qui fait partie de vous.
Ce qui ne fait pas partie de nous
ne nous dérange pas.

HERMANN HESSE

Votre ombre vit dans le secret, animée par des forces, des pulsions, des émotions passées sous silence, des rôles étouffants qui n'en peuvent plus de vouloir s'exprimer au grand jour. Lorsque vous mettez ces parties en lumière, vous pouvez canaliser leur expression de façons constructives et positives.

ÉCRIRE, JOUER LA COMÉDIE ET PEINDRE

Lorsque vous rédigez votre journal, peignez une toile ou jouez sur scène, vous pouvez vous permettre d'exprimer librement tout ce que vous pensez et ressentez. Ainsi, vous ouvrez la communication entre le conscient et l'inconscient. Vous devenez vos propres personnages aux multiples facettes dans le roman ou le théâtre de votre propre vie.

COMMENT TROUVER L'ÉQUILIBRE

En chacun de nous il y a deux esprits, comme il y a deux personnes dans un canot à deux places : l'un est un scientifique, l'autre un mystique. L'un, républicain et l'autre, démocrate. L'un, riche et l'autre, pauvre. L'un, mâle et l'autre, femelle. L'un, idéaliste et l'autre, pragmatique. La double nature de la conscience humaine entraîne une lutte acharnée entre nos valeurs opposées. Ces deux aspects doivent néanmoins apprendre à cohabiter si nous voulons atteindre l'autre rive. Ainsi que Benjamin Franklin le formula lorsqu'il signa la déclaration d'indépendance : « Nous devons à tout prix rester solidaires, sinon nous risquons de nous perdre tous ensemble. »

SOUS LA LOUPE DE LA PRISE DE CONSCIENCE

Une façon d'avoir accès à votre ombre est de vous observer à la loupe. Avec le jeu des opposés, nous avons tendance à valoriser un côté aux dépens de l'autre. Cet aspect dénigré devient alors partie intégrante de notre ombre. Le modèle suivant de neuf polarités fut d'abord révélé par Oscar Ichazo, un brillant enseignant spirituel du monde moderne.

Étudiez attentivement les polarités suivantes. Elles vous fourniront des clés pour comprendre clairement les ombres de votre psyché.

• Sous chaque puritain sommeille un hédoniste et tout hédoniste cache un puritain. Tous les deux se nient totalement l'un l'autre.

- Tout paon prétentieux cache une poule mouillée et toute poule mouillée a un côté paon prétentieux. Tous les deux se dévalorisent l'un l'autre.

- Chez tout bourreau de travail sommeille un fainéant et chez tout fainéant sommeille un bourreau de travail. Tous les deux s'envient secrètement.

- Tout papillon social cache un loup solitaire et tout loup solitaire cache un papillon social. L'un et l'autre se dédaignent.

- Un je-sais-tout cache toujours quelqu'un qui se questionne et celui qui se questionne cache toujours un je-sais-tout. Tous les deux sont d'une impatience exemplaire face à l'autre.

- Chez toute personne douée, il y a un bluffeur et chez tout bluffeur, il y a une personne douée. Ils s'apostrophent toujours l'un l'autre.

- Sous tout coéquipier sommeille un rebelle et chez tout rebelle sommeille un membre d'équipe. Ils se déplaisent foncièrement.

- Chez chaque personne rigide, il y a un sentimental et chez tout sentimental, il y a une personne rigide. Ils se renient l'un l'autre.

- Tout croyant cache un incrédule et tout incrédule cache un croyant. Ils se rejettent l'un l'autre.

Peu d'entre nous sommes totalement l'un ou totalement l'autre. Vous agirez de manière plus dure au bureau et de manière plus tendre à la maison (ou inversement). Peut-être êtes-vous austère en ce qui concerne votre nourriture alors que vous avez un comportement hédoniste face au sexe. Peut-être êtes-vous une personne très sociable pendant les heures de veille, alors que dans vos rêves vous devenez un loup solitaire. Ou, comme Tolstoï ou sainte Thérèse d'Avila, vous avez passé une première partie de votre vie de façon hédoniste pour plus tard devenir puritain.

Lorsque vous harmonisez les valeurs et aspects que vous rejetiez auparavant, vous connaissez un plus grand équilibre dans votre vie. L'équilibre, le recul et la sagesse viennent lorsque vous vous ouvrez à votre ombre et devenez complet.

LA CONTEMPLATION ET LA RÉFLEXION

Il est difficile de mieux se connaître, car nous nous arrêtons presque tous à ce qui nous sert à construire une image positive et acceptable de nous-même. Avec le temps, nous reléguons aux oubliettes de notre ombre tous les souvenirs qui ne viennent pas corroborer l'image idéalisée que nous nous faisons de nous-mêmes. Nous nous souvenons très bien des difficultés que les autres nous ont causées et nous oublions facilement les difficultés que nous avons causées aux autres. Nous donnons alors à nos moments heureux une tournure positive et reconstruisons l'histoire à notre façon. Ce processus n'est habituellement pas conscient ni délibéré, mais il est certainement universel.

Plus l'image que nous nous faisons de nous-mêmes est idéalisée, plus nous avons tendance à croire que le monde nous doit quelque chose et plus nous sommes frustrés lorsque la vie ne répond pas à nos attentes. Au contraire, plus nous voyons notre ombre de façon réaliste, plus nous nous sentons humbles, reconnaissants et pleins de compassion pour les cadeaux inattendus que la vie nous fait.

La question se pose désormais de la façon suivante : comment pouvons-nous vraiment nous pencher sur nos vies et mieux connaître notre ombre afin d'être en mesure de nous voir davantage tels que nous sommes, comme des êtres complets et authentiques et non pas comme des pantins souriants ? Comment réussir à voir au-delà et au travers des distorsions égoïstes pour vraiment pouvoir se connaître ?

La contemplation est une des façons d'y arriver. Contrairement à la méditation qui sous-entend une observation détachée de tout ce qui peut surgir à notre conscient, la contemplation comporte une réflexion volontaire et centrée sur un sujet particulier, qui peut amener à faire une prise de conscience et à mieux se connaître. Vous trouverez ci-dessous une méthode de contemplation puissante qui vous aidera à faire la lumière sur votre ombre.

Examen de la réalité par trois questions-clés

Mise au point à l'origine par Ishin Yoshimoto, homme d'affaires prospère, doublé d'un prêtre bouddhiste laïque, cette forme de réflexion personnelle est utilisée avec succès depuis longtemps dans le cadre de l'aide en santé mentale, du traitement des dépendances diverses, de la réinsertion sociale des prisonniers, ainsi que dans celui des milieux scolaires et des affaires. Cette méthode, intitulée *naikan* par Yoshimoto (*naikan* veut dire « regarder vers l'intérieur »), vise en premier lieu à acquérir une vision de soi plus vaste et plus réaliste.

Choisissez une personne que vous connaissez. Étudiez la relation que vous entretenez avec cette personne sur une période déterminée ; pour la présente journée, pour le mois qui vient de passer, ou encore pour une ou trois années. Puis posez-vous les questions suivantes :

- Qu'ai-je reçu de ___?
- Qu'ai-je donné à ___?
- Quels problèmes ou difficultés lui ai-je causés ?

Rédigez vos réponses de façon brève mais précise.

Vous voudrez peut-être vous pencher sur la relation que vous entretenez avec votre conjoint ou partenaire, ou avec un frère, une sœur, un ami ou un associé. Mais, en général, il est bon de commencer à se poser ces questions au sujet des parents, en commençant par notre mère. Dans les exemples qui suivent, je fais part de ma relation avec ma mère au cours de mes années de scolarité secondaire.

Qu'ai-je reçu ? Vous retirez beaucoup de cette première question si vous réussissez à retrouver des souvenirs particuliers plutôt que de formuler des généralités du genre : « Elle travaillait toujours très fort pour m'aider. » Voici quelques exemples de ces souvenirs particuliers : « Ma mère a préparé des milliers de repas pour moi. Elle m'a accompagné à l'école en voiture tous les jours. Elle a passé des heures à lire mes devoirs. Elle a lavé mon linge et l'a soigneusement plié. » (Attention si vous faites peu de cas des tâches effectuées par votre mère parce que vous les considérez comme son travail ou son devoir. L'intention ou le motif derrière ces gestes a moins d'importance que le fait que vous ayez bénéficié des efforts d'autrui.)

Qu'ai-je donné ? Encore une fois, soyez précis. Ça ne me sert à rien d'écrire : « Elle était fière de moi quand j'avais de bonnes notes » (le bénéficiaire est celui qui a eu les bonnes notes). Ce qui me sert, c'est d'écrire : « J'ai repeint sa chambre. J'ai gagné de l'argent avec un emploi estival et je lui ai acheté des fleurs et des boucles d'oreilles pour son anniversaire. »

Quels problèmes ou difficultés lui ai-je causés ? Le fait de reconnaître les problèmes et les difficultés que nous avons causés à quelqu'un est primordial et nécessaire si nous voulons vivre les yeux grand ouverts. C'est pour cela que Yoshimoto recommande d'accorder plus de temps à la troisième question qu'aux deux autres. Elle est en fait la plus importante et la plus difficile des trois.

Remarquez bien que ce petit questionnaire ne comprend pas la question : « Quels problèmes telle personne m'a-t-elle causés ? » Comme la plupart des gens, j'étais passé maître dans l'art de trouver la façon dont les gens me causaient de l'embarras ou des difficultés. Mais, lorsque j'ai commencé à constater le nombre de fois (chassées de mon esprit ou tout simplement oubliées) où j'avais été moi-même la cause de problèmes, d'inquiétudes et de dérangements, mon attitude et mes agissements en furent transformés d'une façon qu'aucun atelier de croissance personnelle n'avait jamais réussi à faire. En songeant aux difficultés que j'avais occasionnées à ma mère, un flot de souvenirs me revint : nuits où je la réveillais et la tenais éveillée chaque fois que j'étais malade, sans qu'il me vienne le moins du monde à l'esprit qu'elle devait se lever le lendemain matin pour aller travailler ; moments où elle se faisait du mauvais sang parce que je conduisais trop vite ; soirées bruyantes avec mes amis d'école, qui se poursuivaient tard dans la nuit ; ou bien quand je me plaignais qu'elle n'avait pas acheté les chips que j'aimais. Ces souvenirs pénibles me revinrent en mémoire à la queue-leu-leu et en détail pendant un bon bout de temps.

Alors, en observant de quelle façon j'avais entretenu cette relation, ce que j'avais reçu, ce que j'avais donné et les problèmes que j'avais causés, je vis que la réalité était en fait beaucoup moins gratifiante que les souvenirs que j'en avais retenus. Mon attitude se métamorphosa alors : le ressentiment vague que j'éprouvais se transforma en gratitude et mes désirs de vouloir obtenir ce que j'estimais comme mon dû se changèrent en une volonté sincère de vouloir rembourser les dettes dont j'étais auparavant inconscient. Ce faisant, je mis mon ombre en lumière et je commençai à devenir intégralement moi-même.

COMPTE-RENDU DE TROIS MINUTES DE FIN DE JOURNÉE

Prendre quelques minutes en fin de journée pour répondre à ces trois questions est selon mon expérience le moyen le plus efficace de résoudre les conflits, sans compter les autres avantages que cela peut comporter. Vous regarder de façon réaliste, avec les problèmes que vous avez causés, permet d'éveiller la compassion en vous, et c'est cette compassion qui guérit les conflits. Si vous ressentez de la colère envers votre conjoint, partenaire, associé ou voisin, posez-vous ces trois questions. Vous découvrirez peut-être que même une brève réflexion peut remplacer le ressentiment par de la gratitude, la critique par de la bienveillance et une fausse image de soi par un certain recul.

Une telle réflexion sur soi peut éventuellement se transformer en une sorte de prière, comme vous pourrez le découvrir.

Il y a quelque temps, ma femme et moi venions à peine de rentrer d'un voyage et nous étions tous deux fatigués et irritables. Nous nous mîmes à nous disputer. J'allai dans mon bureau, l'esprit encore rempli de colère. Malgré cela, je pris quelques minutes pour repenser à ma journée, en commençant par regarder ce que j'avais reçu d'elle. Je fus surpris de me souvenir qu'elle s'était occupée des billets d'avion pour moi, qu'elle avait fait la queue pour m'acheter quelque chose à manger à midi alors que je lisais dans une salle d'attente de l'aéroport, ainsi que d'autres petites choses qu'elle avait faites pour moi et que j'avais prises pour acquises, et oubliées. Puis, j'essayai de me souvenir des choses que j'avais accomplies pour elle : en dehors d'avoir mis ses bagages dans le coffre de la voiture de location et d'avoir conduit jusqu'à l'aéroport, je ne trouvai rien d'autre. Puis, lorsque je me mis à penser aux inconvénients que je lui avais causés, je me sentis envahi de remords quand mes paroles blessantes me revinrent à l'esprit, quand je me vis lui renverser mon jus de fruit sur sa robe et sur la lettre qu'elle était en train d'écrire. Tous ces souvenirs, je les avais chassés de mon esprit et oubliés. Ce soir-là, je montai vers notre chambre dans l'unique intention de m'excuser spécifiquement pour les difficultés que j'avais occasionnées, pour lui dire combien elle avait été patiente et pour lui demander pardon. Ce qu'elle fit en m'embrassant.

C'est tout de même drôle : avant, j'avais l'habitude de pardonner aux autres pour leurs négligences et leur erreurs. Maintenant, je réalise que mon travail n'est pas de pardonner aux autres, mais plutôt de leur demander pardon.

C'est ce que mon ombre m'a appris.

Réflexion sur soi,
image de soi et valeur personnelle

Nous quittons ce neuvième passage, *Faites la lumière sur vos zones d'ombre*, en revenant sur la question de la valeur personnelle. Cela est approprié à ce stade-ci, car l'exploration de vos zones d'ombre, surtout par le biais de ces trois questions, aura tendance à faire diminuer le sens que vous avez de votre valeur personnelle puisque vous vous rendrez compte que celle-ci était fondée sur une image illusoire et égocentrique de vous-même. Ce processus nous procure en même temps une vision plus complète, plus équilibrée et plus réaliste de notre conduite et de nos relations avec les autres. En fin de compte, c'est un grand soulagement de réaliser que je ne suis pas OK, que vous n'êtes pas OK et que tout ça, c'est OK.

> *Je ne mérite pas cet oscar.*
> *Mais j'ai de l'arthrite*
> *et je ne mérite pas ça non plus.*
>
> JACK BENNY

Quand vous faites la lumière sur vos zones d'ombre, vous découvrez que vous méritez les bienfaits de la vie non pas parce que vous avez travaillé dur, mais parce que l'Esprit vous soutient en permanence et vous donne sa bénédiction, peu importe que vous vous en sentiez digne ou pas. Le soleil, l'air, le chant d'un oiseau, le soutien et l'amour de la famille et des amis sont encore là. Les grâces de l'esprit pleuvent sur vous chaque jour sous des centaines de formes différentes. Il ne s'agit pas d'une simple platitude sentimentale, mais d'une réalité qui se construit moment après moment et que vous pouvez remarquer une fois que votre attention est libre.

Quand vous vous êtes vu tel que vous êtes, que vous avez accepté ce qu'il y a de lumière et d'obscurité en vous, vous verrez que la dépendance que vous aviez face au sens de votre valeur personnelle est remplacée par la confiance en la valeur innée et inconditionnelle de la réalité, réalité qui englobe toutes les créatures, choses, personnes *et* vous. En retrouvant l'inté gralité de votre être, vous transcendez le besoin d'avoir un sens de votre valeur personnelle et vous êtes simplement disposé à accepter les grâces et les cadeaux de la vie, que vous vous en sentiez digne ou pas.

Si je mets l'accent sur le fait d'avoir ma part du gâteau
je serai toujours déçu.
Mais si je remarque ce que je reçois déjà
et que je m'efforce de rendre la pareille aux autres,
je découvre une authentique occasion de me sentir comblé.

DAVID K. REYNOLDS

Parfois, nous agissons avec bienveillance, d'autres fois, avec rudesse. Parfois, honnêtement et d'autres fois moins. Parfois, nous donnons, mais la plupart du temps, nous prenons. Et ceci est un fait. Quand vous faites la lumière sur vos zones d'ombre, vous trouvez de la compassion pour les points faibles, les illusions et les ombres de ceux qui vous entourent.

Et maintenant que vous avez dit oui à votre ombre, vous êtes prêt à faire la lumière sur votre sexualité et à l'intégrer.

Intégrez votre sexualité

Vos faims et soifs,
que ce soit sur le plan de la sexualité,
de la nourriture ou de la vie en général,
vous sont aussi naturelles
que les nuages le sont au ciel et les vagues à la mer.
Si vous refoulez le flot puissant de vos pulsions, ou en abusez,
vous créez des obsessions, des compulsions
et de coupables secrets.
Vivre ne veut pas dire abuser des énergies vitales ni les refouler,
mais plutôt les observer, les accepter
et les canaliser judicieusement.
Intégrer votre sexualité revient à célébrer
ce qu'il y a de fondamentalement humain en vous.

Célébrez la vie

Tous les animaux, à l'exception de l'homme,
savent que le principal but de la vie,
c'est d'en jouir.

Samuel Butler

Itinéraire de l'explorateur :
Libérez les énergies vitales

Une sexualité éveillée a moins à voir avec le raffinement des préliminaires amoureux que votre capacité à entrer dans l'intimité et à ressentir de la joie dans *tous* les domaines de votre vie. Dans le contexte de la pratique spirituelle, la sexualité est ce qui vous relie fondamentalement au plaisir, ce qui vous relie à la source créative des énergies émergentes, l'étreinte passionnée avec la vie, la communion avec l'esprit par l'étreinte de votre partenaire.

Satisfaire seulement le désir, alimenter le feu de l'éros par une stimulation sexuelle palpitante et insouciante trouve certainement sa place à des moments donnés au sein du cercle sacré d'une relation stable. Mais, par sa portée et son objectif, ce chapitre dépasse les jeux érotiques pour ouvrir sur la possibilité de faire réellement l'amour, d'engendrer de la joie, de faire fusionner cœur et feu, sexe et esprit, et de chevaucher la vague mouvementée de l'extase qui conduit jusqu'à l'âme.

Mots un peu sublimes, vous me direz, si l'on considère que la plus grande partie de notre vie sexuelle jusqu'à maintenant a été quelque chose de certainement pas très éclairant. Ce que nous sous-entendons par faire l'amour fait plutôt référence à une routine satisfaisante apparentée au rut, à du mambo à l'horizontale, à une stimulation génitale divertissante, à un soulagement, une recherche de consolation ou une façon de nous bercer avant de nous endormir.

Bien que la plupart d'entre nous se considèrent éveillés sur le plan sexuel, si ce n'est sophistiqués, cette soi-disant sophistication n'est souvent qu'une prétention ou une illusion. Libérer la libido et se débarrasser de notre fardeau culturel, ainsi que de notre conditionnement de dénégation de la vie, n'est pas aussi aisé que cela puisse paraître. Intégrer votre sexualité ne veut pas dire faire plus ou moins l'amour. Cela concerne plutôt l'expression éclairée de votre sexualité dans le contexte de la croissance personnelle et spirituelle. Car lorsqu'il n'y a pas croissance, où réside la satisfaction ? Malgré tous les orgasmes possibles et les innombrables cycles désir-rassasiement, nous ne nous sentirons toujours pas complets. Ce sentiment de mécontentement provient du fait que peu de gens abordent la sexualité dans une optique spirituelle.

Même les âmes les plus créatives et les plus sexuellement actives s'imaginent libérées et pourtant restent spirituellement sur une sensation d'insatisfaction sans savoir pourquoi, tout en continuant à voguer sur la mer déchaînée de la passion charnelle et en mourant de soif émotionnellement.

Puis, il y a ceux, hommes ou femmes, dont la sexualité est cachée, comme une rose dans un coffret, qui est dans une pièce, qui se trouve dans la tour d'une forteresse, ou dans une grotte de glace, et qui ont secrètement peur de leur nature animale, peur de perdre le contrôle et la face, car c'est ce qui se passe dans l'intimité de l'acte sexuel.

C'est seulement lorsque vous finissez par accepter totalement votre sexualité que vous pouvez accepter ce qui est humain en vous et vous sentir entier. C'est la même pulsion sexuelle nous poussant à nous unir à un partenaire qui peut nous amener à communier avec Dieu.

De toute évidence, intégrer votre sexualité ne veut pas dire vous autoriser à abuser de vous et des autres sexuellement. Il s'agit plutôt d'exprimer qui vous êtes (pour autant que vous ne faites de mal à personne) et de reconnaître intégralement que vous êtes digne d'amour. Bien sûr, vous savez déjà cela, mais savez-vous l'apprécier pleinement ? Vous acceptez-vous totalement tel que vous êtes ? Vous aimez-vous ? Peut-être avez-vous encore des problèmes à régler et n'avez-vous pas encore trouvé votre intégralité ou votre équilibre en ce qui concerne les relations et la sexualité ? Vous ouvrir à vous tel que vous êtes et laisser aller tous les jugements que vous avez sur votre manque de perfection vient guérir les blocages et permet à l'énergie emprisonnée de reprendre son flot.

Heureusement, après avoir rassemblé neuf flèches dans votre carquois, une par passage, vous êtes prêt à accueillir la sensualité de votre âme d'une façon qui n'aurait pas été possible auparavant. Vous serez à même d'entrer en contact avec votre partenaire d'une manière beaucoup plus authentique, ludique, expressive, vibrante et attentive. Il est probable que cela ne se produira pas chaque fois que vous faites l'amour (parfois vous êtes fatigué ou pas dans votre assiette), mais avec le temps, en faisant confiance à votre esprit, à votre corps et à la vie elle-même, vous activerez de plus en plus tous les aspects possibles propres à la communion sexuelle.

En traversant ce dixième passage, vous trouverez sur votre chemin des sujets comprenant entre autres l'illusion de la sophistication sexuelle, le conflit entre désir et société, le bon sens et les zones d'ombre de la sexualité, l'identité sexuelle et l'équilibre des deux hémisphères du cerveau (une possibilité d'harmonie et de complétude), le réalisme et l'idéalisme, le dilemme entre le puritanisme et l'hédonisme (entre la négation et la licence), le sexe et la vie spirituelle (une expérience culturelle) et, finalement, des exercices pour unir chair et esprit.

Avant de commencer, à proprement parler, je vous invite à faire un inventaire de votre vie sur les plans émotionnel et sexuel.

AUTO-ÉVALUATION DE VOTRE SEXUALITÉ

En vous penchant sur ces questions, vous pouvez entamer un processus de réflexion personnelle qui vous aidera à profiter davantage du matériel qui suit.

- Avez-vous des problèmes, fantasmes, désirs ou préoccupations dont vous n'avez pas fait part à votre conjoint ou partenaire ? (Vous n'êtes pas obligé de partager chacune de vos pensées, mais qu'est-ce qui vous a retenu de le faire ?)
- Avez-vous parfois des fantasmes concernant quelqu'un du même sexe que vous ? Ceci vous semble-t-il convenable ?
- Vous êtes-vous jamais questionné ou inquiété sur le fait que vous pouviez ne pas être assez viril (ou féminine) ?
- Diriez-vous que vous êtes plutôt puritain ou hédoniste sur le plan sexuel ? C'est-à-dire suivez-vous les règles ou vos impulsions ? Une approche est-elle plus élevée que l'autre ? Pourquoi ?
- Se pourrait-il que votre conjoint ou votre partenaire vous veuille différent sur le plan sexuel ?

- Aimeriez-vous que votre conjoint ou votre partenaire soit différent sexuellement ?

- Pensez-vous que ces différences relèvent de l'aspect physique, émotionnel ou mental ?

- Est-ce que le sexe vous ennuie parfois ? Que pourriez-vous faire pour le rendre plus satisfaisant ?

- Diriez-vous que vous êtes hétérosexuel, homosexuel ou bisexuel. (Affirmez-vous cela en fonction de votre expérience ou de vos fantasmes et émotions ?)

- Ressentez-vous de la culpabilité ou de la honte face à la sexualité ? Dans quel domaine ?

- Quels sont les actes sexuels que vous aimez particulièrement et pourquoi ?

- Quels sont les actes sexuels que vous ne voulez pas pratiquer et pourquoi ?

- Ressentez-vous un plus ou moins grand désir d'avoir des orgasmes que votre partenaire ou conjoint ?

- Vous masturbez-vous ? Pourquoi, ou pourquoi pas ?

- Si vous êtes marié ou engagé dans une relation, avez-vous déjà eu parallèlement une relation sexuelle avec quelqu'un d'autre ? Qu'avez-vous appris de cette expérience ? La referiez-vous ?

- Si vous êtes célibataire, avez-vous eu une relation sexuelle avec quelqu'un de marié ? Qu'avez-vous appris de cette expérience ? La referiez-vous ?

- Y a-t-il quelque chose qui vous empêche de vivre totalement ce que vous êtes sexuellement, sur le plan des pensées, des désirs, des fantasmes et de l'expression ? Si oui, de quoi s'agit-il ?

Au début, réfléchissez à ces questions seul. Mais étant donné que la sexualité est (en général) une forme d'expression intime entre deux personnes, vous déciderez peut-être de discuter de certains de ces points avec votre partenaire.

Ouvrez-vous et soyez vrai

Le premier obstacle à franchir pour pouvoir vous brancher totalement sur votre potentiel sexuel, c'est celui des blessures et de la honte (souvent cachées) associées à la sexualité et qui rendent les discussions honnêtes, ouvertes et explicites très difficiles pour beaucoup de gens.

Lorsque je soulève des questions sur le régime alimentaire, l'argent ou la religion dans les salles de conférence, les gens semblent à l'aise d'en parler. Mais quand j'aborde le sujet de la sexualité, si par exemple je pose aux gens des questions sur la masturbation ou les fantasmes, je sens tout de suite quelque chose changer dans l'atmosphère de la salle. Tout le monde le sent d'ailleurs. Le silence inconfortable qui s'installe n'est brisé que par des rires nerveux. Cela se produit ainsi parce que nous avons des charges émotionnelles très fortes qui tournent autour de notre vie sexuelle, autour de nos fantasmes même, et qui nous empêchent, de par la peur ou la prudence, d'en parler ouvertement, parfois même avec nos partenaires.

Supposons qu'un personnage de la scène publique, marié et hétérosexuel, un politicien important, raconte à son thérapeute qu'il a des fantasmes d'avoir des relations sexuelles avec d'autres hommes, ou bien avec des petites filles ou des petits garçons, ou même des animaux. Supposons par la suite que cette conversation ait été publiée dans les journaux. La carrière politique de cet homme, qui s'est probablement édifiée sur des années de service à la fonction publique, serait irrémédiablement ruinée à cause de quelques fantasmes qui sont en eux-mêmes inoffensifs.

On pourrait douter que les conséquences en soient si dévastatrices. Mais souvenez-vous de ce qui arriva à l'ancienne ministre de la Santé des États-Unis, Jocelyn Elders, lorsqu'elle eut la témérité d'avancer que la masturbation, en tant qu'activité sexuelle sans risque, présentait des aspects positifs et que les enfants devaient en être informés. Et n'oubliez pas non plus les grands titres dans les journaux et la dérision suscités par l'ancien président Jimmy Carter, probablement un des présidents les plus bienveillants et les plus éthiquement purs que l'on ait connu récemment, qui fit suffisamment preuve d'ouverture pour révéler publiquement qu'il avait le coeur à la luxure, sentiment d'ailleurs partagé par beaucoup de gens. Son image politique ne se remit jamais vraiment de cette révélation personnelle.

Le domaine de la sexualité, bien plus que ceux de la nourriture ou de l'argent, est hanté par le fantôme de la moralité, qui pointe son doigt osseux et accusateur vers nous, comme pour nous signaler que la vertu morale s'acquiert par le fait d'avoir des relations sexuelles approuvées par les autres, ou de ne pas en avoir du tout. Mais comment en venons-nous à être si étroits d'esprit dans nos opinions sur le sexe? Les réponses se trouvent dans la façon dont nous sommes éduqués à l'adolescence.

Lorsque nous sommes très jeunes, nous touchons nos parties génitales (ou toute autre partie du corps où cela fait du bien) avec un plaisir tout naturel. La honte, la culpabilité et l'embarras nous sont inconnus jusqu'à ce que nous apprenions ces sentiments de nos parents ou d'autres personnes qui ont reçu le même genre d'éducation. À mesure que nous grandissons, notre identité sexuelle est rendue encore plus confuse par une multitude d'autres sources, comme la religion d'un côté et la télévision de l'autre, ainsi que tous les standards officiels de la société quant à ce qui est un comportement normal ou anormal.

Le sexe est quelque chose que je ne comprends pas vraiment...
Je passe mon temps à établir des règles sur le sexe
que je transgresse aussitôt.

J. D. SALINGER

La sexualité et l'éducation

La mort est une transition difficile, mais elle ne peut pas l'être autant que la puberté. Quand vous arrivez à la puberté (et que la puberté vous arrive), l'innocence de l'enfance quant à la sexualité se transforme en dilemmes et contradictions propres à l'adolescence. Vous êtes pris au piège dans un train fougueux lancé à toute vitesse par les hormones et qui se heurte au butoir de la vie adulte : deux réalités s'affrontent de plein fouet.

La première est la pression exercée par la société (parents, église, temple ou traditions) pour que vous contrôliez, reteniez, sublimiez et refouliez la sexualité explosive qui fait rage en vous comme un animal qui tourne en rond dans une cage. La deuxième réalité, c'est que les énergies de vie, le désir sexuel, jaillissent en vous, comme une fleur printanière qui éclôt ou un feu de forêt qui dévore tout. Vous devenez une victime dans la guerre qui fait rage entre le corps et les croyances, entre le désir et la moralité, entre le plaisir et le remords et la honte.

Ce conflit existe toujours et partout chez les hommes et femmes des pays « civilisés », mais il nous prend à revers au moment où nous sommes le moins préparés, lorsque la vague de l'adolescence déferle sur nous sans crier gare. Certains reçoivent des conseils, mais la plupart seulement des règles, Pourtant, le corps a son mot à dire. Alors, nous finissons par nous sentir mal de nous sentir bien.

La religion, la sexualité et vous

Pas un seul d'entre nous, que nous ayons ou pas reçu directement une éducation religieuse, n'échappe à l'influence des traditions religieuses sur nos comportements. Une partie de notre honte ou de notre culpabilité face à la sexualité, c'est-à-dire les sentiments contradictoires que nous éprouvons face à la sexualité et la spiritualité, trouvent leur origine dans les traditions religieuses dont les dogmes et enseignements prônent la suprématie de l'esprit sur la chair, la pénitence pour avoir éprouvé du plaisir, et l'idéalisme au lieu du réalisme.

Les dogmes religieux ne sont pas erronés, ils ne sont tout simplement pas réalistes. Et d'ailleurs, ils ne sont pas censés l'être. Le dessein de la religion est de développer au plus haut point nos idéaux et notre potentiel, d'exiger de nous les normes morales les plus élevées, d'épurer nos âmes, de tirer ce qu'il y a de plus noble et de meilleur de nous. La religion nous interpelle pour que nous nous acheminions vers la maturité humaine.

En fin de compte, la meilleure chose à faire, d'un point de vue religieux ou spirituel, est de pratiquer l'abstinence et de canaliser nos énergies sexuelles vers d'autres activités créatrices jusqu'au mariage. Mais ce n'est pas ce que la plupart des humains imparfaits font en réalité. Même les prêtres et les religieuses qui ont décidé de vouer leur vie à leur vocation sont nombreux à éprouver des problèmes d'observation des idéaux de l'Église.

Donnez-moi la chasteté et
la retenue,
mais ne me les donnez pas tout de suite.

SAINT AUGUSTIN

Quelle que soit notre confession, nous devons comprendre que la sexualité n'a aucune moralité ou immoralité inhérente à elle-même. De telles idées sont des inventions d'origine humaine. Il n'existe aucune règle absolue sur la sexualité. Chaque culture et chaque époque ont leur croyance et leurs idées sur ce qui est bien ou mal dans la sexualité. Ainsi que Bertrand Russell le faisait remarquer avec justesse : « Le péché est quelque chose de géographique. »

Il y a des années, j'ai lu dans une étude anthropologique que les habitants des îles Trobriand se caressent et font l'amour devant les autres sans se sentir le moindrement du monde dérangés, alors qu'ils considèrent tout à fait impropre et honteux de manger en public.

Et même lorsque nous avons dépassé les retenues imposées par les dogmes religieux, la doctrine du péché et la honte, il nous reste encore à faire face à un autre champ de résistance pour vivre une sexualité sacrée de façon naturelle et équilibrée : les deux hémisphères de notre cerveau.

L'identité sexuelle
et les deux hémisphères cérébraux

La grande vérité cosmologique chinoise, qui est aussi devenue le symbole de la Chine, et en particulier de la pensée taoïste, c'est le concept du yin et du yang, l'équilibre dynamique des opposés. Le yin est le principe réceptif (féminin) et le yang, le principe actif (masculin). Cette conception de la vie est fondée sur les observations précises du monde et du cosmos, sur le fonctionnement des lois de la nature. Peu importe votre sexe, l'hémisphère gauche de votre cerveau est associé à des qualités dites masculines comme la rigidité, l'extraversion, l'activité, l'affirmation de soi et la détermination, la pensée linéaire, logique et déductive. Peu importe votre sexe, l'hémisphère droit de votre cerveau est associé à des qualités dites féminines comme la douceur, l'introversion, la réceptivité, la passivité, la tranquillité et tout le côté émotionnel-intuitif.

COMPLÉTUDE ET ÉQUILIBRE :
CE QU'IL Y A DE MEILLEUR CHEZ LES DEUX SEXES

Il est évident que l'homme et la femme possèdent tous deux les capacités propres aux hémisphères droit et gauche du cerveau. Les qualités rattachées à l'hémisphère gauche tendent toujours à être masculines, alors que celles de l'hémisphère droit tendent à être féminines. Presque tout le monde s'entend là-dessus. S'agit-il de stéréotypes sur les genres ? Peut-être. D'un sujet délicat et provocateur ? Sans aucun doute. Ces qualités valent-elles universellement pour tous les hommes et toutes les femmes ? Probablement pas. Mais lorsque vous harmonisez et équilibrez les deux hémisphères de votre cerveau, vous donnez plus d'envergure au rôle de votre sexe et même le transcendez, et pouvez ainsi faire jouer à volonté vos qualités yin et yang. Vous devenez équilibré et complet, capable de rigidité et de douceur, apte à vous tourner vers l'extérieur ou vers l'intérieur. Vous savez être réceptif ou actif selon les exigences du moment. Vous avez la capacité d'agir avec autorité dans une circonstance donnée et devenir réceptif dans la suivante. Vous savez raisonner logiquement et clairement mais vous avez la capacité de faire entrer en jeu vos émotions et votre intuition quand la sensibilité est de mise.

Lorsque vous harmonisez les deux hémisphères du cerveau et devenez ainsi complet, vous restez homme ou femme sur le plan anatomique, mais c'est votre caractère et vos qualités qui se transforment pour vous faire atteindre un état que l'on pourrait qualifier d'androgyne. Le Petit Larousse donne du terme androgyne la définition suivante : qui tient des deux sexes. L'androgynie sous-entend la capacité d'être doté des qualités et capacités masculines et féminines, et de les exprimer.

Je suis juste une personne
prise dans un corps de femme.

ELAINE BOOSLER

Il est évident que la bataille des sexes est le reflet de la bataille qui se livre à l'intérieur de chacun de nous. Nous sommes des femmes et des hommes en conflit avec leur ombre de sexe opposé. Lorsque les hémisphères masculin et féminin de notre cerveau atteignent un état d'harmonie et d'équilibre, nous devenons alors vraiment capables de nous ouvrir aux autres, non seulement comme des conjoints ou des partenaires sexuels, mais comme des frères, des sœurs, des pareils et des être humains en communion spirituelle.

La bisexualité double instantanément vos chances
d'avoir un rendez-vous le samedi soir.

WOODY ALLEN

DISTINCTION ENTRE LES SEXES ET DOUTES

Autrefois, dans la plupart des sociétés, la forte polarité féminin-masculin était naturelle et nécessaire : la taille et la force des hommes rendaient ces derniers aptes à la chasse et à la guerre, alors que la nature reproductive des femmes portait ces dernières à élever les enfants, à s'occuper de la maison et de l'âtre. De nos jours, ceux qui s'acharnent encore à paraître ou à se comporter selon ce schéma extrême ne s'attirent qu'inquiétudes et problèmes inutiles.

Les vieux critères quant à ce que sont un vrai homme ou une vraie femme continuent à avoir cours, même s'ils sont désuets depuis longtemps. Pour nous rassurer sur notre genre, il nous suffit de jeter un coup d'œil à l'intérieur de nos sous-vêtements. Malheureusement, de nombreuses cultures ridiculisent ceux qui expriment des traits de caractère appartenant au sexe opposé. Cet état de chose se constate par la peur constante que notre société éprouve face à l'homosexualité et par le fait qu'elle la dénigre. Afin de pouvoir intégrer totalement la sexualité unique qui vous appartient en propre, plutôt que de vous conformer aux comportements stéréotypés courants, vous devez avoir la force d'affronter ces questions sans broncher.

LE BONS SENS ET LES PRÉFÉRENCES SEXUELLES

Il est tout à fait courant que des personnes hétérosexuelles aient des fantasmes impliquant la masturbation avec des personnes du même sexe et que des homosexuels fantasment des actes sexuels impliquant des personnes de sexe opposé. Pour ceux qui ont de l'imagination en tout cas. Mais nos fantasmes ne font pas de nous des homosexuels, des hétérosexuels ou des bisexuels. Ils font de nous des êtres sexués, c'est tout. Alors que nous entamons un nouveau millénaire, il semble que nous ayons à nous occuper de choses bien plus importantes que des préférences sexuelles de nos voisins. Avec qui ou de quelle façon telle ou telle personne décide d'exprimer sa sexualité revêt moins d'importance que le fait qu'elle soit affectueuse, sensible, engagée et apte à donner et recevoir. N'importe quelle forme d'expression sexuelle peut être intime et sacrée, ou bien elle peut devenir un sport de loisir occasionnel qui mène à la promiscuité mais pas à l'engagement, ou bien une forme de souffrance par une exploitation dénuée de tout amour, une accoutumance aux endorphines érotiques, une injection d'adrénaline sexuelle.

Vu la nature de notre éducation, il se peut que nous abritions en notre for intérieur de nombreux secrets concernant le sexe – des pulsions, désirs et fantasmes cachés –, qui constituent la zone d'ombre propre à notre sexualité. Beaucoup de gens cachent des secrets même à ceux (ou en particulier à ceux) qui leur sont intimes. Ces secrets comportent souvent des fantasmes, désirs ou peurs profondément personnels. Pour que le sexe devienne quelque chose d'éclairé dans votre vie, il est important de porter cette zone d'ombre à la lumière de la conscience dans un esprit de compassion et d'acceptation.

AUTO-ÉVALUATION DE VOS SECRETS SEXUELS

Afin d'examiner votre vie sexuelle cachée, trouvez un ou plusieurs fantasmes que vous hésiteriez à partager avec quiconque ou qui vous mettrait mal à l'aise si vous le partagiez. Ensuite, penchez-vous sur les questions suivantes:

- Pourquoi voulez-vous garder vos fantasmes sexuels secrets ou pourquoi sentez-vous le besoin de les garder secrets?

- Qu'avez-vous peur que les autres pensent? Est-il possible, et même probable, que les autres aient les mêmes fantasmes ou désirs?

- Vos fantasmes peuvent-ils blesser quelqu'un? Si oui, qui, pourquoi et comment?

- Pensez-vous qu'il y ait quelque chose de fondamentalement mauvais dans un fantasme? Si oui, quoi? Si non, pourquoi pas?

- Si vous en parliez à votre partenaire, que pensez-vous qu'il ferait? Serait-il troublé par votre fantasme? Pourquoi? Qu'en retireriez-vous si vous en parliez? Et que perdriez-vous?

- Ressentez-vous de la tension ou moins de liberté si vous gardez le secret? Cela représente-t-il pour vous un obstacle à l'intimité?

Les questions précédentes ne sous-entendent pas que vous ayez besoin de partager chaque fantasme qui vous passe par la tête ni que vous deviez le faire, ni que vous deviez confesser vos idées sur votre vie sexuelle. Cette réflexion vous amène plutôt à comprendre ce qu'implique la dynamique des secrets sexuels que l'on garde pour soi en raison de la peur ou de la honte.

Il en va de même pour ce qui est des actes sexuels, y compris les choses que vous cachez à votre partenaire, qui vont de l'inoffensif (masturbation) au plus sérieux (adultère). Envisagez ce que vous avez à perdre et à gagner en révélant ou non votre secret, et ce que votre partenaire pourrait y gagner ou y perdre. Assurez-vous de bien comprendre ces deux aspects.

Maintenant que vous avez exploré quels effets peuvent avoir sur votre sexualité certains conditionnements sociaux, religieux et autres, vous trouverez peut-être qu'il est temps de vous pencher ouvertement sur vos secrets sexuels et de faire la lumière sur eux. Commençons donc ce processus avec deux secrets bien communs: la masturbation et les fantasmes.

LA MASTURBATION DE NOS JOURS: PÉCHÉ OU CADEAU DES DIEUX?

Nous savons, pour l'avoir lu dans des livres et des revues traitant de sexualité, que la masturbation est courante et naturelle, même chez les hommes et femmes mariés. Alors pourquoi y a-t-il tant de gens qui se sentent mal à l'aise à ce sujet? Vous masturbez-vous? (Je vous y prends!) Si vous ne le faites pas, est-ce parce qu'on vous a dit de ne pas le faire? Parce que vous ne vous sentez pas à l'aise de le faire? Parce que Dieu vous punira ou vous reniera? Si vous vous masturbez, et si vous êtes marié ou avez un partenaire, vous sentez-vous à l'aise d'en parler avec lui ou est-ce quelque chose que vous préférez garder sous silence?

Puisque les principales religions interdisent cette pratique – une pratique agréable, pas compliquée et sécuritaire – à des millions de gens dans le monde entier, elle vaut probablement la peine qu'on en parle dans un paragraphe ou deux.

Dans le film *L.A. Story*, le personnage incarné par Steve Martin dit à sa petite amie, alors qu'il admire ses seins: «Si j'avais des seins comme ça, je resterais chez moi à m'amuser avec toute la journée!» Puis, il y a cette question vieille comme Mathusalem: «Pourquoi les chiens se lèchent-ils le derrière?» Réponse: «Parce qu'ils en sont capables.» (Ne le feriez-vous pas si vous en étiez capable?) L'autostimulation est quelque chose d'agréable. Cela ne veut pas dire pour autant que nous allons passer tout notre temps à ne faire que ça. Mais nous avons par contre besoin d'examiner les raisons qui nous font sentir tellement en conflit face à quelque chose de toute évidence inoffensif et si agréable.

Alors que la masturbation (ou l'homosexualité) était autrefois considérée comme un gaspillage de sperme dont les spermatozoïdes auraient pu permettre à des femmes de concevoir, dans un monde aujourd'hui marqué par le SIDA, les grossesses non désirées, les avortements, les liaisons et une croissance démographique non souhaitée, on peut considérer la masturbation comme une façon agréable et inoffensive de se décharger de l'énergie sexuelle accumulée. Et dans une union où l'un des partenaires a des besoins sexuels forts et veut avoir un orgasme par jour, alors que l'autre se satisfait d'un orgasme par semaine, la masturbation a son rôle à jouer.

Pour les célibataires (ou les personnes mariées qui se trouvent loin de chez elles), la masturbation est certainement plus souhaitable que de se chercher de la compagnie dans un bar et de risquer de se trouver plus tard aux prises avec des complications affligeantes, voire dangereuses. De toute évidence, la masturbation ne remplace pas le lien profond d'amour que l'on peut établir avec un autre être humain, mais à certains moments, c'est un cadeau des dieux.

Certaines vérités sont universelles et éternelles. D'autres sont des dogmes conditionnels et arbitraires qui ont leur valeur à une époque donnée mais qui ne valent plus rien quand les choses changent. En fin de compte, chacun doit vivre sa propre vie, libre de tout idéalisme, honte ou dogme qui ne sert pas sa totalité et ses réalités. N'ayez jamais peur de demander «pourquoi?» Et n'ayez jamais peur non plus de répondre « pourquoi pas ? »

LES FANTASMES

Pour certaines personnes ayant de fortes pulsions sexuelles ou des tendances à la promiscuité, il est peut-être plus souhaitable de visualiser qu'elles font l'amour avec plein de partenaires plutôt que de le faire effectivement. Étant donné que votre inconscient ne sait pas vraiment faire la différence entre l'expérience que vous faites par vos sens physiques et celle que vous faites par le biais de votre imagination, avoir des fantasmes en se masturbant satisfait vos besoins et n'occasionne ni complications ni souffrance à autrui.

L'Église pourrait déclarer que de tels fantasmes équivalent à l'adultère, mais vu le choix que nous avons, je recommande les fantasmes. Si j'imagine que je tue quelqu'un, cela ne fait pas de moi un assassin. Si je m'imagine être un physicien qui a remporté le prix Nobel, cela ne fait pas de moi un physicien. Et si je m'imagine faisant l'amour avec un gorille, cela ne fait pas de moi un pervers. Il est peut-être préférable de n'avoir que des fantasmes positifs, heureux et sains. Mais sains en fonction de quelles normes ? Et comment peut-on contrôler ses pensées ?

Les fantasmes ne peuvent pas faire de tort, à moins qu'ils nous préoccupent trop, nous fassent sentir coupables et devenir obsessionnels, ou que nous les prenions pour la réalité. J'ai reçu par courrier électronique la lettre suivante, parmi les bizarreries que je reçois, à laquelle j'ai répondu par la lettre ci-dessous. Elle ont toutes deux rapport au domaine des fantasmes précisément.

> Je suis une femme mariée dans la cinquantaine, plutôt traditionnelle dans mes pensées et mes activités sexuelles avec mon mari. Je suis un peu inquiète d'un fantasme récurrent où

je suis forcée de faire l'amour avec plusieurs hommes en même temps. Ce serait horrible si cela arrivait en réalité, mais dans ce fantasme, c'est vraiment excitant. Est-ce normal?

Préoccupée

Chère préoccupée,

Il n'existe pas, en fait, de mauvais fantasme. Si vous éprouvez du plaisir avec un fantasme impliquant un acte sexuel forcé (et cela est le cas de nombreuses femmes), cela ne veut pas automatiquement dire que vous voulez réellement participer à un tel acte. Beaucoup de femmes s'imaginent des scénarios pour créer une atmosphère érotique qui leur permettra d'atteindre l'orgasme. Alors, que votre fantasme implique un acte sexuel forcé, une équipe de football ou juste l'entraîneur, sachez bien que tout ce qui peut vous exciter est parfait. Les fantasmes sont une façon saine d'exercer votre imagination érotique. Plus vous serez à l'aise avec votre côté érotique, meilleure en sera votre vie sexuelle.

La préoccupation dénotée par cette lettre, ainsi que ma réponse, indiquent à quel point nous confondons les fantasmes avec les comportements, pour ensuite nous demander si nous sommes normaux ou pas (comme si le fait d'être normal nous rendait vertueux et nous mettait en sécurité). Les comportements peuvent certainement devenir aberrants, pervers, déplacés et même malfaisants. Mais au royaume des fantasmes, tout est possible. Ceux qui jugent leurs propres fantasmes ou les fantasmes des autres comme étant quelque chose d'incorrect ont besoin de se pencher attentivement sur l'origine de cette opinion et vérifier si elle persiste lorsqu'elle est examinée à la loupe.

De toutes les aberrations sexuelles,
la plus bizarre est probablement la chasteté.

RÉMY DE GOURMONT

Même quand nous reconnaissons nos secrets sexuels, il peut nous être tout de même difficile d'atteindre un équilibre sexuel éclairé parce que nous avons certaines tendances innées. Dans le domaine de la conduite et de la moralité, nombre d'entre nous adoptent soit une position puritaine, soit une position hédoniste, la négation de soi ou la licence. À moins de trouver notre équilibre dans ce domaine, l'accomplissement sur le plan sexuel reste hors de notre portée.

Le dilemme puritanisme-hédonisme

De toutes les dualités propres à l'esprit humain, celle qui existe entre le puritanisme et l'hédonisme semble être la plus marquée. Et pourtant aucune des polarités n'est supérieure à l'autre.

> *Le puritanisme, c'est la peur qui vous hante*
> *que peut-être quelqu'un, quelque part, soit heureux.*
>
> H. L. MENCKEN

Si vous penchez vers le puritanisme, vous vous sacrifiez, travaillez, préférez les objectifs à long terme au plaisir, et vous êtes moraliste et difficile à contenter. Vous agissez en fonction des règles. C'est grâce à l'effort que vous êtes en santé et vous n'êtes peut-être pas de très agréable compagnie dans les réunions sociales, si vous y allez.

Si vous penchez vers l'hédonisme, vous vivez pour le moment, pour le plaisir, et suivez vos impulsions et vos tendances. Votre devise est: « La vie est courte. Mangeons le dessert en premier. » Vous pourrez dire des puritains que: « Quand ils ont renoncé au sexe, à la viande, au sucre, au tabac, à l'alcool et à la danse, ils ne vivent pas forcément plus longtemps, mais, chose certaine, ça va leur sembler plus long. »

Êtes-vous puritain ou hédoniste? Il est possible d'être équilibré dans le sens où l'on accorde une certaine valeur à ces deux qualités dans des situations différentes. Se pencher sur la question tout en intégrant votre sexualité est une bonne façon de commencer à trouver l'équilibre. Essayez dans cette optique l'exercice suivant.

JEU DE RÔLES: LE JEU DE L'HÉDONISTE ET DU PURITAIN

Le jeu de rôles suivant, en plus d'être amusant, vous permettra de déterminer de quel côté de la barrière vous vous trouvez en général et il vous donnera l'occasion de jouer le rôle opposé. Il vous faut un partenaire disposé à passer quatre à cinq minutes avec vous pour procéder à l'exercice suivant:

- Le scénario: Vous et votre partenaire imaginez que vous vous promenez à pied dans un quartier résidentiel et que soudain quelqu'un vous interpelle d'une fenêtre située à l'étage d'un manoir. Cette personne vous invite tous les deux à venir vous joindre à une orgie, la maison étant remplie de gens superbes, débordant de vie et qui aiment s'amuser. En haut, vous entendez des gens qui s'expriment à voix haute sans inhibition et qui n'ont rien ou presque rien sur le dos (vous voyez une culotte qui sort en volant par la fenêtre). Vous les entendez rire, pousser des cris de joie et gémir de plaisir. Non seulement cela, mais ils se délectent des meilleures liqueurs et des plus fins cigares, chocolats, pâtisseries et autres sucreries, ainsi que de toutes autres douceurs sensuelles.

- Vous et votre partenaire discutez par la suite si vous voulez aller à cette orgie ou pas. (Ils vous veulent tous les deux, sinon personne. Cela augmente votre intérêt à vouloir convaincre votre partenaire de votre point de vue.)

- Pendant deux minutes, jouez le rôle d'un puritain strict, alors que votre partenaire joue celui de l'hédoniste acharné. Chacun de vous a la tâche de convaincre l'autre de son point de vue pour aller ou ne pas aller à l'orgie. Jouez votre rôle avec enthousiasme. Mettez-y le paquet!

- Quand les deux minutes sont écoulées, changez de rôle et essayez de nouveau de convaincre l'autre de votre opinion.

Une caractéristique de la personne puritaine serait peut-être de brandir le spectre du SIDA ou de celui d'autres maladies vénériennes, de faire appel aux règles morales ou sanitaires et stigmatiser le manque de jugement. L'autre à tendance plutôt hédoniste pourrait certainement invoquer le fait de faire l'amour en se protégeant avec des préservatifs tout en prônant les vertus de la passion, de l'amour et du plaisir. Vous trouverez sans aucun doute des arguments originaux de part et d'autre.

Cet exercice vous donne l'heure juste quant au rôle que vous vous sentez le plus à l'aise de jouer. (Si vous avez tendance à tomber d'accord avec votre partenaire, vous savez de quel côté vous êtes.) Bien sûr, vous pourriez être une personne hédoniste dans le domaine de la sexualité mais puritaine dans le domaine de la nourriture et de la santé, ou vice-versa. En tout cas, c'est la prise de conscience qui est éclairante. La solution est d'atteindre un état d'équilibre naturel où vous pouvez, quand vous le désirez, vous amuser sans inhibition (sexualité saine) et célébrer votre sexualité tout en relaxant, ou bien faire preuve de discipline et de volonté à d'autres moments.

En ce qui concerne vos propres valeurs et comportement sexuels, agissez-vous plus comme un hédoniste ou un puritain?

Les puritains et les hédonistes peuvent tous deux être sains ou malsains. Si vous savez apprécier votre valeur personnelle, vous serez plus porté à être un hédoniste sain ou un puritain sain. Si vous êtes un hédoniste sain, vous appréciez le plaisir mais n'en abusez pas. Vous êtes ouvert au plaisir et à l'amusement, et vous savourez les bonnes choses de la vie. Si vous êtes un puritain sain, vous avez appris à remettre la gratification à plus tard, à utiliser votre forte éthique du travail afin d'atteindre vos objectifs et vous faites passer les affaires avant le plaisir. Comme tel, vous récolterez probablement les fruits de votre labeur et de votre discipline. Vous êtes bon avec vous-même à long terme et vous ne jugez pas ceux qui ont choisi un parcours hédoniste. Si, par contre, vous avez un faible sens de votre valeur personnelle, vous aurez tendance à être un hédoniste malsain ou un puritain malsain. Un hédoniste malsain abuse de la bonne chère et de la promiscuité, et s'adonne sans discernement à la sexualité à haut risque, à l'alcool, au tabac ou à d'autres drogues, pour finir par glisser vers l'autodestruction ou la débilité. Si vous êtes un puritain malsain, vous vous niez les plaisirs de la vie (comme la danse, un bon dessert de temps en temps, une vie sexuelle sans inhibition avec votre partenaire) et vous êtes peut-être trop imbu et fier de votre pureté.

Certains d'entre nous abordent la sexualité, et le plaisir en général, comme le pasteur de campagne qui, chaque fois qu'il faisait l'amour à sa femme, pensait à prier et, chaque fois qu'il priait, pensait à faire l'amour à sa femme. Il ne fut jamais ni un puritain ni un hédoniste. (Et Dieu ne sut jamais ce que diable il pouvait bien se passer.) Cela s'applique à presque chacun d'entre nous, car il y a très peu d'hédonistes, dénués de culpabilité, qui se laissent totalement aller au plaisir, ou très peu de puritains totalement disciplinés et libres d'obsessions et de fantasmes. Comme un pendule, nous oscillons d'un bord à l'autre.

C'est lorsque vous prenez conscience de vos côtés puritains et hédonistes que vous réussissez à les réconcilier et à les équilibrer. En trouvant ainsi un équilibre entre la licence et la négation de soi, vous vous ouvrez à votre sexualité de façon plus résolue, plus tendre et plus responsable. La réponse aux dilemmes que nous éprouvons face à la sexualité ne consiste pas à choisir entre la chair ou l'esprit, mais plutôt à s'ouvrir aux deux et à essayer de les amalgamer. Vous voici rendu un pas plus loin, près d'avoir traversé ce dixième passage, en voie de pratiquer, chaque jour, l'illumination.

Unification de la chair et de l'esprit : pratique sexuelle ultime

Une étape culminante de notre évolution sexuelle consiste à connecter le corps et les sens physiques à l'être émotionnel et spirituel. Une des méthodes pour parvenir à une telle union est le tantra.

SPIRITUALISER LA SEXUALITÉ : CONNECTER LES PARTIES GÉNITALES AU CŒUR

La plupart des gens associent le terme « kung fu » aux arts martiaux, mais en réalité ces mots signifient « pratique de l'habileté » et s'appliquent à n'importe quelle activité. Il en va de même avec le terme « tantra », que la plupart des gens associent uniquement à des techniques sexuelles. Mais, les pratiques tantriques ne se limitent pas à la sexualité. Le tantra comporte une approche de la pratique spirituelle incluant l'énergie vitale, la sexualité, l'alimentation, l'exercice physique et tous les sens considérés dans une optique sacrée. Le tantra enseigne non pas la pratique de l'indulgence ou de la négation, mais l'emploi équilibré des expériences sensorielles sous l'égide de ce qu'il y a de plus spirituellement élevé en nous.

Dans l'exercice tantrique suivant, vous apprendrez l'essentiel du yoga tantrique en vous servant de votre attention pour créer un pont de conscience entre vos parties génitales et votre cœur, ainsi que tout votre corps. Par cet acte de remémoration consciente, vous améliorez, enrichissez, approfondissez le plaisir de l'étreinte amoureuse, et lui donnez une nouvelle dimension. Non seulement ça, mais vous transformez la sexualité humaine en un acte de communion et d'adoration. Ce n'est plus seulement votre amoureux que vous tenez entre vos bras, c'est le divin.

Voici comment mettre en pratique avec votre partenaire ce qu'il y a d'essentiel dans le yoga tantrique.

La prochaine fois que vous ferez l'amour (ou que vous vous masturberez si vous n'avez pas de partenaire dans le moment), plutôt que de concentrer votre attention sur vos parties génitales exclusivement, accordez autant d'attention à votre cœur et à votre corps tout entier.

Nous avons tous la capacité de poser ce geste simple, mais il faut pour cela que notre attention soit libre. La présence à soi est entravée par la gêne. Vous ne pouvez pas vous consacrer à cet exercice si vous accordez de l'attention aux images qui vous viennent à l'esprit ou si vous vous demandez comment vous vous en tirez, de quoi vous avez l'air, ce que votre partenaire pense de vous, ainsi de suite. Pour être attentif, il faut avoir l'esprit vide. S'ouvrir à la sexualité demande et développe la capacité de perdre la tête et de revenir à vos sens.

Cet exercice tantrique – connecter les parties génitales au cœur pendant l'acte sexuel – est une facette importante de l'accomplissement dans le quotidien. Afin de pouvoir intégrer cet exercice dans votre vie, même occasionnellement, il vous faut faire appel à votre volonté. La volonté associée à l'attention avec une coloration émotionnelle ou encore une coloration de dévotion, sert à éveiller votre cœur, sujet du onzième passage à traverser qui vous attend tout de suite après.

LE SEXE, L'AMOUR ET LA VOLONTÉ

Si vous et votre partenaire êtes rarement d'humeur à faire l'amour ou si vous manquez d'énergie pour cela, c'est que quelque chose s'interpose à l'intimité, quelque chose ne va pas ou est déséquilibré. Vous avez donc besoin de ventiler les choses et d'explorer ensemble cet aspect de votre relation dans un esprit d'amour et de compréhension. Mais avant de vous laisser prendre dans des discussions et analyses psychologiques sans fin (un processus qui peut finir par renforcer le problème relationnel même sur lequel vous travaillez), vous aurez peut-être besoin de vous engager, par la volonté, à faire l'amour un peu plus souvent, même si l'un de vous ou si tous les deux n'en avez pas très envie.

Dans la tradition juive orthodoxe, le vendredi soir, qui marque le début du sabbat, est le moment où l'homme doit donner du plaisir à sa femme. Et s'il y a des problèmes, ils doivent leur accorder du temps pour les résoudre. Bien que cette tradition semble manquer de spontanéité, elle comporte probablement une grande et pratique sagesse, puisque les deux partenaires se retrouvent à la fin de la semaine de travail pour célébrer leur intimité et leur lien amoureux. Comparez cela avec le fait de faire l'amour seulement quand il vous arrive d'en avoir envie.

Normalement, vous pensez à utiliser votre volonté pour ne pas agir sur le coup du désir, pour ne pas vous laisser aller à faire l'amour et pour vous contrôler, vous restreindre, vous abstenir ou faire vœu de célibat. Mais, vous pouvez aussi très bien utiliser la volonté dans le cadre d'un exercice tantrique pour vous donner totalement à l'acte sexuel même lorsque vous n'êtes pas d'humeur à cela. L'intimité sexuelle prend bien des formes et se manifeste par bien des états, du désir charnel au réconfort en passant par la communion. L'intimité sexuelle est également une façon de faire l'amour, de générer de l'amour, de réveiller l'attention que l'on se porte mutuellement et de se la donner.

Parfois, quand vous êtes fatigué ou bien que vous êtes irrité par quelque chose que votre partenaire a dit ou a fait, vous vous détournez physiquement de lui ou d'elle. Que les raisons de votre partenaire soient justifiées ou pas, s'il se tourne vers vous parce qu'il a besoin d'affection, d'amour ou de contact physique, au lieu de le rejeter vous pouvez par votre volonté vous tourner vers lui avec bienveillance, compassion et compréhension, en vous remémorant la raison qui vous a poussés à être ensemble. Ce contact affectueux peut mener à un rapport sexuel ou pas, mais il peut en tout cas mettre fin à un éloignement des cœurs et procurer le réconfort par l'amour et l'affection. Beaucoup de gens disent avoir souvent fait l'amour quand ils n'en avaient pas vraiment envie parce que leur partenaire avait cette attente ou le voulait. Mais combien de fois avons-nous accepté de le faire comme un geste de cœur et de volonté, pour donner et guérir, pour nous abandonner à servir et à manifester notre dévotion envers le divin sous les traits de notre partenaire ?

L'amour peut conduire à l'intimité sexuelle, mais l'intimité sexuelle peut aussi attiser les charbons ardents de l'amour. Alors, même si vous n'avez pas envie de faire l'amour au même moment que votre partenaire, en lui étant présent, vous découvrez pourquoi cela s'appelle faire l'amour. Parfois, nous avons besoin de faire l'amour non pas avec l'idée d'avoir notre part de plaisir, mais dans une intention de guérison face à notre partenaire. C'est un geste spirituel tantrique de disponibilité à l'autre.

Si vous avez besoin de vous disputer, faites-le. Mais, rapprochez-vous toujours, touchez-vous et étreignez-vous, de quelque façon que ce soit, même si vous devez parfois faire appel à votre volonté pour cela, afin de perfectionner votre union. Les âmes sœurs ne se trouvent pas, elles se forgent.

AMOUR, DÉSIR ET COMMUNION SEXUELLE

Il arrive souvent que vous mangiez sans avoir particulièrement faim. Si votre bien-aimé vous a préparé quelque chose de spécial et que vous n'ayez pas faim, vous mangerez peut-être par bienveillance à son égard. Peut-être aimerez-vous la nourriture, peut-être pas. Mais la bienveillance reste la même.

Parfois, votre partenaire désire plus que vous faire l'amour et vous acquiescez par bienveillance à son égard, même si l'envie n'est pas trop là. Il se peut que vous finissiez par y prendre plaisir, ou peut-être pas. En tout cas, la bienveillance demeure.

Dans la vie quotidienne, il vaut mieux manger quand on a faim et faire l'amour (jusqu'à l'orgasme) quand on en sent le désir. La faim qui vient naturellement est la manifestation du besoin du corps en calories et nutriments. Le désir physique naturel (d'avoir un orgasme) exprime le besoin qu'a le corps de se relâcher sexuellement. Mais intégrer sa sexualité veut aussi dire que l'on s'adonne à cette activité sous l'égide de ce qu'il y a de plus élevé en nous.

À certains moments, dans l'acte sexuel, l'attention est totalement tournée vers le plaisir de l'autre et à d'autres moments, elle est tournée vers notre propre plaisir. Comme nous l'avons pour la plupart expérimenté, la relation sexuelle la plus satisfaisante combine une interaction des deux, une danse de soi et de l'autre jusqu'à ce qu'il y ait fusion. Donner, c'est recevoir et recevoir, c'est donner. Ce qui fait que, à un certain point, il devient moins important et même inutile de savoir qui donne ou qui reçoit. Ce cercle énergétique se crée lorsque deux personnes font l'amour, échangent de l'affection, des caresses et de la sensibilité. Que peut-on donner de plus, en fin de compte ?

GESTES TANTRIQUES D'AMOUR DANS LE QUOTIDIEN

C'est une chose que de se documenter sur les avantages de jouir de la vie et de ressentir du plaisir, ainsi que de parler de l'importance de s'aimer soi-même. Mais, en fait, vous accordez-vous la permission de le faire ? Dans l'exercice suivant, vous vous sortirez en grand un soir. Prenez toute une journée, ou autant de temps que vous le désirez, pour apprécier votre propre compagnie, et faites ce qui vous fait plaisir (même si vous le faites habituellement avec quelqu'un d'autre).

TANTRA EN SOLO

- Allez voir un film. Ou courez les magasins. Ou rendez-vous dans une foire ou à un autre événement du genre.
- Offrez-vous un somptueux dîner ou souper, comme vous en offririez à un ami cher ou à un amoureux.
- Ce jour-là, satisfaites tous vos désirs possibles.
- Finissez la journée en vous procurant une extase sexuelle en solo.
- Si vous avez un partenaire qui veut prendre part à cette libation, suggérez-lui de vous accompagner mais en solo aussi.
- La semaine d'après, si vous êtes en relation avec quelqu'un, répétez le même genre de scénario et prodiguez-lui la même attention que vous vous étiez prodiguée (que vous ayez ou pas de relation sexuelle).

TANTRA POUR DEUX

Si vous avez un partenaire sexuel, essayez cet exercice tantrique. Il est simple mais puissant. Si vous avez des enfants, il vaudrait mieux faire cet exercice après qu'ils sont couchés ou, encore mieux, au cours d'une nuit de vacances.

- Prenez une douche ensemble, puis faites quinze minutes de yoga ou d'étirement et de respiration.
- Méditez dix minutes ensemble, de préférence à la lueur d'une bougie. Faites jouer une musique douce que vous aimez tous les deux.

- Étreignez-vous et caressez-vous pendant au moins dix minutes avant le rapport sexuel. Caressez-vous les bras, les jambes, le dos, le visage et les pieds avec affection.

- Durant le rapport sexuel, restez immobiles pendant au moins cinq minutes et regardez-vous dans les yeux l'un de l'autre. Sentez l'amour que vous éprouvez pour votre partenaire.

- Prenez conscience de tout malaise, gêne ou tout autre sentiment se présentant, laissez-les aller et abandonnez-vous avec amour au regard de votre partenaire.

- Sentez le mystère qui existe au-delà des yeux de votre partenaire.

- Si vous y arrivez, vous verrez et sentirez peut-être à un certain moment votre partenaire comme un être divin et vous ressentirez l'amour profond qui est en vous, celui que vous éprouvez pour les autres et celui que vous ressentez face à l'univers. Cet amour passe souvent inaperçu dans le stress du vécu quotidien.

- Remarquez si des prises de conscience se font ou si des problèmes importants surgissent pendant l'exercice et parlez-en après l'exercice.

Si vous faites les exercices que je viens de vous présenter, vous pouvez en apprendre beaucoup sur vos priorités actuelles, sur votre attitude face au plaisir, et même sur votre valeur personnelle et votre degré de bien-être dans l'intimité. Si vous choisissez de ne pas faire ces exercices (ou certains d'entre eux), posez-vous la question suivante : «Pourquoi ne les ai-je pas faits?» Cela vous révélera quelque chose sur vous.

Un dernier mot

Étant donné que la sexualité est de nature à comporter des charges émotionnelles et morales, il se peut que vous vous soyez senti offensé si mes paroles ont bousculé vos croyances. Si c'est le cas et que vous ayez continué votre lecture jusqu'ici, je dois vous féliciter et rendre hommage à vos croyances et valeurs. Je crois profondément que chacun de nous a besoin de trouver sa propre sexualité, son propre chemin et sa propre religion. Dans le royaume de la sexualité, il en va comme pour la politique, la religion et les saveurs de crème glacée : ce qu'il y a de mieux est une question de goût personnel. En attendant, explorez la réalité que vous vivez en ce moment, faites honneur aux processus qui se déroulent et tirez des leçons de l'expérience.

Maintenant que vous avez traversé ce passage, n'en oubliez pas le titre : *Intégrez votre sexualité*. Faites honneur à ce que vous êtes, car vous êtes unique au monde. Poursuivez votre périple le cœur plus léger, en sachant pertinemment que vos pensées et vos fantasmes font partie intégrante de ce qui fait de vous un être unique. Et rappelez-vous que, sous sa forme d'expression humaine la plus élevée, la sexualité devient une pratique pour trouver, chaque jour, l'illumination.

Jetez un regard sur les dix passages que vous avez traversés et sur la vision plus profonde que vous avez acquise rendu à ce stade-ci. Après avoir exploré les défis et les merveilles de l'acte d'amour, avec votre partenaire et l'univers, vous êtes prêt à explorer les profondeurs de votre cœur.

Éveillez votre cœur

L'amour, c'est le grand secret de la vie.
Il transcende la peur et l'isolement,
vous escorte au-delà des hauts-fonds des mouvements de l'âme
vers le rivage illimité de l'être.
L'amour ne dure pas seulement grâce aux paroles et aux émotions
mais grâce aux actions qui vous amènent,
au-delà des intérêts égocentriques,
au-delà de la raison et des motifs,
à accueillir à bras ouverts tous les gens,
toutes les choses et toutes les situations.
La bienveillance commence avec de petites choses,
dans des moments de prise de conscience et d'humilité,
au cœur de votre âme qui a soif de communier dans l'amour,
amour qui se trouve juste de l'autre côté de la porte
qui donne sur votre cœur.
Vous n'êtes pas venu ici pour rencontrer votre essence divine ;
vous êtes venu ici pour devenir cette essence divine.

Le pouvoir guérisseur de l'amour

L'amour n'est pas juste posé là,
comme une pierre.
Il doit être travaillé comme le pain,
retravaillé tout le temps,
renouvelé.

Ursula K. LeGuin

Itinéraire de l'explorateur :
Aperçu des surprises à venir

Notre évolution spirituelle comporte un élément de mystère en ce sens qu'elle provient d'un mélange d'effort, de temps et de grâce. Il y a au moins une chose qui est claire : afin de réaliser le potentiel humain que la vie vous promet, votre cœur doit s'éveiller. Mais que veut dire éveiller le cœur ? Si, naturellement, on trouve l'amour dans le cœur, alors que trouve-t-on au cœur de l'amour ? Quelle est l'essence de l'amour, et sa source ? Dieu ? L'esprit ? Le mystère ? Une création de l'imagination ? Une parcelle de chimie cérébrale ? Brian

Swimme, un cosmologue au grand cœur, avance que l'amour c'est la gravité, cette force universelle d'attraction dont tout corps de l'univers est animé envers n'importe quel autre corps, cette colle homogénéisante qui maintient ensemble l'univers et nous ramène tous inexorablement à la source de tout être.

Cette image poétique, cette vision transcendante de l'amour, est une bonne façon de commencer, car sans elle, sans une perspective élargie, nous tombons dans le piège des faux-semblants de l'amour, séduits que nous sommes par le sentiment à l'eau de rose et le désir romantisé, aveuglés par les roses fanées et les spectres volages du désir ou de la toquade.

Éveiller son cœur signifie que l'on passe des émotions conditionnelles à la bonté, à la bienveillance inconditionnelle, que l'on extirpe du sommeil les pouvoirs guérisseurs du cœur qui nous permettent de nous élever au-dessus de nous-mêmes pour aller vers l'amour sans peur, ni limites, ni raison.

Dans ce chapitre, nous explorerons de nouvelles façons de comprendre l'amour et de le vivre. La mesure selon laquelle vous avez compris et assimilé les principes des dix passages précédents (entre autres, avoir retrouvé votre volonté, dompté votre mental, accepté vos émotions, fait face à vos peurs et intégré votre sexualité) détermine votre degré de préparation pour faire le saut dans le domaine du cœur, le lieu où chair et esprit se rencontrent. Comme le compositeur David Roth nous le rappelle: «Nous ne tombons pas en amour, nous montons en amour.» En fait, ce saut mythique dans l'amour n'en est pas un vers le bas mais vers le haut, car il nous fait expérimenter la vie sur un plan plus élevé.

Ce que vous avez assimilé des leçons précédentes, en traversant les passages qui conduisent finalement au cœur, vous permettra maintenant d'intégrer une nouvelle façon d'aimer, fondée sur la constance du comportement plutôt que sur l'instabilité des émotions. Vous avez entretenu le jardin de votre psyché, préparé le terrain et semé les graines afin que l'amour puisse germer spontanément. Personne ne peut ni enseigner ni apprendre l'amour, car la raison n'a pas de cœur et le cœur n'a pas de raison. Tout ce que je peux vous offrir ici, chers lecteurs et amis, est un petit mot d'amour pour vous faire part de la vérité que j'ai découverte au cœur même de la vie. Je ne suis pas un saint, sauf comme vous dans les moments d'amour pur, mais l'affection que je porte en moi me pousse à vous faire part des façons de mettre l'amour au monde comme une sage-femme met au monde un enfant.

L'amour dont nous parlons peut se manifester sous la forme de l'amour romantique ou sous la forme de l'amour qu'on porte à un enfant, un frère, une sœur, un parent, un ami, à l'humanité, à Dieu. En fin de compte, c'est la sagesse éternelle divine en nous qui nous demande d'aimer et de servir Dieu, et de se rappeler de lui dans, à travers et comme étant toute personne et toute chose. Aimez inconditionnellement de tout votre cœur : c'est tout ce que vous avez besoin d'apprendre, de faire, de devenir, dans ce passage, ce livre, cette vie. Quelle que soit la question, la réponse c'est l'amour. Mais aimer n'est pas si simple, comme vous avez pu le constater dans votre vie. D'innombrables poètes, philosophes, psychologues et romantiques ont chanté, glorifié et analysé l'amour. Mais à moins que nos cœurs ne s'éveillent, l'amour ne reste qu'une parole, un casse-tête, un but que l'on désire atteindre plutôt qu'une réalité que l'on vit. Bill Moyers fit un jour la remarque suivante : « Même la Bible est un livre hermétique si nous ne l'abordons pas le cœur ouvert. »

Mais comment faire pour éveiller notre cœur ? Oui, comment ? Alors, chers lecteurs, bienvenue à ce onzième passage. Le sommet de la montagne est maintenant en vue.

Dans ce chapitre, nous verrons pourquoi il faut du courage pour aimer dans ce monde et, comment et quand l'amour fleurit naturellement ; et, en nous fondant sur ce que vous avez déjà appris, nous explorerons divers moyens de le maintenir vivant, diverses clés pour que durent les relations amoureuses. Ce chapitre tourne principalement autour de la façon de mettre votre volonté à l'œuvre pour créer une nouvelle manière d'aimer qui ne dépende plus du fait que vous vous sentiez aimant ou pas dans le moment. Vous y trouverez également des méthodes pour vous éveiller le cœur et amener plus d'amour dans le monde. Et, enfin, vous aurez un aperçu des transformations globales à venir sur le plan de la conscience, transformations qui toucheront toutes les facettes de la société, à mesure que nos cœurs s'ouvriront.

Amour = Courage

La vérité concernant la vie humaine a un goût aigre-doux car la voie de l'amour est semée non seulement de pétales de rose, mais aussi d'épines. Une fois ce périple accompli, vous aurez perdu toute personne et toute chose que vous avez jamais aimées. C'est pour cela qu'il faut du courage pour aimer quelqu'un dans ce monde. Vous chercherez l'amour dans la sécurité jusqu'à ce que vous réalisiez qu'il n'y a pas de sécurité dans l'amour et qu'elle n'est pas nécessaire non plus. C'est seulement lorsque vous êtes prêt à risquer la souffrance et la tristesse, en perdant quelque chose ou quelqu'un, que vous avez suffisamment confiance pour ouvrir votre cœur à la joie.

Une partie de nous croit que nous voulons une âme sœur, une relation d'intimité. Pourtant, une autre partie de nous veut rester à l'abri dans sa citadelle d'isolement. Les loups solitaires peuvent se permettre de rester détachés et de ne pas s'impliquer, pour se promener de relation en relation, prenant la poudre d'escampette dès que le torchon brûle. Il faut du courage pour persévérer dans une relation malgré la route cahoteuse. Il faut du courage pour avoir des enfants et les aimer. Nous souffrons de voir nos proches bien-aimés souffrir de maladies, de blessures et de déceptions. Les dilemmes et les souffrances de nos enfants nous font perdre le sommeil.

Il est bien plus rassurant de ne jamais aimer, car votre cœur est un géant endormi débordant de passion et de souffrance, de joie et de peur. Il est beaucoup plus sûr de se confiner à l'armure de la solitude, comme la tortue se protège sous sa carapace. Le seul prix que vous payez pour cela est votre part d'humanité.

Peu importe votre degré de réussite, de pouvoir ou de richesse, la vie sans amour est un royaume peuplé d'ombres. Lorsque les psychologues ont commencé à étudier de près les criminels violents, ils découvrirent que, presque sans exception, aucun de ces malfaiteurs n'avaient connu l'amour de la part de leurs parents ni n'avaient jamais eu à s'occuper d'un chien, d'un chat ou d'un autre animal quand ils étaient petits. Sans amour, nous nous étiolons comme une fleur sans eau. Que vous soyez marié ou pas, que vous viviez en communauté ou seul, vous avez besoin d'aimer quelqu'un dans votre vie afin d'accomplir ce que ce onzième passage promet. Que ce quelqu'un soit votre conjoint, un ami, vos enfants, vos parents, un animal domestique ou toute autre chose, il vous sert d'instrument pour vous éveiller le cœur.

AUTO-ÉVALUATION : REGARDEZ DANS VOTRE CŒUR

Penchez-vous sur les questions suivantes pour voir plus clairement quelle place l'amour occupe dans votre vie.

- Si vous deviez choisir, préféreriez-vous aimer ou être aimé ?

- Pensez à cinq personnes que vous avez aimées dans votre vie. Placez-les dans l'ordre d'intensité selon laquelle vous les avez aimées. Si vous avez de la difficulté à le faire, demandez-vous pourquoi. Si vous n'avez pas de difficulté à le faire, pourquoi les avez-vous placées dans cet ordre-là ?

- Êtes-vous capable de vous mettre en colère avec une personne tout en l'aimant ? Débattez le pour et le contre de cette question.

- Si le sexe n'existait pas dans le monde, qui aimeriez-vous et de quelle façon pourriez-vous faire la preuve de cet amour ?

- Ce passage vous intéresse-t-il plus, ou moins, que les autres ? Pourquoi ?
- Quand avez-vous dit pour la dernière fois à quelqu'un « Je t'aime » ?
- Quand avez-vous pour la dernière fois prouvé concrètement votre amour par une action ?
- Quel effet cela vous ferait-il si vous aimiez tout le monde que vous rencontrez, le commis au supermarché, le chauffeur d'autobus ou l'employé de banque, jeune ou vieux, homme ou femme ?
- Y a-t-il une différence entre l'amour et la bonté d'âme ?
- Que pouvez-vous faire aujourd'hui pour apporter plus d'amour dans votre monde ?

Une fois de plus, il n'y a ni bonnes ni mauvais réponses. Nous sommes tous des humains en formation, apprenant l'art d'aimer. Comme c'est le cas pour les autres chapitres, la réflexion personnelle est un moyen de vérifier la réalité afin de dissoudre les illusions, d'augmenter notre niveau de conscience, de nous connaître mieux et de transformer les déserts en jardins. Cette transformation commence avec l'intention, mais elle a besoin de courage, de sacrifice de soi et de patience pour fleurir. (Un cœur éveillé ne vous conduit pas au ciel, mais au moins il vous permet de l'apercevoir.)

L'éveil et l'attention

Selon les anciennes traditions spirituelles indiennes et chinoises, l'attention est censée s'élever en passant à travers sept niveaux ascendants de conscience et d'expérience. Au plus bas de ces niveaux, l'attention est centrée sur des questions de survie, de sécurité et de peur. Au second niveau, une fois que les questions de survie sont résolues, l'attention se tourne vers les relations, le plaisir et le chagrin. Puis, quand elle atteint le troisième niveau, elle se concentre sur des questions de pouvoir, de contrôle de soi et de colère. Nos petits drames quotidiens, ainsi que la littérature et les films les dépeignent, tournent autour de ces trois niveaux d'expérience : la survie (peur), les relations (tristesse) et le pouvoir (colère). C'est seulement lorsque nous avons fait le ménage dans ces trois domaines que notre attention peut s'élever au quatrième niveau de l'expérience humaine – l'amour et le dévouement – et aux royaumes mystiques qui se trouvent au-delà.

Lorsque l'attention est concentrée sur le niveau de la survie et de la peur, l'amour se manifeste sous forme de luxure, de désir obsessionnel et d'abus. Lorsque l'attention est centrée sur le second niveau, celui des relations, l'amour se manifeste sous la forme de sensibilité et de sentiment romantiques, d'alternance de plaisir et de souffrance, de disputes et de réconciliations, la matière qui alimente les romans d'amour et les feuilletons à l'eau de rose. Lorsque l'attention est centrée sur le troisième niveau, celui du pouvoir et de la colère, l'amour se manifeste sous la forme du devoir et de la fidélité, mais aussi sous celle du contrôle et des difficultés avec la discipline de soi. Il vous est probablement déjà arrivé de faire l'expérience de ces trois formes d'amour.

Les rares moments où votre attention est libre, votre conscience monte jusqu'au cœur et se manifeste sous la forme du don altruiste, de l'amour inconditionnel, celui-là même que les parents éprouvent parfois pour leurs enfants. Il est si rare que l'attention se fixe en permanence dans le cœur (sans être ramenée aux problématiques des trois niveaux inférieurs), que ceux qui sont capables de faire preuve en permanence d'un tel amour inconditionnel reçoivent le nom de « saints ». C'est cette ascension de l'attention des trois centres inférieurs vers celui du cœur que nous appelons l'ouverture ou l'éveil du cœur. Un tel éveil est un processus graduel d'illumination : la lumière de l'attention éclaire le cœur et les vagues d'amour se font de plus en plus fréquentes.

SE SOUVENIR D'AIMER

La sagesse, le pouvoir, le courage, l'amour et le royaume des cieux sont en nous. Nous l'oublions tout simplement. Nous oublions de nous faire confiance, nous oublions d'écouter, nous oublions de prêter attention à ce qu'il y a de meilleur et de plus élevé en nous. Nous oublions parce que nous sommes endormis, nous rêvons, nous souhaitons, nous espérons, alors que l'amour essaie de nous réveiller, nous secoue et nous invite à ouvrir les persiennes de notre cœur pour y laisser filtrer la lumière de la conscience. Il est temps maintenant de nous saisir de nos vies, temps de nous accepter comme nous sommes et d'accepter le monde où nous vivons ainsi que notre réalité du moment, même si nous aspirons aux idéaux les plus élevés.

Quand on ouvre son cœur, il se produit, naturellement et dans la grâce, un état d'amour inconditionnel qui prend sans cesse de l'expansion. Il n'y a pas de limites ni d'attachements. Cela veut dire que vous ne pouvez faire autrement qu'aimer, même quand les autres ne vous aiment pas. Cela ne veut pas dire que vous ressentiez toujours un sentiment d'amour ou que vous aimiez tout le monde. Cela veut dire que vous avez trouvé la volonté de traiter les autres avec bienveillance et compassion, indépendamment des émotions que vous ressentez.

Il est fort probable que dans vos meilleurs moments vous ressentiez une profonde compassion, mais vous ne pouvez pas vous fier aux émotions changeantes ni attendre qu'elles se présentent, car elles apparaissent et disparaissent comme les nuages dans le ciel. La romance se fane comme une fleur, à moins que vous ne l'entreteniez attentivement avec des gestes d'amour.

L'AMOUR COMMENCE PAR SOI

Une des illusions les plus bizarres qu'entretiennent beaucoup de gens est qu'il est bon d'aimer les autres mais mauvais de s'aimer soi-même. Selon moi, plus vous êtes capable de voir, d'aimer et d'apprécier la manifestation de l'esprit divin qui vous regarde dans le miroir, plus vous êtes capable d'aimer sa manifestation chez les autres. Si nous participons tous de la même conscience mais sous des milliards de formes distinctes, c'est que l'amour doit commencer par soi-même. Pour que le cœur s'éveille, il ne peut exclure personne, pas même vous. Si vous ne vous aimez pas, comment pouvez-vous aimer les autres?

L'amour des autres commence par l'amour de soi. En nous aimant nous-mêmes nous apprenons à aimer les autres: un parent, un animal, un ami, un partenaire, un associé et le monde entier. Rien de tel que de commencer par soi-même pour apprendre à aimer. Là où nous nous sentons comme chez nous, c'est dans le cœur, et c'est aussi là que se trouvent en général toutes les querelles. Quoi de mieux pour apprendre à aimer sans raison que de partir de cet endroit où nous ne pouvons pas toujours trouver une raison d'aimer?

Si apprendre à aimer n'est pas encore une priorité pour vous à ce stade-ci du processus, si vous sentez que certains passages réclament plus immédiatement votre attention, alors voyez-y. Il s'agit encore ici d'un travail de conscience. Aimez-vous assez pour vous pardonner d'être humain et laissez-vous être ce que vous êtes. Cela permet à l'amour de grandir. Aimez suffisamment pour faire confiance au processus de déploiement de votre vie.

Maintenir l'amour en vie

À certains moments, nous aimons, à d'autres, pas. Étant donné que la vie est une série de moments qui apparaissent et disparaissent, personne ne peut faire la promesse d'aimer à tout jamais. Les sentiments vont et viennent, se transforment et s'estompent, y compris le sentiment d'engagement. Il peut arriver que vous sentiez du chagrin ou de la colère et que vous oubliiez momentanément ces émotions parce que vous avez entendu ou vu quelque chose qui vous fait rire ou vous émerveille. Sachez apprécier la réalité de votre existence dans l'instant. Sachez reconnaître aussi que les émotions s'estompent si on ne les réactive pas et mettez cela à profit. Évitez également de réactiver les émotions indésirables. Si quelqu'un vous quitte, il serait peut-être sage de retirer la photographie au visage souriant du bureau ou du mur, du moins jusqu'à ce que le temps ait fait son œuvre de guérisseur.

Il est bon d'étudier les gens qui réussissent à bien mener leur vie pour découvrir les qualités et les comportements qu'ils ont en commun et pour prendre modèle sur eux. Après tout, ainsi que vous l'avez appris dans le chapitre *Retrouvez votre volonté*, ce n'est pas seulement ce que vous êtes qui changera les choses, mais aussi ce que vous faites. Et si vous faites ce que les autres font, vous augmentez vos chances d'obtenir des résultats semblables.

Cette façon d'aborder la vie s'applique aussi au domaine des relations. Alors, étudiez les qualités et les comportements de couples qui sont ensemble depuis longtemps, en particulier ceux qui disent être encore amoureux et heureux ensemble. Les couples âgés comme mes parents, qui sont mariés depuis presque soixante ans, ont appris que faire l'amour n'a pas seulement à voir avec le sexe, que l'amour doit être créé et recréé. Puisque l'amour s'amenuise, comme tous les autres sentiments, il faut nourrir les relations de sentiments d'amour stimulants pour que celles-ci soient bien portantes et durent longtemps. Le cœur n'est pas éveillé une fois pour toutes : il faut continuellement l'éveiller. Mes observations, mon expérience et mes recherches sur les couples qui durent m'ont permis de constater qu'ils ont en commun beaucoup des comportements suivants, qui les aident à raviver l'amour :

• Ils montrent leur appréciation en faisant d'aimables compliments.

• Ils évitent de harceler ou de critiquer l'autre, ou s'ils émettent des critiques, ils le font de manière douce, gentille et prévenante.

- Ils se touchent ou s'embrassent avec tendresse et affection, que ce toucher ait une connotation sexuelle ou pas.

- Ils sont de loyaux amis qui se soutiennent réciproquement.

- Ils expriment leurs sentiments et leurs besoins.

- Ils se disent souvent « Merci » et « Je suis désolé. »

- Ils pardonnent et demandent pardon.

- Ils écoutent bien et prêtent attention aux émotions et aux besoins de leur partenaire.

- Ils conservent le sens de l'humour vis-à-vis d'eux-mêmes.

- Ils savent apprécier les besoins de leur partenaire et ne les considèrent pas moins ni plus importants que les leurs, mais plutôt égaux aux leurs.

- Sur le plan sexuel, ils font preuve d'attention, d'adaptation et de communication.

- Ils acceptent les imperfections de leur partenaire plutôt que de vouloir essayer de le contrôler ou de le changer afin que ce dernier se conforme à leurs préférences.

- Ils ont leurs propres activités et amis, se laissent réciproquement la liberté de poursuivre ces activités et se racontent l'un à l'autre ce que ces activités leur ont apporté.

À la lumière de la sagesse des couples qui durent et qui ont su garder la vaillance de leur flamme, voici quelques petites choses que vous pouvez mettre en pratique :

- Assurez-vous d'embrasser ou d'étreindre votre partenaire (et vos enfants) chaque jour.

- Quand le moment semble approprié, donnez à votre bien-aimé(e) un petit massage (une minute) du dos, du cou ou des pieds. (Pouvez-vous prendre une minute pour que la flamme de l'amour continue de brûler ?)

- Faites quelque chose de spécial pour les anniversaires et la Saint-Valentin, et surprenez votre bien-aimé(e) spontanément par une fleur, un mot doux, un poème, un livre, c'est-à-dire par un signe tangible de votre amour.

- Même si vous êtes très occupé, surtout si vous avez des enfants, réservez du temps pour sortir ensemble au moins une fois par semaine, ne serait-ce que pour aller faire une promenade.

- Lorsque votre partenaire vous en veut ou qu'il n'a pas le moral, posez-lui des questions, puis laissez-le parler et écoutez.

- Soyez attentif aux choses pour lesquelles vous pouvez offrir votre compréhension et dites-le avec des mots bienveillants, élogieux et affectueux.

- Lorsque vous vous plaignez de quelque chose, utilisez plus le « je » que le « tu ». Exemple : « J'ai de la difficulté avec ça... » au lieu de « Tu me frustres vraiment quand tu... »

- Soyez prompt à remercier l'autre et également prompt à vous excuser. Quand vous passez des commentaires, faites-le pour des choses précises plutôt que de parler en général. Exemple : « Merci d'avoir préparé mon plat préféré » au lieu de « Merci pour tout le travail que tu fais » ou « Je m'excuse d'avoir dit à Burt ce que tu ne voulais pas que je lui dise » au lieu de « Je suis désolé de trop parler. »

Aux dires du service forestier américain, les braises peuvent couver tout un hiver sous la neige. Il en va de même pour une relation. Aussi longtemps qu'il y a encore ne serait-ce qu'une étincelle, un couple peut raviver le feu de l'amour qui semble s'être éteint. Parfois, l'amour est étouffé par les critiques, le harcèlement, la dépréciation ou bien éteint par des milliers de petites blessures. Des mots de gratitude, d'appréciation, d'excuses et de demande sincère de pardon peuvent rallumer les feux de la passion et de la dévotion.

L'amour, c'est aussi l'action

Il est facile de parler, mais difficile d'aimer. Ouvrir son cœur demande plus que de bonnes intentions ou de doux sentiments. Cela demande du temps, de l'énergie et de l'attention. Il faut traiter ceux que vous aimez avec le soin que vous accordez à des invités spéciaux. Les relations ne se bâtissent pas uniquement sur des paroles ou des sentiments. L'amour véritable, c'est autre chose que les sentiments ou les belles paroles : c'est l'action. Dans l'amour, c'est l'action qui compte.

Vous saisissez maintenant que vous n'avez pas plus de contrôle sur les sentiments d'amour que vous n'en avez sur le temps. Vous ne pouvez pas tomber amoureux ou finir d'aimer simplement par volonté. Par contre, vous pouvez exercer un contrôle sur vos comportements, vous pouvez agir avec bonté, bienveillance et compassion, que vous vous sentiez aimant dans le moment ou pas. C'est ainsi que commence l'amour inconditionnel et le bonheur sans retenue.

Justement, les mots « amour » et « bonheur » expriment le même état d'être, avec les mêmes signes physiologiques, car les mêmes substances chimiques sont sécrétées dans le sang. Quand vous aimez, vous vous sentez heureux, vous vous sentez aimant. Éveiller le cœur, c'est être heureux sans retenue. Lorsque vous maîtrisez la volonté d'agir avec amour, de montrer de la bienveillance et de la compassion à n'importe quel moment même si vos émotions disent le contraire, vous devenez capable d'aimer inconditionnellement.

L'AMOUR CONDITIONNEL
ET L'AMOUR INCONDITIONNEL

L'amour conditionnel vise une personne en particulier, à l'exclusion des autres. C'est le premier palier de l'amour. Il comporte probablement des sentiments positifs de profonde et tendre estime, de passion, d'affection et de sollicitude, sentiments qui peuvent émaner d'un lien parental, de la dévotion, du désir, de l'attirance, d'un penchant ou d'un attachement personnel. Mais ces sentiments peuvent s'estomper avec le temps.

Dans les cérémonies de mariage, les époux se promettent de s'honorer, s'aimer et se chérir jusqu'à ce que la mort les sépare : de telles promesses ne sont pas réalistes. Il suffit de demander à n'importe quel couple divorcé. Étant donné que l'amour conditionnel est par définition *personnel*, c'est-à-dire attaché à certains attributs, qualités et apparence d'une personne en particulier, si ces éléments viennent à changer ou à disparaître, il en ira de même pour l'amour.

À moins que nous passions de l'amour conditionnel à l'amour inconditionnel, les librairies et autres magasins seront toujours aussi pleins de livres et de techniques pour aider les couples qui ont des problèmes et qui souffrent, à se demander s'ils doivent rester ensemble ou pas, ne se sentant pas comblés.

L'amour inconditionnel n'a aucune frontière, limite, attache ni condition. Il aime sans raison, qu'il soit aimé ou pas, ou apprécié ou pas en retour. Il ne demande rien mais donne ce qu'il peut. Il peut être sévère ou tendre, mais il est toujours bienveillant. Il attribue à la vie des autres la même valeur qu'à la sienne, ni plus ni moins.

Et par l'amour inconditionnel, on aime toutes les âmes, même si l'on vit avec un partenaire en particulier. Car aimer tout le monde ne veut pas dire faire l'amour avec tout le monde. Ainsi que nous l'avons pour la plupart appris de façon intuitive, la sexualité dessert notre évolution spirituelle au mieux quand nous entretenons une seule relation à laquelle nous nous donnons. Nous pouvons exprimer notre amour à des amis, des connaissances et d'autres membres de la famille humaine de façon non exclusive, sans pour cela menacer ce qu'il y a de sacré dans notre relation principale, à laquelle nous avons choisi d'accorder l'exclusivité sur le plan de l'intimité sexuelle.

Être parent est une bonne école pour apprendre ce qu'est l'amour inconditionnel. Les paroles que nous avons tous

entendu murmurer dans une grande solennité lors de cérémonies nuptiales s'appliquent presque de façon universelle à
l'amour que nous portons à nos enfants: nous les aimons de
toutes nos forces, de tout notre cœur, pour le meilleur ou pour
le pire, dans l'abondance ou dans l'adversité, dans la maladie ou
la santé, jusqu'à ce que la mort nous sépare d'eux. Nos enfants
nous apprennent à aimer plus que nous ne pourrons jamais le
leur apprendre.

Si vous pouvez aimer ne serait-ce qu'une personne de
toutes vos forces, avec altruisme et une générosité d'esprit
inconditionnelle, alors vous pouvez aimer beaucoup de gens et
apprendre à lancer votre filet d'amour assez loin pour accueillir dans votre cœur tous les gens comme s'ils étaient vos enfants,
vos frères et vos sœurs. Cela n'est pas un souhait idéaliste. C'est
un aperçu de ce que peut être votre destinée.

L'AMOUR TRANSPERSONNEL:
PREMIER APPRENTISSAGE MYSTIQUE

L'amour vrai est rare, mais il existe. Et pas seulement dans
les contes de fées. Chacun de nous a connu des moments
d'amour inconditionnel véritable, des moments d'amour
altruiste pur. Un tel amour vous élève vers des plans de conscience plus élevés, vers des plans où l'esprit et la chair s'unis-
sent, où vous contactez le moi supérieur décrit par les vieilles
traditions. L'amour est donc le premier apprentissage mystique.

L'amour «transpersonnel» semble un terme un peu contradictoire, car lorsque nous aimons quelqu'un, il s'agit bien d'une
personne. Alors, comment aimer cette personne au-delà d'elle-
même? Comment lui dire «Je t'aime, mais ce n'est rien de personnel»? Ce genre d'amour nous transporte au-delà de notre
ego, au-delà de ce qui est divisé en nous. À partir de cet état de
conscience, le regard que vous portez sur toutes les âmes est
plein d'amour, vous les enveloppez d'un manteau de bienveillance et de compassion. Vous aimez toutes les femmes à travers
votre femme, tous les hommes à travers votre mari, tous les

enfants à travers vos enfants et tous les gens à travers vos amis. Dans ces moments-là, cette conscience éveille votre cœur et vous trouvez la volonté d'agir d'une manière aimante malgré vos humeurs, vos émotions et vos préférences.

L'AMOUR ET LA VOLONTÉ

Par la volonté, l'amour que vous cherchez habituellement à recevoir des autres se transforme en amour que vous dispensez aux autres. Vous n'êtes plus tributaire de vos fluctuations émotives, mais vous pouvez vous fier à la compassion qui sous-tend vos comportements. Les émotions, comme vous le savez, sont inconstantes et non fiables. Les sentiments de passion, d'engagement et de désir peuvent se transformer en sentiments d'indifférence, de jalousie et d'animosité. L'amour véritable ne peut pas attendre l'humeur parfaite : son feu est attisé par le vent de vos actes. Lorsque vous pouvez faire preuve d'amour, agir avec compassion et vous comporter avec bienveillance, que vous en ayez envie ou pas, vous aurez atteint la maturité humaine. Cela ne veut pas dire que vous devez vous comporter de façon mielleuse, mais que toute colère, critique, tristesse, ou toute autre émotion que vous exprimez, soit véritablement ancrée dans l'amour. Si votre conjoint, votre enfant, votre ami ou votre partenaire vous engueule et vous fait des reproches, il est fort probable que vous ne ressentirez pas d'amour ni de compassion pour lui dans le moment. Mais par contre, vous conservez tout votre pouvoir d'agir avec bienveillance.

Quand vous travaillez à vous réaliser dans le quotidien, l'éveil du cœur, l'amour et le bonheur ne sont plus des sentiments que vous espérez ou souhaitez qui se produisent, tout en demeurant vous-même passif. L'amour devient une action, le bonheur devient un comportement. Vous aimez sans raison et vous êtes heureux sans retenue.

Cet apprentissage se fait avec le temps et il faut s'y habituer. Pour éveiller votre cœur, vous n'avez pas à (et ne pouvez pas non plus) ressentir en permanence des sentiments d'amour: il vous suffit de vous *comporter* de façon aimante et bienveillante. Bien sûr que les saints ressentaient de la colère, de la tristesse et de la peur, étant donné que personne ne peut contrôler ses émotions. Mais, leurs paroles et leurs gestes émanaient de l'amour et c'est ce qui faisait d'eux des saints. Quand vous agissez avec amour et bienveillance, même lorsque vous n'en avez pas envie, vous aussi vous devenez des saints.

Et le grand secret de l'amour, c'est que la loyauté n'est pas quelque chose que vous ressentez, mais quelque chose que vous faites. La bienveillance est un acte. La fidélité et l'amitié sont des actes. C'est pour cette raison que l'amour est le plus grand et le plus difficile apprentissage spirituel de tous les apprentissages.

> *Il est un peu gênant*
> *de s'être préoccupé du problème de l'humanité toute sa vie*
> *pour découvrir en fin de compte*
> *que l'on a rien d'autre à offrir comme conseil que :*
> *« Essaie d'être un peu plus bienveillant. »*
>
> ALDOUS HUXLEY

L'amour est un apprentissage spirituel

Il ne peut y avoir de spiritualité sans amour ni bienveillance. Il est beaucoup moins profitable de rester assis seul dans sa chambre à méditer sur une lumière bleue ou sur LA vérité que de se créer une relation ouverte face à la vie, instant après instant. Se réaliser dans le quotidien demande avant tout que l'on accueille avec amour chaque instant qui passe. Il est possible de le faire dans la vie de tous les jours, pendant que vous faites les commissions, roulez dans un autobus, préparez un repas ou que vous travaillez avec vos collègues ou vos clients.

Dans le cinquième chapitre, *Domptez votre mental*, vous avez appris que vous avez un certain degré de contrôle sur l'objet de votre attention. En vous servant de cette capacité, vous découvrirez que votre voix, votre toucher, votre vue, votre ouïe et même vos pensées vous serviront d'outils pour l'apprentissage de la spiritualité dans le quotidien.

Votre cœur est autre chose qu'un simple muscle qui bat dans votre poitrine : il est aussi le centre mystique de l'amour. Vous pouvez aimez de tout votre corps et de tout votre être, mais il n'y a pas une culture que je connaisse qui n'associe pas l'amour avec le cœur. Ce muscle, qui bat en silence et qui transporte la vie dans votre corps, est le centre de l'amour. Même les enfants le savent. Un soir, il y a quelques années, alors que nous étions réunis entre amis, j'étais assis à côté d'un petit garçon de trois ans, à écouter jouer un violoncelliste chinois. Sans réfléchir, je demandai au petit garçon où il sentait la musique dans son corps. « Ici, » dit-il simplement en se touchant la poitrine, « je la sens ici. »

Le cœur est la carte de visite de Dieu. Il bat au rythme du mystère de la vie, de l'espoir, de l'inspiration et de l'amour. En temps normal, votre attention n'est pas dirigée sur votre cœur mais sur vos pensées et vos actions. Lorsque vous portez votre attention sur votre cœur pendant que vous parlez, regardez, entendez, touchez et pensez, vous avez recours à une forme simple de méditation qui éveille votre cœur.

Depuis le début, le thème central de ce livre est la libération de l'attention. L'objectif des douze passages est que votre attention soit libre de se déplacer vers le cœur afin que vous puissiez de façon naturelle vous exprimer, penser, entendre, toucher et agir à partir du cœur. Jusqu'à ce que de tels moments se produisent spontanément, vous pouvez pratiquer l'éveil dans le quotidien en portant votre attention sur votre cœur et assister à l'émergence de l'amour en vous.

- Tout de suite, au lieu de vous concentrer sur cette page ou sur vos pensées, tournez votre attention vers votre cœur. Sentez votre cœur. Pour vous faciliter les choses, vous pouvez poser une main sur votre poitrine.

- Sentez-vous un léger changement dans la qualité de votre présence lorsque vous prenez conscience de votre cœur? Observez cette forme épurée d'émotion qui dépasse la peur, la tristesse ou la colère.

- Remarquez aussi qu'il ne s'agit pas d'un exercice difficile ou ésotérique, mais plutôt d'un simple geste de remémoration que vous pouvez poser immédiatement, à n'importe quel moment et dans n'importe quelle circonstance.

Il est bien connu que, selon de nombreuses traditions spirituelles et mystiques, nous établissons tout d'abord un contact avec l'amour et l'inspiration qui sont propres à notre moi supérieur par le centre du cœur. Et c'est là aussi que nous en faisons l'expérience. Pas dans les royaumes inférieurs. Comme je l'ai mentionné, l'amour est le commencement de l'apprentissage mystique, le premier soubresaut de l'unité, de la vie altruiste, où le langage des enseignements spirituels, de la Bible à la Bhagavad Gita, commencent à prendre tout leur sens. Ce simple exercice peut donc changer la qualité de votre vie, dans la mesure où vous vous rappelez de le faire.

Si vous avez déjà pratiqué le déplacement de l'attention vers le cœur, vous êtes maintenant prêt à faire les exercices mystiques suivants pour éveiller votre cœur.

PARLEZ AVEC VOTRE CŒUR

Quand vous mettez deux guitares (ou autres instruments à cordes) côte à côte et que vous pincez, disons, la corde du do sur une guitare, la corde du do de l'autre guitare commencera à vibrer également. Ce phénomène s'appelle la résonance. Cette résonance fonctionne aussi avec la voix humaine, de la façon suivante: lorsque vous parlez avec votre tête (quand votre attention est tournée vers vos pensées), vous faites résonner les pensées des autres. Quand vous parlez avec votre cœur (quand votre attention est sur le cœur), c'est leur cœur que vous faites résonner. Cet acte conscient et délibéré de remémoration (tourner votre attention vers votre cœur alors que vous parlez, visualisez, voyez, touchez ou écoutez) spiritualise vos sens. Cet acte est la clé de l'apprentissage de l'illumination au quotidien.

Il n'y a rien de mal à parler à partir du mental. Si quelqu'un vous demande des renseignements, par exemple, vous allez réfléchir (tourner votre attention vers votre mental) et lui donnez votre réponse à partir de ce dernier.

Quand vous vous exprimez à partir du cœur, cependant, vous créez un lien d'amour et de compréhension entre vous et l'autre personne, vous créez un lien entre votre être supérieur et le sien. L'acte de parler à partir du cœur n'a rien de sentimental ni de personnel : c'est quelque chose de « transpersonnel ». Pas besoin d'utiliser un ton de voix particulier : vous pouvez vous exprimer tout à fait normalement. Mais c'est la qualité de l'attention qui fait toute la différence. Cette pratique est extrêmement simple, mais tout à fait nouvelle pour beaucoup de gens. J'en résume donc les points clés ci-dessous :

- Tournez votre attention vers votre cœur, sentez votre cœur.
- Parlez normalement tout en restant conscient de votre cœur.
- En d'autres mots, sentez que vous établissez un lien entre votre voix et votre cœur pendant que vous parlez, et laissez votre voix exprimer cette attention et ce senti.

Lorsque j'ai moi-même appris cette méthode, je l'ai tout d'abord appliquée comme un exercice qui m'ouvrirait le cœur, comme je vous recommande ici de le faire. Aujourd'hui, je ne peux pas m'empêcher de parler avec le cœur : cela m'est devenu naturel, car mon attention réside de plus en plus dans mon cœur. Quand je m'adresse à des groupes, il m'arrive de parler de choses que j'ai écrites dans mes livres. Pourtant, l'effet que mes paroles ont sur l'audience est spécial justement parce que je parle à partir du cœur : une transmission de cœur à cœur a lieu qui transcende l'information transmise.

Vous pouvez intégrer cette pratique mystique dans votre vie et votre travail de tous les jours, que vous vous adressiez à vos enfants, à vos amis, à vos clients, à vos voisins ou aux commis de magasin. Alors que vous êtes apparemment en train de faire vos courses, de vendre des produits ou des services, ou occupé à une réunion, votre voix se fait l'écho d'un moment de spiritualité secret et sous-jacent. Et à ce moment-là, vous faites vibrer le cœur des autres tout en ouvrant le vôtre et vous apportez plus d'amour dans le monde. Ainsi, vous ne serez plus jamais seulement en train d'enseigner, de vendre, d'entraîner, de gérer, de construire ou de conseiller. Votre travail et votre vie deviendront plutôt une source d'amour et de lumière pour les autres.

PAROLES SILENCIEUSES :
VISUALISATION AVEC LE CŒUR

Une fois que vous êtes présent à votre cœur, vous n'êtes pas obligé de vous limiter à l'exprimer à haute voix. Vous pouvez l'exprimer par vos pensées, par la voie des paroles intérieures silencieuses, entre autres par des souhaits ou des vœux de guérison, que vous envoyez aux autres. Quand vous utilisez le discours intérieur, ni l'espace ni le temps ne vous limitent. Vous pouvez faire parvenir des messages d'amour et de bienveillance à quelqu'un qui est physiquement proche de vous (dans la même pièce que vous ou allongé près de vous), à une personne qui se trouve à des milliers de kilomètres de vous, à quelqu'un qui est dans le coma et même à quelqu'un qui est décédé.

La méthode est la même que pour un message verbal :

- Tournez votre attention vers votre cœur, sentez votre cœur.
- Visualisez la ou les personne(s) voulue(s) entourée(s) de lumière.
- À l'intérieur de vous, pensez ou dites des mots comme «Je t'aime, Je te donne mon support, Que dieu te bénisse. » Il

n'est pas important vraiment de trouver les mots exacts; la clé est de vous souvenir de sentir votre cœur pendant que vous envoyez votre message.

Est-ce que je suis certain que vos paroles atteindront quelqu'un qui est décédé? Non. Mais ce dont je suis plus certain, par expérience et selon les comptes rendus de nombreuses personnes qui ont fait ce simple exercice, c'est que peu importe que les personnes se trouvent près de vous ou aux antipodes, elles recevront le message. Elles ne le recevront peut-être pas de façon consciente, mais j'ai reçu trop d'appels téléphoniques inattendus et vu trop de réconciliations soudaines de relations conflictuelles, pour ne pas croire à son efficacité. En définitive, il ne vous reste qu'à en faire vous-même l'expérience.

VOYEZ AVEC LES YEUX DU CŒUR

Dans mon livre *Le Voyage sacré du Guerrier pacifique*, le kahuna hawaïen Mama Chia employait la phrase «voir avec les yeux du cœur». Je concevais cette expression comme une métaphore poétique jusqu'au moment où j'apprenne à le faire.

• Tournez votre attention vers votre cœur, sentez votre cœur.
• Regardez le monde avec des yeux pleins d'amour et d'émerveillement.

Vous pouvez le faire dès maintenant: prenez conscience de votre cœur et regardez tout avec les yeux du cœur. Que ce soit un arbre, une autre personne ou une boule de papier froissé sur le sol. Vous pouvez le faire avec une voiture ou un édifice: pensez aux efforts, à la créativité et au travail que les gens de toutes sortes de milieux ont dû fournir pour créer de telles merveilles à partir de matériaux bruts tirés de la terre. Pensez à l'esprit et au dévouement dont il faut faire preuve. Si c'est un élément du monde de la nature que vous avez devant les yeux (une pierre, un arbre, un nuage), pensez à la façon dont il a été créé et par qui il l'a été.

Il existe une autre façon d'établir un lien entre vos yeux et votre cœur qui vous permet d'entrer en communication spirituelle avec un autre être humain. Pensez d'abord au peu de temps que nous passons en réalité à regarder les autres dans les yeux. Nous volerons un petit regard, puis nous détournerons rapidement les yeux, ou bien nous regarderons mais nous ne sentirons rien. Cela est étrange car les yeux sont tout de même les fenêtres de l'âme. Pour apprendre à voir d'une nouvelle façon, essayez de mettre en pratique ce qui suit et voyez ce qui en ressort.

- Établissez un contact visuel avec une personne. Il n'est pas nécessaire que cela dure longtemps, ni que le regard soit quelque chose de contraint, ni que vous ayez une expression faciale quelconque. Détendez-vous, ouvrez-vous et établissez le lien entre votre cœur et vos yeux.

- Quand vos regards se rencontrent, laissez la personne voir votre cœur à travers votre regard. Ne faites aucun effort de vouloir projeter de l'amour ou quoi que ce soit d'autre par vos yeux. Il s'agit d'un exercice de réceptivité : vous sentez votre cœur puis vous ouvrez vos yeux pour laisser une autre personne voir l'amour et la compassion que vous avez pour elle en tant qu'être humain. Il s'agit à nouveau ici d'un exercice d'amour « transpersonnel », pas de flirt. Peu importe que cette personne soit du même sexe que vous ou pas. Voir avec les yeux du cœur, laisser les autres voir votre cœur à travers votre regard, établit un lien entre vos deux âmes et fait ressortir la part d'humanité que vous avez en commun.

TOUCHEZ AVEC LE CŒUR

Ce n'est pas par hasard que, lorsque quelque chose stimule votre cœur, vous disiez que vous vous sentez touché. Notre sens du toucher, notre besoin de toucher et d'être touché, est essentiel à notre survie psychologique et même physique. De nombreuses études ont démontré que des bébés singes privés de toucher languissaient ou mouraient. Il peut se produire la même chose avec les nouveaux-nés humains.

Vous donnerez une dimension spirituelle à votre sens du toucher en faisant ce qui suit :

* Tournez votre attention vers votre cœur, sentez votre cœur.
* Quand vous touchez la personne, restez toujours conscient de votre cœur.

Y a-t-il vraiment une différence, que vous soyez ou pas conscient de votre cœur, lorsque vous serrez la main de quelqu'un ou que vous touchez quelqu'un ? C'est votre expérience qui vous permettra de répondre à cette question. Je pense que vous sentirez la différence dans votre propre cœur, dans la qualité de l'attention et du lien établi. Et c'est ce que sentira l'autre personne également.

ÉCOUTEZ AVEC LE CŒUR

De nombreux bouddhistes croient que, en écoutant attentivement, seulement en écoutant, nous allégeons la souffrance. Écouter avec le cœur est probablement l'apprentissage le plus important pour la plupart d'entre nous. En effet, pour beaucoup de gens, écouter n'est rien d'autre qu'une occasion de penser à ce que vous allez dire à la personne qui est en train de vous parler. Avant que les gens deviennent durs d'oreilles, ils deviennent durs d'écoute. Nous oublions le nom des gens tout simplement parce que nous les avons tout d'abord à peine écoutés, puisque notre attention était ailleurs. L'exercice suivant peut renforcer, rétablir et même sauver des relations.

- Tournez votre attention vers votre cœur, sentez votre cœur.
- Établissez consciemment un lien entre votre cœur et vos oreilles par votre attention.
- Maintenez votre attention sur vos oreilles (plutôt que sur vos pensées) et écoutez.

Même si les autres ne savent pas toujours le reconnaître, quelque chose en eux sait très bien si vous les écoutez vraiment ou pas. Avoir une écoute attentive, c'est-à-dire considérer ce que l'autre dit comme la chose la plus importante du monde dans le moment, est un des plus beaux cadeaux que vous puissiez faire à quelqu'un. Cela le valorise et l'encourage à s'ouvrir et à exprimer sa vérité.

Quand vous écoutez quelqu'un avec le cœur, vous l'écoutez sans jugements, sans attentes ni opinions. Vous entrez dans son monde sans exiger qu'il entre dans le vôtre. Et sans savoir pourquoi, cette personne estimera que vous êtes l'un des plus charmants causeurs qu'elle ait jamais connu.

LE CŒUR QUI GUÉRIT

Simples mais agréables, vous permettant d'établir un lien entre cœur et voix, pensée, vue, toucher et ouïe, ces exercices spirituels amènent la guérison des émotions sur le plan des relations. Lorsque votre attention demeure dans votre cœur, elle a dépassé la peur, la tristesse et la colère. Ces exercices permettent à votre attention de s'élever au-dessus des nuages émotionnels vers l'espace infini de l'amour. Que vous remarquiez ou pas l'effet qu'ils ont sur les autres, vous ne tarderez pas à constater les effets qu'ils ont sur votre cœur.

L'amour guérit les gens, aussi bien ceux qui reçoivent
que ceux qui donnent.

DR KARL MENNINGER

Cœurs, fleurs et changements globaux

En même temps que votre cœur s'ouvre et que la sensation de séparation et d'isolement s'amenuise, vous connaîtrez toute une variété de changements sur le plan des comportements et des perceptions.

DES DIFFÉRENCES À NOTRE PART D'HUMANITÉ COMMUNE

Ceux que vous considériez auparavant comme des étrangers, vous les verrez peu à peu comme les membres de votre grande famille humaine. Même si vous appréciez et estimez notre riche patrimoine mondial de religions, cultures, races et diversité collective – le trésor de sagesse de l'humanité – vous saurez voir au-delà de ces différences pour établir un lien avec les gens à des niveaux plus profonds de notre commune humanité.

Même si nous parlons diverses langues et pratiquons des coutumes, religions et rituels différents, nous avons infiniment plus en commun que ce que nous avons de différences. Lorsque votre perception se transforme, vous commencez à considérer chaque humain comme un frère ou une sœur, un compagnon de voyage, cherchant comme vous sens, raison d'être, bonheur et amour. Vous avez en commun la Terre-mère, le même soleil qui se lève le matin et se couche le soir, vous sentez les mêmes rythmes de la nature et de la vie humaine, vous aimez vos enfants, vous regardez la même lune et les mêmes étoiles la nuit. Et vous vous émerveillez, vous rêvez et vous tissez vos histoires.

DE LA COMPÉTITION À LA COOPÉRATION

Lorsque le cœur s'éveille à notre unité fondamentale, nous ne perdons pas le goût de l'excellence ni de l'accomplissement, mais certainement celui de l'esprit de compétition. Nous nous sentons de plus en plus motivés à collaborer avec les autres vers des buts communs. Ce changement se produit de l'intérieur (au lieu d'être imposé par une autorité extérieure) et il n'est pas le fruit d'abstractions philosophiques ou politiques. Ce changement provient de la compréhension réaliste que nous avons de la façon de survivre et de nous épanouir ensemble dans ce nouveau millénaire. Notre besoin, en tant qu'individus forts et uniques, de se rassembler en collectivité où règne la coopération générera de nouveaux sports et jeux, de nouvelles institutions et de nouvelles façons d'être et de faire qui seront le reflet de l'évolution de notre conscience, de nos valeurs, de nos perceptions et de nos comportements.

DE L'AMOUR INDIVIDUEL À L'AMOUR UNIVERSEL

Un nombre incalculable de chansons et de livres parlent de l'amour romantique centré sur la satisfaction de l'ego. Le onzième passage annonce l'amour universel ou « transpersonnel » : il nous permet de reconnaître chez les autres la même conscience que la nôtre. Nous continuons d'aimer notre conjoint, nos enfants, notre famille et nos amis, en aimant de la même façon tous nos pairs. L'amour devient une façon de vivre, pas quelque chose que nous dispensons à quelques personnes spéciales. L'amour « transpersonnel », c'est reconnaître que chaque âme :

- cherche le bonheur;
- cherche à éviter de souffrir;
- connaît ses propres batailles avec la peur, l'insécurité et le doute de soi;
- cherche une signification, une raison d'être et un rapprochement de nature supérieure avec les autres;
- gravit ses propres montagnes;

- reconnaît la vérité que nous sommes tous sans exception des compagnons en apprentissage sur la planète Terre.

Une telle série de révélations tire notre cœur du sommeil. L'amour brise les murs de la division et de la séparation. Le morcellement fait place à l'unité. Une vision mondiale et transcendante des choses émerge, fondée sur le fait que tout dans la création est lié. En fin de compte, vous voyez les gens, la vie, comme la manifestation de la seule et même conscience, comme la lumière de Dieu, une lumière qui scintille dans des milliards d'êtres, dans chacun de nous. Vous réalisez que vous êtes cette lumière.

Cependant, même après une telle révélation, le monde du quotidien et des défis refait son apparition. Mais, muni de cette onzième flèche dans votre carquois, vous êtes prêt maintenant à servir l'humanité. Car une fois que le cœur a été éveillé par l'amour, il veut tout naturellement se vouer à l'humanité.

Aimez et faites ce que vous voulez.

SAINT AUGUSTIN

Servez l'humanité

Servir est une attitude
provenant du fait que vous reconnaissez
que le monde vous a aidé,
vous a nourri, vous a enseigné, vous a mis à l'épreuve,
que vous l'ayez mérité ou pas.
Lorsque vous comprenez cette simple vérité,
vous êtes touché de façon telle que vous faites ce que vous pouvez
pour rembourser cette dette infinie par la gratitude.
Servir est aussi bien un moyen qu'une fin,
car, en donnant aux autres,
vous vous ouvrez vous-même à l'amour,
à l'abondance et à la paix intérieure.
Vous ne pouvez pas servir les autres
sans vous élever vous-même.

Bouclez le cercle de la vie

La raison d'être de la vie n'est pas d'être heureux,
mais de faire ce qui importe, d'être productif, d'être utile,
et finalement de contribuer à quelque chose.

LEO ROSTEN

Itinéraire de l'explorateur :
La réalisation de soi dans l'action

Vous arrivez au dernier passage, cette étape finale du sentier qui vous conduit vers l'âme. Ainsi s'achève un périple qui vous prépare à l'apprentissage ultime de l'illumination au quotidien.

Mon premier aperçu de la puissance du service à l'humanité, je l'ai eu quand j'étais gymnaste au collège. Au début, je dirigeais presque toute mon attention sur moi : mes progrès, mon corps, mes problèmes. Mais peu à peu, je réalisai que j'aimais plus aider les autres à apprendre de nouveaux mouvements que de les apprendre moi-même. Si j'apprenais une chose, une personne en bénéficiait ; si j'enseignais cette chose, beaucoup de gens en bénéficiaient. Cela je ne le savais pas à ce moment-là, mais une fois que je connus la satisfaction d'aider les autres, ma vie d'enseignant venait de commencer.

Des années plus tard, après une longue quête personnelle pour me réaliser, la direction de mon regard changea à nouveau : je n'appris plus seulement pour mon bien-être mais pour celui des autres. Lorsque ce changement s'effectua, d'extraordinaires enseignants commencèrent à faire leur apparition dans ma vie et les portes s'ouvrirent en moi et dans le monde.

Nous abandonner aux besoins des autres fait de nous tous des héros. Il existe d'innombrables façons d'apporter sa contribution au monde : s'arrêter pour aider quelqu'un en difficulté au bord de la route, ramasser un déchet qui traîne dans la rue, partager vos talents et votre énergie avec les autres de façon pratique. C'est ça, faire partie de la grande famille humaine. C'est saisir toutes les occasions, quand nous croisons des gens, au supermarché, à l'imprimerie, à la banque, chez le coiffeur, de les faire se sentir un peu mieux. Voilà ce que veut dire apporter sa contribution à l'humanité ; c'est la réalisation de soi dans l'action.

Mais je dois ici vous répéter quelque chose : vous n'êtes pas ici pour vous rapprocher de votre être supérieur, mais pour le *devenir*. Et il n'existe pas de moyen plus sûr et plus noble d'incarner le courage et l'amour de votre être supérieur que de vous donner aux autres. Servir vos proches dans un esprit d'amour, c'est la réalisation de soi dans le quotidien.

Lorsque vous découvrez la joie que cela vous procure de servir les autres, il se peut que votre vie connaisse (ou pas) d'immenses changements ou l'abondance financière. Mais tout cela vous importera peu, aussi peu que cela importait à Mère Teresa de savoir qu'elle n'était pas en forme lorsqu'elle soignait les malades, les aveugles ou les estropiés. Vous serez bien trop pris par le fait que vous voulez apporter une contribution positive au monde, trop pris par le fait que vous entrez dans le cercle de la vie.

Nous commencerons ce chapitre en résolvant l'apparente contradiction qui existe entre le fait de travailler sur soi et d'aider les autres. Puis, nous nous pencherons sur ce qu'est le don de la vie. Puis, sur notre vocation. Ensuite, nous apprendrons à dépenser notre argent là où va notre cœur. Nous verrons comment le plus insignifiant des gestes quotidiens peut faire toute la différence au monde. Dans ce chapitre, vous trouverez des histoires de générosité entre inconnus, histoires qui vous aideront à façonner vos propres histoires et à les partager avec d'autres.

SE METTRE AU SERVICE DES AUTRES: L'ESSENCE DU GESTE

Commençons par l'opinion de Lynne Twist, membre fondatrice du Hunger Project, à ce sujet:

> Les gens pensent que rendre service est une forme de charité, que les gens forts donnent aux gens faibles, que les gens en santé donnent aux gens malades, que les gens riches donnent aux gens pauvres, que les gens qui savent où ils s'en vont donnent aux gens confus.
>
> À mes yeux, servir les autres est une expérience de complétude, de satisfaction, de totalité, d'indépendance et d'autonomie pour tous ceux qui sont concernés. C'est faire l'expérience de la magnificence et de l'infinie capacité des êtres humains.
>
> Quand je me donne vraiment aux autres, je disparais et mon identité s'efface. Je ne fais plus qu'un avec la personne à qui je me donne. Il s'agit en fait d'une expérience divine, une expérience d'unité et de totalité. Personne ne reçoit et personne ne donne. Non, rien de tel ne se produit. Seulement une expérience d'unité. Nous commençons à voir que nous sommes l'expression d'une seule et même âme.
>
> Rendre service est un geste d'amour et de confiance. C'est aussi un geste de responsabilité et de courage... une prise de position pour l'intégrité de la vie des hommes.

SERVIR, C'EST AUSSI UNE ATTITUDE : RÉFLEXIONS

À moins que votre attention, votre énergie et votre cœur ne soient libres, la contribution personnelle prend soit l'apparence d'un manquement coupable, soit celui d'une obligation sociale. Ou peut-être n'aimez-vous pas le service que vous rendez actuellement au monde, dans vos multiples gestes quotidiens au travail ou à la maison. Penchez-vous sur les questions suivantes pour réfléchir à ce que signifie pour vous la notion de service.

- Quand vous entendez ou lisez la phrase « servir l'humanité », quels sont les cinq premiers mots qui vous viennent à l'esprit ? (Dites-les rapidement, immédiatement.)
- Faites-vous du bénévolat ? Pourquoi ? Pourquoi pas ?
- En dehors des services que vous rendez généralement chez vous et au travail, nommez trois types de service, petits ou grands, que vous avez rendus au cours des dernières vingt-quatre heures.
- Si vous étiez financièrement autonome, à quoi emploieriez-vous votre temps ?
- Comment dépenseriez-vous votre argent ?
- Aidez-vous les autres quand cela vous convient ?
- Aidez-vous les autres quand cela ne vous convient pas ?
- Comment vous sentez-vous quand vous rendez service à quelqu'un ?
- Quand vous rendez service à quelqu'un, vous attendez-vous à des remerciements ? Est-il possible que ce soit vous qui deviez exprimer des remerciements ?
- Nommez vos trois plus grandes réalisations. Choisissez n'importe laquelle d'entre elles. Pouvez-vous réussir à trouver au moins dix personnes dont le talent ou l'aide ont contribué à accomplir ce que vous vouliez ? (Il y en a bien plus que dix.)

- Que vous soyez payé ou pas, le travail que vous faites est une forme de service que vous rendez à l'humanité. Quelle forme de service aimeriez-vous le plus rendre au monde ? Qu'avez-vous fait pour mettre les choses en marche dans ce sens-là ?

Ces questions servent d'entrée en matière à cette nouvelle expérience de vie et vous aideront à ouvrir votre psyché. Regardons maintenant de plus près ce que la finalité de la vie humaine peut bien être.

Se servir soi-même : le levier du changement

Les activistes sociaux prétendent que, dans le monde réel, il faut accorder tous nos efforts et toute notre énergie à aider les autres, à l'action politique, à essayer à tout prix de faire la paix entre les nations. Les mystiques quant à eux avancent que nous ne trouverons pas la paix dans le monde tant et aussi longtemps que nous ne l'aurons pas trouvée en nous-mêmes.

Il y a des années de cela, un certain événement m'aida à réconcilier en moi la division que je ressentais entre l'action sociale et le travail intérieur. Cela se produisit durant une période de croissance spirituelle intense au cours de laquelle je travaillais beaucoup sur moi : méditation, prière, contemplation, visualisation, exercices physiques et auto-analyse. Un après-midi, alors que je marchais en compagnie d'un vieil homme que j'appelais Socrate, j'aperçus plusieurs grandes affiches pla-cardées sur le côté d'un édifice. Sur l'une d'elles, on voyait les visages émaciés d'enfants affamés. Sur la suivante, on pouvait lire un appel à l'aide pour porter secours aux peuples opprimés du monde. Sur la dernière, était illustré l'état critique dans lequel se trouvent les espèces animales menacées d'extinction.

« Tu sais, Socrate, dis-je en lui montrant du doigt les affiches, je me sens coupable et égoïste de faire tout ce travail sur moi-même en aparté alors qu'il y a tellement de gens qui ont besoin de... »

Socrate me coupa abruptement la parole, se tourna vers moi et me dit : « Balance-moi un coup de poing ! »

« Qu'est-ce que tu veux dire par "te balancer un coup de poing" ? Tu n'as pas entendu ce que je t'ai dit ? »

« Allez, vas-y, m'encouragea-t-il en sautillant comme un boxeur pour me pousser à le faire. Je te donnerai cinq dollars si tu réussis à me frapper sur la joue. »

J'imaginai qu'il s'agissait d'une sorte de test. Alors je lui envoyai un coup de poing... pour me retrouver cloué au sol par une prise du poignet très douloureuse. Tout en m'aidant à me relever, Socrate m'expliqua là où il voulait en venir. « Tu as remarqué à quel point la force de levier appropriée peut être efficace ? »

« Effectivement, lui dis-je en secouant mon poignet, j'ai remarqué. »

« Avant de pouvoir aider les autres, tu as besoin de les comprendre. Et avant de pouvoir les comprendre, tu as besoin de te comprendre toi-même. Seulement à ce moment-là, pourras-tu exercer la force de levier appropriée au bon endroit et au bon moment. Plus tes actions reflètent le courage et la clarté, plus l'impact de tes efforts sera grand. »

Le dicton « Aide-toi, le Ciel t'aidera » ne pourrait pas mieux exprimer cela. Avec ce livre, vous pourrez vous aider vous-même de la meilleure des façons en apprenant à cultiver votre cœur et votre volonté pour aider les autres. Lorsque vous transcendez vos propres limites et tendances, vous montrez naturellement de la bienveillance envers les autres. Et lorsque la lumière qui est en vous brille encore plus fort, vous illuminez le monde autour de vous.

Le rabbin Hillel écrivit : « Si je ne pense pas à moi, qui le fera ? Et si je ne pense qu'à moi, que suis-je alors ? » Si vous ne faites que vous aider, vous, que vous vouliez toujours passer en premier, vous perdez tout sens du lien qui existe entre vous et la grande famille humaine et vous déchirez la toile dont vous êtes un fil. Mais si vous servez seulement les autres et restez étranger à vous-même, le service que vous rendez aux autres est un acte vide de séparation, un triste labeur dénué de tout pouvoir de guérison.

UNE HISTOIRE DE DÉVOUEMENT : C'EST BON!

Voici ce que James, du Texas, m'écrivit :

Il y a quatre ans, par un dimanche froid et humide, là où les plaines de l'Afrique de l'Est rencontrent les pentes boisées du Mont Kenya, je tombai en panne de motocyclette. Je dépensai jusqu'à mon dernier sou pour la mener chez un garagiste. Coincé, à soixante-quinze kilomètres de chez moi, je ne connaissais personne chez qui rester jusqu'au lendemain matin. Aussi décidai-je de passer la nuit dans l'embrasure de la porte d'une petite église.

À la tombée de la nuit, un vieil homme Kikuyu passa près de moi et nous entamâmes une conversation. Njoroge était le pasteur d'une toute petite église. Quand il apprit mon infortune, il m'invita à aller passer la nuit dans sa maison. Lui et sa femme occupaient une vieille ferme européenne abandonnée et ruinée. Nous nous réchauffâmes autour d'un feu, à côté de l'entrée, sur lequel ils faisaient la cuisine. Ils s'excusèrent de ne pas avoir de thé à me servir. Je remarquai qu'ils n'avaient rien dans quoi faire bouillir l'eau, de toute façon. La femme de Njoroge, qui ne parlait ni l'anglais ni le swahili, me prépara une montagne de pommes de terre, mélangées avec du maïs et des haricots.

Bien que ma connaissance du swahili fût limitée, Njoroge et moi avons parlé, jusqu'à une heure avancée de la nuit, de religion, des colons blancs, de la liberté et de la tragédie des gens dont la quête désespérée de bois de chauffage décimait la forêt. Ils insistèrent tous deux pour que je dorme sur leur lit : des cartons et des papiers journaux recouverts d'une couverture.

Le lendemain matin, mon hôte me servit une tasse de thé qu'il avait été acheter un kilomètre plus loin, dans une hutte de boue et de paille. Après, je retournai chez moi en auto-stop, plein de gratitude envers cet homme et cette femme, touché par le fait qu'ils m'aient fait don d'une plus grande partie de leurs biens que je ne l'avais moi-même jamais fait avec quiconque, ami ou étranger.

Lorsque je revins le week-end suivant pour reprendre ma moto, j'amenai au vieux couple une bouilloire d'aluminium, une passoire, du thé et du sucre. Njoroge n'était pas là: c'est sa femme qui m'accueillit chaleureusement. Certains disent que les Kikuyu sont un peuple ingrat parce que le mot «Merci» n'existe pas dans leur langue. Au lieu de «Merci», ils utilisent l'expression «C'est bon». La femme de Njoroge accepta mes offrandes en souriant et ensemble nous avons dit que c'était bon.

À QUOI VOULEZ-VOUS CONSACRER VOTRE VIE?

Des millions de gens dans le monde ont gagné suffisamment d'argent ou hérité d'une somme assez importante leur permettant de ne plus avoir à travailler. Certains d'entre eux donnent de leur temps et de leurs talents à servir le monde de façon créatrice. D'autres, qui n'ont pas encore vu leurs zones d'ombre ni ouvert leur cœur, resteront captifs d'eux-mêmes, gaspillant leur temps à se distraire, à voyager, à cumuler des expériences sensorielles, à s'adonner aux plaisirs de l'ésotérisme, à jouer avec le pouvoir, le statut et l'influence. De telles personnes sont perdues et ont certainement plus besoin de notre compassion que de notre envie déplacée ou de nos jugements rapides. Leur souffrance crue, parée des pièges de la richesse ou du pouvoir, les conduira tôt ou tard à une forme quelconque de service.

> *La vie, ce doit être autre chose*
> *que de tout avoir!*
>
> Maurice Sendak

Des millions de gens naissent dans la pauvreté. Préoccupés à se battre pour survivre, à composer avec les pressions issues des relations, et assaillis de soucis, ces gens ne disposent pas encore de la liberté nécessaire pour prendre en considération le pouvoir que le dévouement comporte. Pour eux, Dieu, c'est le pain, et le service, c'est la bataille quotidienne pour la survie, pour vivre un autre jour, une autre saison. L'abondance que l'on peut partager n'est même pas encore un rêve. Et pourtant, eux aussi sont amenés à se sacrifier et à servir afin de nourrir leurs familles et de rester ensemble pour le bien de tous.

Ainsi, les méandres de la richesse aussi bien que ceux de la pauvreté conduisent l'homme à se donner, comme le font tous les chemins de vie, par ailleurs.

AIMEZ ET FAITES CE QUE VOUS VOULEZ

Une fois que vous subvenez à vos besoins sur le plan physique et spirituel, que vous pouvez accorder assez d'attention, de volonté et de valeur à ce que vous êtes pour équilibrer et tonifier votre corps, que vous vous élevez au-dessus des orages du mental et des émotions pour faire confiance à votre intuition, que vous faites face à votre ombre et à vos peurs, que vous intégrez votre sexualité et votre part d'humanité, que vous ouvrez votre cœur, il ne vous reste rien d'autre à faire qui procure plus de joie et plus de sens à votre vie que de simplement apporter votre contribution au monde.

Ce que vous êtes est le cadeau que Dieu vous a fait,
et ce que vous en faites est le cadeau que vous faites à Dieu.

ANTHONY DALLA VILLA

Étant donné que personne ne maîtrise jamais parfaitement tous les passages et que les efforts faits dans chaque passage contribuent à la maîtrise de tous les autres, posez-vous la question suivante: «Comment puis-je commencer maintenant à partager ce que je suis, mon énergie, mes talents, mon cœur? Que choisirais-je de faire si je me sentais déjà complet et total?

De quelle façon occuperais-je mon temps, mon énergie, ma vie ? Quelles seraient mes priorités ? »

Même lorsque nous gravissons une montagne, parfois avec de gros efforts, nous pouvons aider les autres à en faire de même. Une fois que nous avons réalisé que c'est nous qui sommes responsables de notre vie, nous réalisons aussi que, dans un sens plus large, nous sommes également responsables de l'entière grande famille humaine.

UNE HISTOIRE DE DÉVOUEMENT :
UN SIMPLE GESTE DE BIENVEILLANCE

Voici ce que Susan, de Washington, m'écrivit :

Mon ami Murphy était sans le sou. Il enseignait un soir par semaine dans un collège et ça ne le payait pas beaucoup. Un de ses étudiants, aux cheveux longs, allait pieds nus en hiver et semblait avoir dans la trentaine. C'était une personne réfléchie, sérieuse dans ses études et dont la vie semblait assez désorganisée. À cet égard, il ressemblait à Murphy qui, à part son gros manteau bien chaud et sa belle éducation, n'avait rien d'autre dans la vie.

Un soir, après le cours, cet étudiant retint Murphy pour le questionner. Quand ils sortirent du bâtiment, il neigeait et le gars demanda à Murphy s'il pouvait le raccompagner en voiture. Murphy accepta volontiers. Alors que la voiture se dirigeait vers le lieu où habitait l'étudiant, Murphy se mit à parler d'un beau terrain qu'il voulait acheter, une affaire, mais encore au-delà de ses moyens. Le type lui demanda combien coûtait le terrain, ce que Murphy lui confia, un peu sur un ton d'excuse. Il lui semblait cupide de vouloir ce terrain, en regard du peu que cet étudiant possédait. Après tout, Murphy avait un bon manteau, une vieille coccinelle de vingt ans, une paye régulière et une chambre où vivre. C'est vrai qu'elle n'était pas très belle, mais au moins il avait des chaussures.

De toute façon, ce gars sans chaussures savait vraiment écouter. Et Murphy apprécia cela et se préparait à envisager quel genre d'abri ou de nourriture il pourrait offrir à cet étudiant lorsque celui-ci lui dit à brûle-pourpoint: «Eh bien, je peux te donner un coup de main pour t'acheter ce terrain.» La plaisanterie fit sourire Murphy, mais le type lui expliqua qu'il avait en réalité beaucoup d'argent et qu'il n'avait pas pu trouver un bon moyen de l'employer, sauf en prenant parfois des cours et en aidant les gens qui savaient vraiment ce qu'ils voulaient.

Le gars finit par acheter le terrain au nom de Murphy en lui faisant un prêt sans intérêt. Murphy continua à se déplacer dans sa vieille Volkswagen, à porter son vieux manteau. Il remboursa le prêt, construisit une cabane en rondins, se maria, éleva une famille et dénicha un travail qu'il adore. Et tout cela commença par un simple geste de bonté.

Le don de vie

Imaginez pour un instant que, par un étrange jeu du sort, vous vous réveillez un beau matin et découvrez que vous êtes en prison dans un pays inconnu et que, pour des raisons politiques, vous allez être exécuté à minuit. Vous regardez à travers les barreaux de la prison et apercevez les premiers rayons de soleil de votre dernier lever de soleil. Le chant d'un coq au loin vous apparaît particulièrement touchant. Avidement, vous cherchez à tout voir, tout entendre, tout goûter et tout humer. Vous prenez votre dernier repas alors que les ombres s'allongent à l'extérieur. Et quand le soleil se couche, vous dites votre dernier adieu à la lumière du jour, car vous ne verrez plus jamais le soleil se lever. Chaque minute qui passe vous rapproche de votre adieu final, de votre dernière prière et, finalement, de votre dernier soupir.

Et ce dernier jour nous attend tous.

Il se peut que nous sachions d'avance que notre fin approche, parce que notre santé périclite, que nous avons une maladie mortelle ou que nous sommes vieux. Ou bien, il se peut que nous ayons un court préavis ou pas de préavis du tout.

Lorsque le spectre de la mort lève sa faux, combien de gens ne veulent-ils pas s'écrier : «Attendez ! Encore un autre moment, s'il vous plaît ! Laissez-moi respirer encore une fois ! Laissez-moi voir, entendre et toucher ma bien-aimée encore une fois ! Attendez, je vous en prie ! Juste encore un instant ! »

Maintenant est venu le temps de voir, d'écouter, de toucher, de vivre notre vie au maximum pendant que nous avons encore une vie pour le faire. Le temps dont nous disposons pour cela, personne ne le sait. La vie elle-même est une expérience qui frôle constamment la mort.

Pensez un peu à la façon dont nous arrivons de nulle part, comme de microscopiques grains sur un minuscule point bleu-vert qui se déplace dans l'infini du temps et de l'espace. Nos vies sont éphémères et brèves, chacun de nous étant, sur la planète, une cellule parmi des milliards d'autres. Et malgré cela, nous avons la force d'aimer, de servir, de trouver sens et satisfaction à notre vie. La vie elle-même est un périple de héros.

Réfléchir au pourquoi de notre venue sur terre, c'est comme essayer de trouver les confins de l'espace. Nous ne trouvons aucune réponse, seulement de l'émerveillement, de la béatitude et de la gratitude pour y avoir été invités. Et quand nous rendons grâce pour cela, naît en nous le désir de remettre la pareille. Et c'est ainsi que commence notre vocation à servir les autres, que nous récoltons le fruit de notre périple et que s'ouvre la porte de la joie.

La finalité de la vie est que la vie est une finalité en soi.

ROBERT BYRNE

UNE HISTOIRE DE DÉVOUEMENT : DONNER ET RECEVOIR

Voici ce que Pete, de Caroline du Nord, m'écrivit :

Je décidai de le faire monter parce que je savais que ce n'était pas facile de se faire prendre en auto-stop avec un chien.

Il s'appelait John et il portait de vieux jeans sales, un béret et était torse nu. Il était bronzé et mince. Il me rappelait un peu le long corps du Christ suspendu à la croix.

Il fit monter son chien de berger, Sailor, à l'arrière. J'observai ce dernier dans le rétroviseur : la tête de Sailor, une oreille pendante et l'autre pointée vers le ciel, était sérieuse comme tout, comme s'il surveillait John. Le maître de Sailor, quant à lui, avait un comportement tout autre.

J'essayai de faire la conversation, mais rien de ce qu'il me disait ne semblait avoir de sens. Lorsque je lui posai des questions sur son enfance, l'endroit où il avait grandi, il me jeta un regard furtif et dit : « Je me souviens du tir à l'arc. » Puis, il fit une pause avant de reprendre sur un ton solennel : « La Croix-Rouge ne peut pas m'aider. »

J'en conclus qu'il était sans le sou et sans domicile fixe, et qu'il venait probablement d'être relâché d'une institution psychiatrique. Il me dit qu'il irait aussi loin que j'irais.

Ce soir-là, je m'arrêtai à un McDonald's. Je lui demandai s'il voulait que je lui ramène un hamburger ou deux. Il répondit que non, mais il enfonça la main dans sa poche pour en retirer une pièce de vingt-cinq cents. Il me demanda de lui ramener un cornet de crème glacée. J'entrai, décidé à acheter quelques hamburgers de plus et prétendre n'avoir plus faim pour pouvoir les lui offrir.

Lorsque je ressortis, palpitant un peu de ma bonté déguisée, je découvris John et Sailor qui se gavaient de hamburgers qu'ils sortaient d'une poubelle.

D'où il était, il me demanda : « T'en veux un ? »

Plus tard, dans la nuit, il me dit que bientôt les machines à voyager dans le temps seraient chose commune. Il me raconta qu'il allait au Canada pour voir un cousin qui lui donnerait du contreplaqué pour pouvoir se faire un bateau, comme ça il pourrait recueillir tous les orphelins.

Je le laissai sous un pont de l'autoroute. Maladroitement, j'essayai de lui donner de l'argent, mais il refusa. Il préférait me vendre son béret. Affaire conclue !

Cinq ans plus tard, je revis John. Je roulais sur l'autoroute dans ma camionnette pleine d'enfants. Je ne pouvais donc pas m'arrêter. Sailor était toujours à ses côtés, une oreille pendante et l'autre pointée vers le ciel. John portait un nouveau chapeau, un béret très coloré brodé de fils dorés. Je pense que je l'ai aidé un peu ce jour-là et je pense qu'il m'a aidé un peu aussi.

Écoutez votre cœur pour trouver votre vocation

Quand, accidentellement ou intentionnellement, vous sentez la vocation de servir les autres, votre dilemme devient le suivant: « De quelle façon puis-je le mieux servir les autres? » La plupart d'entre nous cherchons une manière de gagner notre vie ou tombons dessus par hasard: il en va de même pour les façons que nous trouvons d'apporter notre contribution au monde.

Des gens m'ont écrit pour me suggérer d'offrir des formations de guerrier pacifique aux détenus de prison. D'autres m'ont proposé de faire de la jeunesse, ma vocation. D'autres encore m'ont mentionné que je pourrais faire le plus grand bien en travaillant avec les chefs d'entreprises ou des groupes d'hommes. En fait, j'ai déjà rencontré des détenus et des directeurs d'entreprise, des jeunes et des représentants de regroupements d'hommes. Ma vocation cependant vise les gens de tous milieux et de tous âges qui sont attirés par mes ouvrages, mes allocutions ou mes enregistrements sur cassettes. D'autres personnes ont été appelées à travailler avec les détenus de prison, les malades, les mourants, la jeunesse ou les dirigeants du monde des affaires. Nous avons tous besoin de suivre le désir de notre cœur et notre propre vocation, plutôt que de nous laisser mener par les exigences de la culpabilité et de l'obligation. Il est improbable que Mère Teresa se soit levée tous les matins en disant: « Zut! Il faut encore que j'aille travailler avec ces lépreux! » Au contraire, elle disait qu'elle voyait le visage du Christ dans chaque personne dont elle s'occupait.

Trouvez le genre de contribution qui vous motive, qui correspond à vos capacités, aptitudes, qualités et intérêts, quelque chose qui vous donne l'impression que le temps file, quelque chose qui tire de vous le meilleur par vos efforts et votre énergie, quelque chose qui vous dit que vous êtes enfin arrivé au but et que vous vous êtes trouvé.

SERVICE ET VALEUR PERSONNELLE

Avec ce dernier passage, vous bouclez la boucle, en ce sens que l'acte par lequel vous apportez votre contribution au monde vous donne l'ultime moyen d'établir fermement un sens clair de votre valeur personnelle. Comme nous l'avons déjà vu, le sens que vous avez de votre valeur personnelle peut influer favorablement sur toutes les facettes de votre vie, de façon telle qu'on pourrait se demander si c'est celui qui donne ou celui qui reçoit que l'on devrait remercier le plus. La lettre qui suit, et que j'ai reçue il y a plusieurs années, témoigne du pouvoir qu'a le dévouement pour améliorer le sens de notre valeur personnelle et la qualité de notre vie.

UNE HISTOIRE DE DÉVOUEMENT :
UN CHANGEMENT SURPRENANT

Voici ce que Todd, de Kansas City, m'écrivit :

Il y a environ deux ans, j'appelai votre bureau et demandai à vous parler. Il se trouvait que vous étiez là : nous avons donc parlé brièvement. Je me souviens vous avoir dit que j'avais vingt-huit ans et que je me sentais un peu perdu. Ma fiancée ne savait plus si elle voulait encore de moi, j'en avais par-dessus la tête de mon emploi, mais je ne savais pas ce que je voulais faire de ma vie. Je ne me rappelle plus très bien ce que j'ai dit d'autre, mais je me souviens en tout cas que vous m'aviez dit quelque chose qui m'avait irrité au plus haut point. Vous m'aviez dit que je devrais peut-être envisager de faire du bénévolat, dans un hospice, un hôpital ou un organisme quelconque en lequel je croyais, en quelque sorte d'offrir un service à la collectivité. J'ai eu l'impression que vous vouliez m'envoyer promener puisque vous n'aviez pas résolu les problèmes que j'avais mentionnés. Je fus réellement surpris de la colère que je ressentis envers vous de m'avoir fait une telle suggestion déplacée qui ne m'aidait absolument pas.

La raison pour laquelle je vous écris maintenant est la suivante : environ six mois après notre conversation téléphonique, je me retrouvai comme bénévole dans un centre de jeunesse à aider les jeunes à pratiquer divers sports. Beaucoup de ces jeunes n'avaient pas de père ou d'autres modèles masculins dans leur vie.

Je voulais seulement que vous sachiez que le bénévolat dans ce centre pour jeunes a complètement changé ma vie. Tout semble aller beaucoup mieux maintenant. Je ne sais pas ce qui s'est passé, mais je voulais simplement vous remercier.

LES DIVERSES FAÇONS D'APPORTER SA CONTRIBUTION

Quand vous vous posez la question : « De quelle façon puis-je apporter mon aide ? », vous pourriez vous adresser à une œuvre de charité ou tout autre organisme près de chez vous qui accepte les bénévoles. On en trouve dans toutes les villes. En fait, de nombreux groupes et organismes ne peuvent exister que parce qu'ils sont supportés par un noyau de bénévoles : alors ils ont besoin de votre aide et celle-ci sera grandement appréciée. Voici quelques possibilités de bénévolat :

- travailler dans un organisme qui s'occupe de la protection de l'environnement ;

- rendre visite aux personnes âgées dans des centres d'accueil ;

- travailler avec des jeunes dans des centres récréatifs ou comme Grand Frère ou Grande Sœur ;

- faire partie d'une équipe de prévention du suicide travaillant sur appels d'urgence ;

- peindre, réparer ou décorer un refuge pour femmes ou pour les sans-abri ;
- aider à construire une maison en collaboration avec un groupe humanitaire ;
- travailler comme assistant d'un professeur dans une école près de chez vous ;
- travailler dans un centre d'hébergement ;
- créer votre propre façon de contribuer et d'aider (puisque la liste précédente ne représente qu'une infime partie des possibilités qui peuvent exister).

Par Internet ou à la bibliothèque du coin, vous pourrez vous procurer la liste des éventuels organismes qui cherchent des bénévoles. Il arrive parfois que le bénévolat se transforme en carrière ou du moins qu'il vous aide à clarifier vos intentions et la direction dans laquelle vous devez aller. Et le bénévolat peut également changer la vie des autres.

Le simple geste de donner fait augmenter le niveau de sérotonine dans le sang, produisant des endorphines (un opiacé naturel) qui engendrent un état naturel d'euphorie. Ceci vient peut-être expliquer le commentaire de mon ami, Swami de l'Au-delà, qui dit se mettre en colère contre son moi supérieur parce qu'il « est toujours euphorique sans moi ».

UNE HISTOIRE DE DÉVOUEMENT : UNE MALADIE EN COMMUN ET DE LA COMPASSION

Voici ce que Ann, de Washington, m'écrivit :

Mon mari, Mark, atteint de leucémie, fit de multiples séjours en milieu hospitalier sur une période de trois ans. Au cours d'un séjour qui dura deux semaines, il partagea une petite chambre avec un homme qui s'appelait Paul et qui avait un lymphome. Le premier jour, mon mari observa Paul qui déposait de la lotion sur des tampons de coton pour ensuite se nettoyer délicatement la peau. Puis Paul se passait un hydratant sur le visage et se lissait les cheveux avec une huile odorante. Lorsque Paul se mit à polir ses ongles, Mark tira d'un coup sec le rideau qui pendait entre les deux lits.

«Ça ne suffit pas que je sois malade! En plus, il faut que je partage la chambre avec un pédé», murmura-t-il. Il montra le rideau du doigt et dit: «On garde le rideau tiré.»

Je lui rendis visite tous les jours et le rideau était toujours tiré. Je pouvais entendre les bouteilles et les pots de Paul qui s'entrechoquaient pendant qu'il faisait son nettoyage de peau quotidien. Pendant ce temps-là, Mark jouait de la batterie avec son nécessaire à rasage pour lui faire écho.

Mais le dixième jour, je trouvai le rideau ouvert. Il faisait chaud dans la chambre et les deux hommes sommeillaient sans qu'aucun drap ne les recouvre. Les longues jambes de Mark avaient perdu tout tonus musculaire et de minuscules ecchymoses parsemaient partout sa peau comme des grains de poivre mauve. Le visage de Paul était jaune et un filet de sang lui coulait de la bouche. Des serviettes mouillées, des pyjamas sales et des journaux étaient entassés sur le sol près du lit de Mark, mais les vêtements et les affaires de toilette de Paul étaient soigneusement rangés sur la large étagère. Quel drôle de couple ils font, pensai-je en aparté, la seule chose que ces deux hommes ont en commun, c'est le cancer.

Lorsqu'on vint chercher Mark pour sa chimiothérapie, je me retrouvai seule avec Paul. «La nuit passée, dit-il, j'ai vomi et j'ai pleuré parce que je voulais rentrer chez moi. Mark est alors sorti de son lit, a fait rouler son système d'injection intraveineuse jusqu'à mon lit et s'est assis près de moi jusqu'à ce que je me calme.»

Plus tard, je racontai à Mark ce que Paul m'avait confié, mais Mark évinça la chose en arguant qu'il lui avait simplement rendu la pareille, parce que quelques nuits plus tôt il avait vomi et braillé comme un veau et que Paul avait ouvert le rideau et était venu s'asseoir près de lui.

Un mois plus tard, chez nous, Mark reçut une carte postale de Paul. Il lui disait qu'il aurait du mal, s'il devait être hospitalisé de nouveau, à se trouver un compagnon aussi bienveillant que Mark.

Mark est décédé maintenant, et je suppose que Paul l'est aussi. Mais leur rencontre me rappelle qu'un simple acte de bonté peut parfois réussir à faire endurer ce qu'il peut nous sembler de pire.

Placez votre argent là où va votre cœur

Vaut-il mieux se munir d'un marteau et de clous et se porter volontaire pour aider à construire une maison ou bien faire un don en liquide qui permettra d'engager un entrepreneur qualifié pour le faire? Le deux solutions sont aussi valables l'une que l'autre. Pour construire une maison, vous devez mettre temps et énergie. Et pour signer un chèque, c'est ce que vous devez faire aussi. Et il se peut qu'un entrepreneur qualifié construise mieux la maison et plus rapidement que si vous vous portez volontaire pour le faire vous-même.

L'argent peut s'avérer une forme puissante de contribution à l'humanité. Envoyer de l'argent à un refuge pour sans-abri peut ne pas être aussi satisfaisant (pour celui qui envoie l'argent) que d'enfiler des salopettes de travail et se joindre aux autres pour peindre le refuge. Par contre, du point de vue de ceux qui reçoivent les fonds, cela fait toute une différence. Demandez à n'importe quelle œuvre de charité l'importance qu'ont les donneurs pour elle. D'innombrables œuvres de charité réclament à cor et à cri de l'aide financière. Bien qu'elles apprécient les bénévoles, peu d'entre elles peuvent survivre seulement grâce au travail des bénévoles: elles ont besoin de fonds pour mener leur mission à bien.

Ceux d'entre vous dont les semences de créativité, d'initiative, d'intelligence, d'ingéniosité et de travail ont produit de larges récoltes peuvent vraiment contribuer à changer les choses dans le monde par le biais de la donation. Une des plus grandes joies à gagner de l'argent est de le partager – non pas parce que vous le devez ou le devriez – mais parce que vous comprenez que tous les hommes sont liés entre eux et que vous saisissez l'occasion de faire preuve d'amour et de compassion par cet acte.

LE DILEMME DE LA PHILANTHROPIE

Comment savoir là où votre argent pourra servir le mieux et faire le plus de bien ? Vaut-il mieux donner tout l'argent à un seul et même organisme ou le répartir sur plusieurs organismes ? Voulez-vous soutenir les pauvres, l'environnement, les droits de la personne ou la recherche médicale ? Donnez-vous la préférence à un organisme local, national ou international ? Est-il préférable de faire des dons toujours au même organisme année après année ou bien varier ? Qu'est-ce qui est plus utile : aider quelqu'un à aller à l'université ou aider les plus pauvres à trouver gîte et repas.

Je ne me hasarderais même pas à essayer de répondre à ces questions plus que délicates. Tout ce que je sais, c'est qu'il est bon de faire un geste et d'offrir de l'aide financière à ceux qui en ont besoin.

Si vous aviez un million de dollars à donner, de quelle façon feriez-vous le meilleur bien possible ? Certainement pas en donnant un dollar à un million de personnes. Donner dix dollars à cent mille personnes n'aurait pas un grand impact non plus. Si vous donniez cent dollars à dix mille personnes, déjà vous verriez les visages s'illuminer d'un sourire, mais l'argent serait vite dépensé. Si vous donniez mille dollars à mille personnes, l'impact serait beaucoup plus important, surtout pour ceux qui sauraient utiliser cet argent judicieusement. Si vous donniez dix mille dollars à cent personnes, vous toucheriez moins de gens mais votre contribution ferait toute la différence. Vous permettriez peut-être à des familles de se sortir de leurs dettes ou d'envoyer leurs enfants au collège. Si vous donniez cent mille dollars à dix personnes, il est fort probable que vous changeriez totalement leur vie.

L'IDÉE FANTASTIQUE DE TED TURNER

La main du milliardaire Ted Turner tremblait au moment où il signa les documents qui autorisaient un don de plus de deux cents millions de dollars à des œuvres de charité (principalement pour le milieu universitaire et l'environnement). « En faisant cela, je savais que je venais de perdre ma position en tête de liste de l'homme le plus riche des États-Unis », dit-il. Mais M. Turner avait découvert que faire don de son argent pouvait être encore plus satisfaisant que de le gagner. Il a lancé le défi à ses compatriotes milliardaires, « mes vieux grippe-sous » comme il les appelle, de défaire un peu plus les cordons de leur bourse. M. Turner a proposé de créer le concours annuel des plus généreux donateurs, offrant en récompense un cœur d'or aux philanthropes justement au cœur d'or, et un prix Picsou aux milliardaires radins. « Quelle différence cela peut bien faire, dit-il, si vous valez douze milliards ou onze milliards ? Avec un milliard de dollars vous pouvez construire une université ! »

Point besoin d'être millionnaire pour changer les choses. Donner dix dollars par-ci, vingt dollars par-là peut faire des merveilles. Même les gens qui sont près du seuil de la pauvreté expriment leur dignité humaine et leur valeur personnelle en donnant ce qu'ils peuvent aux causes en lesquelles ils croient. Si dix mille personnes donnent chacune dix dollars à une œuvre de charité en laquelle elles croient, ensemble, elles auront donné cent mille dollars. Pas si mal que ça pour des gens pauvres au grand cœur.

Si vous possédez beaucoup, donnez de vos richesses.
Si vous possédez peu, donnez de votre cœur.

Proverbe arabe

UN DON QUI CHANGEA TOUT

Même ceux dont les revenus sont modestes savent se distinguer par la façon dont leur cœur leur dit de faire don de leur argent. C'est le cas d'Oseola McCarty, une vieille femme de ménage qui vivait seule depuis 1967. À l'âge de quatre-vingt-huit ans, sentant que sa fin approchait et n'ayant aucune famille, elle décida de léguer 150 000 $, les économies de toute sa vie amassées un dollar à la fois, à l'Université Southern Mississipi.

Oseola fit cette donation parce que c'est la chose qui lui semblait juste. Sa générosité toucha tant de monde qu'elle se retrouva à sillonner le pays en avion pour recevoir des médailles humanitaires et rencontrer des gens connus, dont Whoopi Goldberg, qui s'agenouilla devant elle. Elle rencontra également Roberta Flack qui chanta pour elle. L'Université Harvard lui décerna un diplôme honorifique et le président Clinton demanda à être pris en photo avec elle. On lui fit même porter la flamme olympique sur un petit bout du parcours. Son portrait honore dorénavant le hall d'entrée du bâtiment administratif de l'Université Southern Mississipi. C'est la première fois que le portrait d'une personne de race noire figure dans un tel lieu. Elle fut interviewée par *Good Morning America*. Et son histoire fit la couverture du *New York Times*. Barbara Walters la déclara une des dix plus intéressantes personnalités de 1995. Elle fit l'objet d'articles dans de nombreuses revues, entre autres *Ebony*, *People*, *Guideposts* et *Glamour*. Elle passa même à la télévision britannique.

D'autres bienfaiteurs lui ont emboîté le pas et ont fait des donations additionnelles de 250 000 $. Tout cela grâce à la générosité de cœur d'une femme travailleuse qui voulait changer les choses avant de partir pour l'autre monde.

HISTOIRE DE DÉVOUEMENT : DES PAROLES D'ENCOURAGEMENT

Voici ce que Jim, de Washington, m'écrivit :

> J'avais douze ou treize ans et me trouvais dans un centre commercial de Long Island, où j'avais grandi. J'étais assis sur un

banc en train de lire un livre de poche d'Edgar Rice Burroughs que je venais juste d'acheter, lorsqu'un vieil homme d'origine africaine, portant un costume élimé, prit place à côté de moi et me demanda ce que je lisais. Je lui montrai mon livre. Il me complimenta et m'encouragea fortement à continuer mes lectures, aussi voracement que mon cœur le désirait. Puis, il me dit qu'il devait s'en aller, mais que si jamais je me retrouvais dans la ville de Wyandance, je pourrais lui rendre visite à l'école dont il était le directeur.

Que cet homme se soit arrêté pour m'offrir des paroles d'encouragement, me toucha alors beaucoup et me touche encore lorsque j'y repense. J'adore toujours la lecture ainsi que l'écriture. Et je gagne ma vie en gérant une librairie.

De petits gestes qui changent tout

Travailler comme bénévole dans un organisme est une façon de rendre service à l'humanité. Mais vous pouvez aussi faire toutes sortes de petites choses dans la vie quotidienne qui ont une portée spirituelle significative : une parole aimable envers un inconnu, une remarque d'appréciation à un employé de banque, un serveur ou un facteur, ou même laisser un autre conducteur entrer dans votre voie sur l'autoroute. Voici quelques-unes des plus importantes formes de service que vous pouvez rendre à autrui dans le quotidien.

De tels petits gestes ne changent pas seulement les choses pour les autres : ils transforment votre vie également. Parce que ce dont nous avons besoin par-dessus tout, et plus que le bonheur personnel, c'est d'un sens des choses, d'une raison d'être et de la sensation de nous sentir liés aux autres. Et ce sont de tels petits gestes quotidiens qui nous procurent tout cela.

Voici des petits gestes à la portée de tout le monde pour encourager les autres :

- payer plus pour un service que ce qui est demandé ;

- écrire une petite note à un serveur ou une serveuse, un facteur, un éboueur, un employé de banque, un jardinier ou toute autre personne pour la remercier d'un service qu'elle vous a fourni;
- mettre une pièce de vingt-cinq cents dans un parcomètre expiré;
- acheter un sandwich pour le donner à quelqu'un qui a faim;
- ramasser des déchets qui traînent;
- nettoyer le lavabo d'une salle de toilette après l'avoir utilisé;
- faire une donation, de façon anonyme ou pas;
- quand vous achetez des billets, en prendre d'autres en supplément pour les offrir à quelqu'un;
- dépasser une place de stationnement pour la laisser à la personne qui vous suit (sans qu'elle se rende jamais compte que vous venez de lui rendre service);
- mettre en pratique les sens spirituels que vous avez appris dans le onzième chapitre, c'est-à-dire parler, voir, toucher et écouter à partir du cœur;
- dépenser cent dollars par année pour acheter des bons-cadeaux pour un film, un salon de thé, une librairie ou un magasin de bonbons, bons que vous distribuerez au hasard ou à des gens qui vous rendent service;
- faire des souhaits silencieux (ou pas) en pensant à des gens, saluer chaleureusement des gens que vous rencontrez ou même leur sourire.

HISTOIRE DE DÉVOUEMENT: LE DÉVOUEMENT EN CHAIR ET EN OS

Voici l'histoire que Sandra, de New York, me fit parvenir:

Un après-midi, il y a de cela bien longtemps, des reporters et des dignitaires s'étaient retrouvés à la gare de Chicago pour attendre l'arrivée du gagnant du prix Nobel. Celui-ci descendit du train : c'était une sorte de géant aux cheveux hirsutes et à la moustache touffue. Pendant que les flashes explosaient les uns après les autres, les dignitaires lui tendirent la main en lui disant combien ils étaient honorés de sa présence. Le docteur les remercia et leur demanda, tout en regardant par-dessus leurs têtes, de l'excuser un instant.

Se déplaçant dans la foule à grandes enjambées, il arriva près d'une femme âgée qui avait beaucoup de difficultés à porter ses deux grosses valises. De ses larges mains, il les empoigna et, un aimable sourire aux lèvres, il l'accompagna jusqu'à son autobus. Il l'aida à monter à bord et lui souhaita un bon voyage. Puis, étant donné que la foule l'avait escorté jusqu'au bus, il se retourna et s'excusa auprès d'eux de les avoir fait attendre.

Cet homme, c'était le Docteur Albert Schweitzer, le fameux docteur missionnaire qui avait passé sa vie à aider les pauvres en Afrique. Un des membres du comité de réception fit le commentaire suivant à l'un des reporters : « C'est la première fois que je vois le dévouement en chair et en os. »

UN SOURIRE QUI SAUVA UNE VIE

Il y a quelques années, à la fin d'une allocution que j'avais prononcée dans le sud de la Californie, une femme s'avança vers moi et me dit d'une voix si basse que j'arrivai à peine à l'entendre : « Excusez-moi, Dan, mais pourrais-je vous parler quelques minutes ? »

J'acquiesçai et attendis qu'elle parle. Il lui fallut un petit moment pour se décider à parler : « Ce que vous avez dit au sujet des petits gestes qui peuvent tout changer ? Eh bien, je voulais juste vous dire, ça peut sembler un peu mélodramatique, je voulais vous dire comment le sourire d'un homme a sauvé un jour la vie de quelqu'un, la mienne.

J'étais tout ouïe. Elle poursuivit son histoire. « J'ai toujours été timide. Il y a quatre ans, j'étais aussi suicidaire. J'avais déjà fait deux tentatives ratées et j'avais décidé que cette fois-là j'en finirais pour de bon. Je n'imaginais pas que quiconque se préoccupe du fait que je vive ou que je meure. Et moi non plus je ne m'en préoccupais pas. En retournant chez moi, là où je voulais me suicider, je vis un bel homme qui marchait dans ma direction. D'habitude, je ne regarde pas les gens, mais dans l'état dans lequel je me trouvais, cela n'avait plus d'importance. Alors, je le regardai et il me regarda à son tour en m'adressant un beau sourire.» Elle sourit en me racontant cela. «Ce fut un magnifique sourire. Et il disparut dans la foule.»

«Je sais que ça a l'air idiot, dit-elle, mais ce sourire, je voulais me le garder un peu pour moi.... ce qui fait que je ne me suis pas suicidée ce jour-là, ni le lendemain. Puis, j'ai décidé de vivre et j'ai entrepris une thérapie. Les choses vont beaucoup mieux maintenant. J'ai un amoureux que j'aime beaucoup et un travail qui me plaît. Je voulais juste vous dire que les petits gestes peuvent tout changer. Oh, en passant, je m'appelle Cheryl», dit-elle en souriant.

La morale de l'histoire de Cheryl est claire : bien qu'un certain nombre de personnes aient un sens exagéré de leur importance, la plupart des gens n'ont pas assez le sens de leur importance. Nous oublions trop que les gens nous regardent, qu'ils apprennent de nous, qu'ils sont touchés et influencés par ce que nous sommes et faisons. Peu de gens comprennent vraiment combien une simple parole, une petite note glissée à un serveur ou une serveuse, le fait de ramasser un déchet dans la rue ou de faire un beau sourire à quelqu'un peuvent apporter l'encouragement tant désiré, remonter le moral à autrui ou embellir leur journée. Et qui sait? Peut-être cela peut-il même sauver une vie.

Comment vous réaliser dans la vie de tous les jours

L'étudiant a la sagesse de l'après-coup.
L'enseignant fait preuve de prévoyance.
Le maître est doté de discernement.
Vous êtes venu à l'école de la vie quotidienne,
pour devenir
un étudiant, un enseignant et un maître,
pour tirer des leçons du passé,
prévoir les conséquences de vos actions
et en fin de compte
regarder en vous
pour découvrir l'Univers.

Le quotidien pour développer
la spiritualité

J'ai fini ma vie de minéral pour devenir une plante.
J'ai fini ma vie de plante pour devenir un animal.
J'ai fini ma vie d'animal pour devenir un humain.
Qu'ai-je donc à craindre ? Quand suis-je tombé plus bas en mourant ?
Et lorsque je finirai ma vie d'homme,
je prendrai mon essor vers les anges divins,
et même au-delà du royaume des anges,
afin de devenir ce que jamais aucun esprit n'a pu concevoir.

RUMI

Le sommet

En traversant ces douze passages, en gravissant le sentier qui mène jusqu'au sommet de votre montagne intérieure, vous êtes arrivé au but et avez accompli beaucoup plus que vous ne pouvez encore le réaliser. Votre psyché a changé et votre vision des choses a pris de l'ampleur. Vous avez plus de recul, vous comprenez mieux la finalité et le potentiel de la vie de tous les jours.

Et pourtant, ces douze passages ne sont pas un aboutissement, mais un processus, un parcours qui ne prend jamais fin. Avant d'aller plus loin, faisons une pause, comme nous le ferions sur le sommet d'une montagne. Admirons la vue panoramique qui s'offre à nous pour comprendre le chemin que nous venons de parcourir.

Découvrez votre valeur propre : Votre valeur propre ne compte ni plus ni moins que celle de toute autre personne ou toute autre partie de la réalité. Le sens que vous avez de celle-ci augmente parce que vous posez des gestes qui ont de la valeur. Mais vous n'avez pas besoin de *sentir* que vous valez quelque chose. Il vous suffit de vous traiter comme vous traiteriez quelqu'un que vous aimez ou un invité spécial, de mettre fin aux comportements d'autodestruction ou d'autosabotage et de vous ouvrir aux largesses de la vie.

Retrouvez votre volonté : Lorsque la motivation s'effrite, c'est la volonté qui prend le relais. Vous faites appel à votre volonté quand vous cessez d'attendre que la motivation arrive. La vie se résume un peu à ceci : les fruits les plus mûrs poussent toujours sur les plus hautes branches. Afin de les récolter, il faut grimper, pas à pas, jour après jour.

Tonifiez votre corps : Votre corps c'est tout ce que vous êtes assuré d'avoir pour toute la vie. N'oubliez pas la triade magique de la santé : alimentation légère, exercice régulier et repos. Respirez à fond et vous maximiserez votre potentiel génétique ; votre santé s'améliorera ainsi que votre vitalité. Vous saurez ainsi mieux accueillir les détours et les aventures que la vie vous réserve.

Sachez gérer votre argent : Tout d'abord, assurez-vous de dépasser vos attitudes cachées et négatives quant à l'argent. Appréciez l'argent et employez-le judicieusement, comme vous le feriez avec toute autre forme d'énergie. Déployez vos talents et habiletés pour vous assurer un revenu stable, suffisant ou même plus que suffisant. Puis, dépensez, donnez et économisez.

Domptez votre mental: Souvenez-vous que le monde n'est pas ce que vous pensez qu'il est. Dépassez ce que vos filtres mentaux vous disent pour appréhender le monde tel qu'il est, dans sa simplicité de tous les instants. Laissez vos pensées être ce qu'elles sont, centrez votre attention sur ce qui vous occupe dans l'instant et vous trouverez paix et accomplissement.

Faites confiance à votre intuition: Vous savez que vous pouvez avoir accès à bien plus que tout ce que vous avez lu, entendu ou appris. Faites confiance à ce talent inné qui est profondément ancré chez les humains depuis toujours. Retrouvez votre intégralité en utilisant et en respectant les deux hémisphères de votre cerveau ainsi qu'en leur faisant confiance. Mais ne faites pas les deux en même temps. Écoutez votre mental, mais fiez-vous à votre cœur.

Acceptez vos émotions: La vie sans émotions serait calme comme la mort, calme comme un monde sans intempéries. Acceptez vos émotions telles qu'elles sont. Qu'elles soient agréables ou douloureuses, les émotions sont naturelles et n'ont pas besoin d'être régularisées. Bien qu'elles soient changeantes, laissez-les monter et passer sans leur permettre toutefois de mener votre vie.

Faites face à vos peurs: La peur est un caméléon qui prend la forme d'un conseiller avisé à certains moments et celle d'un horrible tyran, l'instant suivant. Respectez la peur mais ne la laissez jamais devenir votre maître. Si vous êtes physiquement en danger, écoutez-la. Si vous sentez un danger psychologique, alors faites ce que vous avez le plus peur de faire et vivez comme un guerrier pacifique.

Faites la lumière sur vos zones d'ombre: Vous devez faire face à vos zones d'ombre avant de pouvoir voir la lumière qui est en vous. L'image que vous offrez au monde n'est que la pointe visible de l'iceberg. Accueillez toutes vos polarités et faites la lumière sur la partie noire de votre psyché afin de pouvoir vivre consciemment dans la lumière, de retrouver inté-gralité, authenticité et compassion.

Intégrez votre sexualité : Votre attitude face à la sexualité est le reflet de votre attitude face à la vie. La réalisation de soi sur le plan sexuel dépasse la négation de soi et la licence, car elle permet d'atteindre une expression totale et équilibrée de votre énergie sexuelle par la créativité. Un lien de grande inti-mité se crée entre vous, votre partenaire et le divin.

Éveillez votre cœur : Comme vous l'avez vu, les émotions amoureuses vont et viennent à la manière des vagues. L'amour durable du cœur éveillé n'est pas une émotion mais une action. En combinant amour et volonté, vous empruntez le même sentier que les saints car vous faites preuve de bien-veillance envers tous les autres êtres, que vous en ayez envie ou pas.

Servez l'humanité : Une fois que vous avez vu ce qu'il y avait à voir, quand la vie vous a révélé qui vous étiez réellement, votre quête devient une question : comment servir l'humanité du mieux que je peux ? La vie elle-même (votre travail, votre famille et chaque rencontre) vous donne l'occasion de rendre service, d'établir des liens avec les autres et de trouver un sens au moment et une raison d'être à ce qui se joue.

Maintenant que vous avez traversé les douze passages et êtes rendu au sommet, vous êtes prêt à comprendre et à met-tre en pratique ce qu'est la réalisation de soi dans le quotidien. Voyons un peu ce que cela signifie. Vous savez que la vie est faite d'une suite de moments et que personne ne peut être beau, intelligent, ennuyant, névrosé ou extatique en perma-nence. Cela n'est pas réaliste. Alors ce que j'entends par réali-sation de soi dans le quotidien n'est pas un état idéalisé de perfection qu'on atteint une fois pour toute. Non. Ce que je veux dire, c'est qu'il faut créer chaque jour de plus en plus de moments éclairés, se réaliser dans chacun des éléments propres à chaque passage. À un moment donné, le sens que vous avez de votre valeur est très élevé. À un autre, vous faites appel à une volonté de fer, lorsque vous en avez le plus besoin. À d'autres moments, c'est l'énergie qui coule librement sous la forme de l'intuition, de l'authenticité, du courage, de l'amour et du dévouement. Et ce, chaque jour. Toujours mieux chaque jour. N'oubliez pas que la vie, c'est comme un apprentissage et que vous êtes un humain qui apprend sur le tas. Si vous essayez de tout maîtriser tout le temps, c'est un peu comme si vous vouliez manger une fois pour toutes.

Maintenant que vous avez saisi l'aspect pratique de la réalisation de soi dans les gestes quotidiens, nous allons aborder le geste quotidien le plus transcendant que vous puissiez jamais apprendre dans votre vie.

L'ÉVEIL SUPRÊME

Les diverses traditions spirituelles décrivent l'illumination comme la fin de la partie, la destinée suprême de l'humain, le dépassement de tous les accomplissements et plaisirs, et la transcendance de la vie et de la mort. Le plus souvent, on décrit l'illumination comme étant un état de réalisation de soi, d'unité, d'éveil, de nirvana, de satori, de grâce ou d'extase. Le principal problème avec de tels mots, qui sonnent si pompeux, c'est qu'aucun d'entre eux n'est approprié aux défis pratiques que pose la vie de tous les jours. Pour beaucoup de gens, cette idée d'illumination semble hors de propos, hors de portée ou alors seulement au sommet d'une voie mystique que peu de gens empruntent. Mais dans quel but?

Même dans les vieilles traditions spirituelles, cent différents enseignants spirituels donneront cent descriptions différentes de ce qu'est l'illumination, allant de « la réalisation suprême » au « rien de spécial ».

Dans *Le Guerrier pacifique*, l'histoire suivante illustre la nature paradoxale de l'illumination :

> Un jeune homme qui cherchait à se réaliser rencontre en montagne un vieil homme qui descend un sentier et qui porte

un sac très lourd sur le dos. Le jeune homme en quête de vérité sent que ce vieillard à l'air sage s'est rendu au sommet et qu'il a atteint l'illumination.

« Monsieur, s'il vous plaît, lui demande-t-il, pouvez-vous me dire ce qu'est l'illumination ? »

Le vieil homme lui sourit, dépose son fardeau par terre et se redresse.

« Je comprends, s'écrie le jeune homme. Mais qu'y a-t-il après l'illumination ? »

Alors le vieil homme remet d'un mouvement le gros sac sur son dos et reprend son chemin.

L'illumination ne fait aucune différence. Et l'illumination fait toute la différence au monde. Ces deux affirmations sont vraies. Le sage chinois Lao Tseu dit ceci de l'illumination : « Celui qui sait ne parle pas. Celui qui parle ne sait pas. » Mais, de toute évidence, Lao Tseu savait *et* parlait, ce qui dénote une fois de plus la nature paradoxale de l'illumination.

Bouchez-vous les oreilles et écoutez. Tout d'abord, vous n'entendrez que le silence. Continuez d'écouter et vous finirez par entendre un son aigu ou un bourdonnement. Vous pouvez découvrir d'autres sons, certains disent qu'il y en a jusqu'à douze. Ils étaient là en tout temps, mais ils échappaient à votre attention. C'est la même chose pour l'illumination.

Avec l'illumination, tout change et rien ne change. Et c'est ce qui fait toute la différence. L'illumination est déjà là. Vous êtes déjà réalisé. Il vous suffit de le découvrir.

Il n'y a pas de plus grande vérité que d'être conscient de ce qui est.

Il n'y a pas de plus grande action que d'accueillir ce qui est.

Il n'y a pas de plus grande « prise de conscience » que celle-ci : vous êtes vous-même cette conscience, conscience qui brille au fond de tous les êtres.

Si ces mots n'ont aucun sens pour vous, alors faites confiance à votre processus et soyez patient.

S'ils vous semblent évidents, alors vivez votre vie et soyez conscient.

Un jour, vous découvrirez que cette conscience-Dieu-Esprit vit en vous, par vous. Il se pourra que vous éclatiez de rire tout haut parce que ce qui n'avait auparavant aucun sens vous semble tout à coup la chose la plus évidente, la plus ordinaire et la plus merveilleuse qui puisse exister.

Si l'on compare la vie à une blague cosmique, alors l'illumination c'est le *punch* final.

Entre-temps, il n'est point besoin de chercher ou d'attendre un moment spécial pour atteindre la réalisation de soi – pour réaliser ce qui est déjà là – pour devenir conscient de la conscience. L'illumination ne se pratique qu'ici et maintenant dans la vie quotidienne.

La pratique de l'illumination

Votre périple à travers les douze passages vous a préparé à établir un lien entre le ciel et la terre, entre le corps et l'esprit. Ce lien guérit la division qui existe entre la chair et l'esprit. C'est ce que j'appelle la pratique de l'illumination. Ce n'est rien de spécial. En fait, c'est ce que vous avez fait chaque jour pour la plus grande partie de votre vie. Mais j'ai écrit ce livre pour rendre cette pratique consciente, efficace et fructueuse.

Avant d'en prendre connaissance, je vous enjoins de lire les questions suivantes :

- Préféreriez-vous vivre avec quelqu'un d'illuminé qui agit comme un fou ou avec un fou qui agit comme un illuminé ?
- Et si, bien que vous continuiez à ressentir peur, tristesse, envie, ressentiment, doute et insécurité, vous vous *comportiez* tout de même comme quelqu'un qui a atteint l'illumination ?

- Et si vous vous déplaciez avec grâce même si vous vous sentez maladroit ?

- Et si vous vous traitiez avec bienveillance même lorsque vous sentez que vous ne le méritez pas ?

- Et ce que vous sentez ou pensez aurait-il de l'importance si vos actions reflétaient bienveillance et accomplissement ?

- Se comporter comme un être réalisé lorsque vous ne sentez pas que vous l'êtes est-il un acte de fausseté ou de transcendance de soi ?

FAITES COMME SI

La plupart des gens pensent qu'il faut d'abord faire le ménage au niveau du corps et de la psyché avant de pouvoir se comporter de façon éclairée. Ce n'est pas faux. Mais moi, j'avance que vous pouvez faire l'inverse, c'est-à-dire vous comporter comme si vous aviez atteint l'illumination. Dans ce cas, le comportement précède la réalisation. Vous pouvez faire comme si jusqu'à ce que cela se produise. Faites comme si vous l'aviez atteinte jusqu'à ce que vous vous comportiez naturellement de façon éclairée.

Un gymnaste n'a pas besoin de comprendre toutes les lois de la physique pour apprendre à faire un saut périlleux vrillé. Un chanteur n'a pas besoin de comprendre les théories de l'acoustique vocale pour inspirer son audience. Vous pouvez à votre tour «pratiquer» quotidiennement l'illumination en vous comportant comme si vous l'aviez atteinte, que vous compreniez ou pas ce qu'est l'illumination ou que vous en ayez envie ou pas. Il est certain qu'il y a certains obstacles à franchir.

- Si vous avez peur, êtes en colère ou triste, ou bien si votre esprit est rempli de pensées négatives, il se peut que votre attention soit trop accaparée ailleurs pour ne serait-ce que vous rappeler de le faire.

- Nous sommes presque tous d'accord pour dire que l'illumination implique, entre autres choses, le fait d'être totalement vous-même, vrai et authentique, et de réagir naturellement et de façon appropriée à tout ce qui peut se présenter. Alors, si cela vous dérange de faire comme si vous étiez illuminé, seriez-vous seulement en train de faire semblant ?

Oui, effectivement vous feriez semblant, du mieux que vous pourriez, comme le jeune homme timide qui prétend avoir de l'assurance et invite une jeune fille à danser. Comme le nouvel employé nerveux qui prend la parole lors d'une rencontre d'affaires et étonne tout le monde par ses connaissances. Comme le soldat terrifié qui court sous les rafales et qui malgré sa peur pose un geste de bravoure en ramenant un compagnon blessé vers un lieu plus sécuritaire.

Mais, entre-temps, au lieu d'attendre de vous sentir illuminé, paisible, en extase ou sage, comportez-vous comme si vous étiez illuminé et vous exercerez une influence positive sur les gens. Votre vie se mettra à changer parce que vous créez une chaîne de réactions de cause à effet positives. Se comporter avec bienveillance quand vous ne le sentez pas, c'est ça la bienveillance. Agir avec bravoure quand vous ne vous sentez pas brave, c'est ça la bravoure. Agir de façon décidée quand vous vous sentez confus, c'est ça la clarté.

Agir dans l'optique de l'illumination n'a donc rien à voir avec la pensée positive, les croyances grandioses ou le déni de votre vie intérieure (qui peut parfois être assez chaotique). Cela n'a rien à voir avec la façon dont vous vous sentez ou avec les pensées qui vous traversent l'esprit. Cela a à voir avec les gestes que vous posez. Vous savez que l'amour est une action. Que le bonheur est une action. Que le courage est une action. Que la paix est une action. Que le dévouement est une action. Il en va de même pour l'illumination.

Vous déclarer illuminé ne vous rendra pas plus illuminé que si vous déclariez être un ananas. Dire ou croire que vous êtes illuminé ne vous rendra pas tel. Par contre, agir et vivre dans le sens de l'illumination le fera.

L'illumination commence donc par la pratique.

De cette façon, vos agissements façonnent vos pensées et vos émotions, au lieu du contraire. En acceptant vos pensées et vos émotions telles qu'elles sont, sans les nier, vous persévérez dans la bonne direction, vous comportant comme si vous étiez totalement illuminé.

Mais, me direz-vous, comment être bienveillant si vous ne le sentez pas, ou courageux si vous vous sentez lâche? Essayez de jouer la comédie, de jouer le rôle d'un être réalisé.

JOUER LA COMÉDIE :
L'ART DE LA TRANSCENDANCE

Jouer la comédie est un art chamanique, de changement de formes, qui vous permet de dépasser votre personnalité en endossant le corps et la vie d'un autre. Cela vous permet de donner vie à n'importe quelle qualité que vous imaginez, de vous réinventer, de devenir qui vous désirez être, d'explorer et d'exprimer vos zones d'ombre, de changer de points de vue, d'attitudes et de comportements. C'est aussi une clé importante pour ce qui est de l'illumination.

Et si vous n'êtes pas un très bon comédien?

Mais si, justement, vous êtes un comédien accompli, puisque vous avez joué la comédie presque toute votre vie. Vous tenez un rôle quand vous êtes invité à une soirée ou à une rencontre sociale. Un autre en famille et encore un autre au travail. Chacun de nous tient un nombre incalculable de rôles dans une vie. Ainsi que Shakespeare nous le rappelle : « Le monde n'est qu'une vaste scène où tous les hommes et femmes ne sont que purement des acteurs. » Par contre, quand vous avez tenu ces rôles, vous l'avez fait de façon automatique et inconsciente. Ici, il s'agit de jouer vos rôles avec intention, détermination et même plaisir.

Et au-delà des rôles que vous jouez, vous êtes bien sûr vous-même. Mais qu'est-ce que « vous-même » veut dire ? Êtes-vous une personnalité figée et immuable ou une myriade de rôles interchangeables selon le milieu où vous vous trouvez ?

> *« Qui es-tu ? » demanda la chenille.*
> *« Je... je ne sais pas vraiment à présent, Monsieur »,*
> *répondit Alice assez timidement.*
> *« Je sais qui j'étais ce matin quand je me suis levée,*
> *mais je crois que j'ai dû changer plusieurs fois de peau depuis. »*

LEWIS CARROLL

Les ex-alcooliques se créent de nouvelles identités en tant que personnes qui ne boivent plus. C'est la même chose pour les ex-drogués, fumeurs ou abuseurs. Changer de comportement aide à changer d'identité. Chaque fois que vous vous comportez de façon inusitée (comme changer de posture, de travail ou vous adapter à un nouveau type d'exercice), vous sentez une gêne jusqu'à ce que cela devienne naturel. Cela est difficile jusqu'à ce que cela devienne facile.

Si le rôle que vous jouez devient votre réalité, alors vous pouvez changer de réalité en changeant de rôle. Vous pouvez jouer n'importe quel rôle que vous voulez, y compris celui d'un être humain totalement conscient, courageux, lucide, avisé et illuminé. Il n'est pas obligatoire que votre passé devienne votre futur.

Mais qui d'autre que vous vous empêche de faire ce que voulez faire, ce que vous devez faire, d'être qui vous voulez être ? La question qui se pose n'est pas de savoir si vous en êtes capable, mais si vous le voulez. À toutes fins pratiques, les êtres illuminés sont simplement ceux qui sont disposés à se comporter comme s'ils l'étaient.

LE RÔLE DE VOTRE VIE

Si un studio de cinéma vous proposait un rôle de policier, il tombe sous le sens que vous feriez une recherche pour en apprendre le plus possible sur la vie d'un officier de police. Mais supposons que l'on vous demande de jouer le rôle d'un personnage illuminé? Les comportements de qui allez-vous étudier? Les êtres réalisés ne sont pas si faciles à trouver que ça. En fait, étant donné que la vie est une suite de moments, il n'y a pas d'êtres réalisés, seulement des gens qui vivent plus de moments éclairés que d'autres. Alors, nous décrirons une personne illuminée comme quelqu'un qui vit de nombreux instants éclairés, de la même façon qu'une personne intelligente est quelqu'un qui vit de nombreux moments intelligents.

Puisqu'il vous est impossible d'imiter les pensées ou les émotions d'une autre personne, il vous faudrait observer et reproduire les comportements de cette personne, la façon dont elle bouge, répond et parle, pour que votre interprétation soit réaliste. Dans l'intérêt de votre rôle, entendons-nous tout de suite pour dire qu'une personne illuminée est quelqu'un qui se comporte de façon éclairée.

COMPORTEMENT ÉCLAIRÉ

Et maintenant nous arrivons à la grande question : comment déterminer ce qu'est un comportement éclairé? Essayer de le faire, c'est comme essayer d'attraper de l'eau dans votre main. Du moment que nous idéalisons l'illumination comme le fait de ne jamais s'énerver ou de sourire dans la béatitude, nous nous égarons car le comportement d'un être réalisé n'est pas toujours celui de la béatitude : il est flexible, changeant comme un caméléon, s'adaptant aux circonstances comme le sable des dunes.

Avoir un comportement éclairé ne veut pas dire que l'on perfectionne sa personnalité ni que l'on devient plus aimable et plus populaire. Pour vous transmettre sa nature plutôt transcendante que conventionnelle, je me contenterai de vous raconter l'histoire suivante :

> Je rencontrai Bud pour la première fois en 1970. Nous participions alors tous les deux à une formation intensive de quarante jours dans le domaine de la croissance spirituelle. Il fut immédiatement évident que Bud avait un problème d'élocution : il bégayait fortement. Parce que la formation comprenait une inhabituelle et vaste gamme d'exercices pour le corps, l'esprit et les émotions (méthodes de relaxation profonde, travail personnel de prise de conscience, divers types de méditation, travail corporel, exercices, méthodes respiratoires, etc), les autres participants et moi supposions ou du moins espérions que, par effet de ricochet, Bud pourrait se débarrasser de son bégaiement. Mais à la fin des quarante jours, il bégayait toujours.

> Je rencontrai Bud à nouveau deux ans plus tard dans une formation avancée. Vers la fin de la formation, j'eus l'occasion de parler avec lui. Il avait fait beaucoup de travail sur lui pendant ces deux années mais il bégayait toujours autant.

> « Bud, lui dis-je, après tout le travail que tu as fait sur toi, je constate que tu bégaies encore. »

> « Ooooui, dit-il d'une manière prosaïque, mmmmmais mmmmaintenant jjje mmm'en ffffiche ccccccomplètement ! »

À cet instant même, Bud était un être illuminé qui bégayait et qui s'en fichait complètement.

Les êtres réalisés se comportent-ils de façon cohérente et prévisible ?

Oui et non.

Le comportement d'un être illuminé est presque assurément naturel et ne dénote aucun conflit, ni en soi ni face à la vie. Il émerge pour répondre aux circonstances de la meilleure façon possible. Un tel comportement reflète la maturité dont il est question dans les douze passages, c'est-à-dire agir avec énergie, authenticité, discipline, courage et bonté. Mais que cette bonté prenne la forme d'un amour intransigeant ou d'un doux sentiment, cela est impossible à dire.

Puisque le geste posé par une personne réalisée est spontané et intuitif, il est également imprévisible, parfois excentrique, parfois ordinaire, parfois contradictoire. Afin d'éviter d'associer l'illumination à l'état de « ne jamais paniquer » ou de « toujours rester calme et extatique », on décrit les maîtres illuminés comme des personnes n'ayant aucune image cohérente d'eux-mêmes.

Alors, le comportement de qui allez-vous observer ? Vous vous demanderez probablement si de tels êtres sont mariés, célibataires, sexuellement actifs ou pas ? Si vous faites une étude historique des divers êtres connus pour avoir été illuminés, entre autres Jésus, Bouddha, Krishna, Mahomet, Zarathoustra, Sainte Thérèse d'Avila, Jeanne d'Arc, des anciens maîtres illuminés comme Tchouang Tseu et Lao Tseu, ou des maîtres illuminés contemporains comme Anandamayi Ma et le Dalaï Lama, vous ne trouverez aucun modèle ou comportement fixe.

Un chercheur spirituel demanda un jour à Bouddha ce qui le rendait différent des autres hommes. Bouddha prononça seulement trois mots : « Je suis éveillé. » Il ne dit pas : « Je suis meilleur, plus gentil, j'ai un sourire plus béat, j'ai des pouvoirs, je peux faire des miracles, je suis calme et extatique en permanence, j'ai une personnalité charmante » ni même « je suis toujours heureux ou aimant ». Il dit seulement : « Je suis éveillé. » Mais puisque la vie est faite de moments, nous ne pouvons pas savoir si un être réalisé est éveillé à tout moment ou moins éveillé à certains moments qu'à d'autres.

La chose semble donc plus difficile, en l'occurrence, que de jouer le rôle d'un officier de police.

Une des meilleures façons de comprendre ce qu'est le comportement d'une personne éclairée est de le comparer au mouvement d'un cours d'eau qui descend le long d'une montagne. Lorsque le cours d'eau est peu profond, l'eau coule également et rapidement, se déversant en petites chutes. Sur un terrain plutôt plat, l'eau se déplace en méandres en suivant la légère pente. Un petit ruisseau gargouillera sur son lit de galets. Puis, les cours d'eau se rejoignent et leurs eaux se transforment en une rivière tumultueuse.

Il est à douter que l'eau se comporte de façon plus éclairée dans un cours d'eau que dans l'autre. Mais, dans chacun des cas, l'eau fait preuve d'un comportement éclairé en étant totalement elle-même car elle réagit naturellement au milieu dans lequel elle se trouve et à la force de la gravité. Elle change de forme et s'adapte parfaitement à son environnement. La direction de l'eau reste constante, obéissant naturellement à la loi de la gravité, s'écoulant le long des pentes vers un lac ou vers la mer et confluant vers d'autres cours d'eau. Mais son comportement et ses fonctions changent: ou bien elle aide les végétaux à pousser, ou elle entraîne la terre de surface, ou elle assure la subsistance des créatures assoiffées, ou elle polit les galets. Elle s'écoule lentement et ensuite rapidement, avec impétuosité puis calmement, contournant les obstacles se trouvant sur son passage.

Le comportement d'un être illuminé est une réponse naturelle et réaliste à chaque instant qui se présente, instant auquel il participe totalement et naturellement avec tous les hauts et les bas de la vie. Comme l'eau qui descend le long de la montagne. La meilleure façon de répondre à la question: «Comment se comporte un être illuminé?» est la suivante: cela dépend de la situation, des circonstances, du moment.

Tandis que vous vous apprêtez à tenir ce rôle, vous trouverez ci-dessous d'autres éléments pour vous aider.

VOUS SAVEZ DÉJÀ QUOI FAIRE

En fait, nous avons tous une compréhension archétypale et intuitive des qualités et comportements propres à un être illuminé, peu importe la façon dont il choisisse de se comporter. Si vous doutez un tant soit peu de votre intuition à ce sujet, testez-vous avec les questions suivantes.

En général, est-ce qu'une personne illuminée:

- agit de façon constructive ou destructive?
- parle de façon précipitée ou calme?
- se comporte de façon jugeante ou compatissante?
- semble tendue ou relaxée?
- respire lentement et profondément ou rapidement et super-ficiellement?
- sourit ou fronce les sourcils?
- semble grave ou de bonne humeur?
- fait preuve de négation de soi, de licence ou d'un équilibre des deux?
- adopte une attitude distante et supérieure ou traite tout le monde d'égal à égal?

Même si ce questionnaire comportait cinquante questions, vous pourriez répondre à toutes car quelque part en vous vous savez, la partie de vous qui est éveillée sait. Cependant, la vie de tous les jours nous met dans des situations pour lesquelles il n'est pas clair de déterminer de quelle façon réagir pour se comporter en personne éclairée. Dans de tels moments, vous pouvez vous inspirer des quatre éléments suivants au choix:

- Réagissez comme si vous aviez maîtrisé les douze passages, comme si vous étiez quelqu'un qui a de la valeur, de la volonté, de l'énergie, qui vit dans l'aisance et la clarté, est doté d'intuition, de passion, de courage, d'authenticité, vit du plaisir et fait preuve de bonté et de dévouement. Comme si vous étiez quelqu'un qui dispose de toute son attention et de toute sa conscience. Comme quelqu'un d'éveillé.
- Demandez-vous: «Que ferait la partie divine de mon être dans ce cas, cette partie qui est altruiste, courageuse et sage?» Quand vous avez répondu, faites-le.
- Si vous sentez une profonde attirance envers un maître spirituel ou envers toute autre personne, vivante ou

décédée, qui représente à vos yeux le prototype humain divin, vous pouvez également vous poser la question suivante : « Que ferait (Jésus, Bouddha, etc.) dans une telle situation ? »

- Ou bien vous pourriez simplement dire « Que ta volonté soit faite », faire confiance et passer à l'acte.

Que vous vous inspiriez de ces éléments ou que vous comptiez davantage sur votre sagesse intérieure qui vous parle par le biais de l'intuition, les caméras sont prêtes à tourner.

DE RETOUR SUR LE PLATEAU

Vous n'avez probablement jamais joué le rôle d'une personne illuminée dans votre vie parce que personne ne vous l'a jamais demandé.

Du moins jusqu'à maintenant.

Vous êtes sur le point de jouer le rôle de votre vie. Dans la première scène, vous entrez dans une pièce, la traversez pour aller saluer un petit groupe de gens pour ensuite aller parler avec un personnage qui semble énervé et hostile.

Le hic, c'est que vous êtes vous-même extrêmement énervé. Au cours des semaines précédentes, vous avez eu de virulentes disputes avec votre conjoint qui restait toujours tard au bureau en compagnie d'un ou d'une assistante très sympathique. Il y a quelques instants, après une autre dispute, au téléphone cette fois, votre conjoint vous a dit que la relation était finie. Vous venez de raccrocher.

Vous êtes prêt à exploser. Les paroles de votre conjoint résonnent encore à vos oreilles : « Cette relation est finie depuis longtemps. » Vous sentez la tension dans votre corps, la douleur, la colère. Mais vous devez aller de l'avant avec votre rôle. Le moment de vérité est arrivé.

Le metteur en scène hurle : « Silence, on tourne ! »

Vous vous mettez dans la peau de votre personnage. Vous respirez profondément, détendez votre corps et entrez sur le plateau avec grâce et l'esprit clair. Vous saluez le groupe d'un geste délicat de la tête. Vous écoutez ce que le personnage hostile a à dire et faites preuve de bienveillance à son égard. Vous restez présent, totalement dans l'instant, vous abandonnant à la situation, bougeant, parlant, répondant directement à cette personne de la façon la plus éclairée possible, malgré votre énervement d'il y a quelques minutes.

En dépit de votre trouble émotionnel, du doute et de la colère, vous jouez votre rôle à la perfection. Ce n'est qu'une fois la scène tournée, et que vous vous éloignez du plateau, que la voix entendue au téléphone recommence à résonner dans votre tête.

Chaque jour, l'illumination

Et si, une fois la scène terminée, personne ne criait « Coupez ! » ? Si vous choisissiez de continuer à jouer impeccablement le rôle, montiez dans votre voiture, rentriez chez vous à l'heure de pointe pour trouver votre conjoint en train de faire ses valises ? Et si vous décidiez de continuer à jouer le rôle d'un être illuminé le lendemain au travail et le surlendemain, et ainsi de suite ? Il est bien entendu plus difficile de tenir le rôle d'une personne illuminée quand vous vous trouvez dans des circonstances difficiles et tendues. Vous bousillerez pas mal de prises, sortirez de votre personnage et oublierez votre texte. Mais, avec le temps, vous vous améliorerez, deviendrez plus fluide, comme l'eau.

N'oubliez jamais que vous n'avez pas à vous penser ou vous sentir illuminé. Il vous suffit de vous comporter de cette façon, autant que vous le pouvez et aussi souvent que vous vous souvenez de le faire. Avec ce genre de pratique, que vous appliquez à chaque passage, vous activez en vous et célébrez ce qu'il y a de mieux dans l'esprit humain.

S'entraîner à être illuminé est la pratique spirituelle la plus simple et la plus transcendante dont je puisse vous faire part. Variée et posant d'infinis défis, intéressante au plus haut point, cette pratique ne vous lassera jamais car elle vous trouve à tout moment quelque chose à faire. En faisant appel à tout ce que vous avez appris durant votre périple, vous pouvez faire de la vie de tous les jours votre chemin personnel d'évolution, évolution marquée d'un nouveau sens et d'une nouvelle raison d'être.

> *Car les choses que nous avons à apprendre,*
> *avant de pouvoir les faire,*
> *nous les apprenons en les faisant.*
>
> ARISTOTE

Pendant que vous vous entraînerez, vous découvrirez que votre comportement (plus éclairé) commence à opérer une guérison sur votre esprit et vos émotions. Vous découvrirez peut-être aussi que la vie n'est pas aussi sérieuse que l'on vous a appris à le croire. Que vous n'êtes pas (et n'avez jamais été) un humain cherchant à devenir illuminé, mais que vous êtes plutôt, en fin de compte, une pure conscience tenant le rôle d'un humain qui cherche.

COMMENCEZ TOUT DE SUITE

Dans ce livre, il n'a été question que du courage vous poussant à jouer le rôle-vedette de votre propre vie. Jouez-le tout de suite, pendant que vous avez le temps, le physique, le cœur, la vie. La voie est ouverte, libre d'obstacles. Vous savez en quoi consiste ce rôle. Alors vivez-le ! Remarquez les choix qui se présentent à vous dans chaque situation. De quelle façon allez-vous vous comporter ? Sentez quelle réponse intuitive vient et agissez en conséquence. Posez la question à votre cœur, là où votre être suprême s'exprime. Puis allez-y.

S'ENTRAÎNER À TOUT

En ce qui concerne la façon de bien vivre sa vie, il y a une prise de conscience suprême que j'ai faite ou une clé que j'ai découverte à la suite de toutes ces années de recherches et d'enseignement: alors que les musiciens se pratiquent pour leur musique, que les poètes se pratiquent pour leur poésie, que les athlètes s'entraînent pour leur sport, les gens qui s'entraînent à se réaliser doivent se pratiquer à tout: marcher, parler, respirer, s'asseoir, se lever, manger, écrire, faire l'amour, faire la vaisselle, tout, tout, tout.

La pratique exige attention et finesse constantes pour ne pas tomber dans les automatismes. Lorsque nous mettons en pratique quelque chose, nous prêtons particulièrement attention à ce que nous faisons, dans l'intention d'affiner une qualité, une habileté, une aptitude.

Une des clés de l'attention, comme vous l'avez vu, est de se rappeler de respirer, de relaxer et de faire tout ce que vous faites avec grâce et excellence. Vous entraîner à tout amène dans votre vie toute une variété de largesses que je vous laisse découvrir par vous-même.

S'entraîner à tout ne veut pas dire transformer sa vie en une série d'exercices ou de corvées de routine. Bien au contraire. L'intérêt renouvelé que vous portez à la qualité et à la finesse de vos actions et paroles se traduit de votre part par une implication toujours novatrice, et fait de la vie un art. Vous passez maître dans l'art de l'entraînement, votre sport est celui de la vie quotidienne et la médaille à remporter est celle de la richesse accrue de votre expérience de tous les instants dont la vie est faite.

Quand vous vous pratiquez à l'illumination, le jeu et l'exercice ne font plus qu'un. L'exercice devient pour vous une aventure de créativité visant la qualité de chaque instant. Et vous jouez à ce jeu avec l'intense concentration d'un jeune enfant qui commence à apprendre les aptitudes de la vie. Quand j'étais un jeune athlète, je ne m'entraînais pas, je m'amusais. Et je me suis amusé jusqu'aux championnats du monde. Alors quand vous vous pratiquez, faites-le dans un esprit ludique et joyeux et jouez dans un esprit d'entraînement.

SOYEZ CLÉMENT À VOTRE ÉGARD

Si le fait de vous pratiquer à l'illumination ne vous intéresse pas, alors occupez-vous à faire ce qui vous intéresse. Ne faites pas de ces recommandations pratiques un jeu d'amélioration personnelle, un jeu masochiste, perfectionniste, obsessif-compulsif et par conséquent voué à l'échec. (Oh, non, j'ai perdu le contrôle ! Gandhi n'aurait jamais fait ça ! J'ai encore tout gâché !) Allez-y plutôt doucement. La vie est faite pour être savourée. L'illumination, cela veut aussi dire pardonner à soi et aux autres le fait de ne pas être illuminé, et continuer à faire votre possible. Souvenez-vous que l'illumination ne veut pas dire qu'on soit arrivé à la perfection, ni qu'elle l'exige. C'est simplement une ouverture à la vie telle qu'elle est et une participation totale à celle-ci, avec foi et confiance. Alors amusez-vous ! Abordez cette pratique comme vous le feriez pour un saut périlleux ou un nouveau pas de danse. Je m'entraîne, je trébuche, je m'entraîne.

Vous disposez maintenant de ce lien entre le ciel et la terre, entre la chair et l'esprit, ce lien qui fait de chaque jour, chaque moment quelque chose de sacré. Avec la pratique, vient la transformation. Avec le jeu, vous célébrez votre part d'humanité. Cela est votre entraînement et votre destinée. Bienvenue dans la vraie vie !

Et maintenant que vous avez passé l'épreuve du feu des douze passages, sachant ce que vous savez maintenant, qu'allez-vous faire ?

Inversion des pôles pour ce nouveau millénaire

Le temps est comme une rivière fougueuse : il transforme tout. Les cultures se font et se défont. Le visage du monde se modifie. L'humanité va de l'avant, accélérant le pas, évoluant non pas vers de plus gros cerveaux mais vers une conscience et une ouverture de cœur accrues.

Ce livre a mis l'accent sur vous, sur l'individu, sur votre évolution et votre destinée personnelles. Mais personne n'est une île isolée car chacun de nous a une influence sur ceux qui évoluent autour de nous. En vous éveillant, vous devenez une étincelle qui embrasera les autres. L'individu influe sur la collectivité. La collectivité influe sur la région. La région influe sur la nation. La nation influe sur le monde.

Les changements individuels précèdent toujours les changements globaux. Chacun de nous compte. Chacun de nous contribue à la beauté de l'ensemble. Nous transformons le monde en nous transformant. Et si nous ne faisons rien d'autre que d'offrir un sourire à un inconnu ou de prononcer des paroles aimables à quelqu'un qui en a besoin, nous pouvons changer les choses. Et alors que l'humanité aura tiré des leçons des douze passages qu'elle doit traverser, nous constaterons une modification de la conscience. Cette modification transformera le monde de la politique, du spectacle, des médias, de la médecine et des militaires, ainsi que la façon dont nous faisons des affaires les uns avec les autres.

Nous sommes en train de nous transformer vis-à-vis la terre : d'exploiteurs nous sommes passés à des pilleurs, puis nous sommes devenus des protecteurs et finalement nous devenons des gardiens. L'esclavage, la guerre, le fanatisme et l'insensibilité autrefois considérés comme acceptables dans certains cercles seront condamnés comme des phases de folie par une humanité dorénavant en éveil. Nous sortons de l'enfance pour nous acheminer vers la maturité. Et pourtant nous nous battons contre la montre pour trouver les façons de corriger et de dépasser nos erreurs avant que minuit ne sonne. Les civilisations éclairées font leur apparition seulement lorsque suffisamment de gens se comportent individuellement de façon éclairée. Nous sommes à l'aube de notre destinée collective.

Les peuples autochtones de l'Amérique se sont éparpillés au vent. La culture des hommes aux chevaux s'est éteinte, mais le Grand Esprit est bien vivant en chacun de nous et il grandit partout dans le monde. L'espèce même qui a inventé les plats surgelés et la bombe atomique subit actuellement une métamorphose aussi importante que celle de la chenille qui se transforme en papillon. L'espèce même dont les pouvoirs peuvent anéantir toute vie sur cette planète peut encore trouver la sagesse et la volonté d'en prendre soin.

La fin du périple

De nombreuses années se sont écoulées depuis cette fameuse nuit dans ce boisé. J'ai l'impression que cela fait une éternité. L'illumination n'est plus une expérience lointaine, hors de portée : elle est devenue une pratique quotidienne que je peux faire à chaque instant de ma vie, et vous aussi. Et, lorsque vous oubliez, que la lumière perd de son intensité et que vous semblez vous égarer, agrippez-vous à la vision suivante :

Vous êtes dans le sous-sol d'un édifice, vous trébuchez dans le noir, vous vous faites des ecchymoses partout sur le corps en vous cognant sur des objets que vous ne voyez pas. Tout à coup, une porte s'ouvre en haut de la cage d'escalier et vous apercevez douze marches, éclairées furtivement avant que la porte ne se referme. Il s'agit d'un moment de discernement.

Tout redevient noir comme avant, mais maintenant vous savez que l'escalier existe et vous connaissez sa direction. Il y aura encore d'autres coups et ecchymoses, mais tout a changé, car maintenant vous savez et vous vous souvenez que la lumière en haut des escaliers existe et l'espoir est là.

Par les pages de ce livre, nous achevons le périple que nous venons d'entreprendre ensemble. La fin d'un périple annonce le début d'un autre.

Se pratiquer aux divers éléments des passages que je vous ai présentés, qui revient à se pratiquer à être illuminé, à se pratiquer à vivre, est un cycle sans fin, comme celui des saisons. Vous ne traverserez pas chaque passage une fois, mais d'innombrables fois, et apprendrez un peu plus chaque fois, jusqu'à ce que la pratique devienne jeu, que le jeu devienne vie et que la vie devienne illumination. Alors que vous cheminez dans les méandres des routes qui s'étalent devant vous, n'oubliez pas votre sens de l'humour, votre sens du recul et tout simplement votre part d'humanité.

En fin de compte, rien ne peut vous arrêter dans votre quête parce que rien n'est plus puissant que l'esprit humain qui nous est commun. Vous êtes la semence de ce qui est à venir, vous vous élevez pour atteindre la Lumière.

TABLE DES MATIÈRES